[제2판]

가족복지론

송정애 · 강부자 · 이정숙 공저

YANGSEOWON
양서원

머리말

가족에 얽힌 문제들이 가족상담에 대한 관심으로 이어졌고, 가족상담을 하면서 자연스럽게 가족복지 분야의 활동에 몸담게 되었습니다. 가족문제와 가족상담, 가족복지 분야에 대한 프로그램과 교육, 연구 등에 몰입하다 보니 어느새 20여 년이 지났습니다.

20년 동안 가족문제에 대한 원인규명과 가족을 지원하기 위한 전문적 기법을 개발하기 위하여 노력해 왔지만 새로운 가족복지론 출판을 앞두고 "과연 무엇이 달라졌을까?"라는 생각이 듭니다.

2020년은 '코로나바이러스감염증-19'로 인하여 우리 사회 모든 분들이 힘든 한 해였습니다. 전 세계적으로 유행하고 있는 '코로나19'라는 상황은 우리의 일상생활에 많은 변화를 가져왔습니다.

어떤 사람들은 코로나19로 인하여 부득이 가족과 함께 하는 시간이 많아지는 등 긍정적 효과가 있음을 이야기하기도 합니다. 그러나 국가를 넘어 국제적인 어려움은 자연스럽게 가족에 영향을 미치게 되었고, 특히 취약계층에게는 치명적인 영향을 미치고 있습니다. 이러한 상황에서 지원이 필요한 가족은 증가하였고 국가에서는 가족지원 방안으로 전 국민을 대상으로 하는 재난지원금과 취약계층을 위한 선별적 지원금, 아동양육비 지원 등을 실시하였습니다.

가족복지는 가족의 건강한 기능을 위한 사회적 지원을 목표로 하며 이를 위하여 예방적, 처방적 서비스를 지향합니다. 필자가 가족문제와 가족상담에 관심이 시작된 20년 전에 비하여 가족형태와 구조적 측면의 변화가 있었고 그로 인한 가족기능과 역할의 변화는 있었지만, 가족복지의 궁극적인 목표가 가족의 건강한 기능화라는 사실은 변함이 없습니다. 코로나19로 인하여 2020년 한 해를 비대면 강의로 진행하면서 힘든 점도 많았지만 가족복지론 과목의 비대면 강의 자료를 작성하면서 가족복지론 교재에 대하여 세심한 검토를 할 수 있는 기회가 될 수 있었습니다. 기존 교재를 검토하면서 우리 사회와 가족의 변화를 최대한 반영하고 가족 관련 제도와 서비스 중 수정・보완이 필요하다고 생각되는 부분에 대하여 세심한 수정과 보완 작업을 할 수 있었습니다. 또한 오랜 시간 동안 가족복지 관련 연구를 진행하신 교수님과 이론과 실무를 겸비한 가족복지현장 전문가가 함께 참여하여 의견과 자료를 공유하는 시간도 갖게 되었습니다. 그 과정을 통한 결과물이 마침내 완성되었습니다.

이 교재는 제1부 가족과 가족복지의 개관, 제2부 가족복지의 접근방법, 제3부 가족복지 전문적 실천방법, 제4부 가족복지실천 분야, 제5부 가족복지 전망과 과제로 구성되었습니다.

제1부에서는 가족의 개념과 기능, 가족관계와 가족문제, 가족복지란 무엇인가, 가족복지실천의 가설과 원칙 등에 대하여 살펴보았습니다. 제2부는 가족복지의 접근방법으로 정책적 접근방법과 서비스적 접근방법으로 구분하여 정책적 접근방법에서는 정책, 전달체계, 관련법을, 서비스적 접근방법에서는 가족상담과 치료, 가족생활교육, 가정조성서비스 등에 대하여 살펴보았습니다. 제3부는 가족복지 전문적 실천방법으로 가족상담기법과 사례관리, 집단상담 및 활동기법을 소개하고 있는데, 사례관리와 집단상담 및 활동기법과 관련된 내용을 보다 구체적이고 실제적으로 보완하여 현장에서 활용할 수 있도록 하였습니다. 제4부는 가족복지실천 분야로 한부모가족, 학대가족, 장애인가족, 조손가족, 다문화가족, 1인 가구의 개념과 현황, 원인과 주요 문제, 복지정책과 서비스, 복지대책 등을 내용으로 하였으며 현황과 정책, 서비스 내용 등을 비교적 최근의 자료를 토대로 하여 재구성하였습니다. 제5부는 가족의 변화, 가족복지의 과제와 전망을 제시하였습니다.

이 책은 대학에서 가족복지 교재로 사용하기에 적합하도록 최근의 가족복지 동향 및 연구자료, 서비스 현황과 프로그램 등으로 구성하였습니다. 따라서 가족복지에 관심을 가지고 있는 학생뿐만 아니라 가족복지실무자, 학교 교사, 자원봉사자에게 현장에서 실무를 위한 지침서로 도움이 될 수 있기를 기대합니다.

이 책을 출판하기 위하여 자료 수집과 원고 감독과정을 거치고 전문지식과 기술, 실천현장에서의 사례를 제시하려고 노력하였으며 이러한 과정에 기꺼이 함께해 주신 교수님들에게 감사드립니다. 또한 이 책이 출판되도록 지지와 격려를 아끼지 않으신 양서원 박철용 회장님과 직원들께 깊은 감사의 말씀을 전합니다.

2025년 8월

책임집필 송정애

차 례

Part 02 가족복지의 접근방법

Part 03 가족복지 전문적 실천방법

Part 04 가족복지실천 분야

Part 05 가족복지 전망과 과제

PART 01

가족과 가족복지의 개관

Chapter 01 가족의 **개념과 기능**

1. 가족의 개념

가족은 시대와 문화에 따라 다양하게 나타나는 제도이며 그 구조와 기능에도 많은 변화가 있었다. 구조적으로는 전통적 확대가족이 감소하고 부부와 자녀를 중심으로 하는 핵가족과 한부모가족, 동거가족, 독신가족, 공동체가족, 조손가족, 다문화가족 등 다양한 가족형태가 증가하고 있다. 특히 사회문화적으로 노동시장 참여가 보편화됨에 따라 여성의 경제적 자율성이 확대되었고, 성역할 분리의 약화, 생애주기의 유연성 증가, 계층의 양극화에 따른 가족형성과정의 다양성과 복합성이 증가되었다(Furstenberg, 2014). 무엇보다 내부적으로 성역할이나 가족관계, 가족에 대한 가치관이 급속도로 변화하고 있다. 이러한 점을 감안하여 가족의 정의와 특성을 살펴보고 가족에 대한 이해를 토대로 영역별 가족복지의 실천과 유연한 접목이 필요하다.

가족의 정의는 시대와 문화에 따라 변화되어 왔다. 전통적 관점에서 가족을 정의한 Murdock(1949)에 의하면 가족은 사회적으로 인정받는 성적 관계를 유지하는 최소한 두 명의 성인 남녀와 한 명 이상의 자녀를 포함한다고 하였다. Murdock은 가족을 혈연, 입양, 결혼 등에 기반한 특수한 관계를 지닌 사람들로 반드시 동거할 필요는 없으며 생활공동체로서의 연대의식을 가짐으로써 동거를 기대할 수도 있는 관계라고 하였다. Murdock의 이러한 정의는 가족성원 가운데 부부와 자녀만을 중요시하는 이른바 핵가족에만 치중하는 경향이 있어 다양한 가족유형을 포함시키지 못하는 제한점이 있다. 또한 Goode(1982)는 가족의 개념은 단순히 언어로 규정하여 이해할 수 있는 것은 아니고 많은 사회적 단위가 어느 면에서는 가족으로 생각될 수 있는데, 그것은 전통적 가족형태와 약간씩 유사하기 때문이라고 하면서 대부분의 가족형태를 포함할 수 있는 정의를 다음과 같이 제시하였다.

- 적어도 성이 다른 두 명의 성인이 주거를 같이하며 각기 다른 종류의 분업에 종사한다. → 서로 같은 일을 하지 않는다.
- 그들은 여러 형태의 경제적 · 사회적 교환을 한다. → 서로 상대방을 위하여 일을 한다.
- 그들은 음식, 성, 주거 그리고 재화와 사회적 활동을 공유한다.
- 성인과 아동은 부모 - 자녀 관계를 맺는다. 부모는 자녀에 대하여 권위를 행사하는 반면 보호와 양육에 대한 의무를 가진다.
- 자녀 간에는 형제관계가 존재한다. 이들은 서로 보호하고 도우며 함께 나누어 가질 의무가 있다.

이와 같이 전통적 관점에서 가족에 대한 정의는 혈연, 결혼, 입양으로 관계를 맺은 두 사람 혹은 그 이상의 사람으로 구성된 단위이며 함께 살고 경제적 단위를 형성하고 자녀를 출산하고 양육하는 것으로 보고 있다. 이와 같은 가족에 대한 정의는 '그러한 조건을 가지지는 못했지만 가족으로 간주되는 가족인 무자녀가족, 동거가족, 노인단독가족, 조손가족, 동성애가족, 공동체가족, 1인 가구에 대하여는 어떻게 정의할 것인가?'라는 도전을 받는다.

현대사회는 가족을 어떻게 정의할 것인지에 대한 복잡한 문제에 직면하였으며 다양한 가족을 포함할 수 있는 포괄적 정의가 요구되고 있다. 좀 더 포괄적인 정의에 의하면 가족은 친밀, 헌신의 관계에 있는 사람들이 하나의 집단에 속해 있다는 소속감을 가지고 있고 그 소속감을 바탕으로 그 집단의 공통된 정체성 수립하면서 부모 - 자녀 관계 등 가족관계를 유지하는 것이라고 보고 있다. 특히 가족복지의 실천적 측면에서 가족에 대한 정의는 혈연을 기반으로 한 가족에 대한 정의의 제한점을 극복하고 다양하게 나타나고 있는 가족유형을 포함하는 것이 매우 필요하다고 볼 수 있다. 이혼과 재혼으로 이어지는 가족해체와 이런 과정에서 복잡하게 나타날 수 있는 개인의 가족생활에 대한 편견과 낙인을 배제하고 가능한 한 모든 가족유형이 가족복지의 대상이 될 수 있어야 한다는 것이다. 이러한 측면에서 가족에 대한 정의를 하자면 가족생활을 유지하기 위한 가족 내 특정한 역할과 지위를 가지고 가족성원 간의 상호 성장 · 발달을 지지하는 집단이라고 할 수 있다.

2. 가족의 기능

가족의 기능이란 가족이 수행하는 역할, 행위로서 '가족행동'을 의미하며 이러한 행동의 결과가 사회의 유지 및 존속, 가족성원의 욕구충족 및 만족에 어떤 영향을 주는지의 문제와 밀접하게 관련되어 있다(김승권 외, 2000). 가족의 기능은 시대와 문화 그리고 지역에 따라 차이가 있기 때문에 한두 마디로 간단하게 정의하기가 쉽지 않다. 가족의 기능은 전통적 측면과 체계론적 측면으로 구분하여 살펴볼 수 있다.

1) 전통적 측면의 가족기능(사회적 기능)

전통적 측면에서의 가족기능은 사회의 유지 및 존속, 발전을 위한 측면에서 고유기능, 기초기능, 부차적 기능 등으로 구분한다. 그러나 사회변화와 가족구조의 변화는 가족기능의 변화를 초래하였다. 즉, 산업화 및 도시화, 가치관의 변화 등으로 부부, 부모-자녀, 노부모-기혼자녀 등의 가족성원과 가족규모가 변화되고 이것은 가족기능에 영향을 주는 요인으로 작용하였다. Ogburn(1933)은 1930년대에 이미 가족기능의 상실을 예측하였다. 전통적 가족의 기능을 경제적 생산기능, 교육기능, 종교기능, 오락기능, 의료기능으로 볼 때 현대사회에서는 이들 대부분이 가족단위로 이루어지는 것이 아니라 개인단위로 이루어진다. 결과적으로 가족의 기능이 대부분 상실되었으며 가족의 기능 중 유일하게 애정과 이해를 제공하는 기능만이 남게 되었다고 하였다. 그러나 Adams(1986)는 현대 가족은 더 이상 그러한 기능을 수행할 수 없는 나약한 집단이 아니라 오히려 애정의 기능, 자녀의 양육과 사회화 기능 등은 그 역할이 강화되어 총체적인 힘을 가족이 가진다고 주장하였다.

과거에는 가족 내에서 독립적으로 수행되던 기능이 가정 이외의 다양한 사회기관으로 이전되거나 확장되었으므로 현대 산업사회에서 가족이 수행하는 기능은 변화되었다고 할 수 있다. 이러한 변화에도 불구하고 사회가 유지되기 위하여 기본적으로 수행되어야 하는 가족의 기능이 있다. 기본적으로 수행되어야 할 기능이 무엇인지는 학자에 따라 다르지만 Davis(1949)는 생식, 유지, 지위부여, 사회화 기능을 보편적 기능이라고 하고 Murdock은 생식, 사회화, 경제적 협동, 성관계 기능을, Reiss(1965)는 가족의 보편적 기능을 새로 출생한 아이를 양육하는 사회화 기능의 한 가지라고 하였다. 이러한 입장을 정리하여 Goode(1982)는 생식기능, 지위부여기능, 사회화 기능을 가족의 보편적 기능이라고 제시하였다.

가족의 보편적 기능이란 시대와 사회문화에 따라서 변화되지 않고 유지되는 공통적 속성을 의미한다.

그럼에도 불구하고 가족의 기능은 가족의 사회적 역할이 무엇이냐를 의미하는 것이며 시대와 사회 그리고 문화적 측면의 영향을 받을 수밖에 없다. 과거에는 가족을 통하여 개인의 문화적·사회경제적 욕구를 충족시키는 역할을 주로 담당함으로써 집단의 생존을 강화하고 사회구성원을 생산하는 역할을 담당하였다면, 현대사회에서는 가족만이 수행할 수 있는 유일한 기능과 가족성원에게 본질적으로 요구되는 기능이 반드시 포함되어야 한다.

〈표 1-1〉 **가족기능의 유형**

차원	가족성원 개인에 대한 기능	사회 전체에 대한 기능
고유기능	애정, 성	성적 통제
	생식, 양육	종족보호
기초기능	생산(고용, 수입획득)	노동력 제공, 분업참여
	소비(기본적·문화적 욕구충족)	생활보장, 경제질서 유지
부차적 기능	교육(개인의 사회화)	문화발달
	보호	심리적·신체적·문화적·정신적 안정
	휴식	
	오락	
	종교	

가족복지의 주요 목표 중의 하나는 가족의 건강한 기능화라고 볼 수 있다. 그러므로 가족복지실천에서 가족의 주요 기능을 이해하는 것은 매우 중요하다고 볼 수 있다. 이에 대하여 구체적으로 살펴보면 다음과 같다.

첫째, 고유기능으로서 성과 애정의 기능은 결혼의 기초를 이루는 것이므로 가족의 기능수행에 매우 중요하다. 인간사회에 있어서 성적 욕구로 인한 문제는 매우 다양하게 발생하므로 사회는 안정된 부부에게만 성생활을 독점하게 함으로써 사회질서를 유지할 수 있도록 하고 있다. 또한 부부의 애정을 기초로 한 자녀의 출산은 사회적으로 종족보존의 기능을 갖는다.

둘째, 기초기능으로 생산과 소비의 경제적 측면으로 사회적으로는 노동력의 제공과 생활보장, 경제질서의 유지를 위한 기초기능이다. 그러나 오늘날 가족은 생산기능보다는 소비기능이 보다 더 강해지고 있으며 소비자로서 가족의 역할이 중요해지고 있다.

셋째, 부차적 기능으로는 교육과 보호, 휴식과 오락, 종교의 기능이 있으며 이것은 신체적·심리적·정신적으로 안정을 갖게 함으로써 사회안정과 유지 및 재생산의 기능을 하고 있다고 본다.

2) 체계론적 관점의 가족기능(내적 기능)

체계론적 관점에서 가족기능이란 가족체계를 조화롭게 유지시켜 나갈 수 있도록 하는 요인 또는 능력이라고 정의할 수 있다. 다시 말하자면 각각의 가족체계마다 항상성을 유지시켜 나가는 가족기능의 요소가 존재하며 이러한 요소들이 원만하게 작용할 때 가족성원 간의 역동적 상호작용이 있게 되며 외부환경과도 잘 적응할 수 있다는 것이다.

체계론적 관점에서 가족기능의 요소는 의사소통과 가족응집성(친밀감, 유대감), 역할, 규칙 등의 영역이며 Olson 등(1979; 1983)은 가족기능의 하위요소를 의사소통, 가족응집성(친밀성, 유대감), 가족적응성(규칙, 역할)으로 구분하였다. 가족기능의 하위요소에 대한 구체적 내용은 다음과 같다.

(1) 의사소통

의사소통은 인간이 가족생활 혹은 사회생활을 하기 위해서 가장 필수적으로 가지고 있어야 하는 능력 중 하나이다. 사람과 사람이 함께 살아가면서 서로 간 소통을 위하여 사용하는 수단은 말, 글을 포함하여 몸짓, 자세, 표정, 억양, 노래, 춤 등과 같은 비언어적 요소를 포함한다. 특히 가족 내 의사소통은 가족성원이 욕구나 감정을 서로 공유하고 가족이 역할이나 규칙을 정하는 데 사용되는 수단이 되며 효율적 의사소통과 비효율적 의사소통으로 구분될 수 있다. 효율적 의사소통은 가족기능의 또 다른 요소인 가족응집성과 적응성이 균형적으로 잘 기능하게 하고 지속적으로 유지되도록 도울 수 있다. 반면에 비효율적 의사소통은 가족이 서로의 감정과 생각을 공유할 수 있는 능력을 저하시켜 가족응집성과 적응성의 불균형을 형성하게 하고 가족의 기능을 저하시킨다. 다시 말하자면 가족응집성과 적응성이 적당히 균형을 이룬 가족은 효율적 의사소통을 하며 가족응집성 및 적응성이 너무 높거나 낮은 가족은 비효율적 의사소통을 한다는 것이다(Olson et al., 1983; 1985).

의사소통이 좋을수록 가족응집성, 적응성, 가족만족도 등이 향상되기 때문에 가족 간 상호작용을 위한 효율적 의사소통이 주요한 요인이 되며 특히 가족 내 의사소통은 청소년기 자녀를 둔 가족에게 중요하다고 하였다. 다시 말하자면 자녀가 청소년기에 접어들면 부모에 대한 자녀의 태도는 의존적 태도에서 독립적 태도로 전환되고 이로 인하여 갈등 및 긴장관계를 경험한다. 이러한 변화에 적절하게 대처하기 위해서는 무엇보다 상호 간의 의사소통을 통한 공감적 이해가 전제되어야 하며 의사소통방식에 대한 변화가 필요하다.

(2) 가족응집성

가족응집성이란 가족성원이 심리적으로 얼마나 밀착되어 있는지를 알아보는 것으로 가족성원 간의 상호 의존적 관계의 정도를 의미한다. Olson 등(1985)은 가족응집성과 효과적 대처행동이 관련이 있다고 하면서 응집성이 높은 가족은 가족자원이 더 많고 보다 더 효율적인 대처행동을 보인다고 하였다. 또한 가족응집성을 진단하고 평가하는 하위개념으로 다음과 같은 구체적 하위개념을 제시하였다.

- 정서적 결속감 : 가족성원 서로에게 느끼는 친밀감 및 가족단합이 중요하다고 생각하는 것
- 도움과 의논 : 가족성원끼리 서로에게 도움을 요청하고 자신의 일을 다른 가족에게 의논하는 것
- 가족의 경계유지 : 외부 사람과 친하게 지내기보다 가족의 일에만 관심이 있는 것과 가족성원과 잘 지내는 것
- 여가시간 및 친구의 공유 : 가족과 여가시간을 보내는 것을 좋아하고 서로의 친구를 받아들이는 것
- 활동의 공유 및 행사참여 : 가족이 함께 움직이는 일이 있으면 꼭 참석하고 가족이 함께 다양한 활동을 하는 것

이러한 응집성의 수준에 따라 가족체계는 과잉분리, 분리, 연결, 밀착 등 네 가지 집단으로 구분된다. 가족응집성 수준이 지나치게 높으면 가족은 지나치게 상호 동일시하여 가정 내에서의 충성과 합의를 강조하기 때문에 각 개인의 개별화가 방해받을 수 있다. 그로 인하여 성인자녀의 경제적, 정서적 독립이 어렵게 되는 요인이 되기도 한다.

생각해보기

- 인간발달이론에 의하면 인간이 태어나서 성장하는 과정에 필요한 발달과업을 이룰 수 있는 조건과 환경이 매우 중요하다고 본다. 특히 초기성인기(18~23세)는 부모로부터 독립적인 삶이 시작되는 시기이지만 성인이 되어도 경제적, 정서적으로 부모에게 의존되어 살아가는 경우가 많아지고 있다.
- 인간은 독립하기까지 가장 긴 시간이 필요하다. 비교적 독립 기간이 긴 동물로 코끼리는 약 10~15년, 오랑우탄은 7~8년이 걸리지만 인간이 독립하기까지는 25~35년까지 걸린다고 본다.
- OECD통계에 의하면 한국청년의 81%가 부모님집에서 거주하고 있으며 독립을 원하지만 경제적, 정서적으로 독립을 이루지 못하고 있다고 한다. 이와 같이 성인이 되어서도 독립하지 않고 부모에 의존해 사는 사람들이 많아지면서 이들을 일컫는 "캥거루족"이라고 신조어가 생겼다.
- 캥거루족이 증가하는 다양한 원인 중 가족기능적 측면으로 분석해본다면 가족응집성의 수준이 지나치게 높은 경우로 볼 수 있다.

반면 가족응집성의 수준이 매우 낮을 경우에는 지나친 자율이 허용되기 때문에 다른 가족성원과의 접촉 및 개입이 제한되고 자기 멋대로 행동하게 된다고 한다. 결국 가족응집성이 중간수준일 때 각 개인은 다른 가족성원과 적절하게 독립되어 있으면서 서로 관련되어 있는 정도가 균형을 이룰 수 있다고 한다.

(3) 가족적응성

가족적응성은 가족체계의 역동성을 설명하는 개념으로 가족이 스트레스를 받거나 위기에 처해 있을 때 변화에 적절하게 대처하면서 안정을 도모할 수 있는 정도를 의미한다. 가족에게서 융통성과 안정성이 적절하게 보장될 때 가족은 성장할 수 있다고 보는 것이다.

Olson 등(1979; 1983)은 가족적응성을 가족체계가 안정을 추구하는 수준과 변화를 좋아하는 수준을 의미하는 개념으로 상황이나 발달의 필요에 따라 가족의 권력구조, 역할관계, 규칙에 생기는 변화의 정도라고 하였다. 가족적응성은 가족이 당면하는 상황적·발달적 스트레스에 대응해서 변화할 수 있는 능력이나 융통성을 의미하는 것으로 구성원이 주장하는 스타일, 지도력 유형, 가족성원 간의 타협하는 능력, 역할관계, 역할분담, 가족규칙의 명시성 및 융통성을 포함하는 개념이라고 할 수 있다. 변화와 안정성이 균형적인 가족적응성을 지닌 가족은 융통성 있는 훈육방법, 지도력, 의사소통, 문제해결을 위한 타협, 역할분담, 분명한 규칙 등이 잘 이루어진다고 하였다. 가족적응성의 수준에 따라 가족체계를 경직형, 구조형, 융통성, 혼란형 집단으로 구분하고, 중간수준인 구조형과 융통성 수준에 속하는 가족체계는 기능적이며, 극단적인 수준의 경직형과 혼란형에 속하는 가족체계는 가족생활주기가 바뀌거나 생활사건이 일어날 때 가족성원의 행동에 문제가 생길 가능성이 많다고 한다. Olson 등(1986)은 가족적응성을 진단하는 구체적 하위개념을 다음과 같이 제시하였다.

- 지도력(leadership) : 가족 내 주도적 역할을 한 사람만이 담당하지 않고 다른 사람의 주도가능성도 인정하는 정도
- 통제(control) : 자녀의 의사결정과정 참여를 인정하는 정도
- 훈육(discipline) : 부모가 자신에게 부과하는 훈육에 대하여 자녀가 부모와 이야기할 수 있는 정도
- 역할과 규칙(roles and rules) : 문제해결방식이 다양하고 집안일을 어느 한 사람에게만 맡기지 않으며 가족규칙의 변화를 인정하는 정도

생각해보기

가족이 생활하면서 의도하지 않은 위기를 경험할 수 있다. 가족의 위기는 가족생활주기 조건 같이 예측 가능한 스트레스로 인한 위기와 실직, 질병, 장애아출생, 죽음과 같이 예측하기 어려운 스트레스로 인한 위기가 있다. 특히 가족이 직면하게 되는 위기는 가족원들이 서로에게 기대하고 요구하는 정도가 각자가 가지고 있는 대응할 수 있는 가용자원보다 더 클 때 발생한다. 가족위기는 가족관계에 변화를 가져오는 생활사건이므로 가족적응성의 수준에 따라 대처하는 방식이 달라진다. 다시 말하자면 가족이 경험하는 위기나 스트레스는 그 자체가 문제가 아니라 그것을 대처할 수 있는 자원이 어느 정도인가에 달려있다고 볼 수 있다.

건강한 가족도 건강하지 않은 가족만큼 많은 스트레스와 위기를 경험한다. 그러나 건강한 가족은 위기와 스트레스에 대하여 서로 분리되어 대처하기보다 각자의 변화된 역할을 재정립하고 정서적으로 서로 지지하고 그 결과 더욱더 건강한 가족관계를 경험하게 된다.

체계론적 관점에서 볼 때 가족기능의 문제는 가족 내 의사소통, 가족적응성과 가족응집성의 수준에 의한다고 볼 수 있다. 가족기능화를 위하여 가족의 기능수준을 평가하고 개별가족에게 가족 내 의사소통, 응집성, 적응성의 수준을 균형 있게 유지, 발전시킬 수 있도록 서

비스적 지원방안이 필요하다.

〈표 1-2〉 **체계론적 관점의 가족복지 목적과 수준별 목표**

개입수준	초점	목표	목적
개인수준	가족과정	자존감 향상 → 개인성장	가족기능화
관계수준	행동계열	지배력 평등 → 관계향상	
전체수준	경계	융통성 증대 → 구조문제해결	

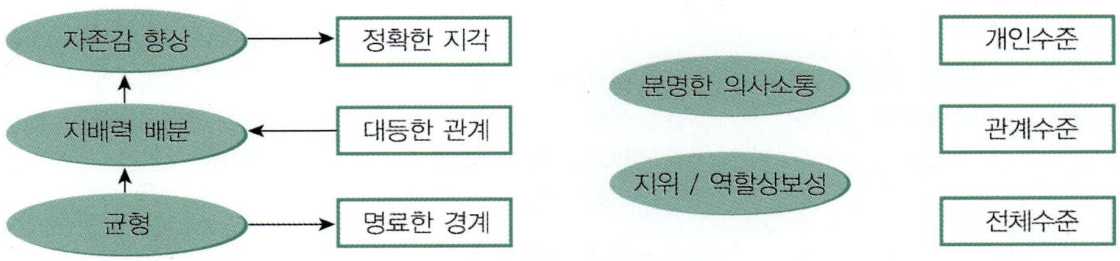

[그림 1-1] **수준별 목표 통합과정**

체계론적 관점에서 가족기능화를 위한 가족복지의 세부적 목표를 살펴보면 다음과 같다. 첫째, 가족의 개인수준, 가족성원의 경험 혹은 행동형태의 다양화와 이들 간의 균형이 이루어지도록 하는 것이며 이러한 접근을 통하여 개별가족의 자존감이 높아지게 하고 성장을 도모할 수 있게 한다. 둘째, 관계수준에서 가족성원 간의 상호작용의 다양화와 이들 간의 균형이 이루어지도록 하며 이것은 지배력의 적정한 배분을 통하여 가족성원 간의 상보적 관계와 대칭적 관계 간의 자유로운 변화를 도모할 수 있도록 한다. 셋째, 전체 수준에서 가족성원의 자율과 소속감이 가족 차원에서 이루어지도록 하며 이를 통하여 가족구조의 융통성과 경계의 엄격성, 산만성 간의 균형을 이룰 수 있도록 지원하는 것이다.

〈표 1-3〉 가족구조 및 기능의 특성

기능수준	가족유형		
	역기능적 가족	보통가족	건강한 가족
문제유형	• 만성적 정신분열증 • 만성적 문제 및 사회병리	• 반응성 정신이상 • 반응성 행동장애 • 반응성 신경장애	• 정신신체질환증상 없음 • 효율적 기능화
지배력 구조	• 혼란(부모 - 자녀 동맹)	• 엄격한 구조 - 부모 : 지배력 경쟁 - 자녀 : 행동장애	• 융통성 있는 구조 : 강하면서도 동등한 부모동맹, 자녀는 협의를 통하여 결정, 상호 존중의 분명한 계층이 있음
의사소통 유형	• 애매한, 혼란된, 모순된, 이중속박적, 둔감한	• 좀 분명하나 엄격하고 정형화된 방식 • 새로운 아이디어에 둔감한, 비상호적인	• 분명한 정체성과 친밀함 (높은 친밀감 허용, 높은 개인적 책임감)
가족관계 · 경계	• 적대적, 불신 • 부부불화, 부모 - 자녀동맹에 의한 분리 • 융합(역할전도, 비난, 희생양, 책임전가, 침범)	• 적대적 / 상대적 불신 (상보성 / 대칭적 관계) • 거리 두기를 통한 분리 (역할정형화)	• 친애적 신뢰 : 상보적 부부역할, 양가감정 수용 • 분명한 정체성과 친밀
정서	• 냉소, 적대감, 가학성, 절망, 희망 없음	• 가학성 없는 적대감 (행동장애) • 무미건조한, 제한된 (신경증)	• 온화, 즐김, 유머, 재치, 부드러움, 공감
변화에 대한 태도	• 변화불능, 반복성, 분리부정, 도피, 환상	• 고통/곤란 수반한 변화 • 분리 약간 부정, 죽은 자에 대한 대리인 출현	• 변화, 성장, 분리, 독립허용 • 부모동맹 : 친교
현실감각	• 현실부정 • 환상적 만족을 향한 도피	• 적절한 현실감/효율적 기능이 있으나 약간의 왜곡과 모순적 가족신화	• 현실과 일치하는 자아상과 가족상

Chapter 02 가족관계와 **가족문제**

1. 가족관계

한국 가족의 문제는 주로 가족관계를 중심으로 한 문제가 많으며 이 중 가장 많은 것이 부부관계 문제이고 그 다음 부모-자녀 관계 문제와 고부관계문제가 많은 것으로 나타났다. 부부관계에서는 경제적 무능력과 남편의 폭행과 학대, 음주문제, 배우자의 외도문제, 성격문제가 많았으며 부모-자녀 관계에서는 비행, 자녀교육과 이성관계문제, 가출문제가 많은 것으로 나타났다.

인간은 태어나면서부터 다른 사람의 도움이 없으면 살아갈 수 없는 절대적으로 의존적인 존재이다. 인간이 태어나서 다른 사람과 관계없이 혼자서 생존한다는 것은 불가능한 일이기 때문에 1차 집단인 가족에 의존해서 의미 있는 관계를 맺으면서 살아가는 것이 일반적이다. 가족과 처음에는 의존적 관계에서 그 다음에는 상호작용관계를 경험하면서 심리적으로 결속되고 그 과정에서 기쁨과 행복, 고통과 불행을 경험하기도 한다. 그 과정에서 마침내 성숙한 인간관계를 맺을 수 있는 능력을 갖게 된다. 이와 같이 인간이 태어나서 가족과의 심리적・사회적・육체적으로 연결감을 느끼게 되는 관계를 가족관계라고 한다. 가족관계는 모든 인간관계의 기초가 된다는 점에서 인간성장 발달에 매우 중요한 조건이다.

일반적으로 가족의 정서적 분위기를 살펴보면 그 가족이 어떠한 관계 속에 있는지를 짐작할 수 있다. 가족이 존재하는 궁극적 목적은 가족 개개인이 성숙한 인간으로 성장할 수 있도록 기반이 되어 주는 것이다. 가족이라는 관계의 틀 안에서 한 개인의 자아, 독립성, 생산성을 분명히 자각할 수 있도록 도와주는 것이다. 인간은 누구나 건강한 가정과 행복한 가족을 만들 수 있는 잠재력을 가지고 있다. 그러나 건강한 가족관계를 만드는 지혜와 기술을 배울 기회도 없고 도움을 받을 기회조차 가지지 못한 채 살아가는 사람도 있다. 가족은 가족 개개인이 최대한 성장할 수 있도록 도와주는 개인적 측면과 사회를 형성하고 유지하는 기본집단으로서의 사회적 측면을 동시에 가진다. 가족 간의 상호작용에서 나타나는 특성은 집단 내에서 주어진 사회적 역할뿐만 아니라 개인적 역할에 따라서도 달라지며 개인적 역할은 개인의 인간성, 성격, 기질에 기인하는 바도 크다.

이와 같이 가족관계란 가족 간의 인간관계에서 나타나는 권력구조, 역할구조 등과 같은 사회적 관계와 개인 간의 심리적·정서적 구조인 개인적·심리적 관계를 포괄한다. 다시 말해서 가족관계란 가족 상호작용의 역동적 과정이라고 볼 수 있다. 성장하는 가족이 있는 반면 늘 문제를 겪는 가족이 있고 그것을 명확하게 구별해 내는 것이 결코 쉬운 일은 아니다. 성장하는 건강한 가족은 가족 개개인이 온전히 발달할 수 있도록 지지와 격려를 해 주면서도 늘 노력하는 환경을 만든다. 문제를 겪는 가족은 자아에 대한 인식이 없고 늘 의존하는 분위기를 만들고 그로 인하여 가족 모두 건강한 관계형성을 못 하고 가족원들이 늘 초조하고 신경이 날카롭고 서로에게 짜증을 잘 낸다.

가족마다 그 성숙도는 다르지만 가족의 성숙도는 가족이 서로 상호작용하는 방법과 관계를 맺는 방법에 따라 결정된다고 볼 수 있다. 사회복지사가 도움을 필요로 하는 가족의 문제를 사정할 때 중점적으로 살펴봐야 할 사항이 무엇인가를 아는 것은 가족복지에 있어서 매우 중요하다. 왜냐하면 가족복지의 접근을 필요로 하는 가족에게는 복잡하게 뒤엉켜 버린 상호작용의 관계를 볼 수 있으며 이로 인하여 문제를 명료화하기 어렵기 때문이다. 가족의 모습은 바로 부모의 부부관계에 따라 크게 달라질 수 있다. 자녀의 문제로 도움이 필요한 가족이라고 해도 자녀문제는 부부관계의 문제로 인한 결과물일 수 있기 때문이다. 이 경우 자녀문제 이전의 부부문제에 대한 접근이 필요할 수도 있다. 부부간의 사랑이 얼마나 깊은가? 또 뒤틀린 방어와 정체성에는 어떤 것이 있는가에 따라서 자녀와의 관계가 달라질 수 있다. 이를테면 권위적이고 강압적인 남편에게 지배당하며 자신의 욕구를 전혀 충족시키지 못하고 있는 아내는 자녀를 통하여 자신의 정서적 욕구를 채우려 할 것이기 때문이다. 그러나 아내가 자녀와 가까운 관계가 되면 남편은 자녀를 부부 사이에 끼어든 훼방꾼으로 인식하고 자녀에게 화를 내거나 냉정하게 대하게 된다.

부부관계가 왜곡되어 있으면 자녀도 부모를 온전히 사랑하지 못한다. 지배적이고 강압적인 부모든지, 순종적이고 끌려 다니는 부모든지 어느 한쪽 편을 들게 된다. 가족을 못살게 하는 강압적 부모에게 대항하는 아이가 있는 반면 가족에게 헌신적 태도를 취하는 자녀도 있다. 이를 바탕으로 자녀 간에도 자연스럽게 서로 공격하거나 헌신하는 관계가 형성된다. 그 결과 가족관계는 서로 엉켜 가족의 문제를 만들게 되는 것이다.

가족관계는 결혼으로 결합된 부부관계와 혈연관계로 연결된 부모-자녀 관계, 혈연을 공유하는 형제자매 관계로 구성된다.

1) 부부관계

부부관계란 서로 다른 가정에서 자란 두 성인 남녀가 결혼이라는 의식 또는 제도에 의하여 이루어지는 관계이다. 비 혈연적이지만 가장 밀접한 인간관계이며 일시적이지 않고 지속적으로 서로에게 적응해 가는 동안 인격이 성숙되고 만족한 관계로 발전해 갈 수도 있다. 반면 가장 파괴적이고 고통스러운 관계가 될 가능성도 있다. 이와 같은 부부관계의 성립과 유지에 영향을 미치는 요인으로는 부부간의 역할, 권력, 스트레스, 갈등, 의사소통, 적응도 등을 들 수 있다.

대부분의 사람은 청소년기를 거쳐 청년기가 되면 결혼을 함으로써 독립된 성인이 된다. 부부관계는 건강한 가족을 위한 기반이다. 성인 남녀는 사회적·개인적 수준의 조건을 토대로 의식적·무의식적 과정에 의하여 배우자로 선택하게 된다. 건강한 결혼의 경우 두 사람 성격의 많은 부분이 의식적으로 상호작용하는 자아로 이루어져 있으나 불안정한 결혼은 무의식적인 측면으로 상호작용하는 특성을 지니고 있다.

이를테면 배우자를 선택할 때 남을 지배하고자 하는 특성을 가진 남자는 지나치게 남의 비위를 맞추어 주는 여자에게 끌리는데 이는 자신의 무의식적인 결핍된 인정욕구 때문이다. 그러나 이러한 무의식적 동기에 의하여 결혼을 하고 나면 지배적 특성을 가진 남자의 자기중심적이고 이기적인 태도는 상대방의 비위를 맞추어 주려고 애쓰는 여자의 순종적 태도에 의하여 더욱더 강화된다. 그와 같이 부부의 행동패턴은 점점 더 그 수준이 높아지고 서로 건드리지 않고, 생활하기 위하여 강한 공생관계를 형성한다. 하지만 어느 한쪽이 상대방의 행동에 대하여 이의를 제기하거나 이해하지 못하고 맞서게 되면 방어막이 약해지므로 결국 부부는 관계방식에 위협을 느껴 종전 방식을 고수하면서 가족폭력 및 학대가 이루어지게 된다.

아내에게 늘 명령하고 위협하고 비난하는 남편에 대하여 순종적인 아내는 남편의 그런 행동을 모두 받아들인다. 그것은 아내가 한쪽은 권위적이고 강압적이며, 한쪽은 회피적이고 순종적인 부모 밑에서 성장하면서 배운 행동이다. 결국 자신의 부모에게서 수동적 방어행동을 배웠고 자아감각이 없는 상태가 된 것이다. 어린 시절 거부당하는 경험을 반복하고 한 번도 만족스러운 경험을 하지 못한 아내는 결국 순종적이고 의존적으로 행동하며 남편의 비위를 맞추기 위하여 노력하게 된다. 그것마저 실패하면 불안이나 우울증이 생기기 때문이다. 그렇지 않으면 남편과 거리를 두고자 할지도 모른다. 더욱 자녀가 성장하면서 사랑받고자 하는 자신의 욕구를 자녀에게 보이기 시작하면서 자녀의 자아감각까지도 위협한다. 수동적으로 행동하는 아내가 남편과 거리를 유지하기 시작하면 남편은 더욱더 강압적이고 독선적인 태도를 보이며 그러한 행동을 강화하거나 집을 소홀히 하고 가정 밖으로 나돌 수도 있다.

아내가 공격적이고 남편이 수동적인 경우도 마찬가지라고 볼 수 있다. 계속되는 아내의 잔소리와 비난에 못 이겨 남편은 묵묵히 아내의 비위를 맞추어 준다. 그러나 아내의 까다로운 행동은 절대 줄어들지 않으며 결국 남편은 아내를 피하거나 아내가 하고 싶은 대로 무조건 따를 확률이 높아진다. 또한 자녀가 성장하면서 남편은 자녀 중 한 명과 의존적 관계를 가지게 되고 아내의 행동에 반항하도록 자녀를 무의식적으로 부추긴다.

어느 가족의 사례에서 결혼생활 내내 자기 뜻대로 되지 않을 경우 소리 지르고 난폭한 행동을 일삼는 아내를 위하여 남편은 가족을 위하여 참고 아내의 행동에 순종적인 태도로 생활하였다. 그러나 아내의 태도는 더욱더 심해지고 그렇게 18년을 생활하게 된 남편이 마침내 어느 날 다른 여자와 외도를 하게 되었다.

이와 같이 배우자의 외도는 부부 사이에 존재하는 불만족스러운 관계를 드러내는 한 증상이다. 아내는 결혼생활이 불행해진 원인을 남편과 바람난 여자 탓이라고 책임을 전가하고 자신은 희생양이 되면서 오히려 책임을 회피한다. 외도는 남편에게 많은 이익을 가져다줄 수 있다. 아내에게 무능한 남편이라는 비난을 더 이상 받을 필요도 없고 아내에게 순종적이 될 수밖에 없는 명분과 자신의 약함을 들킬 필요가 없게 되는 것이다. 자녀는 이러한 부모의 부부관계에 많은 영향을 받는다.

2) 부모 - 자녀 관계

결혼한 부부는 자녀를 낳아서 기르고 부모의 역할을 하게 되면서 본격적인 가족이 시작된다. 부부의 결혼생활은 자녀가 생김으로써 완성되며 부모 - 자녀 관계의 성립과 더불어 가족으로서 의미는 더욱 강화된다. 자녀가 사회적으로 독립된 지위를 얻기까지 부모의 사회경제적 지위에 의하여 자녀의 신분이 규정될 뿐만 아니라 인성 자체도 부모의 영향을 받게 된다. 자녀가 건강하고 독립된 성인으로 성장할 수 있는지의 여부는 부모와의 관계에 의하여 결정된다고 해도 과언이 아니다. 그러므로 부모 - 자녀 관계는 개인의 인성형성과 사회화에 있어서 무엇보다 중요한 요인이 된다.

부모 - 자녀 관계에 영향을 미치는 요인으로 부모됨의 동기, 부모의 양육태도, 부모의 스트레스, 갈등, 부모 - 자녀 간의 의사소통을 들 수 있다.

가족관계의 기반인 부부관계가 건강하지 않고 왜곡되어 있으면 부모-자녀 관계의 문제가 발생될 가능성이 높다. 결혼 초기에 부부관계에 문제가 생긴 경우 아내는 자녀와 지나칠 정도로 친밀한 관계를 맺게 되고 남편은 자녀를 자신과 아내 사이에 끼어든 방해물로 여기고 차갑게 대한다. 남편이 자녀에게 차갑게 대하면 대할수록 아내는 남편을 더 멀리하고 자녀와 더 가깝게 된다. 부부에게 자녀는 부부문제의 무의식적 탈출구가 된 것이다.

또한 지나치게 헌신적인 어머니의 행동과 강압적이고 냉정한 아버지의 행동은 자녀의 심리적 · 사회적 · 육체적 측면에 영향을 미친다. 한 아동의 사례를 보면 아이는 소심하고 겁이 많을 뿐만 아니라 심한 천식을 앓게 되었다. 아이의 공포는 자신을 미워하는 아버지 때문에, 천식은 자신을 숨 막히게 하는 어머니 때문에 생긴 병이라고 볼 수 있다. 학교생활에도 적응하지 못해 결석이 잦고 친구들과도 어울리지 못하게 되었다.

유교문화의 영향을 받는 우리나라의 경우 자녀를 통하여 자기 삶을 사는 부모가 의외로 많다. 이러한 부모는 부모로서 자부심을 느낄 만큼 자녀가 똑똑하고 성공하기를 원하며 자녀가 이룬 일에 대하여 자랑하기도 한다. 남들이 바라보는 시선, 남들이 생각하는 틀에 맞춰서 살면서 자녀의 삶을 마치 자기의 소유물인 양 취급하는 행동은 부모가 약한 자아를 지녔기 때문이다.

자신의 불안정하고 약한 자아인식 때문에 자녀를 잡고 놓아 주지 않고 늘 자녀 곁에서 자신을 보호해 줄 사람으로 만드는 것이다. 그렇게 자란 자녀는 어른이 되어도 집을 떠나지 않으며 결혼도 하지 않는다. 부모를 돌보는 것은 네가 할 일이라는 생각을 부모가 깊이 세뇌시킨 결과이다. 심지어 직업활동을 하는 데 아무런 문제가 없음에도 불구하고 취직을 하지 않고 부모에게 의지한 채 그렇게 살아간다. 혹여 자녀가 그런 관계를 벗어나려는 시도를 하는 기미가 보이면 "네가 정말 어떻게 살지 걱정이구나."라고 하면서 자녀가 죄의식을 갖도록 하면서 벗어나는 것을 막는다.

자녀가 성숙한 인간으로 성장하지 못하도록 막는 데는 다양한 방법이 있다. 특히 아버지와 딸의 근친상간 관계는 더욱 파괴적인 결과를 가져온다. 성폭력상담소를 통하여 친아버지에게 성폭행을 당한 여성들의 사례를 볼 수 있다. 친부에게 성폭행을 당한 여성들은 모두 다 온전한 인간으로서 성장할 수 있는 통로를 차단당한 채 절망적인 삶을 살고 있다. 자기 몸의 소중함을 전혀 느끼지 못하고 자신이 사랑받을 만한 존재라는 자존감을 거의 느끼지 못한다. 다른 사람과 쉽게 관계를 맺지 못하며 매우 비관적이고 부정적인 태도로 삶을 살아간다.

걸핏하면 자녀에게 신경질을 부리고 자녀를 경멸하고 무시하고 때리는 부모, 무조건 자기가 시키는 대로 하라면서 그렇게 하지 않을 경우 욕을 하고 비웃고 쌀쌀맞게 대하는 부모도 아이의 성장에 엄청난 악영향을 미친다. 그런 자녀들은 성장해서도 자신감을 가지지 못하고 현실에 대한 조절능력을 갖지 못하여 고통 받는다. 그런 식으로 자녀를 대하는 부모는 한결같이 자신과 세상에 대한 불신이 많은 사람들이다. 약한 자아인식과 원만치 않은 부부관계, 직장이나 사회생활에서 경험한 잦은 실패와 좌절, 자신에 대한 불만, 어린 시절의 뿌리 깊은 상처 때문에 자녀를 힘들게 하는 것이다. 자녀를 마음대로 부려 먹으면서 학대하는 부모나 자녀에게 지나치게 헌신적인 부모는 자녀에게 전혀 도움이 되지 못한다. 이와 같은 부모와 자녀가 함께하는 시간이 길어지면 길어질수록 자녀의 인생은 더욱 힘들어진다.

반대로 부모가 자녀에게 끌려 다니는 가족도 있다. 이들 부모는 한결같이 문제를 보이는 자녀를 어떻게 다루어야 할지 모르겠다고 힘들어한다. 버릇없는 자녀는 가정에서 막강한 권력을 가지고 있다. 조금 성장하고 나면 가출하겠다, 죽어 버리겠다는 위협을 하면서 부모를 볼모로 자신의 욕구를 충족시킨다. 이러한 경우 문제는 자녀가 아니라 부모라고 볼 수 있다. 그들은 부모로서 자녀를 키울 능력이 없을 뿐만 아니라 어른으로서 아이의 행동을 통제하지 못할 정도로 무기력하다. 아이들은 집안을 마구 어질러 놓고 제 마음대로 학교에 가지 않기도 한다. 부모가 그러한 행동을 제한하면 무섭게 화를 내면서 공격적 행동을 한다.

뿐만 아니라 자녀가 부모역할을 하는 어린 가장도 흔히 볼 수 있다. 부부갈등이 심한 경우 부부문제를 해결해 주기 위하여 공격적이고 지배적인 부모에게 먼저 다가가 필요한 욕구를 채워 주고 무기력하게 당하는 부모를 돌보아 준다. 이렇게 자녀가 가정의 평화를 유지하는 역할을 자처하는 것이다. 그런 아이들은 누가 시키지 않아도 집안을 청소하고 동생을 돌보고 밥상을 차리고 빨래를 하는 등 어른이 할 일을 자신이 모두 알아서 하고 자신의 일도 스스로 알아서 한다. 아주 어른스러운 방식으로 부모를 돌보고 위로하고 격려하고 사랑을 표현하면서 집안일을 결정하기도 한다.

이와 같은 경우 문제로 보기보다는 오히려 지지와 격려를 받을 수도 있지만 아이가 아직 어른이 아니라는 점에서 당연히 문제라고 볼 수 있다. 어릴 때부터 부모가 해야 할 역할을 부당하게 대신 함으로써 아이는 자신에게 중요한 성장과정을 놓치게 된다. 그런 아이들은 어른이 되어서 어릴 적 길들여진 부모역할에서 평생 헤어나기 힘들다는 사실을 알게 된다. 부모가 걸핏하면 싸우는 가정에서도 아이들은 힘겨운 외줄타기를 해야 한다. 부모가 조금이라도 싸울 기미가 보이면 아이들은 서로 충돌하지 않도록 관심을 다른 곳에 돌리기 위하여 모든 노력을 다한다. 아이가 갑작스럽게 엉뚱한 행동을 하거나 화를 내거나, 아파서 쓰러지기도 한다. 부모 중 한쪽이 자기에게 관심을 집중하게 해서 다른 곳에 신경을 쓰지 못하게 하는 것이다. 부모의 부부싸움은 아이의 정신세계를 심각하게 위협하기 때문에 싸움을 막기 위하여 아이는 필사적인 노력을 하는 것이다. 간혹 부부싸움을 할 때 부모 중 한쪽을 일방적으로 편드는 아이가 있다. 이런 아이들은 "엄마(혹은 아빠)가 싸우다가 혹시나 다치면 안 돼. 나로 인하여 무사할 수 있다면, 그래서 나에게 충성스러운 애정을 보인다면 나도 어느 정도 안정을 찾을 수 있을 거야."라는 무의식적 동기가 작동하기 때문이다.

학교공포증이나 등교거부증을 보이는 아이들 중에는 집 밖에서 자신과 밀접한 관계를 맺고 있는 약한 한쪽 부모를 돌보는 경우가 많다. 일반적으로 그런 행동을 하는 아이들은 다른 한쪽과 좋은 관계를 맺지 못한다. 부모 중에는 잔소리가 심하거나 늘 야단을 치는 쪽이 있다면 아이들은 그쪽과 접촉하려 하지 않는다. 그뿐만 아니라 아이들은 가능한 한 집 밖에서 시간을 보내려고 한다. 한쪽 부모가 수동적으로 행동하고 다른 쪽은 지나치게 공격적으로 행동하는 유형이라면 아이들은 공격적인 부모 쪽에서 채우지 못한 욕구를 수동적인 부모를 통하여 채우려고 한다. 아이들이 욕구를 채우기 위하여 강압적인 부모와 함께하는 경우는 거의 없다. 가족의 모든 책임을 짊어지고자 행동하는 부모는 대개 아이들의 요구에 대하여 자신의 가치를 인정받으려는 의도로 반응한다. 강압적이며 잔소리가 심한 부모와 맞서 싸우는 아이들도 있다. 다른 가족의 권리를 자신이 더 보호하는 강한 자의 역할을 맡는 것이다.

3) 형제자매 관계

형제자매는 같은 부모로부터 유전인자를 물려받아 유사한 환경에 살고 있으며 많은 시간을 함께 보내고 일상생활 중에 밀접한 경험을 함께 공유한다. 가족의 상호작용은 가족성원 사이에 일생 동안 상호적 관계를 맺는 것이다. 형제자매 간의 관계는 성, 나이, 형제 수, 터울, 남녀비율, 출생 시의 부모 나이, 가족성원의 건강, 격리, 부재, 유동성 등에 따라 다르다. 형제자매 간의 갈등은 부모의 일관성이나 일치성과 밀접한 관련이 있어 부모가 일관적이지 못할 때 형제자매는 싸움을 통하여 원하는 바를 쟁취하려 하기 쉬우나 부모가 일관성 있게 그들을 중재할 때 형제자매 간의 갈등도 줄어든다.

갈등이 있는 가족관계는 자녀 간 어떻게 관계를 맺는지에 대한 방식에도 영향을 미친다. 예를 들면 동생을 지나치게 괴롭히고 공격적인 아이의 문제를 가지고 있는 가족의 경우 가족사정에서 큰아이의 공격성은 부모를 향한 분노에서 비롯된 것임을 알 수 있게 될 것이다. 힘이 센 부모에게 자신의 공격성을 보이면 이후 더 큰 보복이 돌아올 위험이 있기 때문에 약한 동생을 자꾸 괴롭히는 것이다. 형제자매 관계는 부모에게 인정받고 싶은 욕구만큼 중요하지 않다. 부모에게 인정받기 위해 경쟁해야 하는 상황이 되면 아이들은 언제나 싸우고 경쟁할 준비를 한다.

아이들은 같이 놀이를 할 때는 물론이고 공부하거나 심부름을 하면서도 서로 경쟁하고 외모를 비교하고 서로 힘을 겨룬다. 욕을 하며 때리고 싸우기도 하고 잘못을 서로 상대방 때문이라고 전가하기도 한다. 그런 경쟁은 모두 부모로부터 관심과 인정을 받고자 하는 필사적인 노력이다. 동생이 태어나면 아이의 심경에 큰 변화가 생긴다는 것은 이미 알려진 사실이다. 잘 자라고 있던 아이가 동생이 태어나면서부터 갑자기 아기처럼 행동하거나 떼를 쓰며 어리광을 부리고 투정이 늘어 부모를 보다 더 힘들게 한다. 이것은 더 이상 자신의 욕구가 충족되지 못할 것이라는 두려움이 생기고 그런 두려움과 불안을 부모에게 보이기 위하여 반항적 행동을 하는 것이다.

이 경우 부모는 아이의 두려움과 불안을 이해하고 보다 애정 어린 반응을 보여야 한다. 그래야 아이가 동생의 존재를 인정하고 받아들이게 되며 부모가 짜증을 내고 야단을 치면 아이는 자신이 가장 두려워하는 상황이 실제 현실이 되었음을 알게 된다. 그런 상황이 되면 아이는 더욱 심하게 어리광을 부리고 반항하든가, 더 이상 야단맞지 않고 거부당하지 않기 위하여 부모의 비위를 맞추거나 위축되어 눈치를 보는 두 가지 갈림길에 놓이게 된다. 어떤 상황이 되든지 아이는 이미 잘못된 길로 들어선 것이다. 그런 상황에 아이를 계속 방치하면 동생을 위협하고 해를 가할 수 있다. 자신의 분노를 새로 태어난 아기에게 표출할 수 있기 때문에 절대 아기와 단 둘이 있게 해서는 안 되며 그런 욕구를 해결하지 않은 채 성인이 되면 형제간의 경쟁적 관계는 계속되는 것이다.

형이나 언니가 동생을 지배하도록 허용하는 가족도 있다. 이를테면 큰아이에게 어린 동생을 맡겨 두고는 아이가 울거나 보채면 큰아이를 혼낸다. 이것은 아이에게 매우 억울하고 불행한 경험이다. 아이는 동생에게 화풀이를 하게 되고 동생은 울고 아이는 또다시 부모에게 혼나는 악순환이 계속된다. 반대로 부모의 폭력이나 꾸중으로부터 서로 감싸 주고 위로하는 형제자매가 있다. 부모에게 받지 못하는 인정을 자기들끼리 주고받는 것이다. 그렇게 형성된 관계는 성인이 되어서도 유지되지만 그로 인하여 스스로 혼자 일어설 독립적 개인으로 성장하는 데 걸림돌이 될 수 있다.

생각해보기

- 개그맨 최홍림 씨는 어린 시절 형의 폭력과 엄청난 액수의 빚까지 순탄치 않았던 가정사를 공개했다. 최홍림은 “형제들이 있다고 다 행복한 것은 아니다. 피를 나눴다고 형제가 형제는 아니다”라고 하였다.
- 그는 30년째 절연 중인 친형에 대하여 절연하고 싶었던 게 초등학교 아니 다섯 살 때부터였다고 했다. 그때부터 형은 아주 무서운 존재였고 안 보면 좋은 사람이었다고 했다. 형은 돈 떨어지면 집안의 세간 살림을 다 전당포에 팔았고 폭력 · 강도도 심해 어머니가 그로 인하여 극단적인 시도를 할 정도였다.

출처 : 스포츠조선(2021.7.26.) 기사 중 발췌.

2. 가족문제

가족문제는 가족생활을 지속하는 데 필요한 가족기능에 장애가 있거나 아직 가족기능에 장애는 없지만 생활하는 데 어려움이 있어 해결이 필요한 것을 의미한다. 가족문제는 가족 내・외의 다양한 요인이 복합적으로 작용하여 발생한다.

보편적으로 가족문제는 가족의 문제와 가족문제로 구분할 수 있다. 가족의 문제는 문제를 가족 내부의 문제나 가족발달주기상의 문제로 보고 있기 때문에 문제이기보다는 발달상의 스트레스라고 볼 수 있다. 그렇기 때문에 가족의 문제는 어느 정도 예측이 가능하며 가족 내에서 스스로 해결이 가능하기도 하다. 가족의 문제를 예측할 수 있는 가족생활주기 단계별 가족 발달과업은 〈표 2-1〉과 같다.

〈표 2-1〉 **가족생활주기의 단계와 과업**

단계	가족과업
1. 결혼	• 관계에 헌신하기 • 역할과 규칙 형성하기 • 원가족에서 분리하면서 부부로서 차별화하기 • 구체적이고 개인적인 욕구와 관련하여 타협하고 협상하기
2. 학령 전 자녀 가족	• 부부 단위를 삼각형으로 안정시키기 • 자녀를 수용하고 가족에 통합시키기 • 서로에 대한 그리고 일에 대한 관계 제고
3. 학령기 자녀 가족	• 보다 많은 독립 허용하기 • 새로운 사회적 제도를 수용할 수 있도록 가족경계 열기 • 역할변화를 이해하고 수용하기
4. 십대 자녀 가족	• 경계를 조정하여 십대의 독립에 대처하기 • 개인의 자율성에 대한 새로운 과업적응 • 규칙변화 한계설정 및 역할타협
5. 자녀 진수기 가족	• 십대에게 학업과 직업훈련을 통하여 독립된 생활을 준비시켜 주기 • 청년의 독립 수용하기
6. 중년기 부모	• 빈 둥우리에 적응하기
7. 노년기 가족성원	• 손자녀와 자녀의 배우자들과의 관여 • 노화문제에 대처하기

출처 : Becvar & Becvar(1993); Carter & McGoldrick(1988); Duvall(1957).

한편 가족문제는 가족의 문제보다는 포괄적 의미로 사용되며 사회문제로서의 성격을 갖는다. 다시 말하자면 가족문제는 그 사회의 여러 가족에게서 나타나는 공통의 문제이며 다른 가족과 주변에 미치는 파급효과가 크기 때문에 개별가족은 물론 사회의 공동대처가 필요한 문제 영역이라고 볼 수 있다(야마테 시게루, 1972).

가족의 문제란 가족기능상의 문제를 의미하기도 하며 가족이나 사회의 변화로 인하여 가족구성원의 특별한 적응을 필요로 하는 상황을 의미하기도 한다. 특히 가족성원이 특별한 적응을 필요로 하는 상황과 관련하여 Boss(1988)는 위기와 스트레스라는 용어를 사용하였는데, 위기는 극심한 변화로 인하여 가족체계가 무너지고 가족의 평형이 깨져 버린 상태를 의미하며 이러한 상황이 되면 가족은 제대로 기능할 수 없다. 반면 스트레스는 단순한 변화나 가족의 평형이 혼란스러운 상태를 의미하며 가족의 기능은 어느 정도 유지되는 상태라고 할 수 있다. 일반적으로 위기에 처한 가족은 병리가족, 부적응가족, 일탈가족이라고 하며 가정폭력문제나 청소년 비행문제 등 이미 문제가 발생한 가족이라고 할 수 있다. 그러나 사회나 가족의 변화로 인한 스트레스 때문에 발생한 문제를 가진 가족은 가족기능상의 문제가 있는 것이 아니고 단지 다른 가족에 비하여 보다 더 도움이 필요한 가족이라고 할 수 있다.

한편 가족문제는 가족의 문제보다는 포괄적 의미로 사용되며 사회문제로서의 성격을 갖는다. 다시 말하자면 가족문제는 그 사회의 여러 가족에게서 나타나는 공통의 문제이며 다른 가족과 주변에 미치는 파급효과가 크기 때문에 개별가족은 물론 사회의 공동대처가 필요한 문제 영역이라고 볼 수 있다(야마테 시게루, 1972).

조흥식(1994)은 가족문제의 특성을 다음과 같이 정리하였다.

① 가족의 경제적 부양의 문제 : 빈곤문제, 가족 간 빈부격차에 의한 상대적 박탈감의 문제, 취업여성 증가의 문제

② 가족의 보호기능과 가족공동체로서의 사회화와 정서적 지지의 기능약화에서 오는 문제

③ 가족의 통제기능이 약화되거나 상실되는 데서 오는 가족관계와 가치관의 문제 : 부부갈등, 고부관계, 배우자 부정, 아내와 자녀학대 등 가정폭력문제

④ 결손가정의 문제 : 가족성원의 심리적・경제적 소외문제, 아동과 청소년의 정서적 장애, 가출, 비행문제

가족의 구조적 · 기능적 측면을 중심으로 한 가족문제의 유형은 다음과 같다.

첫째, 부부관계와 성생활은 자녀출산과 자녀양육 및 사회화를 통하여 사회의 안정과 연속성을 보장할 수 있다. 그러나 부부의 성과 관련된 기능의 문제가 있을 경우 외도문제와 이로 인한 이혼과 미혼모의 문제, 윤락행위 등의 문제가 발생하기도 한다.

둘째, 자녀출산과 사회화의 기능에 따른 문제이다. 전통적 관점에서 가족의 존속, 유지를 위한 기능을 중요시하였으며 가계계승을 위한 수단으로서 자녀출산이 필요한 경향이 많았다. 그러나 현대에서는 개인이 보다 더 중요하게 되었고 결혼과 자녀관에 대한 전반적 변화와 자녀출산을 기피하는 경향이 많아 저출산과 고령화로 인한 사회문제가 발생하였다. 또한 핵가족으로의 변화는 자녀에 대한 모든 역할을 부모가 감당해야 하기 때문에 준비되지 않은 부모의 심리적 · 정신적 부담이 증가할 뿐만 아니라 부모역할의 미숙함으로 인한 자녀학대 문제가 증가하고 있다. 2020년 10월 생후 한 달밖에 되지 않은 아기를 살해하고 야산에 유기한 후 4년 동안 양육수당과 아동수당을 부정수급한 사건 등은 심각한 문제로 사회적 관심을 집중시키기도 하였다.

셋째, 경제적 기능으로 인한 문제이다. 현대가족은 생산기능보다는 소비 위주의 기능이 더 많고 실직 등 경제적 어려움에 처할 때 가족기능에 심각한 문제를 초래하고 있다. OECD 통계에 따르면 한국의 빈곤율은 17%로 38개국 가운데 다섯 번째로 높은 것으로 나타났다. 가족이 경제적 어려움에 처하고 빈곤해지면 가족은 함께 극단적 선택을 하기도 한다. 서울 중랑구 모녀의 죽음, 강서구의 일가족 살해와 자살, 성북구와 인천 일가족 사망 등 이른바 가족동반자살사건의 문제를 들 수 있다.

이와 같이 현대사회는 다양한 가족문제로 인한 심각한 사회문제가 증가하고 있어 이에 대한 사회적 지원방안으로서 실제적인 가족복지서비스가 필요하다.

> '게임중독에 빠져 아기를 숨지게 한 부모' 사건 피의자를 면담했습니다.
>
> 게임중독에만 초점을 맞추기에는 복잡한 사연과 문제가 있더군요. 피의자인 엄마는, 고등학교 다닐 때부터 아기랑 함께 가는 엄마들만 보면 부러워하고 나중에 '딸 아들 하나씩 둔 행복한 가정 갖는 것'을 유일한 꿈으로 키우던, 너무도 평범해 보이는 여자였습니다. 남편 피의자 역시 어려서부터 몸이 허약해 소극적이고 무력하게 살아온 점만 빼면, 남에게 피해를 끼치는 일도 없고 싫은 소리도 잘 못하는 그저 평범한 40대 남자였습니다. 둘이는 서로 무척 사랑했고, 지금도 서로 끔찍하게 챙기고 아낍니다. 너무 가난하고 무기력해 아기를 가질 준비가 안 되어 있는 상태에서 임신을 한 것이

문제의 시작이었습니다. 처가살이를 하며 하루 종일 집에만 있는 것이 눈치 보여 PC방을 가기 시작했고, 구직정보와 기사 검색을 하던 중에 인터넷 역할놀이게임(RPG) 광고를 보고 클릭해 들어갔다가 서서히 빠져 들어갔습니다.

아기는 미숙아로 태어났고, 영양이 부족했던 산모에게서는 모유가 나오지 않았어요. 외할머니의 보살핌으로 영양과 안정을 공급받던 아기는 부모와 함께 지하 셋방으로 독립해 나오면서부터 만성적 영양실조와 스트레스에 시달리게 됩니다. 분유의 적절한 양, 물의 온도 맞추기, 적절한 주기도 맞추지 못하는 초보 부모, 아기가 다칠까 봐 목욕도 제대로 못 시키는 엉성한 부모, 아파서 우는지 배고파서 우는지 구분 못하고 돈이 없어 병원 갈 엄두도 못 내던 무능한 부모, 처음엔 하루 종일 아기와 함께 씨름하며 지내던 이 엉터리 부모는 아기가 밤에 잠을 자기 시작하자 평소 습관대로 PC방을 드나들기 시작합니다.

처음엔 2시간, 이후 4시간, 6시간 등으로 늘려 갑니다. 처벌받아 마땅한 극단적으로 무책임한 부모 맞습니다. 인터넷과 게임의 폐해 대책이 필요합니다. 하지만 그것만으로는 다 설명되지도 않고 유사 사례 방지도 가능할 것 같지 않습니다. 아기는 부모의 소유물이 아닌 '우리 사회에 온 고귀한 선물'입니다. 그 선물을 맡아 보호할 역할을 맡은 관리자(부모)가 제대로 관리하지 못한다면 주인인 우리 사회가 제대로 하도록 가르치고, 훈련시키고 감독해야 하고, 그래도 안 된다면 그 '고귀한 선물'이 다치기 전에 데려와 제대로 보호하고 양육해 줄 다른 '준비된, 선량한 관리자'에게 맡겨야 합니다. 우리 모두의 좀 더 깊고 진지한 관심이 필요하다고 생각해요. 아기들이 편안하고 안전한 세상이 됐으면 좋겠습니다.

출처 : http://blog.daum.net/drpyo/91(표창원의 범죄와 세상 이야기)

3. 가족에 대한 신념

가족의 삶에 대한 생각은 가족에 대한 사회복지사의 태도를 형성하는 기반이 된다. 다양한 문제를 가지고 있는 개별가족에 대하여 수용적 태도와 관점은 가족에 대한 윤리적이고 인간적인 실천으로 이끌어 줄 수 있다. 반면 가족에 대한 제한된 생각을 가지고 있는 경우 사회복지사가 가족복지서비스를 개발하는 데 걸림돌이 되기도 한다. 가족에 대한 다음과 같은 신념은 가족복지를 실천하는 사회복지사에게 매우 중요한 기반이 될 수 있다.

① 모든 가족은 건강하기를 원한다. 일반적으로 친밀한 관계를 가지고 있는 사람들은 서로 함께 살아가기를 원한다. 그리고 아이를 갖게 되었다면 그들 자녀에게 보다 바람직한 부모역할을 할 수 있기를 바란다. 그러나 친밀한 관계를 가지고 함께 살아가기를 원했던 사람들이 친밀한 관계가 깨지면서 결혼생활이 끝나고 아이들은 그들이 원하지 않는 환경에서 성장하게 되기도 한다. 이것은 가족이 자신들의 문제를 해결하려는 의지가 약하다는 것과 가족유지를 위한 노력이 부족함을 의미하는 것은 아니다. 그것은 아마도 그들 나름대로의 최선의 노력을 하였을 것이고 그 결과 가족의 문제가 감당하기 매우 어렵다고 생각하고 있음을 의미하는 것이다. 사회복지사는 사람들이 건강하고 행복하고자 하는 선천적 동기를 가지고 있다고 생각하기 때문에 조기의 적절한 개입으로 변화 가능한 기회를 선택할 수 있다고 믿는다.

② 가족은 함께 있으면서 자신의 어려움을 극복하기를 원한다. 대부분의 사람은 혼자 지내는 것보다 여러 사람과 함께 지내는 것을 좋아한다. 사람들은 어느 날 갑자기 부부가 헤어지려고 결정하고 자녀와 이별하는 결정을 하기보다는 부부간의 차이점을 해결하고 함께 있기 위한 노력을 한다. 그러나 많은 가족이 문제를 해결하는 데 어려움을 경험하게 되고 자포자기하는 마음으로 가족해체를 결정하기도 한다. 사회복지사는 가족을 위하여 실제적이고 지지적이며 구체적으로 도움을 제공할 수 있어야 한다. 조기에 개입하는 것은 가족성원 스스로가 지속적 변화를 추구하는 방식으로 자신들의 어려움을 다룰 수 있는 능력을 키우는 데 있다는 점에서 매우 유용하다. 특히 시설중심의 서비스에서 지역사회중심의 재가 서비스로 전환하는 데 있어서 중요한 신념이다.

③ 가족은 가족 간의 관계를 유지하고 가족 간의 역할로 인한 도전을 이해하고 지지받을 필요가 있다. 효과적인 배우자나 부모가 되는 방법에 대한 훈련과정과 교육이 많지만 그것을 경험하고 결혼하고 자녀를 양육하는 사람은 많지 않다. 일반적으로 결혼에 실패하거나 자녀의 문제행동이 지속적으로 문제가 될 때 주위로부터 비난의 대상이 되기 쉽다. 가족관계가 해체될 때 이를 지켜보는 객관적 입장에서는 그 가족이 경험하는 고통을 이해하지 못한 채 성급하게 판단하고 비난할 수도 있다. 그러나 이해와 지지는 새로운 인식과 건설적 변화 그리고 또 다른 선택을 위한 기회로 제공될 수 있다는 점을 인식해야 한다.

④ 가족성원이 가족 내에서 지지, 지식, 기술을 배울 수 있는 기회가 있다면 각 가족성원에 대하여 긍정적이고 효과적인 상호작용 양식을 배울 수 있을 것이다. 모든 부모는 친구, 친지 및 동료, 지역사회의 지지로부터 영향을 받을 수 있다. 이러한 지지는 적절한 사회적 기능을 위하여 필수요소라고 볼 수 있다. 그러나 어떤 부모는 부모역할모델과 지식, 정보에 대하여 거의 알지 못한 채 부모역할을 하고 있다. 부모와 가족을 돕는 일은 누구에게나 이익이 되는 적절한 지식과 기술을 습득할 수 있도록 하는 것이다. 이러한 신념은 모든 사람이 긍정적 상호작용기술을 배우게 될 때 스스로 최선을 다하려고 노력하고 자신과 가족을 변화시킬 수 있다고 보는 것이다.

⑤ 부모는 기본적으로 자신의 욕구를 충족시키고 난 후에 자녀의 욕구에 효과적으로 반응할 수 있다. 실직한 부모, 빈곤으로 인하여 고통 받는 부모 또는 이혼이나 별거 등 부부의 문제로 고통을 겪고 있는 부모는 그들이 다른 가족성원을 보호하여야 함에도 불구하고 가족성원을 위하여 필요한 역할을 하는 데 어려움을 경험한다. 가족복지의 목적이 부모가 그들 자녀의 발달을 도울 수 있는 효과적 방법을 찾을 수 있도록 서비스를 제공하는 것이라고 하더라도 부모 또한 자신의 욕구를 충족시킬 수 있는 방법을 같이 모색할 수 있어야 한다. 부모의 욕구와 스트레스를 해소할 수 있도록 도와주는 것은 그들이 보다 효과적인 방법으로 자녀를 도울 수 있는 가장 좋은 자원이기 때문이다.

⑥ 모든 가족성원은 보살핌을 필요로 한다. 사람은 누구나 다른 사람과 사랑을 느끼고 좋은 관계를 갖는 것을 필요로 한다. 그러나 때때로 화가 나서 다른 사람을 비난하고 원망하는 것은 사랑과 보살핌을 공유하는 것보다 훨씬 쉽게 이루어지기도 한다. 모든 가족은 각 구성원이 보살핌과 사랑을 경험할 수 있는 안식처와 휴식처가 될 필요가 있다. 만일 단 한 사람이 다른 사람을 희생해서 자신의 이러한 욕구를 충족한다면 그 가족은 역기능적이 된다.

⑦ 가족성원은 성이나 나이에 상관없이 서로에게 존중받을 만한 가치가 있는 존재다. 사회복지사는 가족 내에서 존재하는 힘의 구조를 파악해야 한다. 이것은 가족성원 간의 차이점, 결혼, 양육, 그리고 가족에 대한 특별한 권리에 대한 존중을 의미한다. 아동은 존중되어야 하고 인간으로서 당연한 권리가 허용되어야 하며, 성별에 따른 차이는 존중되어야 하되, 그 차이로 인한 차별이 이루어져서는 안 된다. 나이와 성에 관계없이 성장과 참여의 동등한 기회가 가족성원에게 보장되어야 하기 때문이다.

⑧ 가족의 정서적 · 행동적 문제는 가족상황 밖에서는 나타나지 않을 수 있다. 가족성원을 이해하기 위해서는 우선 전체 가족을 이해하여야만 한다. 특히 아동의 문제를 이해하고 아동과 효과적으로 작업하기 위해서는 그 가족과 효과적으로 작업할 수 있어야 한다. 가족이 경험한 문제는 일반적으로 어느 한편에 문제가 있는 것이 아니라 일상적인 가족 상호작용의 한 유형이기 때문이다.

⑨ 모든 사람은 가족을 필요로 한다. 모든 사람은 누군가와 유대감을 느낄 수 있는 관계를 필요로 한다. 다른 사람들로부터 무조건적인 긍정적 관심과 수용은 인간발달에 있어서 매우 중요하다.

⑩ 가족 내의 대부분의 문제는 어느 날 갑자기 일어난 것이 아니라 해를 거듭하면서 점차적으로 지속되어 온 문제다. 흔히 어떠한 상황 속에서의 문제발생은 가족이 도움을 요청할 수 있는 계기가 되지만 대부분의 가족문제는 오랜 기간에 걸쳐 지속되어 온 것이다. 결과적으로 해결이나 변화 역시 하룻밤 사이에 이루어지기는 어려울 것이다. 가족이 변화되기까지 장기간의 지지가 필요하다는 것을 기억해야만 한다.

⑪ 완벽한 부모가 되는 것과 충분히 좋은 부모가 되는 것과는 차이가 있다. 부모가 일관성 있게 적기에 바람직한 부모역할을 수행하기는 쉽지 않다. 부모가 화가 났을 때는 자녀에게 욕을 할 수도 있고 혹은 자신의 욕구를 억압하려고 노력할지도 모른다. 이러한 부모의 행동은 아동에게는 치명적이다. 완벽한 부모가 되기보다는, 어린 자녀의 욕구를 모두 충족시켜 주기보다는 충분하게 충족시키는 것을 목표로 하는 것이 좋다. '충분하게'의 정의는 아동의 발달욕구와 함께 변화될 것이다.

⑫ 가족은 환경체계로부터 공정하고 공평한 대우를 받기를 원한다. 많은 가족이 사회로부터 정당한 대우를 받지 못한다. 한부모가족, 무자녀가족 등 사회적으로 동일하지 않는 가족구성과 형태를 가진 가족이 동일한 원조와 체계로부터 소외되어 왔다. 사회복지사는 모든 가족에게 사회정의를 증진하고 집단 간의 불균형을 공평하게 하고자 노력해야 한다.

Chapter 03 가족복지란 **무엇인가**

가족복지를 처음 접하는 사람이라면 누구든지 다음과 같은 질문을 생각하면서 가족복지의 본래적 가치와 의미를 탐색할 수 있을 것이다.

① 가족복지의 목적은 무엇인가?
② 가족복지는 사회복지와 어떻게 다른가?
③ 가족복지 전문 사회복지사로서 나의 역할은 무엇인가?
④ 나는 내 가족과 다른 유형의 가족과 효과적으로 작업할 수 있는가?
⑤ 나는 가족성원 모두와 동시에 어떻게 작업할 수 있겠는가?
⑥ 나는 가족성원에게 무슨 질문을 해야 할지 어떻게 알 수 있는가?
⑦ 가족성원이 저항한다면 그들이 참여할 수 있도록 어떻게 유도할 수 있는가?
⑧ 가족성원이 화를 낸다면 나는 무엇을 해야 하는가?
⑨ 가족의 문제는 어떻게 우선순위를 정하는가?
⑩ 가정방문 시 내가 알아야 할 것은 무엇인가?
⑪ 나는 가족을 실질적으로 돕는 데 필요한 것들을 충분히 알고 있는가?
⑫ 특별한 문제가 있는 가족과 상담할 때 주의할 점은 무엇인가?
⑬ 가족 스스로가 그들이 처한 위기를 다룰 수 있도록 어떻게 도울 수 있는가?
⑭ 다양한 인종, 문화, 민족적 배경을 가진 가족을 어떻게 도울 수 있을까?

이 교재는 가족복지에 관한 이러한 질문을 다룰 것이며 이 교재의 목적은 다양한 가족을 효과적으로 도울 수 있는 가족복지 전문 사회복지사로서 능력을 함양할 수 있도록 하는 것이다.

1. 가족복지의 개념

가족복지의 1차 목적은 모든 가족성원이 각각의 발달적·심리적 욕구를 충족하면서 가족이 보다 유능하게 기능할 수 있도록 돕는 것이다. 가족복지는 가족의 일상과 보통의 환경 속에서 생활하는 가정과 지역사회 양 측면에 기반을 두고 있다.

가족복지를 실천하는 사회복지사는 사무실에서 가족의 문제를 상담할 수 있으나 대부분의 경우에는 그 가족의 집을 방문하면서 시작된다. 가정을 방문하여 이루어지는 이와 같은 개입은 사회복지사가 가족의 일상생활에 보다 쉽게 접근할 수 있으며 위기발생 시 특히 도움이 될 수 있다. 뿐만 아니라 사회복지사가 즉석에서 구체적으로 도움을 제공할 수 있는 다양한 방법을 모색할 수 있다. 청소년기 자녀와 부모가 갈등관계에 있을 때 사회복지사는 문제를 규명하고 개입하는 기회를 얻게 되며, 이러한 갈등을 유발하게 된 요인이 무엇인지 발견하고, 계속 싸우게 되는 반복적이고 문제 있는 상호작용패턴이 무엇인지 파악하고 지원할 수 방안을 모색할 수 있다. 이와 같이 본래적 문제가 파악되고 나면 부모와 자녀의 역기능적 행동을 보다 더 효과적인 행동으로 대체할 수 있도록 도울 수 있게 된다. 반면에 클라이언트가 사회복지사가 근무하는 기관의 사무실로 방문하여 이루어지는 가족복지는 문제가 발생한 후에 가족 시나리오를 다루게 되면서 문제중심적이 되기 쉽다. 또한 가족 내에서 이루어지는 일상적 사건들은 사무실에서 쉽게 재현되지 않기 때문에 핵심적 문제를 파악하는 데 시간이 오래 걸린다.

일반적으로 사회복지사는 문제가 언제, 어디에서 발생하든지 가족을 지원하고 필요한 도움을 줄 수 있어야 한다. 가족복지에서 가정은 문제를 일으키는 장소이기도 하지만 해결책이 마련되고 수행될 수 있는 곳이기도 하다. 가족복지를 실천하는 사회복지사는 일차적으로 가정 또는 지역사회를 토대로 일하기 때문에 문제가 있는 가족의 일상환경 내에서 즉각적으로 개입하고 변화를 만들 수 있어야 한다.

가족복지는 가족을 이루지 못하고 혼자 사는 사람과 대상자가 장애를 가졌거나 가족 중 장애가 있는 가족들이 직면한 개별적, 가족적 문제를 포함하여 가족에 영향을 미칠 수 있는 지역사회 폭넓은 범위를 다루고 있다. 사회복지는 위기에 처한 가족에게 적기에 도움을 제공하기보다는 가족이 실패할 때까지 기다린다. 다시 말해서 사회복지의 지원대상 기준이 될 때 비로소 개입하게 된다는 것이다.

이와 같이 문제가 발생한 후의 처방적 개입은 개인과 가족의 문제를 변화시키는 데 한계가 있다. 따라서 많은 사회복지 관련 기관이나 단체는 문제가 확인된 후에 가족을 모니터하고 교정하고 또는 평가하는 기능을 한다. 최악의 경우 기관은 클라이언트가 가정에서 분리되는 것을 예방하기 위한 우선적인 지원이나 도움을 제공하지 않고 가정에서 클라이언트를 분리시켜 버리는 경우도 있다.

사회복지적 차원에서 가족복지는 가족성원, 즉 각 개인이 소속되어 있는 기초 단위로서 가족문제가 더 악화되는 것을 피하고 건강한 가족기능이 유지될 수 있도록 지원할 필요가 있다는 데 의미가 있다. 가족기능이 회복, 유지, 향상되기 위하여 가족의 노력뿐만 아니라 친지, 이웃, 지역사회 그리고 기관 및 단체의 지원을 필요로 한다. 이러한 점을 감안하여 사회복지의 한 영역으로서 가족복지는 가족 중심 접근을 지향하고 실천하게 된다.

더불어 가족복지를 실천하는 사회복지사는 무엇보다 가족과 함께 작업해야 한다. 이전의 다양한 지원을 받는 과정에서 상처받은 경험이 있거나 거부당한 경험이 있는 가족은 도움을 받는 것에 대하여 수치스럽게 생각하거나 거부적인 태도를 가질 수 있다. 그런 가족은 자신의 생활환경과 동떨어진 공적인 지원기관의 사무실 같은 익숙하지 않은 환경에서 사회복지사와 가족문제를 상의하는 것 자체도 힘들게 생각할 수 있다. 가족복지를 실천하는 사회복지사는 도움을 받는 것조차 어렵거나 도움이 필요하면서도 도움을 원하지 않는 가족을 지원할 수 있어야 한다. 가족은 일반적으로 자기가 살고 있는 환경에서 더 안전하다고 느끼며 자기 가정에서 사회복지사와 상호작용하는 것을 원할 수도 있다. 그들이 익숙한 자신의 생활환경에서 사회복지사와 상호작용하면서 가족문제에 접근할 때 보다 더 협조적 관계형성이 용이하다. 또한 이 과정에서 전체 가족의 참여를 더 적극적으로 유도해 낼 수 있다. 뿐만 아니라 가족을 도울 수 있는 지역사회의 공식·비공식 측면의 지원망을 파악하고 개발함으로써 가족의 손상된 기능이 회복, 향상된 이후에도 이를 지속·유지할 수 있도록 도울 수 있는 기반을 마련할 필요가 있다.

가족복지의 또 다른 목적은 지원뿐만 아니라 가족에게 필요한 교육 및 새로운 기법 개발을 통하여 가족성원을 위한 건강하고 만족할 수 있는 가정환경을 발전시키는 것이다. 이러한 측면에서 가족복지는 복잡하지만 어떠한 가족성원의 개별적 욕구도 다른 가족성원의 욕구에 우선되어서는 안 되며 그것이 상호 균형을 유지하도록 할 수 있도록 하는 것이 매우 중요하다. 가족복지를 실천하는 사회복지사는 많은 가치 있는 가족기능을 완수하는 한편, 가족과 더불어 일하고 모든 가족성원의 권리와 욕구가 충족되는 것에 초점을 맞추어야 한다.

가족복지를 실천하는 사회복지사는 가능하면 클라이언트가 가족과 분리되지 않고 안전하게 가정에 남아있게 해야 하고 가족이 기능이 회복, 유지, 향상될 수 있도록 가족과 지역사회가 함께 할 수 있어야 한다. 간혹 가족복지는 클라이언트를 분리 보호 후 가족과 재결합할 수 있도록 관여하기도 하지만 이 경우 가족과의 분리로 인한 부정적 영향을 받지 않도록 도움을 줄 수 있다.

2. 가족복지실천의 현실

가족복지의 목표는 가족의 발달적 욕구를 충족시키고 기능적 가족이 될 수 있도록 지원하는 것이다. 가족복지는 사회복지 대상가족과 일반가족에 대한 구분 없이 모든 가족의 기능을 향상시키고자 하는 것이다. 가족복지현장에서는 사회복지사 이외에 건강가정사 등 다수의 전문직이 가족복지를 위하여 활동하고 있다.

가족복지는 개인이나 가족, 집단, 지역사회가 가족의 기능을 회복하거나 보다 더 기능적이 될 수 있도록 지원하는 전문적 활동이라고 할 수 있다. 가족복지실천이란 가족복지의 가치와 기술을 통하여 가족지원에 필요한 다양한 실천 서비스를 제공하는 목적을 가진 전문적 활동이다. 또한 사회복지현장에서 가족복지를 실천하는 사회복지사는 가족복지실천지식과 기술을 통하여 가족복지의 향상을 주도적으로 실천할 수 있는 전문직이다.

또한, 가족복지실천이란 가족복지의 거시적 접근인 가족복지정책에 대응되는 개념으로 사회복지사 등 전문직에 의하여 이루어지며 가족복지영역에서 미시적(개인, 가족, 집단수준)이며 중간적(조직, 지역사회) 접근을 통하여 개별가족의 기능을 회복, 유지, 향상시키고자 하는 전문적 활동이라고 정의할 수 있다.

이에 한국가족의 구조적, 기능적 변화를 통하여 가족복지실천의 현실을 살펴보고자 한다.

1) 한국가족의 변화

한국가족은 시대와 사회적 변화에 민감하게 영향을 받으면서 변화해 왔으며 구조적 측면과 기능적 측면으로 구분하여 살펴볼 수 있다.

(1) 한국가족변화의 특징[1)]

가장 두드러지는 가족구조의 변화는 비혼, 1인 가구 등 가족을 선택하지 않는 개인들이 증가하고 있다는 점을 들 수 있다. 혼인율 하락과 비혼에 대한 사회적 수용성이 지속적으로 확대되고 있다는 점은 향후 "결혼"이 더 이상 우리 사회의 보편적 규범으로 작동하기 어렵다는 측면을 보여준다. 또한 개인이 가치가 등 혈연이나 친족으로 이루어진 가구의 비율이 점차 감소한 반면, 1인 가구나 친족이 아닌 사람이 같이 사는 가구(비친족가구 혹은 비혈연가구) 비율은 지속적으로 증가하고 있다.

다시 말해서 전통적인 가족규범이 약화되고 있으며 이로 인하여 가족의 유동성이 심화되고 있다. 결혼의 안정성이 약화되면서 이혼, 재혼, 비혼, 동거 등과 같이 가족관계의 변화와 제도혼 이외에 관계를 선택하는 것에 대한 사회적 수용성이 점차 높아지는 추세다. 이러한 변화는 가족은 고정불변한 형태로 존재하는 것이 아니고 변화할 수 있으며 전 생애과정에서 개인이 선택할 수 있는 관계와 유동적으로 변할 수 있는 삶의 방식으로 구성될 가능성이 높아졌다. 이혼, 재혼 등으로 배우자와 자녀, 부모와의 관계가 복잡하게 구성되는 가족의 경우 기존의 가족부양과 관련된 기능을 동일하게 적용해야 하는지, 가족복지의 구조적 사각지대가 발생할 가능성도 높아지고 있다.

뿐만 아니라 가족 관련 인식조사 결과 여전히 가족은 혼인과 혈연관계로 인식되고 있었지만 그 범위는 배우자, 부모, 자녀, 형제자매와 같이 "나"를 중심으로 가까운 관계에 한정하고 있었으며 도구적 기능보다 정서적으로 친밀한 관계 중심으로 가족을 정의하는 경향이 나타났다. 이와 같이 법, 제도적으로 규정된 가족의 개념은 축소·약화되고 정서적으로 친밀한 관계중심으로 가족을 인식하는 경향이 확대되고 있다. 가족에 대한 부양의무와 책임도 약화되는 추세로 그중 부모부양이 가족의 책임이라는 인식은 점차 약화되는 반면, 기존에 가족의 책임이었던 부양을 정부와 사회가 분담해야 한다는 인식은 높아지는 추세다. 이러한 우리나라 가족변화의 특징들은 다양한 가족문제와 사회문제의 원인이 되기도 한다.

---

1) 한국여성개발원(2022). "가족변화 대응 부양제도 정비방향 및 과제"(송효진 외)의 내용 중 일부를 발췌하여 정리함.

국민의 사회적 고립도

통계개발원(2024)이 발표한 보고서인 국민 삶의 질 2023에 의하면, 여성보다 남성이, 젊은 사람보다 나이 든 사람이 "외로움"을 더 느끼는 것으로 나타났다. 외로움은 사회적 고립도로 표현하면서 이는 집안일 부탁, 이야기 상대 중 하나라도 도움을 받을 사람이 없다고 응답한 비율이었다. 이 조사에서 우리 국민의 사회적 고립도는 33.0%로 나타났는데 여성보다 남성이 높게 나타났으며 이를 극복하지 못하고 그로 인해 생을 마감하는 경우도 증가하고 있는 것으로 나타났다.

출처 : 헤럴드 경제(2025.6.5.) 기사 중 발췌 정리.

(2) 기능적 변화

기능적 측면의 변화는 크게 기능변화와 역할변화로 구분하여 살펴볼 수 있다.

① 가족기능변화

가족기능변화는 가족의 재생산과 가족집단의 형성기능은 동거, 이혼, 혼외출산, 무자녀부부 등의 증가로 점차 약화되고 있으며 경제적 기능은 자본주의 사회에서 상업화의 진전과 가구의 분화현상으로 인한 단독가구의 증가로 약화되거나 대체되고 있다. 또한 자녀양육 및 교육 등의 사회화 기능은 보육시설 및 교육기관이 주로 담당함으로써 부분적으로 약화되었고 기능형 수행방식이 직접 수행에서 관리형 수행으로 변화되었으며, 노약자 보호 기능도 노인을 대상으로 하는 보호시설과 노인복지시설 증가, 노부모 부양의식의 약화로 축소되고 있다(박선영 외, 2008).

이와 같이 기능적 측면에서 가족집단 외부에 있는 기관 및 제도와 가족의 연계적 관련성이 높아지면서 가족기능의 일부를 대체하여 수행하게 되었고 이전에 비하여 포괄적인 가족기능은 상당히 축소되고 있다고 볼 수 있다. 그러나 일부 학자는 현대사회에서 가족기능이 전반적으로 약화, 축소되고 있는 반면에 가족의 정서적 지지 제공 기능에 대한 욕구는 상대적으로 강화되고 있다고 한다. 가족의 정서적 지지 기능이란 가족이 가족성원을 돌보고 신뢰와 협력을 통하여 유대감을 돈독하게 하는 것을 의미한다.

Giddens(1992)는 과거의 가족이 제도적 측면의 성격이 강했다면 오늘날의 가족은 우애적 성격이 중요한 기능으로 변화됨에 따라 가족성원 간의 친밀성이 강조되고 있다고 하였다. 가족은 구성원 상호관계의 복합체인데 그중에서도 정서적 토대는 가족관계의 형성 및 유지의 기초요인이 된다고 할 수 있으며 가족의 정서적 기능은 친밀하고 지속적인 상호작용을 가족관계에서 구체적으로 경험하는 것으로 가족의 복지적 기능의 출발점이 된다는 것이다.

〈표 3-1〉 한국가족의 기능변화

가족기능	개인에 기여한 점	사회에 기여한 점	결과		한국가족기능 변화양상
			긍정적	부정적	
재생산과 가족집단 형성	• 소속감 제공 • 정체성 제공 (개인적 · 사회적) • 의미와 방향제공	• 성적 통제 • 사회구성원의 재생산(종족보존)	• 가족의 헌신과 유지 • 계획된 출산	• 동거, 이혼, 혼외출산, 혼전출산, 무자녀부부	• 약화(예 : 동거, 이혼, 혼외출산, 혼전출산, 무자녀 출산)
경제적 지지	• 의식주 등 기본자원제공	• 건강한 사회구성원 발달지원	• 적절한 의식주 제공	• 아동유기 및 방임	• 약화 및 대체 (예 : 상업화 단독가구)
양육, 교육 및 사회화	• 신체적, 정신적, 사회적, 심리적 발달 도움 • 사회적 가치와 규범주입	• 생산적 사회구성원 역할교육 • 성인이 생산자로서 역할을 수행하도록 지원 • 반사회적 행동통제 및 위험으로부터 사회보호	• 가족 간의 사랑 및 상호 지원 • 부부간의 헌신 및 만족 • 자녀와의 유착	• 가정폭력, 자녀학대	• 약화 및 대체 (예 : 학교, 보육시설)
노약자 보호	• 노약자 보호 및 지원	• 노약자에 대한 사회적 부담경감	• 자녀보호	• 노인학대 • 장애가족 시설보호	• 약화 및 대체 (예 : 노약자 보호시설, 부양의식 약화)

출처 : Patterson(2002 : 353); 김두섭 · 김정석 · 송유진 · 최양숙(2005: 18).

즉 가족성원 상호 간에 신뢰 있고 친밀한 관계를 토대로 개별 가족을 정서적으로 지지해 주고 개인적 정서를 지원해 줄 수 있는 것이다. 이와 같은 정서적 유대관계는 자녀출산과 양육을 통하여 사회가 필요로 하는 사회구성원을 충원해 줄 수 있게 하고 아동, 노인, 장애인 등 보호가 필요한 가족을 정서적으로 보살펴 주는 복지적 기능수행과 더불어 이러한 기능을 수행하지 못해서 발생하는 다양한 사회문제를 예방할 수 있게 된다.

② 가족역할변화

가. 가장역할변화 : 여론조사기관인 현대리서치연구소(2004)의 “2004 한국가정 가부장권의 변화에 대한 기혼남녀의 의식과 생활태도조사”에 의하면 한국가정에서 가장의 지위는 과거에 비하여 낮아졌으며(70.3%) 가장의 책임도 적어진 것(54.7%)으로 나타났다. 이런 현상에 대하여 응답자 절반 이상은 바람직하다고 평가했다. 가장의 지위가 낮아진 것이 “바람직하다”는 의견이 52.1%, “바람직하지 않다”라는 의견이 45.0%였으며, 책임감이 줄어든 것에 대하여도 “바람직한 현상”이라는 평가가 56.9%로 41.3%의 반대 의견보다 우세한 것으로 나타났다. 이러한 변화는 남녀 간에 큰 차이를 보이지 않아 한국 기혼남녀는 가부장권의 쇠퇴를 긍정적으로 받아들이고 있다는 것으로 해석하였는데, 이를 뒷받침하는 조사결과로 과거 자신의 아버지보다 지위가 낮아지고 책임이 줄어들었다고 응답한 38.8%의 응답자 중에서 아버지보다 행복한 가정생활을 하고 있다는 응답이 51.8%, 아버지보다 힘든 생활을 하고 있다는 응답이 25.4%로 행복하다는 응답이 2배나 높게 나왔다는 것이다.

이러한 결과는 과거 가부장권을 중심으로 유지되던 전통적 가족문화가 사라지고 가족성원이 평등하면서도 책임을 분담하는 새로운 가족문화가 형성되고 있음을 보여주는 결과라 할 수 있다. 이와 같은 가정문화의 변화는 핵가족화, 여성능력 향상, 맞벌이부부의 증가 등이 주요 원인이라고 볼 수 있으며, 기혼남성은 전통적 가부장권을 포기하는 대신 가장으로서의 책임과 부담감을 벗고 한 인간으로서의 행복을 선택하였다고 보고 있다.

또한 가장으로서의 가장 중요한 역할에 대하여는 경제적 부양자(47.0%), 아버지 구실(35.5%), 남편의 역할(12.5%) 순으로 나타났으며, 남편의 역할보다 아버지 역할을 더욱 중요하게 생각하고 있다고 볼 수 있다. 이러한 결과는 우리 사회의 가족문화가 전통적인 가부장적 문화로부터 자녀 중심 문화로 변화하고 있는 것이라고 볼 수 있다. 그러나 최근 자녀 위주의 생활문화로 인한 자녀양육의 문제, 지나친 교육열, 자녀문제 등으로 인하여 부모나 부부, 자녀 등 어느 한쪽에 치우치는 가족문화보다는 가족 모두가 존중받을 수 있는 새로운 가족 중심 문화로의 변화가 필요하다고 보고 있다.

나. 부부역할변화 : Daniel J. Levinson은 “남자가 겪는 인생의 사계절”과 “여자가 겪는 인생의 사계절”을 통하여 성인기 삶과 발달과정에 중요한 성의 차이가 존재한다고 하였다. 그는 심층면접법을 통하여 여자와 남자들이 왜, 어떻게 다르게 살아가고 있는지 설명하였는데

요약하자면 여성과 남성은 마치 자연의 봄, 여름, 가을, 겨울과 같이 일정한 발달주기를 가지며 이러한 발달과정상에서 성별에 따라 다른 역할을 부여받아 다른 인생을 살아가게 된다는 것이다. 그러나 남자와 여자는 태어나기 전부터 각자 다른 역할이 부여되며 그들의 봄, 여름, 가을, 겨울의 풍경은 매우 다르다는 것이다. 사회심리학자 Carol Tavris에 의하면 여성과 남성이 다르지도, 같지도 않은 문제는 평등과 같음 사이에서 일어나는 혼란의 문제라고 한다. 현실과 법에서 평등하기 위하여 남성과 여성이 똑같아야 하지만 남성과 여성을 똑같은 사람으로 대우하게 될 때 기회와 결과의 평등이 항상 나타나는 것은 아니라는 것이다.

이와 같이 혼인건수가 감소하고 성격 차이 등으로 인하여 이혼하는 비율이 높게 나타나고 있는 것은 남녀가 서로 다르게 길러지게 되어 그 다름으로 인한 차이가 너무 커 이혼할 수밖에 없다는 의미일 수도 있다.

부부 공동명의가 평등가족문화 만든다.

배보다 배꼽이 더 컸지만 관악산 아래 작은 아파트를 전매로 구입했다. 처음 등기를 할 무렵 세무사에게 부부공동명의로 등기를 할 경우 세금을 더 내야 하는지 등에 대하여 물어 보았는데 특별한 문제가 없다는 것을 확인하고 남편에게 부부재산공동명의를 제안했다. "전업주부는 우리가 서로 상의하고 선택한 거예요. 경제적 측면이랑, 아이를 기르는 문제를 함께 고려해서 그러면 아이들이 좀 자랄 때까지 나는 집안일을 하자 하고 지금까지 온 건데 내가 한 가사노동을 인정 안 하면 안 되죠. 재산 또한 부부공동생활 중 하나인데 남편이 죽으면 자식과 같은 위치에서 상속받는다는 것은 부부가 평등한 것이 아니지요."

(중략)

부부재산관계에 관련된 문제는 결혼한 이후에 발생되는 것이 아니라 결혼준비과정부터 시작되고 있음을 주목해야 한다. 평등한 부부생활을 위하여 부부공동명의가 좋은 방법 중의 하나이기는 하지만 결혼준비과정부터 실질적인 부부평등을 가질 수 있도록 하는 의식이 확산되어야 한다고 말했다.

출처 : 오마이뉴스(2002. 9. 6.).

최근 기업에서도 일-생활 균형(Work-Life Balance : WLB)에 대한 관심이 증가하고 있다. 일-생활 균형은 나의 여가시간이 증가하는 것을 의미하는 것보다는 나와 함께 살고 있는 배우자와 함께 일과 생활영역의 균형을 이루는 것이 보다 더 중요하다는 것을 의미한다. 일반적으로 남편은 집 밖의 일, 아내는 집 안의 일이라는 이분화된 역할분담에서 점점 남편도 집

밖의 일, 집 안의 일, 그리고 주방 일까지로 점차 역할영역을 변화시켜 나가고 있는 추세다. 가정생활이 만족스럽고 행복하기 위하여 무엇보다 부부의 역할분담의 개념을 공정성으로 이해하는 것이 필요하고 융통성 있는 역할분담이 중요하다고 할 수 있다.

살아가면서 부부가 싸우는 원인과 수준은 모두 다 다르지만 대부분의 경우 사소한 문제가 걷잡을 수 없는 갈등으로 발전하고 마침내 이혼까지 이르게 된다. 일반적으로 부부갈등의 원인은 경제적 문제, 역할과 책임문제, 주도권 다툼, 성적 갈등, 시댁 등 주위환경문제 등을 들 수 있는데 이러한 부부갈등을 부정적으로 생각하지 않고 현명하게 해결하는 과정을 통하여 민주적 가족문화를 형성할 수 있어야 할 것이다.

아버지가 육아와 가사에 참여할 때 아이는 이렇게 달라진다.

전 세계에서 가장 많은 시간을 일한다는 한국 아빠들은 참 힘들고 피곤하다. 그래서 아빠들은 퇴근한 다음엔 누워서 텔레비전만 보고 주말에는 손 하나 까딱하지 않고 잠만 자면 좋겠다고 생각할지도 모른다.

통계청의 2007년 조사에 따르면 부부가 맞벌이일 경우 부인의 가사노동시간은 하루 평균 3시간 28분으로 남편(32분)의 6.5배에 이른다고 한다. 그만큼 육아와 가사에 무관심하다는 이야기. 하지만 아빠가 집안일에 관심을 갖기 시작하면 놀랍게도 아이가 변하는 마법 같은 일이 벌어진다.

첫째, 책임감이 길러지고 민주적 성품을 갖추게 된다. 청소, 빨래, 요리를 엄마 몫으로 떠넘기고 아빠는 누워서 텔레비전만 보고 있다면 아이들 역시 아빠 옆에서 뒹굴게 된다. "엄마 좀 도와줘."라고 잔소리를 해도 들은 척, 만 척. 반면 엄마가 설거지를 할 때 아빠는 청소를 하고 엄마가 요리를 할 때 같이 재료준비를 하는 아빠의 모습이 일상적이라면 아이는 아빠와 엄마의 공동작업에 함께 참여하고 싶은 욕구가 생기고 집안일을 서투르게나마 따라 하게 된다. 엄마 한 사람이 가사를 모두 맡아 한다면 아이 역시 자기 일을 엄마한테 자연스레 미루게 되지만 반대로 가족이 모두 가사를 나눠 하는 분위기라면 아이가 자기 일을 자연스럽게 제 손으로 하게 되는 것.

둘째, 여성성, 남성성을 골고루 배우게 된다. 아빠와 보내는 시간보다 엄마와 함께 있는 시간이 많을수록 아이는 엄마의 영향을 많이 받게 되어 여성적 성향을 갖게 된다. 요즘 사회에서는 여성성과 남성성을 고루 갖춘 것을 이상적으로 생각하니 문제가 아닐 수 없다. 게다가 집 안에서 아빠가 구체적으로 어떤 역할을 하는지 보지 못했기 때문에 아이가 쉽게 접할 수 있는 텔레비전이나 책 등의 대중매체를 통해 남성상을 스스로 만들어 나가게 된다.

문제는 매체에서 보여주는 남성상이 지배적이고 폭력적 방향으로 왜곡되어 있다는 사실이다. 그러나 어렸을 때부터 아빠가 목욕을 시켜 주거나 기저귀를 갈아 주는 등 육아에 참여했다면 아이는 이런 눈앞에 있는 아빠의 모습을 통해 남자도 세심하고 자상할 수 있다는 것을 저절로 배우게 된다.

셋째, 정서적으로 안정된다. 영국 옥스퍼드 대학 가정교육연구소에서 조사한 바에 따르면 어려서부터 아버지와 친밀한 환경에서 자란 아이일수록 소외감이나 우울증을 덜 느낀다고 한다. 교육학자들이 하는 얘기도 단 10분만이라도 아빠가 아이와 놀아 주면 아이를 심리적으로 안정시킬 수 있다는 것. 정서적으로 불안정하면 아무리 지능이 높은 아이라도 지적 능력이 떨어진다고 하니 아빠와 친밀한 관계를 만드는 것이 얼마나 중요한지 알 수 있다. 세 자녀를 모두 하버드 예일대에 보낸 『위대한 엄마의 조건』 저자 장병혜 박사는 아버지를 돈 버는 기계로 취급하면서 엄마 혼자 육아를 맡은 경우 문제가 생길 수 있다고 한다. 아빠가 존중받지 못하는 상황에서 아이들은 남성과 여성의 성역할 차이를 인식하지 못하게 되는 것. 게다가 엄마는 혼자서 육아와 가사를 전담하다가 짜증을 내게 되고 자신도 모르게 아이에게 화풀이하게 되어 아이의 정서적 안정을 해칠 수 있다.

출처 : http://miznet.daum.net.

다. 모성역할변화 : 인간은 태어나면서 주위의 환경 특히 가정환경과 주된 양육자에 의하여 절대적 영향을 받게 된다. 인간은 미성숙한 상태로 태어나 누군가에게 절대적으로 의존하면서 보호와 보살핌을 받아야 성장할 수 있는 것이다. 그러나 최근 남녀가 만나 사랑하고 결혼하는 문제에만 집중한 나머지 자녀가 태어났을 때 어떻게 양육할 것인지 자녀를 위하여 어떤 환경을 조성해 주어야 할 것인지에 대하여 모르는 미성숙한 부모가 증가하고 있다. 그 결과 우리 사회에서는 한 해 동안 태어나자마자 유기되고 부모의 이혼으로 버림받는 아이들도 증가하고 있다. 뿐만 아니라 저출산의 문제도 심각한 사회문제 중 하나로 부각되고 있다. 국회 미래연구원(2025)이 제시한 '우리나라 인구구조 현황과 문제점' 보고서에 의하면 우리나라 평균출산율은 2024년 기준 0.75명으로 세계 유일의 0명대 합계출산율(한 여자가 가임기간인 15~49세에 낳을 것으로 기대되는 평균 출생아 수)을 기록 중이라고 한다. 1명대로 합계출산율이 높아져도 가임가능 인구 자체가 줄어 실제 출생하는 아이 수가 20만 명대에 머무는 구조적 위기 상황에 직면한 것으로 분석했다.

한국에서 여성이 출산을 기피하는 현상은 자녀를 양육하는 데 필요한 경제적·심리적 부담감의 문제가 크다. 저출산의 문제가 생산성 인구 감소로 이어져 미래 우리 사회의 심각한 사회문제가 될 것이라고 전망하기 이전에 부모세대가 자녀의 출산과 양육에 대한 책임감과 세대계승에 대한 건강한 소명의식을 가질 수 있도록 도와주어야 한다.

'다산의 여왕' 개그우먼 김○○의 출산장려편지

안녕하세요. 개그우먼 김○○입니다.

요즘 제 별명 아시죠? 다산○○, 개그계의 출산드라. 호호호, 맞아요. 제가 넷째를 가졌거든요. 아들 셋도 키우기 힘들다고 걱정들 하셨는데 제가 넷째를 가졌다니 어떤 분들을 또 걱정부터 하시더라고요. 하지만 전 즐겁기만 하답니다. 엄마들은 제 맘 다 아실 거예요. 아이들 키우랴, 방송활동하랴, 하루가 눈코 뜰 새 없이 바쁘게 지나가지만요. 일과 가정, 저에겐 둘 다 중요하거든요. 특히나 아이들을 보고 있으면 더없이 행복해요. 제가 일에 대한 열정을 끊임없이 불태울 수 있는 것도 가족과 함께 하는 행복한 시간이 없다면 불가능할 거예요.

하지만 주위를 둘러보면 일이나 경제적 어려움을 이유로 아이 낳기를 꺼리는 분들이 많이 계세요. 올해 한국 출산율이 얼마인지 아세요. 1.19명이래요. 프랑스는 2.0명, 일본은 1.32명, 경제협력개발기구(OECD)회원국의 평균이 1.6명이라고 하니 한국 출산율은 정말 심각한 수준이지요. 이런 추세라면 몇 년 후에는 1명 이하로 떨어질지도 모른대요. 그만큼 아이 키우기 힘든 세상이 되었나 봐요. 아이를 낳고 키우는 건 엄마만의 몫은 아니죠. 이젠 우리가 다함께 우리 아이들을 키우는 시대를 만들어 갔으면 좋겠어요. 정부도 국민이 아이 키우는 기쁨을 누릴 수 있도록 다양한 정책을 마련하고 있는데요. 구체적 내용을 몰라서 혜택을 놓치는 분들이 없었으면 좋겠어요.

(중략)

'기쁘게 아이를 키울 수 있는 세상'을 만드는 것이 우리 아이들에게는 가장 큰 선물이 아닐까요? 그렇게 되려면 엄마뿐만 아니라 아빠들도 아이를 함께 키워 주셔야 해요. 아이는 엄마 혼자 키우는 게 아니잖아요. 모두 함께 우리 아이를 키울 때 엄마들의 어깨가 조금은 가벼워질 것 같아요. 저도 이제 곧 네 아이의 엄마가 된다고 생각하니까 벌써부터 집 안이 복닥거리는 것 같은데요. 그래도 커 가는 아이들 얼굴 보는 게 저에게는 가장 큰 행복이에요. 아이들의 웃음소리가 끊이지 않는 집이 제 소원이거든요. 제 남편도 세상에서 제일 잘한 일이 우리 가족 만든 거래요. 일하랴, 살림하랴, 아이들 키우랴, 우리 엄마들이 힘든 건 사실이지만요. 키우기 힘들다고 애 낳고 후회하신 분 계세요? 어려울수록 가족이 가장 큰 힘이 되잖아요. 우리 모두 아이 낳고 키우기 좋은 나라를 함께 만들어 나갔으면 좋겠어요.

출처 : 위클리공감(문화체육관광부, 2009. 5. 13.).

라. 자녀에 대한 부모의 교육적 역할변화 : 부모가 자녀를 어떻게 키울 것인가? 어떻게 교육시킬 것인가는 부모의 양육방식, 자녀관, 기대수준에 따라 달라진다. 핵가족화로 인하여 자녀 수가 감소되었지만 소수 자녀를 특별한 사람으로 키우고자 하는 부모의 욕구는 더욱 커졌고 그로 인하여 가정에서 자녀교육이 차지하는 비중이 보다 커졌다. 그러나 젊은 세대 부

모는 자신의 자녀는 왕자나 공주가 되어야 한다는 생각으로 맹목적 헌신이 부모가 해야 할 일이라고 생각한다. 부모는 과잉보호 속에서 자녀문제와 비행이 생긴다는 것을 알지 못하는 경우가 많으며 그런 부모 밑에서 자란 자녀는 자기가 원하는 것이 무엇인지, 공부를 해야 하는 이유, 인생설계를 어떻게 해야 하는지에 대한 사고능력과 책임의식을 가질 기회를 박탈당한 것이다.

'학벌 = 평생보장'이라는 가치관이 팽배한 사회풍토에서는 자녀가 명문대학에 입학하는 것은 평생안심보험을 드는 것과 같은 인식을 가질 수밖에 없다. 이러한 상황 속에서 자녀를 위한 부모의 교육적 역할은 모든 교육적 노력을 명문대학에 입학시키는 것에 집중하고 자녀의 성적은 부모의 자녀를 위한 교육적 노력의 정도를 판단하는 기준이 되기도 한다. 이러한 상황에서 가정교육은 학교교육에 밀리게 되고 자녀인성에 필요한 교육(예절, 도덕)은 점점 더 어려워지게 된 것이다.

전통적으로 자녀에 대한 부모의 중요한 역할은 자녀를 교육하는 것이었다. 소중한 경험을 기초로 한 삶의 지혜는 위 세대에서 아래 세대로 전수되는 가치 있는 정보였으며, 위 세대는 아래 세대의 스승 역할을 할 수 있었다. 그러나 정보통신이 발달한 현대사회에서는 인터넷을 통하여 자신이 알고 싶은 것이나 알아야 할 것들에 대한 정보를 쉽게 입수할 수 있게 되었으며 다양한 경험을 배울 수 있는 새로운 기술습득이 경험 그 자체보다 더 중요한 생활의 지혜가 되고 있다. 요즈음 시대는 새로운 정보기기를 활용하여 정보를 얼마나 잘 활용할 수 있는지가 누가 더 많은 경험을 가졌느냐보다 더 중요한 평가기준이 되고 있는 것이다.

이와 같이 정보화 사회에서 정보활용기술에 대한 교육은 부모세대보다 자녀세대를 중심으로 이루어지고 있으며 자녀는 정보기기의 조작과 이용능력이 뛰어난 반면 부모는 새로운 기술을 이해하고 사용할 줄 모르는 무능한 존재로 인식되는가 하면 자녀에게 정보화를 위한 물리적 환경조성과 교육적 배려를 해야 하는 교육적 부담을 안게 되는 것이다. 전문가 집단은 사회적 변화에 자녀를 적응시키고 자녀에게 정보화 매체의 이용과 올바른 사용을 유도하기 위해서는 부모도 정보화 활용능력을 갖추어야 한다고 강조한다. 그러나 과거의 생활방식에 익숙한 부모세대가 새로운 정보기기에 적응한다는 것은 결코 쉽지 않기 때문에 자녀세대로부터 도움을 받을 수밖에 없다.

오늘날 부모세대는 자녀로부터 교육받는 최초의 세대가 되었다고 한다. 이러한 현상을 두고 아래 세대에 의한 위 세대의 교육은 위 세대의 권위를 약화시키고 지위를 불안하게 하는 요인이 된다고 우려하기도 한다. 전통적으로 한국가족이 외부사회로부터 받아들인 정보는 가장을 비롯한 부모세대 아버지를 통하여 유입되었다. 그러나 인터넷 이용이 자녀세대를 중심으로 확산되면서 가족이 받아들이는 정보통로가 변화되었고 이러한 변화는 가족 내 위계구조를 변화시키는 요인이 되고 있다고 본다. 교육방향의 역류현상과 가족위계구조의 전도현상은 기존의 가족관계에 영향을 미치고 부모의 권위실추를 가져오는 등 부정적 영향을 미치기도 하나 경직된 기존 위계구조를 완화하는 긍정적 영향을 미치기도 하기 때문에 정보기기를 활용하여 바람직한 부모-자녀 관계를 잇는 가족문화가 필요하다고 할 수 있다.

다시 말하자면 정보화 시대를 살아가는 자녀에게 필요한 것은 더불어 사는 삶의 원리와 규범, 인간존중사상을 체득시키는 한편, 창조적 삶을 살 수 있도록 사고력, 적응력, 창의성을 키워 주는 것이다. 이를 위하여 부모는 가정 내에서 할 수 있는 교육적 역할을 할 수 있어야 하고 이를 통하여 정보화 사회에 걸맞은 참다운 가정교육문화를 조성할 수 있어야 한다.

커뮤니케이션의 결핍은 의심을 낳고 결국 비극으로 치닫는다.

5년간 딸과 대화를 하지 않은 A씨는 이제는 자식과 대화하기가 두렵다. 딸과 대화를 시도하는 아버지에게 욕설은 기본이고 심지어 칼까지 들고 대든다. 장기간의 대화가 없었기 때문에 그들은 끝없이 오해하고 미워하고 의심까지 하게 된 것이다.

또 다른 가정의 K양은 부모와 함께 4인용 식탁에서 함께 밥을 먹어 본 지 한 달이 다 됐다. K양은 심지어 부모가 집에서 투명인간 같다고 한다. 엄마와 아빠가 있어도 없는 척 그 존재를 무시한 채 소가 닭 보듯 지낸 시간이 어느 새 몇 달이나 됐다. 더욱 심각한 것은 시간이 흐를수록 익숙해져 버려 더 이상 불편을 모른다는 것이다.

SBS 「그것이 알고 싶다」는 장기간 대화 없이 침묵으로 비극을 낳고 있는 가족에 대해 다룬 "조용한 가족, 공포의 가정" 편을 2006년 4월 8일 방영했다. 텔레비전과 인터넷, 술과 일에 빠져 가족성원들은 서로 각자의 길을 가고 있다. 더 이상 편안하고 따뜻한 가족의 모습은 오간 데 없고 각자의 방에 자기만의 세계를 담아 두고 살고 있는 것이다. 아버지가 퇴근하면 "자녀들이 제 방에 쏙 들어가 버린다."는 아버지들의 푸념은 흔한 넋두리가 되었다. 엄마의 말상대는 동네 슈퍼마켓 아저씨가 되고, 아빠의 말상대는 개가 되고 있다. 자녀들의 말상대는 인터넷 아니면 휴대폰 문자메시지다.

대화단절은 가족 간의 오해를 낳아 결국 파경에 이르게 한다. 로미오와 줄리엣이 수다쟁이고 쉽게 커뮤니케이션을 했다면 허무하게 죽지는 않았을지도 모르는 일이다. SBS 「그것이 알고 싶다」는 불안하고 위험한 상황에 빠져들고 있는 조용한 한국가족의 자화상을 보여주고 있다.

출처 : http://netv.sbs.co.kr/skin/skin

2) 가족복지실천의 현장

가족을 지원하는 사회복지의 방법으로서 가족복지실천은 가족치료나 상담과 다르다. 가족치료와 상담은 치료자의 사무실에서 50분간 주 1회 상담하는 것이 전형적이다. 반면 사회복지적 관점에서의 가족복지실천은 사회복지사가 대상 가족이 생활하는 가정을 방문하여 그들의 일상생활에 맞추어 작업한다. 가족이 도움을 가장 절실하게 필요로 할 때, 가족이 개입과 변화에 비교적 허용적일 때 가족과 함께 이루어지는 작업이라고 볼 수 있다. 이는 가족치료가 전통적으로 제공하는 주기적으로 이루어지는 것과는 다르게 필요로 할 때마다 횟수와 관계없이 직접 관여하게 된다.

위기에 처한 가족은 사회복지사의 도움을 받는 것이 일반적이기 때문에 가족의 시간구조에 맞추는 것이 사회복지사에게는 큰 스트레스로 작용하기도 한다. 그럼에도 불구하고 가족의 사건을 직접 목격하고 가족의 생활을 함께 경험한 사회복지사는 가족의 특성을 빠르게 파악할 수 있으며 지금-여기에서 즉각적으로 지원하고 필요로 하는 지식과 기술을 제공한다. 사회복지사는 매일 가족 내에서 일어나는 사건과 역할수행을 자연스럽게 파악할 수 있기 때문에 가족문제를 별도의 시간을 통하여 상담할 필요가 없다. 따라서 가족복지는 가족치료에 비하여 실제적이고 실천적이며 활동 중심적이다. 그래서 가족들은 가족문제를 해결하기 위하여 가족치료나 상담보다 가족복지서비스를 더 편안하게 인식할 수 있다. 이는 사회복지사와 가족 간의 유대를 토대로 실천현장 중심으로 관계를 발전시키는 데 중점을 두고 있기 때문이다.

사회복지사는 가족과 더불어 문제해결 및 성장 중심의 협력적 관계를 만들기 위하여 관여와 관계기술을 같이 사용한다. 가족복지의 강점 중 하나는 사회복지사가 가족성원이 새로운 또는 다른 문제해결기술과 방법을 실천하도록 돕는 과정뿐만 아니라 지원이 종결된 이후에도 가족을 지속적으로 사후관리한다는 사실에 있다.

이 외에도 해체된 가족구조를 도와줄 수 있다. 이러한 역할을 통하여 가족이 이전보다 더 기능적인 가정이 될 수 있도록 도와줄 수 있고 스트레스와 역할갈등을 조절할 수 있는 능력을 키울 수 있도록 한다. 기관과 지역사회 수준에서 사회복지사는 지역사회의 다른 원조체계에 접근함으로써 가족을 보호하거나 대변할 수 있다. 지역사회 내에서 가족복지의 최우선 목적은 가족성원이 달성할 수 있는 환경을 발전시키는 것이며 그 결과 지역사회의 기대와 기준을 동시에 충족시키는 것이다.

가족과 일하는 동안 사회복지사는 가족문제 영역과 관련되는 구체적 쟁점을 다룬다. 가족 특히 빈곤하고 과중한 부담을 가지고 있는 가족은 실질적 욕구를 충족시키는 데 보다 관심이 많으며 정직하고 솔직한 접근에 보다 더 반응적이다.

본질적으로 사회복지사는 이미 무너졌거나 무너질 위험이 있는 가족체계라는 건물을 구축하는 데 있어서 한 번에 하나씩 벽돌을 조심스럽게 쌓아 가는 가족 건축 전문가라고 할 수 있다. 이와 같이 과정을 통하여 가족의 역기능적 영역이 변화될 수 있다면 가족성원은 이후 욕구를 충족시키는 데 필요한 충분한 능력을 가지게 될 것이기 때문이다. 이러한 측면에서 가족복지는 더 강한 가족, 더 건강한 개별 가족이 될 수 있도록 지원한다. 능력이 향상되면 가족은 자신이 처해 있는 직접적 환경을 변화시킬 수 있고 이러한 환경 속에서 가족구성원은 효과적인 가족 역할을 배우고 성장하여 보다 건강한 가족이 될 수 있다. 효과적 가족복지실천사업은 여러 세대 간 전수된 부정적인 영향을 단절하고 건강한 기능성을 회복할 수 있다.

Chapter

04 가족복지실천의 **가설과 원칙**

1. 가족복지실천의 가설

가족복지실천은 사회복지사가 일방적으로 가족을 돕는 것이 아니라 가족과 함께 쌍방적인 교류를 통해 효과적으로 일하는 데 관심을 두고 있다. 이러한 관심에는 위기개입의 유용성에 대한 인식과 연결되는 가족 중심 및 가정 중심 실천에 높은 가치를 두고 있다. 또 하나 강조되어야 할 점은 가족과 개인에게 새로운 행동을 촉진하고 가족관계를 관리하는 보다 효과적인 방법을 창출하는 기술을 가르치는 데 있다는 것이다. 이러한 인식은 모두 가족사회복지실천의 다음과 같은 기본가설에 바탕을 두고 있다.

1) 가정 기반의 지원

가정 기반의 가족복지실천의 관심은 과거 10년간 아동복지 분야에서 특히 부각을 나타냈다. 가족복지사업을 가정을 기반으로 하여 실천하는 것은 가족의 기능수행 정도를 사정하는 데 있어서 사무실 기반의 사정보다 정확하게 평가할 수 있는 장점이 있다. 사회복지사는 가정에서 가족기능수행에 대한 직접적 정보를 얻을 수 있으며 가족성원이 친근한 환경에서 상호작용을 하기 때문에 가족성원 간의 관계를 지도로 그려 볼 수도 있다. 특히 사회적으로 소외된 가족이나 인간관계에서 어려움을 가지고 있는 가족, 어린 자녀의 문제를 가지고 있는 부모는 가정을 기반으로 하는 개입을 보다 선호하는 경향이 있다.

가정에서 제공되는 가족복지서비스의 이점은 단지 사정하는 것만으로 끝나지 않는다. 사무실에서의 치료는 사무실 상담 동안에 일어나는 클라이언트의 변화가 사무실 밖의 장소와 상황에까지, 특히 가정에서 지역사회까지 전환될 수 있다는 가설에 기반을 둔다. 그러나 사무실에서 가정에까지 변화가 전환되는 것이 쉽지 않다. 예를 들면 부모교육 프로그램에서 배운 지식과 기술이 지속적으로 가정에서 자녀를 대상으로 한 부모역할에 실질적 영향을 미치는 정도는 미미한 것으로 평가되었다. 이러한 결과는 문제가 발생되는 동시에 개입하는 것이 보다 효과적임을 입증하는 결과라고 볼 수 있다. 가정 기반의 가족복지서비스는 교통수단의 부족, 약속을 어기는 이유 등과 같은 장애요인을 방지할 수 있다. 가정에서 서비스를 제공하는 것은 이 외에도 다음과 같은 추가적 이점이 있다.

① 가족복지서비스를 보다 폭넓게 접근할 수 있다.
② 중도탈락하는 사람이나 약속한 후에 나타나지 않는 사례를 줄일 수 있다.
③ 모든 가족성원의 참여를 자연스럽게 유도할 수 있다.
④ 가정은 쉽게 개입할 수 있도록 세팅된 장소이다.

가정을 중심으로 서비스를 제공하는 것은 사회복지사에게 중요한 쟁점인 침묵하는 가족성원을 보다 쉽게 가족문제에 관여할 수 있도록 만든다. 가정 기반의 서비스에 대한 클라이언트의 수용도를 나타내는 프로그램에서 부모들은 다른 서비스에 비하여 집까지 찾아오는 서비스에 대하여 보다 선호하는 경향이 있다고 한다.

가정을 방문하여 서비스를 제공한 사회복지사는 모든 가족성원과 직접 접촉할 수 있고 특히 양쪽 부모를 포함하여 모든 가족성원이 참여하는 것이 중요할 때 더욱 그 필요성이 높다. 그러나 가족 전체가 항상 참여하여야 하는 것은 아니다. 가정 기반의 가족복지서비스는 고립되어 있거나 빈곤한 가족, 그리고 전문적 개입에 대하여 저항하거나 서비스에 대하여 신뢰하지 않는 가족과의 접촉을 유지하는 데 있어서 필요하지만 가정방문이 모든 가족에게 필요한 것은 아니다.

2) 가족 중심 관점

가족복지실천의 중심 신념은 가족은 변화의 중심에 있으며 가족복지의 중심축이라고 보는 것이다. 가족복지실천은 보호적 환경에서 양육되고 성장하는 것이 모든 인간의 권리라는 신념에 기초를 두고 있다. 일단 가족 중심의 개입은 표적가족이 나타내는 문제 이외의 문제를 다룰 수 있다. 전체 가족과 작업하면서 부모는 문제의 표적이 된 자녀의 개입과정에서 알게 된 사실을 적용하여 다른 자녀에게는 같은 잘못을 저지르지 않도록 할 수 있다. 표적이 된 가족이 변화되는 것 이상의 변화는 가족복지실천에서 중요한 측면이다.

> ○○가족센터에 근무하는 사회복지사는 중증장애인를 둔 가족이 살고 있는 가정을 방문했다. 가정을 방문했을 때 중증 발달장애를 지닌 대상자는 알몸으로 집 안을 돌아다니고 있었고 문은 모두 부서진 상태였으며 벽지는 모두 찢어진 상태였다. 장애인의 모와 상담하면서 가족의 문제에 대한 상담을 하면서 두 살 위인 누나에 대한 자신의 태도에 대하여 알게 되었고 누나를 위한 도움이 필요하다는 것을 인식하고 도움을 요청하게 되었다.

가족복지실천에서 문제가 있는 자녀를 위한 적절한 양육기술을 훈련하는 것이라면 다른 자녀들에게 미치는 영향까지 알고 배우는 것이 보편적이다. 논리적으로 부모가 배운 기술은 모든 가족에게 활용될 수 있으며 표적 가족성원이 변화되는 것 이외에 다른 가족성원의 문제행동이 감소되는 것 역시 가족 중심 가족복지실천의 중요한 측면이다.

3) 위기개입

가족복지실천은 가족이 스트레스와 다양한 가족사건을 경험할 때 개입의 대상조건을 갖추지 않았다 할지라도 위기개입을 한다. 위기개입은 학대 또는 자살위협과 같이 가족성원이 위험상황에 놓였을 때 개입하므로 예방적 측면에서 매우 중요하다고 볼 수 있다. 위기개입은 무엇보다 시간 제한적이기 때문에 가족이 위급할 때 즉각적으로 원조를 제공할 수 있어야 한다. 사회복지사는 가족이 위기상황을 극복하면서 대처기술을 발달시킬 수 있도록 하는 데 초점을 맞출 필요가 있다. 그리고 문제해결과 의사결정에 중점을 두면서 가족에 개입하여야 한다. 위기개입을 통하여 가족성원이 자신의 고통을 견디고 새로운 성장과 더 나은 극복의 시점까지 도달할 수 있도록 돕는다. 위기개입은 가족이 경험한 구체적이고 실질적인 문제를 중심으로 해야 한다.

위기개입은 여러 가지 복합된 문제를 가지고 있는 가족에게 접근할 때 효과적이며 직면한 문제를 즉각적으로 해결하고 예상치 못한 생활상의 사건에 적응할 수 있도록 도움이 될 수 있다. 그러나 위기에 처한 가족과 작업하는 동안 새로운 가족문제를 발견할 수도 있기 때문에 위기의 문제뿐만 아니라 위기가 가족기능에 장기적으로 미치게 될 영향도 고려해야 한다.

4) 가족생활교육의 가능성

사회복지사는 가족성원 스스로 가족 관계와 조화를 증진시킬 수 있는 기술이 향상되도록 도울 수 있다. 가족의 역할과 가족관리기술은 사회복지사가 가족을 돕는 데 필요한 기술이다. 가족에게 필요한 다음과 같은 기술은 다양한 방법으로 활용할 수 있다.

① 효과적 행동의 강화
② 분노를 다룰 수 있는 기술
③ 가족의 행동을 추적하는 방법
④ 가족갈등으로 인한 스트레스 조절방법
⑤ 역할극 같은 기법을 이용한 긍정적 행동실행 방법
⑥ 자기조절기법
⑦ 부모역할하기와 가족관리기술 개발

특히 학대 및 폭력과 관련된 문제를 지닌 가족에게 개입하게 되는 경우 부모교육 및 훈련은 순간순간의 가족 상호작용을 관찰하는 것부터 시작할 필요가 있다. 부모-자녀 상호작용 패턴에 대한 면밀한 관찰을 통하여 가족에게 필요한 대처방법을 모색할 수 있고 상호작용 패턴을 변화시킬 수 있기 때문이다.

5) 생태학적 접근

가족복지를 실천하는 사회복지사는 인간의 행동을 행동 자체보다는 사회적 맥락에서 이해하여야 한다. 생태학적 접근은 특히 사회와 가족과의 관계를 파악할 때 보다 중요하다. 사회적 맥락에서 볼 때 가족은 위험과 기회라는 양면을 지니고 있다.

예를 들면 가족이 이웃과 교류가 없으면서 범죄 가능성이 높은 지역에 사는 것은 생태학적으로 위험하다. 그러한 지역에서는 이웃 사람들이 서로에 대한 관심이 적으며 관심을 부담스러워하는 분위기 때문에 도움을 주고받을 수 없을 가능성이 높다. 그로 인하여 위기에 처할 경우 과중한 스트레스를 경험할 가능성이 높고 그것을 해소할 방법이 없어 보다 더 위험해진다.

생태적 기회는 클라이언트가 살고 있는 지역사회의 이웃에서부터 출발된다. 이웃과 서로 알고 교류할 때 도움도 주고받을 수 있다. 도움이 필요한 가족을 보다 더 종합적으로 이해하기 위하여 사회복지사는 생태적 위험과 기회의 잠재적 측면을 확인할 필요가 있다. 지역사회에 잠재되어 있는 요인들에 대한 확인을 통하여 가족 안에서의 가족성원이 수행하는 역할과 가족 밖에서의 역할의 공통점과 차이점을 발견할 수 있다.

이러한 확인이 필요한 이유 중 하나는 가족의 문제를 가족의 내적 기능이나 가족의 사회적 환경에만 초점을 맞추어 축소하거나 단순화하게 될 가능성이 있기 때문이다. 또한 모든 가족문제를 가족 상호작용의 패턴의 문제라고 생각하면서 가족 상호작용의 변화에만 집중할 수도 있다.

가족복지실천의 효과적인 접근은 가족과 사회환경 양 측면에서 강점과 자원을 검토한다. 가족복지실천은 가족의 경계선을 넘어 존재하는 요소도 고려하고 관계와 의사소통, 그 이상의 다양한 가족기능수행에 관심을 둔다. 예를 들면 부모 역할하기는 부모가 아동을 양육하는 문화와 사회환경과 밀접하게 관련되어 있다.

가족복지실천은 이웃, 지역사회 그리고 더 큰 사회에서 가족을 위한 지원의 범위를 확장하면서 가족과 사회복지사가 함께 작업하는 것이 효과적이라고 본다. 모든 가족은 가족이 속한 다양한 구성 체계와 영향을 주고받으며 어느 시점에 직장, 학교, 그리고 더 큰 체계와 상호작용한다. 무엇보다 다양한 가족이 속하고 있는 사회환경을 포함하여 문제를 사정하고, 사례관리와 상담, 교육 등 개입방법을 고려할 필요가 있다. 뿐만 아니라 가족이 위기를 극복하는 방법을 사정하고 가족이 기능을 수행하는 데 환경이 어떻게 걸림돌이 되는지 파악한다. 건강하게 기능하는 가족일지라도 억압하거나 지지적이고 보호적이지 못한 환경 속에서 생활하고 있다면 결국 그 가족의 능력과 강점에도 불구하고 긴장과 역기능적 증상을 보이게 된다. 그러한 이유로 가족복지실천의 개입은 가정, 학교, 지역사회를 연계하고 체계 간의 상호 지원과 협조체계를 가질 수 있는 기반을 마련하는 것이 중요하다. 가족과 환경과의 적절한 지원체계의 교량을 구축하는 것은 가족복지실천에서는 필수적이다.

일반적으로 사회의 지원이 적절할 때 보다 더 큰 위기를 예방할 수 있으며 이러한 지원자원이 부족할 때 가족은 경제적으로 어려움을 경험하거나 정서적인 고통뿐만 아니라 신체적으로 질병에 걸리는 등 문제가 발생할 가능성이 높아진다. 예를 들면 사회의 지원이 부족한 여성의 경우, 많은 지원을 받는 여성보다 임신기간 중에 더 많은 어려움을 경험하게 된다. 임신기간 동안 충분한 정서적·신체적 지원을 받은 여성은 더 건강한 아기를 출산하게 된다. 이와 같이 사회적 지원은 여성뿐만 아니라 태아에게까지 영향을 미친다.

가족이 스스로 지역사회에서 새로운 지원망을 가진다는 것은 가족이 사회복지사에게 전적으로 의존하게 되는 것을 예방할 수 있다. 특히 가족지원서비스가 종결된 이후에도 지역사회의 새로운 자원망을 통하여 지원받을 수 있는 자원을 확보할 수 있도록 해야 한다.

가족의 환경을 고려하는 것은 사회복지사에게 직접 실천을 의미한다고 볼 수 있다. 서비스를 받을 가족은 대부분 위기로 인한 스트레스 상황에 놓여 있는 가족이다. 가족은 사회복지사와 가족이 서로 협력적 관계를 가지게 되었을 때 가족의 욕구와 우선순위 그리고 어떠한 서비스를 선택할지 결정하는 것과 서비스 과정에 보다 더 관심을 갖게 된다. 각 가족의 고유한 상황과 특성에 맞추어 개별화된 서비스를 제공하는 것은 가족이 그저 따라야만 하는 표준화된 개입과는 분명 차이가 있으며 가족복지실천은 이러한 개별화된 서비스를 필요로 한다. 개별화된 서비스는 가족성원이 필요로 하는 서비스를 얻기 위하여 스스로 생각하고 참여하는 자발성과 자기책임감을 존중하지만 가족에게 일방적으로 따르도록 명령하는 일방적 서비스는 만족도가 낮고 가족의 기능 향상에 크게 도움이 되지 못한다. 그렇지만 어떤 가족은 포괄적인 개입보다는 하나의 특정한 문제에만 집중적인 도움이 필요할 수도 있다. 가족의 고유한 욕구와 기대를 반영하지 않은 포괄적 서비스는 결코 도움이 되지 못하기 때문이다.

종종 사회복지사와 가족은 제공받을 서비스에 대하여 분류하는 계약을 협상하기도 한다. 가족과 계약을 협상하는 과정은 가족복지실천의 핵심부분이라고 볼 수 있다. 상황이 더 나빠지거나 폭력적이 된 후에 개입하는 것보다 문제가 발생한 직후 조기에 개입하는 것이 무엇보다 중요하다. 아동이 학대로 인하여 정서적, 행동적 부적응문제가 장애로 악화되기 전에 부모역할기술을 배우도록 하는 것이 보다 더 효과적이라는 것이다.

조기개입은 두 가지 형태로 제공될 수 있다. 생활주기에의 조기개입과 문제주기에의 조기개입이다. 사회복지사는 이 두 가지 방법을 개발하고 실천할 수 있어야 한다.

생각해보기

- 서울시가 학대피해아동의 마음건강 회복을 돕기 위해 전국 최초로 시작한 '학대피해아동 전문심리치료 지원사업'을 통해 3년간 256명의 학대피해아동이 진료, 심리검사 등 총 3,800건의 서비스 지원을 받아 피해아동의 정신건강을 개선하고 가족관계도 크게 호전된 것으로 나타났다.
- '학대피해아동 전문심리치료 지원사업'은 ADHD, 소아 우울증 등 정신과적 증상을 보이는 학대피해아동을 전담병원(서울대병원 소아정신과)에 의뢰해 검사 및 치료를 지원하고, 보호자 상담, 양육 코칭을 통해 원가정 회복을 돕는 사업이다.
- 이 사업은 그동안 학대아동이 치료를 받기 위하여 통상 1년 이상 대기해야 했던 소아정신과 진료를 전담병원을 통해 한 달 만에 받을 수 있도록 함으로써 ADHD, 소아 우울증 같은 정신과적 증상을 보이는 학대피해아동의 상처가 조금이라도 빨리 아물도록 도왔다는 점에서 의미가 크다.
- 이와 같이 학대피해아동에 대한 정신 · 심리치료는 물론, 보호자 상담 · 양육코칭을 통한 원가정 회복, 조기발견을 통한 학대예방까지 전 과정에 이르는 지원을 한층 강화해 '아동학대 사각지대 제로 서울'에 속도를 낸다고 밝혔다.

출처 : 영주방송(2025.6.20.). http://www.ybs.news.

가족복지실천의 또 다른 특징은 가족의 결핍과 문제에만 대응하지 않고 가족의 강점을 구축하는 것에 있다. 가족의 강점에 초점을 맞출 때 서비스 우선순위를 선정하거나 가족 구성원들 간 서로 갈등하는 요구를 다루는 데 있어서 보다 더 실제적이고 합리적인 선택을 할 수 있다. 이 경우 가급적이면 모든 가족성원의 욕구를 고려하는 것이 필요하며 문제가 있는 특정한 가족성원에게만 집중하지 않는다.

가족복지실천의 특성을 기반으로 가족성원의 욕구를 파악하고 가족만의 특정한 문제를 다루는 방법과 활용할 수 있는 가족 내외의 자원을 발굴해야 한다. 그러나 이러한 모든 것을 가족성원과 함께 이루어야 한다.

2. 가족복지실천의 원칙

다음은 가족복지실천현장에서 가족의 강점을 토대로 가족이 지원서비스에 대하여 적극적으로 선택할 수 있는 권한을 부여할 수 있도록 허용하는 데 필요한 기본원칙이다. 이러한 기본원칙은 가족복지서비스가 가족이 긍정적으로 변화될 수 있다는 믿음과 도움을 받는 존재가 아니라 도움을 주고받을 수 있는 능력이 있다는 전제를 토대로 할 수 있다. 특히 기본원칙은 가족지원서비스의 방향과 구체적 목표를 설정할 때 필요한 기준이 되기도 한다.

① 가족을 돕는 가장 좋은 장소는 그 가족의 집이다. 집은 가족에게 가장 자연스러운 환경이다. 집에서 가족이 상호작용하는 것을 관찰함으로써 사회복지사는 가족에게 쉽게 접근할 수 있다. 가족의 사회적 상황을 바탕으로 가족에 대한 정확한 이해가 이루어지고 이러한 것을 기반으로 한 개입은 성공을 위한 기회를 제공한다. 집에서 사회복지사는 상호작용과 문제해결을 위한 대안에 관하여 즉각적 피드백을 가족에게 제공할 수 있다.

② 가족복지실천은 가족이 스스로의 문제를 해결할 수 있도록 가족의 능력을 최대로 함양시킨다. 가족복지실천의 한 가지 중요한 목적은 가족이 보다 더 기능적이 될 수 있도록 돕는 것이다. 즉각적 해결책을 제공하는 것은 현재의 스트레스를 감소시키고 순간적 해결이 될 수는 있으나 가족이 앞으로 경험하게 될 예측할 수 없는 갈등을 조절할 수 있도록 준비시키는 것은 아닐 것이다. 가족은 새로운 기술을 배우고 실천함으로써 변화한다. 개입의 주요 목표는 가족이 자신에 대하여 신뢰를 가지고 독립을 촉진하는 방법으로 변화에 적극적으로 참여할 수 있도록 하는 것이다. 사회복지사는 이것을 명확하게 인식하는 것이 중요하다. 가족이 스트레스에 대처하는 방법은 다양하다. 어떤 가족은 적절한 대처방법을 가지고 있으면서도 스트레스가 증가하면 추가적 원조를 필요로 한다. 반면에 다른 가족은 지속적 원조를 필요로 할 수 있다. 모든 가족은 그 나름대로의 독특한 강점과 약점을 동시에 가지고 있다. 그러나 어떠한 가족도 능력이나 강점에서 전적으로 부족한 것은 아니다. 이와 같이 가족의 능력에 대하여 구체적으로 정확하게 사정하는 것은 개입을 계획하기 전에 이루어져야 한다.

③ 개입은 개별화되어야 하고 특정 가족의 사회, 심리, 문화, 교육, 경제, 신체적 특성에 대한 사정에 기초하여 개별화된 개입이 이루어져야 한다. 가족복지의 실천은 도움을 필요로 하는 특정 가족이 있는 곳에서부터 출발한다. 이 원칙은 사회복지사가 몇 회를 가정방문하든지 간에 동일하게 적용된다. 한 가족에게 효과적인 것이 비슷한 문제를 가진 다른 가족에게도 동일한 효과를 기대할 수는 없다. 미리 예정된 기준에 맞추어 개입하면 특정 가족의 특별한 욕구에 적합하도록 수정할 수가 없다. 가족복지실천의 이점 중 하나는 가족의 독특성을 반

영하는 개입을 계획할 수 있다는 데 있다.

④ 사회복지사는 우선 가족의 즉각적이고 현실적인 욕구에 우선하여 반응하고 난 후 장기적 목표를 추구하여야 한다. 굶주린 사람들은 음식을 우선적으로 필요로 한다는 사실을 기억하고 사회복지사는 가족의 즉각적 욕구를 사정해야 하고 이러한 욕구가 충족될 수 있는 도움을 줄 수 있어야 한다.

Maslow(1967)는 음식과 주거를 위한 기본욕구에서 출발하여 욕구의 위계구조를 확립하였다. 욕구의 둘째 수준은 안전욕구이다. 이런 욕구를 만족시키기 위하여 안전한 주거환경에서 살아야 하는 것을 포함하여 신체적 위협으로부터 보호받고자 하는 것을 의미한다. 셋째 욕구는 소속욕구이다. 소속욕구는 집단에 소속되고 자신의 존재가치를 인정받을 때 충족되며 가족은 그러한 욕구를 충족시킬 수 있는 최초의 집단이라고 볼 수 있다. 다음 수준은 자존감 욕구이고 마지막이 자아실현욕구이다. 사회복지사는 가족성원의 기본적인 신체적 욕구와 안전의 욕구가 보장될 수 있도록 하고 다음 욕구를 위하여 가족과 함께 작업한다.

가족의 욕구는 변화한다. 사회복지사는 가족의 변화하는 욕구에 대한 우선순위와 그때마다 무엇을 도와줄 것인지에 대하여 유연하게 반응할 수 있는 능력이 필요하다.

〈표 4-1〉 **욕구사정의 예**

개인	욕구	충족방법	충족에 대한 위협
학동기	신체적	부모는 아동을 먹이고, 학용품을 구입해 준다.	급식과 학용품 구입비용이 없다.

⑤ 가족은 하나의 사회체계이므로 한 가족성원의 행동은 전체 가족에게 영향을 줄 수 있다. 한 가족성원의 행동은 다른 가족성원에게 영향을 준다. 그러나 관심을 두어야 할 것은 특정한 변화로 인하여 누가 이익을 얻고 누가 피해를 입을 것인가이다. 가능하면 개별 가족성원의 이익이 전체 가족이 치르는 대가보다 적은 결과를 예측하는 것이 가족에게 도움이 된다.

⑥ 사회복지사와 가족 간에 상호 협력관계가 형성되어야 한다. 사회복지사가 가족과 협력관계를 형성하는 것은 무엇보다 중요하다. 사회복지사는 가족문제를 해결하기 위하여 계획단계에서는 전문지식과 방법을 제공하지만 문제를 정의하고 해결하는 과정에서는 가족과 협력하여야 한다. 이런 협력적 동반관계는 공통의 문제를 확인하고 목표를 설정하고 해결책을 강구할 수 있는 힘을 부여하는 데 매우 중요한 조건이 된다.

⑦ 가족복지실천의 목표는 인종, 지역, 신념 등에 관계없이 모든 집단을 위한 사회정의를 실현하는 것이다. 전통적으로 소외된 가족에 대한 문제는 편견, 선입견, 특수한 환경에 대한 적응부족 등으로 무시되어 왔다. 가족복지실천의 목표는 무엇보다 가족에게 효과적인 서비스를 제공하는 것이다. 따라서 사회복지사는 도움이 필요한 가족에게 옹호자, 교육자, 중재자의 역할을 할 수 있어야 한다. 사회복지사는 어떤 특정한 문화적 관점을 가지고 다른 문화적 관점을 강요하는 것을 경계하여야 하고 그 대신에 가족의 문화적 유산으로부터 강점이 무엇인가를 찾아 강조할 수 있어야 한다.

PART

02

가족복지의 접근방법

Chapter 05 가족복지정책적 **접근방법**

가족복지의 정책적 접근은 그 대상을 가족 전체, 즉 전체 국민을 대상으로 하며 개별적 접근보다는 사회구조적 문제에 대한 사회적 책임이나 국가와 지역사회의 의무로 개인의 문제를 접근하는 방식으로 가족복지정책과 행정 및 제도, 관련법 등을 의미한다고 볼 수 있다.

1. 가족복지정책

1) 가족복지정책의 개념

가족복지정책의 개념은 국가와 사회에 따라 혹은 학자에 따라 다양하다. 이와 같이 가족복지정책은 서로 다른 나라와 지역의 문화를 중심으로 발달되어 왔으며 가족은 그 사회를 구성하는 가장 기초적인 집단으로서 모든 가족복지정책은 그 사회의 구성에 반드시 필요한 그 밖의 정책들과 연결되어 있기 때문이라고 볼 수 있다. 이러한 다양성에도 불구하고 가족복지정책에 대한 일반적 의미는 국가가 국민과 그 가족을 위하여 실시하는 제반 조치로서 가족생활의 유지 및 강화, 가족 내에서 성장을 도모할 수 있는 여러 시책이라고 할 수 있지만 학자마다 가족복지정책에 대한 정의는 차이가 있다.

Warts는 가족복지정책의 개념을 삶의 질과 관련하여 그 중요성을 강조하였으며 가족복지정책에는 양, 질 그리고 평등의 문제와 관련된 목표가 포함되어야 한다고 하였다. Rogers는 국가의 정책, 행동이 실제로 가족과 가족생활의 질에 영향을 미치는 방법을 가족복지정책으로 정의하였으며(Munson, 1980: 63), De Bie(1980)는 가족과 직접 관계가 되는 정책이면서 사회의 모든 목적을 실현함에 있어 그 기초가 되는 정책으로 사회, 경제, 인구정책과 밀접한 관련이 있는 정책을 가족복지정책으로 정의하고 있다(김성천, 1984: 6-7). Zimmerman(1988)은 국가에 의하여 직접적으로나 간접적으로 가족에게 영향을 미치는 모든 활동을 포함한다고 주장하며 명시적으로는 내재적 가족에 대한 목표, 직접적이고 간접적인 가족에 대한 영향, 표면적이고 잠재적인 가족에 대한 내용과 영향, 그리고 의도적이고 비의도적인 가족에 대한 결과와 같은 차원에 의하여 가족복지정책이 구체화될 수 있다고 보았다. Aldours와 Duman(1990)은 가족복지정책을 가족복지와 관련된 목표와 그 목표를 성취하기 위하여 국가와 사회에 의하여 취해지는 조치로 정의하고 있다(Malia & Cunningham, 1995).

김영모(1990: 206)는 가족복지정책을 자녀를 위한 경제적 지원, 양육, 보호 및 사회화와 노인의 보호와 부부간의 애정 및 협동을 유발하기 위한 제도로서 가족이 제 기능을 발휘하지 못할 때 가족성원의 욕구와 문제를 해결하기 위한 국가의 개입이라고 보았다. 최성재(1992: 197)는 가족의 기능, 구조 및 역할을 바람직한 방향으로 유도하고 가족 전체 및 가족성원으로서의 개인이 복지를 증진시키기 위하여 국가가 의도적으로 행하는 행동이라고 정의하고 있다.

한편 공세권(1994: 116)은 가족복지정책이란 구조적 · 기능적 측면에서 적합성을 유지할 수 있도록 기능 및 역할의 개발은 물론 가치관의 정립, 가족제도의 보완, 가족문제의 예방 및 치료, 그리고 자생력을 갖지 못한 가족의 보호라고 정의하였다. 김성천(1989: 52-53)은 가족복지정책이란 가족성원 개인의 요구와 문제를 대상으로 하는 정책이 아니라 가족의 여건이 우선시되는 요구와 문제를 해결하는 정책이라고 정의하고 있다.

이와 같이 다양한 가족복지정책의 개념 정의를 종합해 보자면 가족복지정책은 역기능적 가족의 구조와 기능으로 인하여 발생하는 가족문제와 이로 인하여 발생하는 사회문제를 예방, 해결하고 보다 더 건강한 가족, 사회를 유지, 강화하고자 하는 국가와 사회의 노력이라고 할 수 있다.

2) 가족복지정책의 범위 및 유형

(1) 가족복지정책의 범위

가족복지정책의 개념 정의와 마찬가지로 그 범위를 설정하는 것 또한 쉬운 문제는 아니다. 가족복지를 추구하는 국가와 그 이상의 목적을 가지고 가족복지정책을 추구하는 국가이든지 간에 국가가 실시하는 대부분의 정책은 어떠한 형식으로든지 가족에게 영향을 미친다는 점에서 모두 가족복지정책에 포함될 수 있다.

이러한 측면에서 본다면 가족복지정책은 보다 폭넓은 범위에서 소득재분배정책, 인구정책, 의존적 가족성원에 대한 지지적 · 대리적 서비스, 아동에게 영향을 미치는 공공정책, 여성 및 노인을 위한 정책, 실직자를 위한 정책 등 모두 포함될 수 있다. 이와 같이 광범위한 가족복지정책의 범위에 대하여 변화순(1995)은 가족복지정책에는 가족에 대한 구체적이고 분명한 목표를 달성하기 위하여 제안된 명시적 프로그램 및 정책, 가족에게 그리고 가족을 위하여 의도적으로 시행되기는 하나 가족에 대한 합의된 전반적 목표가 없는 정책 및 프로그램을 모두 포함한다고 보았고 명시적 가족복지정책에는 인구정책, 가족급여정책, 가족법, 노동시장정책, 요보호대상자 가족을 위한 가족복지정책, 대인적 사회복지서비스 제도로 구분하고 있다.

한편 조흥식(1997: 186)은 한국가족복지정책의 범위를 광의의 가족정책, 협의의 가족정책으로 구분하여 광의의 정책으로는 생활보호제도, 한부모가족, 소년소녀가장제도, 보육정책, 가정폭력에 관련된 정책 등으로 구분하고 있다. 이와 같이 가족복지정책의 구체적 범위를 구분하는 것은 결코 쉬운 일이 아니다. 이는 정책의 목표와 대상이 모호하고 다른 정책과 겹치기도 하면서 가족복지정책이 그 사회와 국가의 특성을 반영하는 특성을 가지고 있기 때문이다.

다양한 가족복지정책과 제도를 구분함에 있어 흔히 사용되는 방법은 가족이 수행하는 사회적 기능과 역할에 의하여 분류하는 방법이다. 국가가 기대하는 가족의 기능 혹은 역할수행은 부적응적 역기능의 관점에서 가족의 욕구로 표현되며 이와 관련하여 가족복지정책을 〈표 5-1〉과 같이 구분할 수 있다.

〈표 5-1〉 가족복지정책의 범위

가족욕구	가족복지정책의 범위
경제적 욕구	사회보험, 공공부조, 가족수당, 세금감면, 주택 관련 지원
육체건강의 욕구	건강보험 및 관련 프로그램
양육 및 보호욕구	아동수당, 육아휴직, 양육비 지원, 보육서비스, 모자보건, 가족간병휴가, 노인, 아동, 장애인, 입양아부양지원서비스
심리정서적 욕구	가족상담 및 치료서비스, 가족폭력 및 학대지원서비스, 부부상담, 기타 서비스
건강가족유지욕구	가족과 관련된 법, 제도[가족관계의 등록 등에 관한 법률, 민법(가족법), 건강가정지원법 등]

(2) 가족복지정책의 유형

가족복지정책은 그 사회와 국가가 지향하는 측면과 밀접하게 관련되어 있기 때문에 명확하게 유형화하기에는 다소 무리가 있지만 각 국가가 채택하고 있는 가족복지정책의 모델과 서비스의 형태에 따라 공통요소와 특성을 살펴볼 수 있다.

Gauthier(1996)는 인구학적 변화인 출산율 하락, 인구고령화, 한부모가족 증가, 여성의 사회참여 증가 등과 같은 요소에 대한 국가개입이 가족복지정책으로 나타난다고 하면서 국가마다 정책의 선정과 개입방법 및 수준의 차이가 있음을 분석하고 가족의 현금급여, 취업지원급여, 보육제도, 피임과 낙태에 관한 법률 등을 중심으로 가족복지정책의 모델을 프랑스의 가족친화적 모델, 독일의 전통주의 모델, 덴마크와 스웨덴의 양성평등주의 모델, 미국과 영국의 가족친화적이면서 비개입주의 모델 등 네 가지로 유형화했다.

〈표 5-2〉 Gauthier의 가족복지정책 유형

유형별	정책적 관심	정책 프로그램	해당 국가
가족친화적 모델 출산장려주의 모델	저출산의 문제를 해결하기 위한 출산장려 정책	자녀수당, 모성휴가, 보육시설 지원, 낙태에 대해 관대	프랑스
전통주의 모델	전통적 · 가족친화적 정책목표 유지, 가족지원을 위한 중간 정도의 국가개입	취업모 세제지원, 휴가급여, 보육정책 부진	독일
양성평등주의 모델	남녀평등 증진, 취업부모에 대한 국가지원	부모휴가, 자녀간병휴가, 아동수당, 낙태에 대해 관대	덴마크, 스웨덴
가족친화적이면서 비개입주의 모델	최소한의 국가개입, 요보호가족 중심 개입, 전통적 가족유형 선호, 자립강화	낮은 수준의 모성휴가, 보육지원	미국, 영국

Esping-Andersen(1999)은 사회복지정책이 가족 중심의 책임을 강조하면서 가족주의, 가족에 대한 사회적 책임을 강조하였고 복지국가의 유형에 따라 분석될 수 있다고 보았다. 각국의 복지이념, 사회계급과 계층 간의 역동적 관계에 의하여 소득보장정책, 노동시장정책이 규제를 받는 것과 같이 가족복지정책도 이러한 사회구조적 요인들로부터 영향을 받으며 자유주의 복지체계, 조합주의 복지체계, 사회민주주의 복지체계 등에 따라서 국가의 가족에 대한 역할과 개입 정도에 따라 크게 가족주의와 탈가족주의로 유형화될 수 있다고 보았다.

〈표 5-3〉 Esping-Andersen의 복지국가체계에 따른 가족복지 유형

복지체계	가족복지 유형	국가의 역할과 개입	해당 국가
자유주의 복지체계	가족주의	국가개입 최소화, 가족 스스로의 책임과 전통적 가족기능 강조	미국, 캐나다, 영국
조합주의 복지체계	이원적 가족주의	국가가 상당 부분 개입하나 가족이 보호와 양육기능의 책임주체로 역할강화	독일, 프랑스, 호주, 이탈리아, 네덜란드
사회민주주의, 조합주의 혼합	탈가족주의	국가가 가족에게 부양과 양육의 책임을 전가하지 않음	덴마크, 스웨덴, 노르웨이, 핀란드

Kammerman과 Kahn은 가족정책에 포함될 내용이 무엇인지, 어디까지를 가족정책으로 할 것인지에 대한 것은 각 국가의 역사적·사회적 특성에 따라 다르기 때문에 단정적으로 규정하기가 어렵다고 보고 가족정책을 내용에 따라 고용 관련, 소득 관련, 사회서비스로 분류하였다.

〈표 5-4〉 Kammerman과 Kahn의 복지국가체계에 따른 가족복지 유형

유형별	가족복지정책	프로그램
고용 관련	고용과 양육제도	모성·부성 지원정책
		피고용자 급여
소득 관련	조세제도	세율차등적용, 피부양자 면세제도, 빈곤자 면세, 근로소득공제
	가족급여제도	피부양자수당, 식권제도
사회 서비스	보육제도	보육서비스
	모성건강, 아동건강	모성휴가, 학교보건
	주택정책	주택임대
	특수가족을 위한 정책	빈곤가족의 보충급여, 특별요구를 가진 아동지원서비스, 아동복지서비스

한국의 가족복지정책 유형은 가족변화에 따라 가족복지를 증진시킬 수 있는 방향으로 대응하고 있으며 특히 시대와 인구변화에 따라 가족복지정책의 방향이 변화되어 왔다고 볼 수 있다. 이러한 변화를 중심으로 한국의 가족복지정책을 살펴보면 가족에 대한 소득지원정책과 가족과 취업을 양립하는 고용지원정책과 저소득 가족을 위한 지원정책으로 구분해 볼 수 있다. 소득지원정책에는 세제혜택, 사회보험 등이 있으며 고용지원정책에는 산전·후 휴가 및 급여, 육아휴직 및 급여, 직장보육시설 등이 있고 보호 및 양육지원 프로그램에는 영유아보육, 장애인부양 등이 있다. 최근 저출산 고령화로 인한 인구변화에 따라 저출산, 고령화에

따른 기본계획을 수립, 추진하고 있다. 제4차 기본계획(2020~2025)에는 모든 세대가 함께 행복한 지속가능한 사회라는 비전으로 개인 삶의 질 향상, 성평등하고 공정한 사회, 인구변화대응 사회혁신을 목표로 4개 전략 20개 세부사업을 포함하고 있다.

2. 가족복지정책 전달체계

한국의 가족복지정책을 추진하는 체계는 크게 공공전달체계와 민간전달체계로 구분해 볼 수 있다. 즉, 공공정책을 집행하는 중앙과 지방부서, 국가로부터 위탁받은 민간 차원의 추진체계로 구분할 수 있다.

먼저 공공전달체계로서 가족복지정책을 기획・수립하는 중앙의 정책담당행정기구와 수립된 가족복지정책을 집행하는 지방자치단체의 행정부서가 있다. 중앙에서 가족복지정책을 기획하고 입안하는 대표적인 기구로는 보건복지부, 여성가족부, 그리고 노동부이며 지방자치단체의 행정부서는 시・군・구의 문화복지과, 사회복지과, 시민복지과, 가족여성과, 가정복지과 등이다. 둘째, 민간전달체계는 중앙정부나 지방정부의 위탁을 받아 가족복지정책을 직접적으로 전달하는 가족복지서비스 기관이며 대표적인 민간전달체계로 건강가정지원센터와 다문화가족지원센터, 사회복지관, 가족 관련 상담소 등을 들 수 있다. 중앙과 지방의 가족복지담당기구와 민간전달체계를 살펴보면 다음과 같다.

1) 공공전달체계

(1) 중앙부처

중앙의 가족복지담당 행정기구는 업무별, 부처 간 잦은 이동을 반복하면서 변화를 가져왔다. 2000년까지는 보건복지부가 주관해 왔다고 볼 수 있으나 2001년 여성부가 신설되면서 여성 관련 정책이 가족정책에서 분리되어 이관되었고 이후 2004년에는 보육정책, 2005년 7월에는 가족복지정책이 여성부로 이관됨으로써 가족복지정책을 주관하는 중앙부서는 여성가족부가 되었다. 따라서 가족 관련 정책들이 보건복지부, 여성가족부, 노동부 등 여러 부처에서 '가족복지'라는 통합적 시각이 결여된 채 다소 분립적 형태로 생성되는 실정이었다. 그러나 저출산·고령화 사회로 접어들면서 전통적 가족구조와 역할이 변화하고 가족문제가 심각해졌으며 이에 가족문제를 예방하고 새로 등장하는 다양한 가족이 가족공동체로서 역할을 다할 수 있도록 지원하는 일이 시급해졌고 여성가족부가 가족정책을 수립·조정·지원하는 기능을 수행하고 있다.

〈표 5-5〉는 가족정책을 담당하는 세 개 부처의 업무내용을 정리한 것이다.

〈표 5-5〉 중앙부처의 가족복지정책 업무내용

중앙부처	관련국	과	업무내용
보건복지부	저출산고령사회정책실	보육정책관	중앙부처 및 지방자치단체의 영유아정책의 협의·조정 총괄, 보육정책조정위원회 및 보육정책위원회의 운영, 보육 관련 법령의 관리·운영, 보육개발원 및 보육사업지원센터의 설립 및 지도·감독, 보육시설종사자의 양성 및 교육훈련, 보육시설종사자의 경력 및 자격관리에 관한 사항, 영아·장애아·다문화가족 영유아 등 취약 보육서비스 및 요보호영유아 지원에 관한 사항, 보육시설의 평가인증, 보육시설의 지원 및 지도·감독
여성가족부	청소년가족정책실	가족정책관	가족정책과 : 건강가정기본계획의 수립·조정 및 연도별 시행계획의 총괄, 중앙부처 및 지방자치단체 가족정책의 협의·조정 총괄, 가족 및 가족친화 사회환경 관련 법령의 관리·운영, 건강가정정책의 평가, 중앙건강가정정책위원회의 구성·운영, 가족제도·가족실태에 관한 조사·연구, 건강가정사업을 위한 아동업무에 관한 정책의 개발, 가정의 날 및 부부의 날 운영 등 가족 관련 행사에 관한 사항, 가족 관련 법인·단체의 육성·지원 및 지도·감독, 건강가정지원센터의 설치·운영 등 가족서비스의 지원, 건강가정사·가정봉사원의 양성 및 교육훈련, 지역사회 가족기능 강화 관련 자원 연계 및 조정, 가족친화 사회환경 관련 실태조사 및 계획의 수립·시행, 가족친화 직장·마을환경 조성 지원 및 가족친화기업 등의 인증·관리, 결혼준비교육·부모교육·가족윤리교육과 가족가치의 실현 및 가정생활과 관련된 교육 등에 대한 지원, 가족상담·교육프로그램의 개발·보급, 민주적이고 양성평등한 가족문화의 확산 및 건전가정의례의 보급에 관한 사항
			가족지원과 : 가족에 대한 양육·부양의 사회적 분담을 위한 정책의 총괄 및 조정 및 제도개선, 아이돌보미 지원사업 등 가족의 자녀양육 지원 시책의 추진, 조손가족 지원에 관한 시책의 추진, 미혼모 및 미혼모시설에 대한 지원, 청소년 한부모의 자립 지원에 관한 사항, 취약가족 등에 대한 지원, 한부모가족 지원 관련 계획의 수립 및 법령의 관리·운영, 한부모가족 아동양육 및 교육의 지원, 한부모가족 복지시설의 지원·육성 및 종사자 능력개발, 한부모가족복지단체의 지원 및 관리, 한부모가족의 고용연계 지원 및 복지자금 대여
			다문화가족과 : 중앙부처 및 지방자치단체의 다문화가족지원정책 총괄, 다문화가족 관련 중장기 전망·분석 및 대책 수립, 다문화가족 사회통합 지원 대책의 수립·시행, 외국인정책위원회 결혼이민자지원실무분과위원회의 총괄·운영, 다문화가족 관련 조

중앙부처	관련국	과	업무내용
			사 · 연구 및 법령의 관리 · 운영, 다문화가족에 대한 사회적 인식개선을 위한 시책 추진 및 홍보, 다문화가족지원 관련 민 · 관 협력사업 추진, 다문화가족지원센터의 운영지원, 다문화가족의 사회적응 프로그램 개발 · 운영, 다국어지원시스템 구축 · 운영 등 다문화가족의 의사소통 지원, 다문화가족의 자녀양육 지원에 관한 사항, 결혼이민자 전문인력 양성 등 경제 · 사회적 자립 지원, 결혼중개업 관리에 관한 법령의 관리 · 운영, 결혼중개업 종사자 및 지방자치단체 관계 공무원의 교육에 관한 사항, 결혼중개업 등록 · 신고의 관리, 국제결혼 예정자의 사전 준비 지원에 관한 사항, 국제결혼이민관의 설치 및 운영에 관한 사항
		청소년정책관	청소년정책과 : 청소년정책에 관한 중장기 기본계획의 수립 및 조정, 중앙부처 및 지방자치단체 청소년정책의 협의 · 조정 총괄, 청소년정책 관련 법령의 관리 · 운영, 청소년정책관계기관협의회의 운영, 청소년정책 전담 기구 · 공무원 등 전달체계에 관한 사항, 관계 기관 청소년정책의 평가 및 지원에 관한 사항, 청소년의 달 등 청소년 관련 행사 및 포상에 관한 사항, 청소년정책 관련 조사 · 연구 및 제도개선, 청소년 관련 통계의 유지 및 백서 등의 발간, 청소년 관련 산하기관 및 법인 관리 총괄, 청소년 관련 기관 · 단체 종사자의 교육 · 훈련, 청소년지도자 자질향상에 관한 사항, 청소년 인권보호 등 청소년 권리증진에 관한 사항, 청소년 특별회의 및 참여위원회 등 청소년 정책 참여기구 구성 · 운영 지원, 청소년 정책참여 활성화 프로그램의 개발 · 보급, 청소년 우대정책의 수립 및 교육 · 홍보, 청소년증의 발급 및 운영에 관한 사항, 그 밖에 실내 다른 과의 주관에 속하지 아니하는 사항
			청소년역량개발과 : 청소년 활동진흥 및 역량개발에 관한 계획의 수립 · 시행, 한국청소년수련원, 한국청소년진흥센터 및 지방청소년활동진흥센터의 설치 · 운영 지원, 청소년수련프로그램 · 사업의 개발 · 보급 및 평가, 청소년수련활동인증제의 운영 · 관리에 관한 사항, 청소년의 여가활용 및 문화 · 예술체험 활성화에 관한 사항, 청소년 축제 및 동아리 발굴 · 지원에 관한 사항, 청소년 활동정보 제공 · 지원, 청소년 자원봉사활동에 관한 사항, 청소년지도사의 자격검정 · 연수 및 활동 지원, 청소년수련지구의 지정 · 관리 및 조성에 관한 사항, 청소년수련시설의 건립 · 운영 및 지도 · 점검에 관한 사항, 국립청소년수련시설의 국유재산 · 물품의 취득 및 관리에 관한 사항, 학교교육 · 평생교육과 연계한 청소년 능력개발 프로그램의 개발 및 시행, 청소년 방과 후 아카데미 등 방과 후 활동 프로그램의 개발 · 지원, 학력 비인정 비정규학교, 청소년공부방 등의 운영 · 지원
			청소년교류과 : 청소년 국제교류에 관한 계획의 수립 · 시행, 청소년 국제교류를 위한 프로그램 개발 및 운영 지원, 청소년 관련 국제행사 개최 및 국제교류에 관한 사항, 교포청소년 및 남북 청소년 교류활동 지원, 청소년교류센터의 설치 · 운영에 관한 사항, 세계청소년축제 및 국제청소년 야영대회 개최에 관한 사항, 소외계층 청소년의 해외연수 지원에 관한 사항, 지방자치단체 및 청소년단체의 국제교류활동 협력 · 지원에 관한 사항
			청소년자립지원과 : 청소년복지에 관한 정책의 총괄 및 계획의 수립 · 시행, 청소년복지 관련 법령의 관리 · 운영, 청소년복지서비스의 조사 · 연구 및 통계에 관한 사항, 청

중앙부처	관련국	과	업무내용
			소년복지시설의 운영 · 지원 및 청소년복지 · 지원업무 종사자의 교육 · 훈련, 한국청소년상담원의 지도 · 감독, 청소년상담사의 자격검정 · 연수 등에 관한 사항, 청소년치료센터의 설립 및 운영에 관한 사항, 취약계층 청소년의 보호 · 상담 · 자립 등에 대한 계획의 수립 · 조정 및 시행, 가출 · 비취학 · 학업중단 등 청소년에 대한 보호 및 자립지원에 관한 사항, 북한이탈청소년 및 다문화가정 청소년의 지원에 관한 사항, 청소년비행 · 폭력 등의 예방 및 선도에 관한 사항, 폭력, 학대 등에 노출된 청소년의 상담, 치료 및 법률서비스 지원, 위기 청소년을 위한 사회안전망 구축을 위한 종합대책의 수립 · 조정, 청소년상담센터 등 청소년상담 · 구조 관련 기관 · 단체에 대한 지도 · 지원, 청소년 전화 · 청소년 모바일 상담 및 청소년동반자 프로그램의 운영, 특별지원 대상 청소년에 대한 지원계획의 수립 및 시행, 청소년의 사회진출 및 취업 · 창업 지원에 관한 사항
			청소년보호과 : 청소년 보호 관련 업무의 총괄 및 계획의 수립 · 시행, 청소년 보호 관련 법령의 관리 · 운영 및 제도개선에 관한 사항, 청소년보호위원회의 운영에 관한 사항, 청소년 보호 관계자 교육 등 청소년 보호 중앙점검단의 운영 지원에 관한 사항, 청소년 유해매체물 등 보호에 관한 관계 부처 간 조정 · 실태조사 및 연구개발에 관한 사항, 청소년 보호와 관련된 기관 · 단체 협력 등에 관한 사항, 청소년 보호 관련 교육 및 홍보에 관한 사항, 청소년 유해매체물 등 보호 · 환경 개선에 관한 계획의 수립 · 시행, 청소년 유해매체물, 유해업소, 유해약물 · 물건, 유해행위 등 유해환경에 대한 점검, 단속 등에 관한 사항, 매체물 · 업소 · 약물 · 물건 등의 청소년 유해성 여부의 심의 · 결정 등에 관한 사항, 매체물 등에 대한 청소년 유해성 모니터링에 관한 사항, 청소년 유해매체물에 대한 감시 및 대책 수립, 청소년의 건전한 매체 활용 능력 증진 사업 등의 지원, 청소년 인터넷 중독 등 매체 역기능 피해의 예방 · 치료 · 재활 지원, 청소년 유해약물 · 유해업소 등의 피해예방 및 보호 지원, 청소년유해환경감시단의 운영 및 유해환경 개선 관련 시민단체의 지원 등에 관한 사항, 청소년증의 발급 및 운영에 관한 사항, 그 밖에 실 내 다른 과의 주관에 속하지 아니하는 사항
	권익 증진국	권익기획과	여성 · 청소년 등의 폭력피해 예방 및 피해자 보호사업의 총괄 · 조정, 여성 · 청소년 등 폭력피해자 보호 관련 전달체계의 구축 · 운영 및 평가에 관한 사항, 권익침해 및 보호가 필요한 여성 등에 관한 정책개발 및 제도개선에 관한 사항, 성폭력 예방 및 피해자 보호를 위한 계획의 수립 · 시행, 성폭력 예방 및 피해자 보호 관련 법령의 관리 및 제도개선, 성폭력 실태 조사 · 연구 및 시설평가에 관한 사항, 성폭력 예방을 위한 대국민 홍보에 관한 사항, 여성 · 아동 성폭력 통합지원센터 및 중앙지원단의 설치 · 운영에 관한 사항, 성폭력 피해자 보호시설 및 상담소의 지원 · 육성, 성폭력 관련 시설 종사자 및 관계기관 담당자 교육, 성폭력 가해자 교정 프로그램 및 피해자 치료회복 프로그램의 개발 · 운영, 성폭력 피해자의 의료 · 법률서비스 지원과 주거 등 자립지원에 관한 사항, 일본군 위안부에 대한 생활안정지원 및 기념사업에 관한 사항, 일본군 위안부 관련 조사 · 연구 · 교육 및 홍보, 여성폭력 방지를 위한 중앙점검단 운영에 관한 사항, 그 밖에 국 내 다른 과의 주관에 속하지 아니하는 사항

중앙부처	관련국	과	업무내용
		권익지원과	가정폭력·성폭력예방과 피해자 보호계획의 수립, 가정폭력·성폭력 피해자 보호시설 및 상담소의 지원·육성, 가정폭력·성폭력상담원 및 관계기관 담당자의 교육, 가정폭력·성폭력의 예방교육 및 홍보, 가정폭력·성폭력 가해자 교정 프로그램 개발 및 교정, 가정폭력·성폭력 피해자의 의료지원, 여성긴급전화 운영 및 지원, 그 밖에 가정폭력·성폭력의 예방에 관한 사항
		아동청소년성보호과	아동청소년의 성보호를 위한 시책의 수립·시행, 아동청소년 성보호 관련 법령의 관리·운영, 아동청소년 성보호 관련 실태에 관한 조사·연구, 아동청소년 대상 성범죄자 신상정보의 등록·열람 및 취업제한제도의 운영에 관한 사항, 아동청소년 대상 성범죄자에 대한 재범방지대책의 수립·시행, 성범죄 가해·피해 아동청소년의 치료·재활 및 지원에 관한 사항, 아동청소년 성보호 전문지도자의 양성·보급에 관한 사항, 청소년성문화센터의 설치·운영에 관한 사항, 성문화 개선 및 성보호의식 확산을 위한 대국민 교육·홍보에 관한 사항
		복지지원과	소외여성보호에 관한 계획의 수립, 소외여성에 관한 정책개발 및 협의, 일본군 위안부에 대한 생활안정지원 및 기념사업에 관한 사항, 일본군 위안부 관련 조사·연구·홍보 및 교육, 여성 자원봉사활동에 관한 계획의 수립, 남북한 여성 교류·협력에 관한 사항, 여성사전시관의 운영·관리
노동부	고용평등정책관	여성고용과	저출산·고령사회 기본계획 수립 및 이행실적 관리, 여성고용촉진대책 수립 및 실적관리, 일과 가정의 양립지원법령 제정 업무, 휴가·휴직 및 근로시간 및 형태 다양화, 직장 내 성희롱 예방제도 개선, 육아휴직 및 급여·장려금 제도 운영·개선, 산전·후 휴가 등 모성보호제도 개선, 직장보육지원제도 개선에 관한 사항

중앙부서인 보건복지부, 여성가족부, 노동부의 가족복지정책은 국가공무원인 행정직 공무원이 주로 담당하고 있으며 전문분야에 따라서 담당팀장 및 국장급을 외부 전문인력으로 배치하고 있다.

보건복지부에서는 일반 행정직과 함께 사회복지 직렬을 두고 있어서 사회복지서기보, 서기, 주사보, 주사, 사회복지사무관 직제를 가지고 복지업무의 전문화를 지향하고 있다. 그러나 실제 업무를 담당할 때에는 직렬과 관계없이 업무를 맡을 수 있게 되어 있고 잦은 순환보직으로 인하여 전문직의 특성을 발휘하기가 힘든 상황이라고 볼 수 있다.

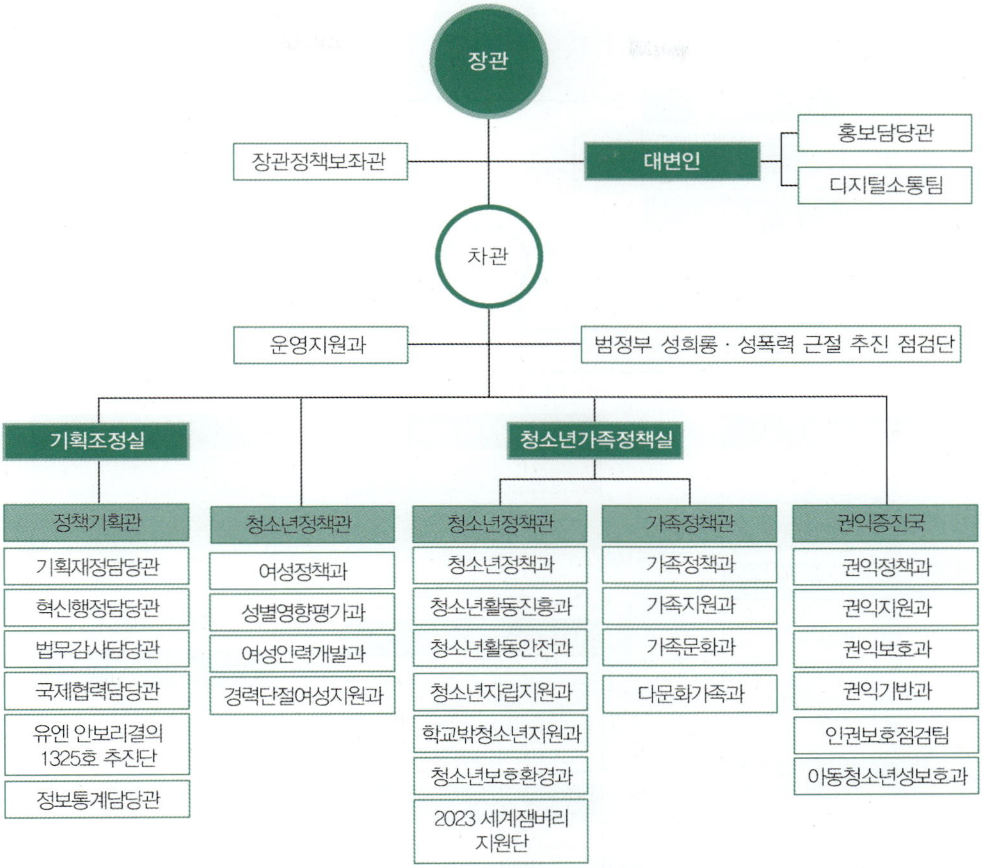

[그림 5-1] 여성가족부 가족정책 전달 행정조직

출처 : 여성부 조직도(2020).

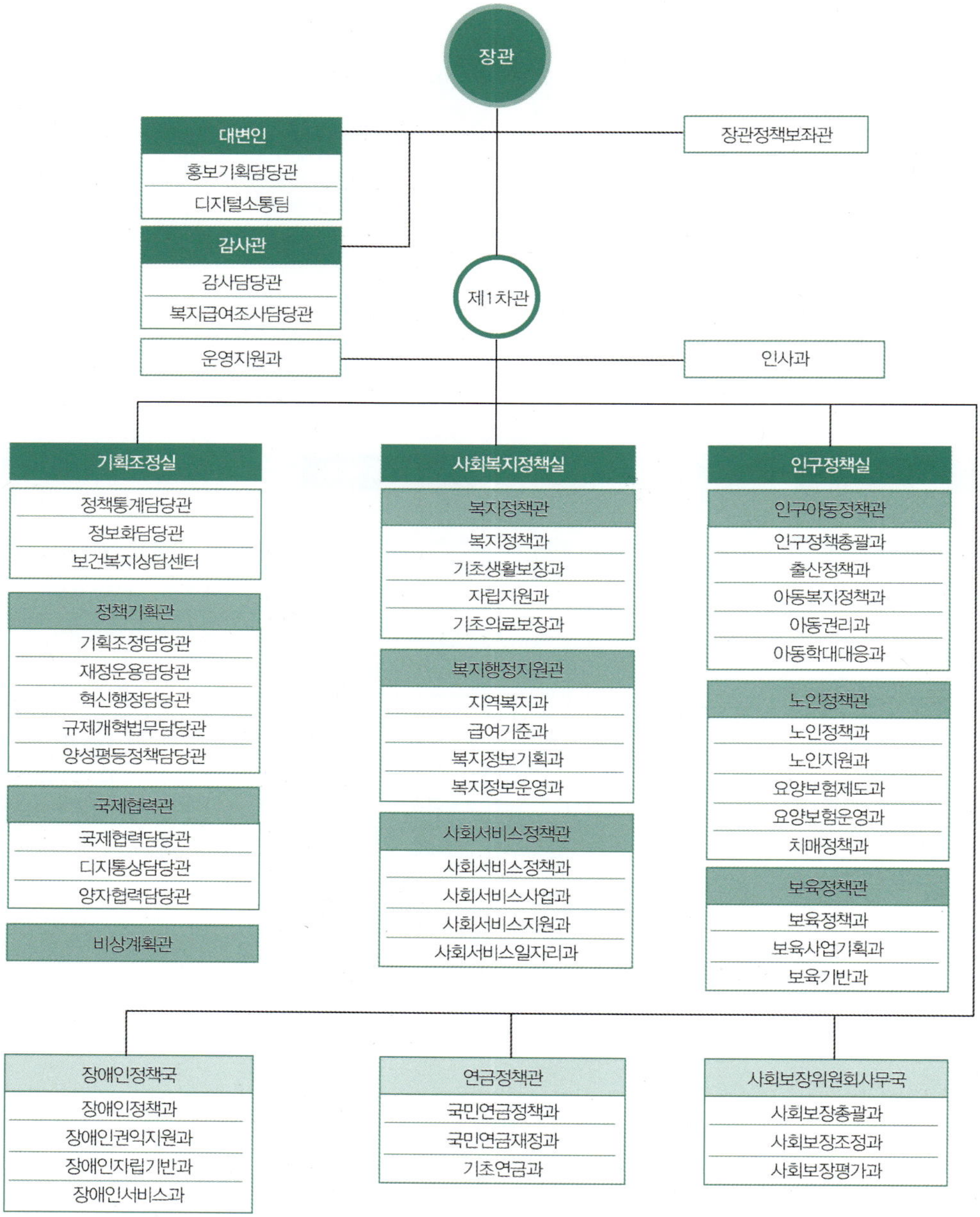
장관
대변인
홍보기획담당관
디지털소통팀
감사관
감사담당관
복지급여조사담당관
장관정책보좌관
제1차관
운영지원과
인사과
기획조정실
정책통계담당관
정보화담당관
보건복지상담센터
정책기획관
기획조정담당관
재정운용담당관
혁신행정담당관
규제개혁법무담당관
양성평등정책담당관
국제협력관
국제협력담당관
디지통상담당관
양자협력담당관
비상계획관
사회복지정책실
복지정책관
복지정책과
기초생활보장과
자립지원과
기초의료보장과
복지행정지원관
지역복지과
급여기준과
복지정보기획과
복지정보운영과
사회서비스정책관
사회서비스정책과
사회서비스사업과
사회서비스지원과
사회서비스일자리과
인구정책실
인구아동정책관
인구정책총괄과
출산정책과
아동복지정책과
아동권리과
아동학대대응과
노인정책관
노인정책과
노인지원과
요양보험제도과
요양보험운영과
치매정책과
보육정책관
보육정책과
보육사업기획과
보육기반과
장애인정책국
장애인정책과
장애인권익지원과
장애인자립기반과
장애인서비스과
연금정책관
국민연금정책과
국민연금재정과
기초연금과
사회보장위원회사무국
사회보장총괄과
사회보장조정과
사회보장평가과

[그림 5-2] 보건복지부 가족정책 전달 행정조직

출처 : 보건복지부 조직도(2020).

(2) 지방자치단체의 가족복지 전달체계

중앙에서 수립된 가족 관련 정책을 집행하고 서비스를 제공하는 지방자치단체의 담당부서는 주로 보육, 아동·청소년, 한부모가족을 담당하는 팀, 국(局) 단위의 기구이며 이러한 업무를 수행하는 공무원들로 구성된다. 중앙부처에서는 각기 다른 부서에서 정책이 입안되고 관장되지만 지방전달체계로 내려오면 업무가 같은 조직 내에서 이루어지므로 실질적 정책집행자가 된다. 따라서 지방의 가족정책 관련 조직과 담당인력의 전문성은 가족복지정책의 효과적 집행을 위해 매우 중요한 요소가 된다.

가족복지정책을 관장하는 지방자치단체의 조직은 광역시·도 단위에서는 여성정책국, 보건복지여성국 등의 명칭으로 구성되어 보건복지부, 여성가족부의 직무를 국(局) 내에서 다루고 있으며 시·군·구 단위에서는 지자체별로 문화복지과, 사회복지과, 여성정책과 또는 가정복지과 등의 명칭으로 다양하게 조직이 운영되고 있다. 읍·면·동사무소에서는 국민기초생활보장 업무와 함께 아동, 노인, 장애인, 한부모가족 등에 대한 사회복지서비스 업무를 모두 관장하며 종합적 복지행정서비스를 제공하고 있다.

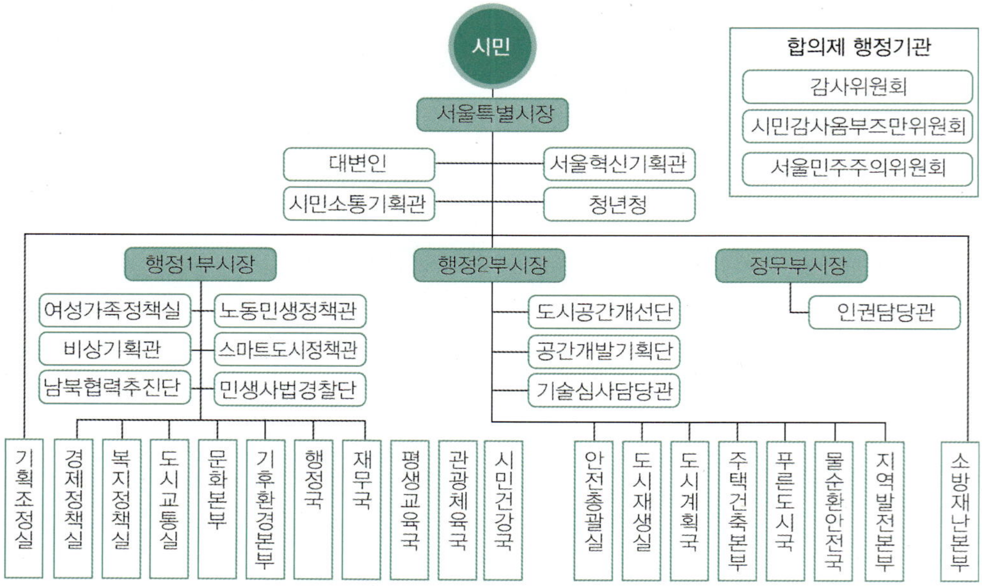

[그림 5-3] 서울특별시 행정조직도

출처 : 서울특별시(2020. 6.).

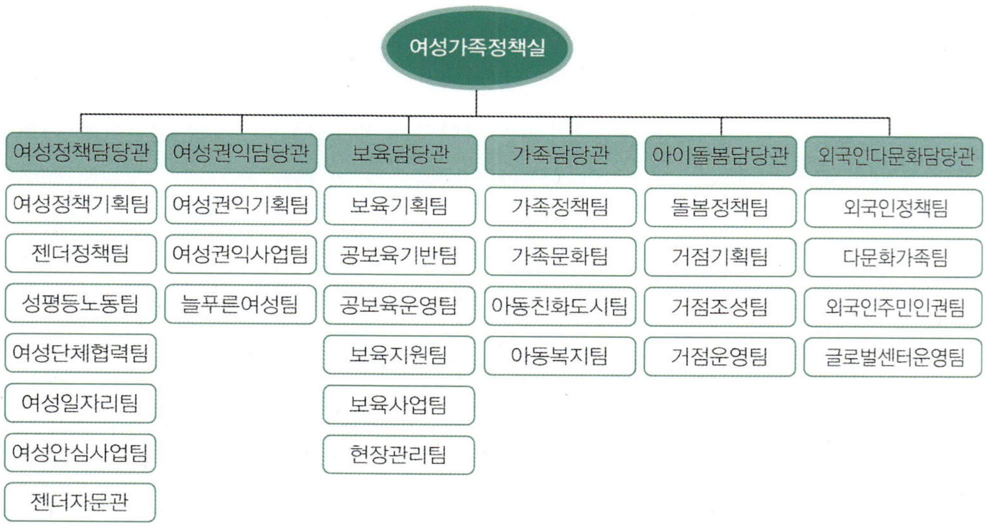

[그림 5-4] 서울특별시 가족복지정책 전달 행정조직

출처 : 서울특별시(2020. 6.).

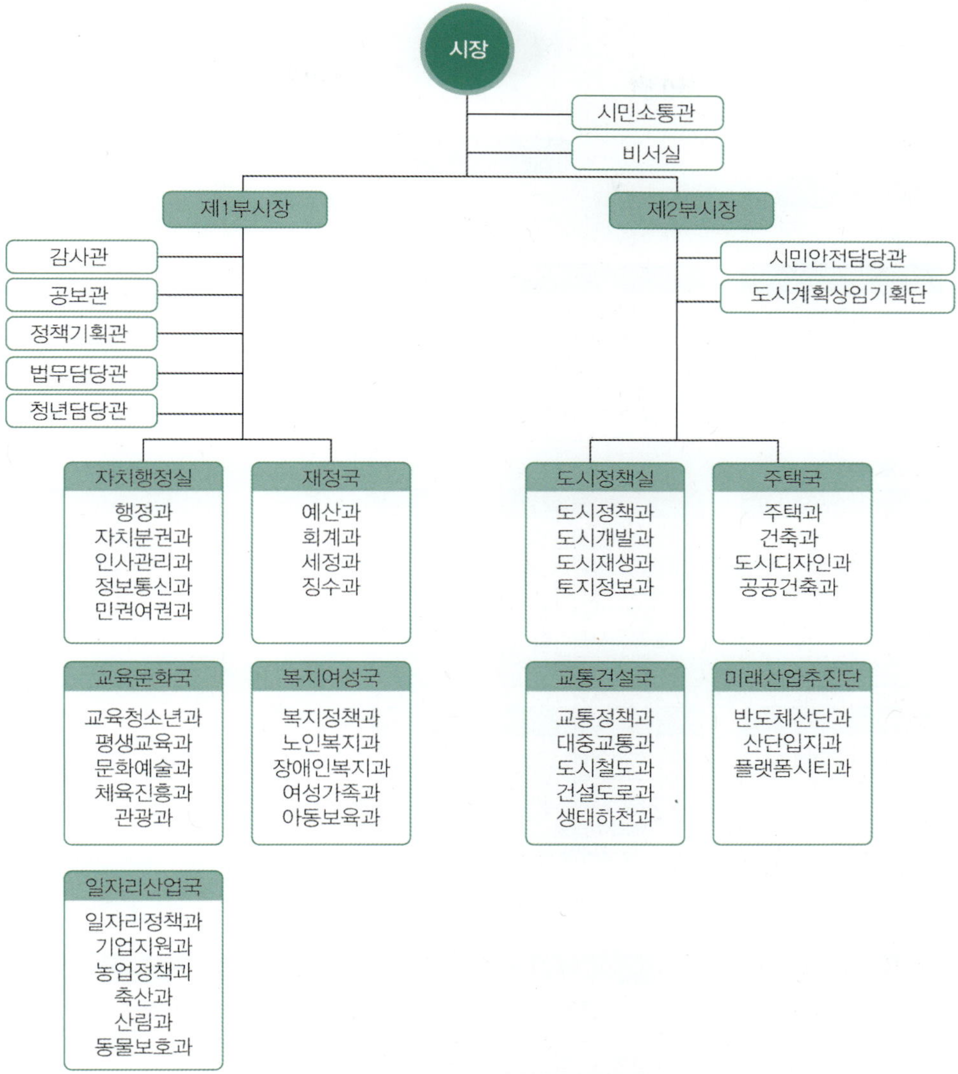

[그림 5-5] 용인시청 가족정책 전달 행정조직

출처 : 용인시(2020. 6.).

군수
- 비서실

부군수

본청

담당관

기획감사담당관
- 기획팀
- 예산팀
- 재정지원팀
- 감사팀
- 법무규제개혁팀

전략사업담당관
- 전략총괄팀
- 기업지원팀
- 산단조성팀
- 산단관리팀
- 혁신도시지원팀

복지행정국

행정지원과
- 행정팀
- 서무팀
- 인구통계팀
- 민간협력팀

주민복지과
- 복지기획팀
- 선도사업팀
- 노인복지팀
- 장애인복지팀
- 통합조사관리팀
- 희망복지팀

여성가족과
- 여성정책팀
- 보육지원팀
- 아동친화드림팀
- 청소년팀
- 청소년수련원팀

민원과
- 민원팀
- 지적정보팀
- 토지관리팀
- 공간정보팀
- 지적재조사팀

문화홍보체육과
- 문화예술팀
- 홍보팀
- 체육팀
- 관광팀
- 시설조성팀
- 도민체전 TF팀

세정과
- 세정팀
- 징수팀
- 지방소득세팀
- 세외수입팀
- 재산세팀

회계정보과
- 경리팀
- 계약팀
- 재산관리팀
- 전산팀
- 통신팀
- 차량관리팀

미래도시국

일자리경제과
- 생활경제팀
- 공동체일자리팀
- 교통행정팀
- 차량등록팀
- 식산업지원팀
- 식품안전팀

산림녹지과
- 산림정책팀
- 산림보호팀
- 공원녹지팀
- 산림휴양팀

환경과
- 환경기획팀
- 환경지도팀
- 자원순환팀
- 수계관리팀
- 환경시설팀

안전건설과
- 안전정책팀
- 건설행정팀
- 민방위팀
- 통합관제팀
- 복구지원팀

지역개발과
- 지역계획팀
- 도로팀
- 지역개발팀
- 도시재생팀

건축디자인과
- 건축경관팀
- 개발행위팀
- 주택팀
- 건축팀

신재생에너지과
- 에너지정책팀
- 신재생에너지팀
- 에너지관리팀

의회

의회사무과
- 의사팀

직속기관

보건소

보건행정과
- 보건행정팀
- 예방의약팀
- 진료팀
- 감염병관리팀
- 덕산지소팀
- 광혜원지소팀

건강증진과
- 건강관리팀
- 가족건강팀
- 방문보건팀
- 치매관리팀
- 건강생활팀

농업기술센터

농업정책과
- 농정팀
- 친환경농업팀
- 원예특작팀
- 농촌개발팀

농촌지원과
- 지도기획팀
- 인재육성팀
- 생활경영팀
- 농기계지원팀

기술보급과
- 과학영농팀
- 작물환경팀
- 소득작목팀
- 농산가공팀

축산유통과
- 축산정책팀
- 유통촉진팀
- 가축방역팀
- 농축산식품팀

사업소

상수도사업소
- 운영팀
- 수도요금팀
- 상수도팀
- 하수관리팀
- 하수시설팀

평생학습센터
- 평생교육팀
- 도서관운영팀
- 교육특구팀

시설관리사업소
- 문화시설관리팀
- 체육시설관리팀

읍면

진천읍
- 총무팀
- 민원팀
- 주민생활팀
- 맞춤형복지팀
- 재무팀
- 산업개발팀

덕산읍
- 총무팀
- 민원팀
- 주민생활팀
- 맞춤형복지팀
- 재무팀
- 산업개발팀

초평면
- 총무팀
- 민원팀
- 맞춤형복지팀
- 산업개발팀

문백면
- 총무팀
- 민원팀
- 맞춤형복지팀
- 산업개발팀

백곡면
- 총무팀
- 민원팀
- 맞춤형복지팀
- 산업개발팀

이월면
- 총무팀
- 민원팀
- 주민생활팀
- 맞춤형복지팀
- 산업개발팀

광혜원면
- 총무팀
- 민원팀
- 주민생활팀
- 맞춤형복지팀
- 산업개발팀

[그림 5-6] 진천군청 조직도

출처 : 진천군(2010. 3.).

2) 민간전달체계

(1) 가족센터

「건강가정기본법」에 의하여 가정문제의 예방과 치료를 위한 프로그램 개발, 가족문화사업의 전개, 정보 및 자료제공 등을 위해 중앙, 시·도 및 시·군·구에 '건강가정지원센터'를 두도록 하여 가족복지와 관련된 전문행정 전달체계를 구축하고 있다.

2021년 건강가정·다문화가족지원센터의 명칭이 가족센터로 변경되었다. 한국의 가족복지 전달체계로서 가족센터는 「건강가정기본법」, 「다문화가족지원법」에 근거하여 다양한 가족복지서비스를 제공하고 있으며 중앙정부의 건강가정기본계획, 다문화가족정책 기본계획을 토대로 지역특성에 적합한 서비스를 진행하고 있다(여성가족부, 2023). 지역가족센터에서는 아동부터 부모, 노인 세대까지 모든 가족구성원을 위한 통합적 가족지원 서비스를 제공하기 위하여 가족형태와 가족관계 특성을 고려한 가족교육 및 상담, 다문화가족을 위한 한국어교육, 자녀방문교육, 아이돌봄서비스와 공동육아 나눔터운영 등 지역사회 돌봄, 1인 가구 사회관계망 지원사업을 하고 있다. 이러한 사업을 통하여 가정생활을 영위하고 가족유지율 저하, 이혼율 증가, 부양기능문제, 위기문제 등 가족문제에 대처하고 있다.

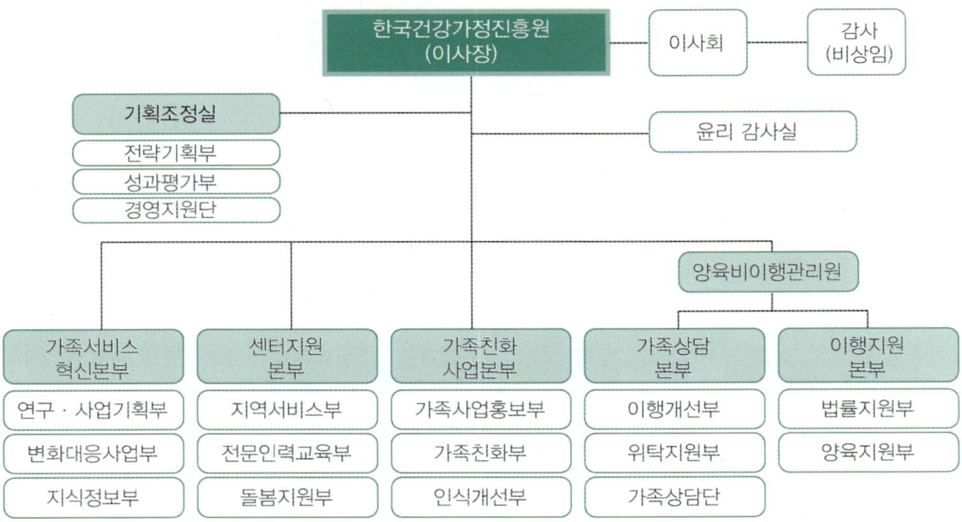

[그림 5-7] 한국건강가정진흥원 조직도

출처 : 한국건강가정진흥원(2020.6.).

(2) 한부모가족지원센터

「한부모가족지원법」 제7조에 의해 한부모가족지원센터는 지역사회 내에서 일정한 시설과 전문인력을 갖추고 지역사회의 인적·물적 자원을 동원하여 한부모가족의 자립기반마련과 복지강화를 위해 교육, 상담, 문화활동 등 다양한 사업을 추진하며 또한 미혼모·부자의 정보제공과 긴급지원을 통해 미혼모·부자의 위기상황을 극복하여 삶의 질을 높이고 행복한 생활을 할 수 있도록 종합적 서비스를 지원해 주고 있다. 한부모와 미혼모·부자를 대상으로 생활안정 및 자립역량강화서비스, 위기상황극복 및 사회적응서비스, 건강성 향상 및 가족기능강화서비스를 수행하는 것을 목표로 한다.

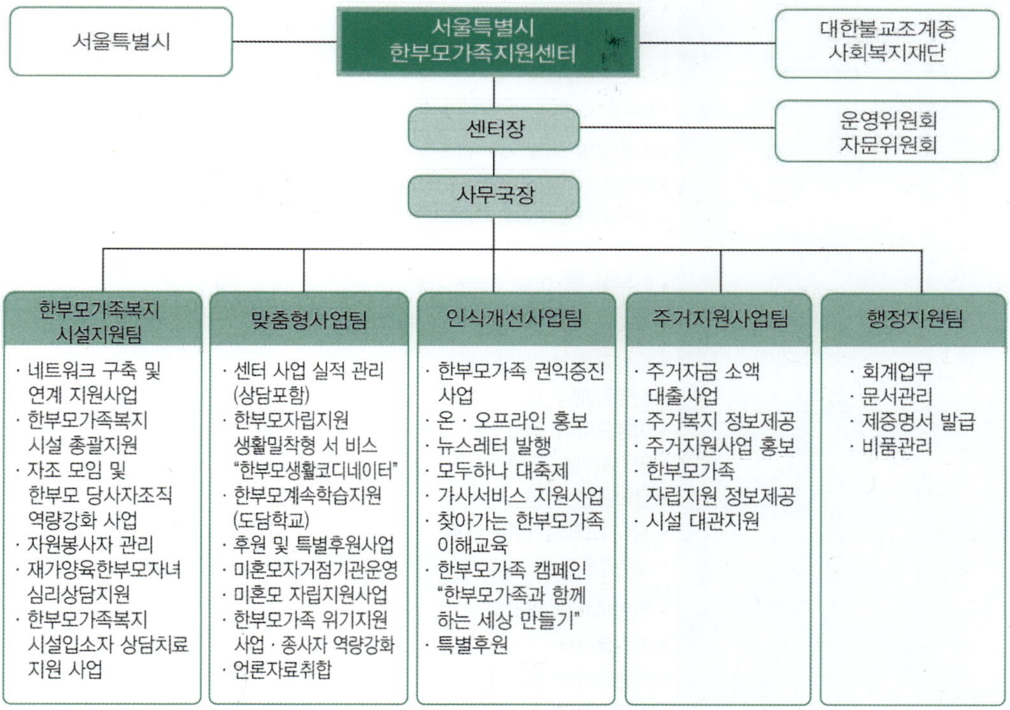

[그림 5-8] 한부모가족지원센터 조직도

출처 : 서울시 한부모가족지원센터(2020.6.).

〈표 5-6〉 한부모가족지원센터 사업

사업	내용
한부모가족 권익증진사업	• 한부모가족의 법적 · 사회적 권익보호를 위한 양육비 이행 정보 및 법률상담기관 동행서비스 제공 • 부자가족 프로그램 현황조사 • 부자가족 생활욕구 파악을 위한 간담회 • 부가가족 지원 프로그램 개발 및 자료집 발간
한부모가족 주거지원사업	• 한부모가족의 주거 정보제공 및 주거자금 마련 부담감 완화를 위한 주거지원사업
한부모자립지원 생활밀착형 서비스 "한부모생활코디네이터"	• 한부모생활코디네이터 1:1 연계 및 정기교류를 통한 한부모가족지원 사회 · 정책 정보 공유 및 정서적 지지를 통한 자립지원
한부모학습지원사업 (좋은부모지원)	• 좋은부모 미래설계교육 • 부모교육 • 휴먼라이브러리 • 검정고시 교과수업 • EBS 온라인 · 모바일 교육
한부모가족 역량강화사업	• 1박 2일 역량강화 캠프를 통한 가족 구성원 상호작용 • 연대감 향상 및 한부모 당사자 간 교류 증진 • 한부모가족 리더 양성 및 네트워크 구축 • 리더 전문교육 · 정기모임 • 다문화 및 미혼 한부모가족 당사자조직 역량강화 지원
후원 및 한부모가족특별지원사업	• 후원자 개발 및 관리 • 후원금품 수령 및 배분 • 희망꽃배달 지원 • 미혼모자녀 백일 · 돌 사진촬영 지원 • 맘카서비스 지원 • 문화공연 지원 • 괌 리프레시 여행 지원 • 결연후원
나눔으로 행복찾기	• 자원봉사자 관리 • 자원봉사자 교육 • 자원봉사자 활동 • 가족봉사단 조직 및 발대식 • 가족봉사단 교육 • 가족봉사단 활동 및 평가
미혼모부자거점기관운영	• 미혼모 · 부가 자녀를 스스로 양육하고자 할 경우 초기 위기에 대처할 수 있도록 서비스를 제공하여 양육은 물론 자립에 이르도록 지원

한부모가족 인식개선 공모전	• 한부모가족에 대한 관심과 가족의 다양성을 일깨워주는 기회 제공을 위한 공모전
한부모가족 캠페인 "한부모가족과 함께하는 세상만들기"	• 한부모가족에 대한 긍정적인 인식 확산을 위해 온 · 오프라인 캠페인 실시
찾아가는 한부모가족 이해교육	• 다양한 형태의 가족인 한부모가족에 대한 긍정적인 인식 개선을 제고하기 위한 교육 실시
한부모가족복지시설 지원	• 시설 운영 컨설팅 • 평가지원 및 정보제공 • 한부모가족복지시설 종사자 교육 • 종사자 워크숍 • 기타 정보공유 및 협력 • 시설의 정책개선을 위한 활동 및 정책제언의 장 마련
한부모가족 모두 함께 대축제	• 한부모가족, 서울시민, 한부모가족 관련 유관기관 실무자 등 다양한 문화체험 및 소통과 성장의 기회 제공
네트워크 구축 및 연계지원사업	• 한부모가족사업 수행기관 연계 및 각종 활동 지원을 위한 협의체계 구축 • 한부모가족 자녀의 복지증진을 위한 지원사업으로 공모사업 • 미혼한부모가족 아동양육지원
시설입소자상담치료지원사업	• 서울시 한부모가족복지시설 입소자 가족을 대상으로 전문상담기관에 연계하여 심리검사, 개인상담, 집단상담 및 치료지원

출처 : 서울시 한부모가족지원센터(2020.6.).

(3) 장애가족지원센터

「장애인복지법」 제9조(국가와 지방자치단체의 책임), 제30조의2(장애인가족 지원)에 의하여 장애인 가족지원센터가 설치 · 운영되고 있다. 장애인가족지원센터는 지역사회 내에서 일정한 시설과 전문 인력을 갖추고 장애인가족의 복지증진을 통한 장애인 가족의 자립과 삶의 질 향상을 지향한다. 또한 장애인가족의 역량강화, 장애인가족의 지역사회 자립기반 마련, 장애인가족의 사회통합을 기본방향으로 가족관계 회복 및 가족기능강화, 장애인가족의 욕구 파악을 통한 문제해결지원, 가족이 함게 참여하는 활동을 통한 가족의 사회참여 확대, 장애인에 대한 사회적 편견해소 및 장애인 사회통합 기여를 목표로 사업을 운영하고 있다. 장애가족지원센터의 주요 사업은 〈표 5-7〉과 같다.

〈표 5-7〉 지역 장애인가족지원센터의 주요사업

통합지원사업	가족교육휴식 지원사업	가족역량강화사업	가족상담사업
• 지역네트워크 • 정보제공, 홍보 • 조사, 연구 • 사업발표회	• 가족교육 • 부모교육, 워크숍 • 가족휴식지원 • 가족자조모임	• 장애인자립 지원 • 가족한마음축제 • 장애인식개선사업 • 가족간담회	• 가족전문상담 • 개별양육코칭 • 사례관리 • 가족동료상담

출처 : 경기도장애인 가족지원센터 홈페이지(ggdf.co.kr)에서 발췌 정리함.

(4) 종합사회복지관

중앙정부 혹은 지자체의 가족복지 전달체계 안에서 해소되지 않는 사각지대를 해소하는 데 기여하는 민간사회복지기관은 「사회복지사업법」 제2조에 의해 지역사회를 기반으로 일정한 시설과 전문인력을 갖추고 지역주민의 참여와 협력을 통하여 지역사회복지문제를 예방하고 주민의 복지욕구를 충족시키기 위한 종합적 사회복지사업을 수행하는 사회복지시설을 의미한다. 종합사회복지관은 사회복지서비스 욕구를 가지고 있는 모든 지역주민을 대상으로 보호서비스, 자립능력배양을 위한 교육훈련의 기회제공 등 그들이 필요로 하는 복지서비스를 제공하고, 가족기능 강화 및 주민 상호 간 연대감 조성을 통한 각종 지역사회문제를 예방, 치료하는 매체로서 주민을 위한 종합복지센터의 역할을 수행하는 것을 목표로 하고 있다.

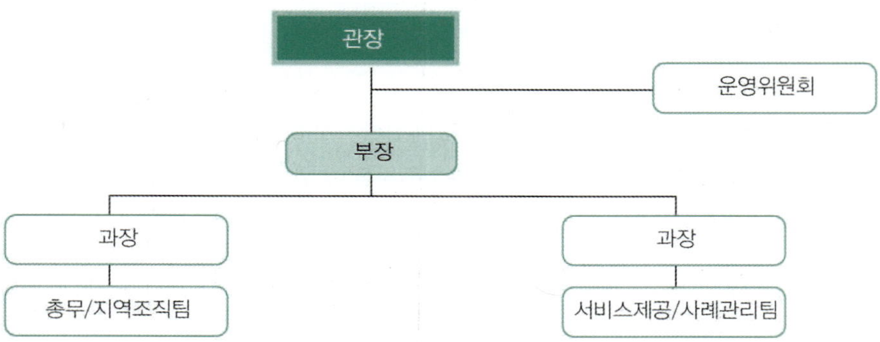

[그림 5-9] 종합사회복지관 조직도

출처 : 남산종합사회복지관(2020.6.).

〈표 5-8〉 종합사회복지관 사업의 내용

가족복지사업	지역사회보호사업	지역사회조직사업	교육 · 문화사업	자활사업
• 가족관계증진 • 가족기능보완 • 가정문제 해결 · 치료 • 부양가족지원	• 급식서비스 • 보건의료서비스 • 경제적 지원 • 일상생활 지원 • 정서서비스 • 일시보호서비스	• 주민조직화 및 교육 • 복지네트워크 구축 • 주민복지증진 • 자원봉사양성 및 후원자 개발 · 조직	• 아동 · 청소년 기능교육 • 성인기능교실 • 노인여가문화 • 문화복지	• 직업기능훈련 • 취업알선 • 직업능력개발 • 육성

출처 : 보건복지부(2008a).

3. 가족복지 관련법

가족복지 관련법이라 함은 가족 또는 가족보호와 직 · 간접적으로 관계가 있는 법으로서 가족을 직접 대상으로 하거나 가족보호와 관계된 조항을 포함한 모든 법령을 의미한다고 볼 수 있다. 한국의 가족 관련법에는 기초법이라고 할 수 있는 「대한민국 헌법」과 「민법」, 그리고 가족을 수급대상 또는 서비스 대상으로 하는 「국민기초생활보장법」, 「한부모가족지원법」, 「건강가정지원법」, 「다문화가족지원법」, 「노인장기요양보험법」, 「장애아동복지지원법」 등을 들 수 있다.

1) 대한민국 헌법

「대한민국 헌법」은 국민 개개인의 일상생활을 규율하고 지원하는 최고의 법규범으로서 국민의 기본권, 통치구조, 경제체제 등 국민생활에 필요한 근본적이고 기초적인 사항을 정하고 보장하는 기본법이다. 제10조와 제11조에서 "모든 가족은 법률상 평등하며, 인간으로서의 존엄과 가치를 보장받으며, 인간다운 생활을 할 권리를 가진다."고 규정하여 모든 가족의 형태를 포괄해 국가의 보호와 보장을 받을 권리를 명시해 놓았다. 또 제36조에서는 "개인의 존엄과 남녀의 평등을 기초로 유지되어야 하는 혼인과 가족생활은 국가의 보장을 받으며 모성과 보건도 국가의 보호를 받는다."라고 명시해 놓아, 모든 가족생활의 양성평등과 여성을 위한 모성권의 보호에 관한 국가의 보호와 책임을 선언해 놓았다.

2) 민법(가족법)

가족법은 「민법」의 제4편 친족법과 제5편 상속 편을 통칭하는 법이다. 1958년 2월에 제정되어 그 후 4차례에 걸쳐 가족법이 개정되어 2008년 1월부터 「가족관계의 등록 등에 관한 법률」을 시행하고 있다. 기존 가족법이 호주제도에 의한 양성평등원리에 어긋난 부분을 개정해 호적을 개인별로 분리해 놓아 목적별로 다르게 증명서를 발급받도록 해 개인신상정보를 보호할 수 있도록 하였다.

개정 「민법」을 살펴보면 가(家) 중심의 호주제에서 개인 중심으로 신분이 공시되므로 인간의 존엄성과 양성평등의 헌법이념을 구체화할 수 있는 계기가 되었으며 가족제도의 절차법으로 부성주의 원칙 수정, 성(姓) 변경, 친양자제도 등 새로운 제도가 시행할 수 있는 근간이 되고 있다.

(1) 가족의 범위

「민법」 제779조에 의하면 "가족의 범위는 배우자, 직계혈족 및 형제자매, 직계혈족의 배우자, 배우자의 직계혈족 및 배우자의 형제자매로 하며 직계혈족 및 형제자매의 경우 생계를 같이하는 경우에 한한다"라고 규정되어 있다. 다시 말해서 무조건 가족인 경우는 배우자(남편 또는 아내), 직계혈족(부모, 자녀, 조부모, 손자녀 등), 형제자매(오빠, 언니, 남동생, 여동생)이고 생계를 같이할 때 가족으로 인정되는 경우는 직계혈족의 배우자(며느리, 사위), 배우자의 직계혈족(시부모, 장인, 장모), 배우자의 형제자매(시누이, 처남, 처형, 처제)가 해당된다.

(2) 혼인에 관한 규정

혼인에 관한 조항에는 부부간의 의무(제826조), 동거와 상호 부양과 협조 등을 명시하고 있는데 혼인효력의 구체적 내용으로는 부부간의 가사대리권(제827조), 부부재산의 약정과 그 변경(제829조), 생활비용(제833조) 등이 있다. 개정된 혼인에 관한 규정에서는 남녀평등과 혼인의 자유를 침해할 우려가 있는 동성동본 금혼제도를 폐지하고 근친혼 금지제도로 전환하였다. 동성동본 금혼이란 성(姓)과 본(本)이 같을 경우 결혼을 금지하는 제도인데 근친혼 금지로 전환하였고 근친의 범위를 8촌 이내의 부계혈족 또는 모계혈족 사이에서는 혼인을 금지하는 것(제809조)으로 근친혼 제한의 범위를 합리적으로 조정하였다. 기본적으로 우리나라는 법률혼 이외 사실혼은 법적으로 인정하지 않고 있다. 그러나 최근 사실혼과 관련된 사회 문제가 증가하면서 사실혼에 대한 관심이 확대되고 있으며 사실혼은 혼인의 성립요건과 법적 효력, 관련 법률에 있어서 법률혼과 다음과 같은 차이가 있다.

〈표 5-9〉 **법률혼과 사실혼의 차이 구분**

구 분	법률혼	사실혼
성립요건	혼인신고	혼인의사, 실제 부부공동생활
법적 효력	상속권, 세금, 사회보험 등	특별법에 의한 재산분할, 위자료 등 일부권리
관련법률	민법, 가족관계의 등록 등에 관한 법률	민법, 가사소송법, 특별법 등

그러나 객관적인 입증자료를 토대로 사실혼이 법적으로 입증될 경우 사실혼 파탄 시 위자료 청구, 공동재산에 대한 재산분할 청구, 피보험자가 사망할 경우 보험금 수령 자격인정, 일부 경우 국민연금 유족연금 청구 등 배우자로서 권리가 발생된다. 사실혼 관계 인정을 위해 법원에 제출할 입증자료는 다음과 같다.

〈표 5-10〉 **사실혼 관계 입증**

구 분	구체적 자료
공동생활증거	임대차 계약서, 공과금 납부내역, 가전제품 구입 영수증 등
주민등록상 동거	동거인 표기된 주민등록등본
지인, 친지 진술서	지인들의 부부처럼 살았다는 내용의 확인서
자녀 출생신고	부모 공동 등록된 출생신고서
사진, 문자메시지, 이메일, SNS, 카톡 등	함께 여행하거나 취미생활, 명절, 가족행사 등 부부로서 자료

또한 이혼에 관한 규정으로 가족법에서 이혼은 협의상 이혼과 재판상 이혼으로 분류하여 협의상 이혼의 경우 가정법원의 확인을 받아 「가족관계의 등록 등에 관한 법률」의 정한 바에 의하여 신고함으로써 그 효력이 생기고(제836조) 재판상의 이혼은 부부의 한쪽이 부정한 행위가 있었을 때, 배우자가 악의로 다른 일방을 유기한 때, 배우자 또는 직계존속으로부터 심히 부당한 대우를 받았을 때, 자기의 직계존속이 배우자로부터 심히 부당한 대우를 받았을 때, 배우자의 생사가 3년 이상 분명하지 아니한 때, 기타 중대한 사유가 있을 때(제840조)는 가정법원에 이혼을 청구할 수 있음을 명시하고 있다.

(3) 부모 - 자녀 관계에 관한 규정

「민법」에서의 부모-자녀 관계에 관한 내용은 대체적으로 관계의 법적 효력을 중심으로 규정되어 있고 보호자로서 부모의 기능이 법적으로 원활하지 않거나 부재한 경우 후견인이나 친족이 대신 법적 책임자 또는 조력자의 기능을 할 수 있다고 규정하고 있다. 또한 친생자(제844조~제865조)와 입양(제866조~제908조)으로 구성되어 있는데 자녀의 성과 본은 부의 성과 본을 따르는 것을 원칙으로 하되 혼인신고 시 부모의 협의에 의하여 모의 성과 본도 따를 수 있도록 하였으며(제781조 제1항) 자녀의 복리를 위하여 자녀의 성과 본을 변경할 필요가 있을 때에는 부 또는 모의 청구에 의하여 법원의 허가를 받아 이를 변경할 수 있도록 하였다(제781조 제6항).

3) 국민기초생활보장법

「국민기초생활보장법」은 기존의 「생활보호법」에 대한 대체입법으로 1999년 제정되었다. 「국민기초생활보장법」은 과거의 단순보호 차원의 생활보호로부터 저소득층에 대한 국가의 책임을 강화하는 복지시책으로서 전환한 법이며 국가의 보호를 필요로 하는 절대빈곤층의 기초생활을 보장하되 종합적 자립자활서비스 제공으로 생산적 복지를 구현하는 목적을 가지고 제정된 법이다. 「국민기초생활보장법」의 주요 내용으로는 목적과 급여의 원칙, 급여의 기준, 급여의 종류와 내용, 방법, 지역자활센터와 자활사업 등으로 구성되어 있으며 구체적 내용은 〈표 5-11〉과 같다.

〈표 5-11〉 국민기초생활보장법의 주요 내용

구분	조항	
목적	제1조	이 법은 생활이 어려운 사람에게 필요한 급여를 실시하여 이들의 최저생활을 보장하고 자활을 돕는 것을 목적으로 한다.
급여의 기본원칙	제3조	① 이 법에 따른 급여는 수급자가 자신의 생활의 유지·향상을 위하여 그의 소득, 재산, 근로능력 등을 활용하여 최대한 노력하는 것을 전제로 이를 보충·발전시키는 것을 기본원칙으로 한다. ② 부양의무자의 부양과 다른 법령에 따른 보호는 이 법에 따른 급여에 우선하여 행하여지는 것으로 한다. 다만, 다른 법령에 따른 보호의 수준이 이 법에서 정하는 수준에 이르지 아니하는 경우에는 나머지 부분에 관하여 이 법에 따른 급여를 받을 권리를 잃지 아니한다.

구분		조항
급여의 기준 등	제4조	① 이 법에 따른 급여는 건강하고 문화적인 최저생활을 유지할 수 있는 것이어야 한다. ② 이 법에 따른 급여의 기준은 수급자의 연령, 가구 규모, 거주지역, 그 밖의 생활여건 등을 고려하여 급여의 종류별로 보건복지부장관이 정하거나 급여를 지급하는 중앙행정기관의 장(이하 "소관 중앙행정기관의 장"이라 한다)이 보건복지부장관과 협의하여 정한다. ③ 보장기관은 이 법에 따른 급여를 개별가구 단위로 실시하되, 특히 필요하다고 인정하는 경우에는 개인 단위로 실시할 수 있다. ④ 지방자치단체인 보장기관은 해당 지방자치단체의 조례로 정하는 바에 따라 이 법에 따른 급여의 범위 및 수준을 초과하여 급여를 실시할 수 있다. 이 경우 해당 보장기관은 보건복지부장관 및 소관 중앙행정기관의 장에게 알려야 한다.
급여의 종류	제7조	① 이 법에 따른 급여의 종류는 다음 각 호와 같다. 1. 생계급여 2. 주거급여 3. 의료급여 4. 교육급여 5. 해산급여(解産給與) 6. 장제급여(葬祭給與) 7. 자활급여 ② 수급권자에 대한 급여는 수급자의 필요에 따라 제1항 제1호부터 제7호까지의 급여의 전부 또는 일부를 실시하는 것으로 한다. ③ 차상위계층에 속하는 사람(이하 "차상위자"라 한다)에 대한 급여는 보장기관이 차상위자의 가구별 생활여건을 고려하여 예산의 범위에서 제1항 제2호부터 제4호까지, 제6호 및 제7호에 따른 급여의 전부 또는 일부를 실시할 수 있다. 이 경우 차상위자에 대한 급여의 기준 및 절차 등에 관하여 필요한 사항은 대통령령으로 정한다.
생계급여의 내용	제8조	① 생계급여는 수급자에게 의복, 음식물 및 연료비와 그 밖에 일상생활에 기본적으로 필요한 금품을 지급하여 그 생계를 유지하게 하는 것으로 한다. ② 생계급여 수급권자는 부양의무자가 없거나, 부양의무자가 있어도 부양능력이 없거나 부양을 받을 수 없는 사람으로서 그 소득인정액이 제20조 제2항에 따른 중앙생활보장위원회의 심의·의결을 거쳐 결정하는 금액(이하 이 조에서 "생계급여 선정기준"이라 한다) 이하인 사람으로 한다. 이 경우 생계급여 선정기준은 기준 중위소득의 100분의 30 이상으로 한다. ③ 생계급여 최저보장수준은 생계급여와 소득인정액을 포함하여 생계급여 선정기준 이상이 되도록 하여야 한다. ④ 제2항 및 제3항에도 불구하고 제10조 제1항 단서에 따라 제32조에 따른 보장시설에 위탁하여 생계급여를 실시하는 경우에는 보건복지부장관이 정하는 고시에 따라 그 선정기준 등을 달리 정할 수 있다.
생계급여의 방법	제9조	① 생계급여는 금전을 지급하는 것으로 한다. 다만, 금전으로 지급할 수 없거나 금전으로 지급하는 것이 적당하지 아니하다고 인정하는 경우에는 물품을 지급할 수 있다. ② 제1항의 수급품은 대통령령으로 정하는 바에 따라 매월 정기적으로 지급하여야 한다. 다만, 특별한 사정이 있는 경우에는 그 지급방법을 다르게 정하여 지급할 수 있다. ③ 제1항의 수급품은 수급자에게 직접 지급한다. 다만, 제10조 제1항 단서에 따라 제32조에 따른 보장시설이나 타인의 가정에 위탁하여 생계급여를 실시하는 경우에는

구분	조항	
		그 위탁받은 사람에게 이를 지급할 수 있다. 이 경우 보장기관은 보건복지부장관이 정하는 바에 따라 정기적으로 수급자의 수급 여부를 확인하여야 한다. ④ 생계급여는 보건복지부장관이 정하는 바에 따라 수급자의 소득인정액 등을 고려하여 차등지급할 수 있다. ⑤ 보장기관은 대통령령으로 정하는 바에 따라 근로능력이 있는 수급자에게 자활에 필요한 사업에 참가할 것을 조건으로 하여 생계급여를 실시할 수 있다. 이 경우 보장기관은 제28조에 따른 자활지원계획을 고려하여 조건을 제시하여야 한다.
주거급여	제11조	① 주거급여는 수급자에게 주거 안정에 필요한 임차료, 수선유지비, 그 밖의 수급품을 지급하는 것으로 한다. ② 주거급여에 관하여 필요한 사항은 따로 법률에서 정한다.
교육급여	제12조	① 교육급여는 수급자에게 입학금, 수업료, 학용품비, 그 밖의 수급품을 지급하는 것으로 하되, 학교의 종류 · 범위 등에 관하여 필요한 사항은 대통령령으로 정한다. ② 교육급여는 교육부장관의 소관으로 한다. ③ 교육급여 수급권자는 부양의무자가 없거나, 부양의무자가 있어도 부양능력이 없거나 부양을 받을 수 없는 사람으로서 그 소득인정액이 제20조 제2항에 따른 중앙생활보장위원회의 심의 · 의결을 거쳐 결정하는 금액(이하 "교육급여 선정기준"이라 한다) 이하인 사람으로 한다. 이 경우 교육급여 선정기준은 기준 중위소득의 100분의 50 이상으로 한다. ④ 교육급여의 신청 및 지급 등에 대하여는 「초 · 중등교육법」 제60조의4부터 제60조의9까지 및 제62조 제3항에 따른 교육비 지원절차를 준용한다.
해산급여	제13조	① 해산급여는 제7조 제1항 제1호부터 제3호까지의 급여 중 하나 이상의 급여를 받는 수급자에게 다음 각 호의 급여를 실시하는 것으로 한다. 1. 조산(助産) 2. 분만 전과 분만 후에 필요한 조치와 보호 ② 해산급여는 보건복지부령으로 정하는 바에 따라 보장기관이 지정하는 의료기관에 위탁하여 실시할 수 있다. ③ 해산급여에 필요한 수급품은 보건복지부령으로 정하는 바에 따라 수급자나 그 세대주 또는 세대주에 준하는 사람에게 지급한다. 다만, 제2항에 따라 그 급여를 의료기관에 위탁하는 경우에는 수급품을 그 의료기관에 지급할 수 있다.
장제급여	제14조	① 장제급여는 제7조 제1항 제1호부터 제3호까지의 급여 중 하나 이상의 급여를 받는 수급자가 사망한 경우 사체의 검안(檢案) · 운반 · 화장 또는 매장, 그 밖의 장제조치를 하는 것으로 한다. ② 장제급여는 보건복지부령으로 정하는 바에 따라 실제로 장제를 실시하는 사람에게 장제에 필요한 비용을 지급하는 것으로 한다. 다만, 그 비용을 지급할 수 없거나 비용을 지급하는 것이 적당하지 아니하다고 인정하는 경우에는 물품을 지급할 수 있다.
자활급여	제15조	① 자활급여는 수급자의 자활을 돕기 위하여 다음 각 호의 급여를 실시하는 것으로 한다. 1. 자활에 필요한 금품의 지급 또는 대여 2. 자활에 필요한 근로능력의 향상 및 기능습득의 지원

구분	조항	
		3. 취업알선 등 정보의 제공 4. 자활을 위한 근로기회의 제공 5. 자활에 필요한 시설 및 장비의 대여 6. 창업교육, 기능훈련 및 기술 · 경영 지도 등 창업지원 7. 자활에 필요한 자산형성 지원 8. 그 밖에 대통령령으로 정하는 자활을 위한 각종 지원 ② 제1항의 자활급여는 관련 공공기관 · 비영리법인 · 시설과 그 밖에 대통령령으로 정하는 기관에 위탁하여 실시할 수 있다. 이 경우 그에 드는 비용은 보장기관이 부담한다.
지역자활 센터 등	제16조	① 보장기관은 수급자 및 차상위자의 자활 촉진에 필요한 다음 각 호의 사업을 수행하게 하기 위하여 사회복지법인, 사회적협동조합 등 비영리법인과 단체(이하 이 조에서 "법인등"이라 한다)를 법인등의 신청을 받아 지역자활센터로 지정할 수 있다. 이 경우 보장기관은 법인등의 지역사회복지사업 및 자활지원사업 수행능력 · 경험 등을 고려하여야 한다. 1. 자활의욕 고취를 위한 교육 2. 자활을 위한 정보제공, 상담, 직업교육 및 취업알선 3. 생업을 위한 자금융자 알선 4. 자영창업 지원 및 기술 · 경영 지도 5. 제18조에 따른 자활기업의 설립 · 운영 지원 6. 그 밖에 자활을 위한 각종 사업 ② 보장기관은 제1항에 따라 지정을 받은 지역자활센터에 대하여 다음 각 호의 지원을 할 수 있다. 1. 지역자활센터의 설립 · 운영 비용 또는 제1항 각 호의 사업수행 비용의 전부 또는 일부 2. 국유 · 공유 재산의 무상임대 3. 보장기관이 실시하는 사업의 우선 위탁 ③ 보장기관은 지역자활센터에 대하여 정기적으로 사업실적 및 운영실태를 평가하고 수급자의 자활촉진을 달성하지 못하는 지역자활센터에 대하여는 그 지정을 취소할 수 있다. ④ 지역자활센터는 수급자 및 차상위자에 대한 효과적인 자활 지원과 지역자활센터의 발전을 공동으로 도모하기 위하여 지역자활센터협회를 설립할 수 있다. ⑤ 제1항부터 제3항까지에서 규정한 사항 외에 지역자활센터의 신청 · 지정 및 취소 절차와 평가, 그 밖에 운영 등에 필요한 사항은 보건복지부령으로 정한다.
자활사업	시행령 제10조	① 자활사업은 다음 각 호의 사업으로 한다. 1. 제18조에 따른 직업훈련 2. 제19조에 따른 취업알선 등의 제공 3. 제20조에 따른 자활근로 4. 「직업안정법」 제2조의 2 제1호에 따른 직업안정기관(이하 "직업안정기관"이라 한다)의 장이 제시하는 사업장에의 취업

구분	조항	
		5. 「고용정책 기본법」 제34조 제1항 제5호에 따른 공공근로사업 6. 법 제16조에 따른 지역자활센터(이하 "지역자활센터"라 한다)의 사업 7. 법 제18조에 따른 자활기업(이하 "자활기업"라 한다)의 사업 8. 개인 창업 또는 공동 창업 9. 근로의욕 제고 및 근로능력 유지를 위한 자원봉사 10. 그 밖에 수급자의 자활에 필요하다고 보건복지부장관이 정하여 고시하는 사업 ② 시장 · 군수 · 구청장은 제1항 제9호에 따라 생계급여의 조건으로 자원봉사를 제시받은 조건부수급자가 그와 다른 자원봉사를 하려는 경우에는 그 자원봉사의 내용 · 기간 및 자원봉사 이행 여부의 확인자 등을 고려하여 그 자원봉사를 생계급여의 조건으로 인정할 수 있으며, 필요한 경우에는 자원봉사의 내용 등을 변경하여 인정할 수 있다.

4) 한부모가족지원법

한부모가족을 지원하는 법적 근간은 1989년에 제정된 「모자복지법」이다. 「모자복지법」은 2003년 「모 · 부자복지법」으로 개정되었다가 2007년 「한부모가족지원법」으로 개정되어 2008년부터 시행 중이다. 「한부모가족지원법」은 한부모가족이 건강하고 문화적인 생활을 영위할 수 있도록 함으로써 한부모가족의 생활안정과 복지증진에 이바지하기 위한 목적으로 제정된 것으로, 한부모가족의 한 유형인 조손가족을 지원대상에 포함시키고 취학 중 아동의 보호연령은 20세 미만에서 22세 미만으로 확대하였으며 고용촉진을 위해 취업지원사업을 추진하는 내용을 포함하고 있다.

〈표 5-12〉 **한부모가족지원법의 주요 내용**

구분	조항 및 내용	
목적	제1조	이 법은 한부모가족이 건강하고 문화적인 생활을 영위할 수 있도록 함으로써 한부모가족의 생활 안정과 복지 증진에 이바지함을 목적으로 한다.
국가 등의 책임	제2조	① 국가와 지방자치단체는 한부모가족의 복지를 증진할 책임을 진다. ② 국가와 지방자치단체는 한부모가족의 권익을 지원하기 위하여 노력하여야 한다. ③ 국가와 지방자치단체는 한부모가족에 대한 사회적 편견과 차별을 예방하고, 사회구성원이 한부모가족을 이해하고 존중할 수 있도록 교육 및 홍보 등 필요한 조치를 할 수 있다. ④ 국가와 지방자치단체는 청소년 한부모가족의 자립을 위하여 노력하여야 한다. ⑤ 모든 국민은 한부모가족의 복지 증진에 협력하여야 한다.

구분		조항 및 내용
정의	제4조	이 법에서 사용하는 용어의 뜻은 다음과 같다. 1. "모" 또는 "부"란 다음 각 목의 어느 하나에 해당하는 자로서 아동인 자녀를 양육하는 자를 말한다. 가. 배우자와 사별 또는 이혼하거나 배우자로부터 유기(遺棄)된 자 나. 정신이나 신체의 장애로 장기간 노동능력을 상실한 배우자를 가진 자 다. 교정시설 · 치료감호시설에 입소한 배우자 또는 병역복무 중인 배우자를 가진 사람 라. 미혼자{사실혼(事實婚) 관계에 있는 자는 제외한다} 마. 가목부터 라목까지에 규정된 자에 준하는 자로서 여성가족부령으로 정하는 자 1의2. "청소년 한부모"란 24세 이하의 모 또는 부를 말한다. 2. "한부모가족"이란 모자가족 또는 부자가족을 말한다. 3. "모자가족"이란 모가 세대주{세대주가 아니더라도 세대원(世代員)을 사실상 부양하는 자를 포함한다}인 가족을 말한다. 4. "부자가족"이란 부가 세대주{세대주가 아니더라도 세대원을 사실상 부양하는 자를 포함한다}인 가족을 말한다. 5. "아동"이란 18세 미만(취학 중인 경우에는 22세 미만을 말하되, 「병역법」에 따른 병역의무를 이행하고 취학 중인 경우에는 병역의무를 이행한 기간을 가산한 연령 미만을 말한다)의 자를 말한다. 6. "지원기관"이란 이 법에 따른 지원을 행하는 국가나 지방자치단체를 말한다. 7. "한부모가족복지단체"란 한부모가족의 복지 증진을 목적으로 설립된 기관이나 단체를 말한다.
복지급여의 내용	제12조	① 국가나 지방자치단체는 제11조에 따른 복지 급여의 신청이 있으면 다음 각 호의 복지 급여를 실시하여야 한다. 다만, 이 법에 따른 지원대상자가 「국민기초생활 보장법」 등 다른 법령에 따라 지원을 받고 있는 경우에는 그 범위에서 이 법에 따른 급여를 하지 아니한다. 1. 생계비 2. 아동교육지원비 3. 아동양육비 4. 그 밖에 대통령령으로 정하는 비용 ② 제1항 제4호의 아동양육비를 지급할 때에 미혼모나 미혼부가 5세 이하의 아동을 양육하거나 청소년 한부모가 아동을 양육하면 예산의 범위에서 추가적인 복지 급여를 실시하여야 한다. 이 경우 모 또는 부의 직계존속이 5세 이하의 아동을 양육하는 경우에도 또한 같다. ③ 국가나 지방자치단체는 이 법에 따른 지원대상자의 신청이 있는 경우에는 예산의 범위에서 직업훈련비와 훈련기간 중 생계비를 추가적으로 지급할 수 있다. ④ 제1항부터 제3항까지의 규정에 따른 복지 급여의 기준 및 절차, 그 밖에 필요한 사항은 여성가족부령으로 정한다.

구분		조항 및 내용
복지자금의 대여	제13조	① 국가나 지방자치단체는 한부모가족의 생활안정과 자립을 촉진하기 위하여 다음 각 호의 어느 하나의 자금을 대여할 수 있다. 1. 사업에 필요한 자금 2. 아동교육비 3. 의료비 4. 주택자금 5. 그 밖에 대통령령으로 정하는 한부모가족의 복지를 위하여 필요한 자금 ② 제1항에 따른 대여 자금의 한도, 대여 방법 및 절차, 그 밖에 필요한 사항은 대통령령으로 정한다.
고용의 촉진	제14조	① 국가 또는 지방자치단체는 한부모가족의 모 또는 부와 아동의 직업능력을 개발하기 위하여 능력 및 적성 등을 고려한 직업능력개발훈련을 실시하여야 한다. ② 국가 또는 지방자치단체는 한부모가족의 모 또는 부와 아동의 고용을 촉진하기 위하여 적합한 직업을 알선하고 각종 사업장에 모 또는 부와 아동이 우선 고용되도록 노력하여야 한다.
가족지원 서비스	제17조	국가나 지방자치단체는 한부모가족에게 다음 각 호의 가족지원서비스를 제공하도록 노력하여야 한다. 1. 아동의 양육 및 교육 서비스 2. 장애인, 노인, 만성질환자 등의 부양 서비스 3. 취사, 청소, 세탁 등 가사 서비스 4. 교육·상담 등 가족 관계 증진 서비스 5. 인지청구 및 자녀양육비 청구 등을 위한 법률상담, 소송대리 등 법률구조서비스 6. 그 밖에 대통령령으로 정하는 한부모가족에 대한 가족지원서비스
국민주택의 분양 및 임대	제18조	국가나 지방자치단체는 「주택법」에서 정하는 바에 따라 국민주택을 분양하거나 임대할 때에는 한부모가족에게 일정 비율이 우선 분양될 수 있도록 노력하여야 한다.
한부모가족 복지시설	제19조	① 한부모가족복지시설은 다음 각 호의 시설로 한다. 1. 모자가족복지시설 : 모자가족에게 다음 각 목의 어느 하나 이상의 편의를 제공하는 시설 가. 기본생활지원 : 생계가 어려운 모자가족에게 일정 기간 동안 주거와 생계를 지원 나. 공동생활지원 : 독립적인 생활이 어려운 모자가족에게 일정 기간 동안 공동생활을 통하여 자립을 준비할 수 있도록 주거 등을 지원 다. 자립생활지원 : 자립욕구가 강한 모자가족에게 일정 기간 동안 주거를 지원 2. 부자가족복지시설 : 부자가족에게 다음 각 목의 어느 하나 이상의 편의를 제공하는 시설 가. 기본생활지원 : 생계가 어려운 부자가족에게 일정 기간 동안 주거와 생계를 지원

구분	조항 및 내용	
		나. 공동생활지원 : 독립적인 생활이 어려운 부자가족에게 일정 기간 동안 공동생활을 통하여 자립을 준비할 수 있도록 주거 등을 지원 다. 자립생활지원 : 자립욕구가 강한 부자가족에게 일정 기간 동안 주거를 지원 3. 미혼모자가족복지시설 : 미혼모자가족과 출산 미혼모 등에게 다음 각 목의 어느 하나 이상의 편의를 제공하는 시설 가. 기본생활지원 : 미혼 여성의 임신 · 출산 시 안전 분만 및 심신의 건강 회복과 출산 후의 아동의 양육 지원을 위하여 일정 기간 동안 주거와 생계를 지원 나. 공동생활지원 : 출산 후 해당 아동을 양육하지 아니하는 미혼모 또는 미혼모와 그 출산 아동으로 구성된 미혼모자가족에게 일정 기간 동안 공동생활을 통하여 자립을 준비할 수 있도록 주거 등을 지원 4. 일시지원복지시설 : 배우자(사실혼 관계에 있는 사람을 포함한다)가 있으나 배우자의 물리적 · 정신적 학대로 아동의 건전한 양육이나 모의 건강에 지장을 초래할 우려가 있을 경우 일시적 또는 일정 기간 동안 모와 아동 또는 모에게 주거와 생계를 지원하는 시설 5. 한부모가족복지상담소 : 한부모가족에 대한 위기 · 자립 상담 또는 문제해결 지원 등을 목적으로 하는 시설 ② 제1항 제1호부터 제4호까지의 규정에 따른 복지시설의 입소기간 및 그 기간의 연장 등에 필요한 사항은 여성가족부령으로 정한다.
한부모가족 복지시설의 설치	제20조	① 국가나 지방자치단체는 한부모가족복지시설을 설치할 수 있다. ② 제19조에 따른 한부모가족복지시설의 장은 청소년 한부모가 입소를 요청하는 경우에는 우선 입소를 위한 조치를 취하여야 한다. ③ 국가나 지방자치단체 외의 자가 한부모가족복지시설을 설치 · 운영하려면 특별자치시장 · 특별자치도지사 · 시장 · 군수 · 구청장에게 신고하여야 한다. 신고한 사항 중 여성가족부령으로 정하는 중요 사항을 변경하려는 경우에도 또한 같다. ④ 「입양촉진 및 절차에 관한 특례법」 제10조에 따른 입양기관을 운영하는 자는 제19조 제1항 제3호 가목에 해당하는 편의제공시설을 설치 · 운영할 수 없다. ⑤ 한부모가족복지시설의 시설 설치 · 운영 기준, 시설 종사자의 직종(職種)과 수(數) 및 자격기준, 그 밖에 설치신고에 필요한 사항은 여성가족부령으로 정한다.

5) 건강가정기본법

「건강가정기본법」은 2004년 2월에 제정되어 2005년 1월 1일부터 시행되었으며 출산율의 급격한 감소와 이혼율의 증가, 가족의 부양기능 약화 등의 가족문제에 대처하며 가정을 단위로 한 통합적이고 예방적인 복지서비스를 구현하기 위하여 제정되었다. 입법목적은 "건강한 가정생활 영위와 가족의 유지 및 발전을 위한 국민의 권리, 의무와 국가 및 지방자치단체 등의 책임을 명백히 하고 가정문제의 적절한 해결방안을 강구하며 가족구성원의 복지증진을 이바지할 수 있는 지원정책을 강화함으로써 건강가정 구현에 기여하는 것을 목적으로 한다."고 규정되어 있다(제1조).

주요 내용으로는 가정에 대한 지원(제21조), 자녀양육지원의 강화(제22조), 가족단위복지증진(제23조), 가족의 건강증진(제24조), 가족부양의 지원(제25조), 민주적이고 양성평등한 가족관계의 증진(제26조), 가족단위의 시민적 역할증진(제27조), 가정생활문화의 발전(제28조), 가정봉사원(제30조), 이혼예방 및 이혼가정지원(제31조), 건강가정교육(제32조), 자원봉사활동의 지원(제33조) 등으로 구성되어 있다.

〈표 5-13〉 **건강가정기본법의 주요 내용**

구분	조항	
목적	제1조	이 법은 건강한 가정생활의 영위와 가족의 유지 및 발전을 위한 국민의 권리 · 의무와 국가 및 지방자치단체 등의 책임을 명백히 하고, 가정문제의 적절한 해결방안을 강구하며 가족구성원의 복지증진에 이바지할 수 있는 지원정책을 강화함으로써 건강가정 구현에 기여하는 것을 목적으로 한다.
기본이념	제2조	가정은 개인의 기본적인 욕구를 충족시키고 사회통합을 위하여 기능할 수 있도록 유지 · 발전되어야 한다.
정의	제3조	이 법에서 사용하는 용어의 정의는 다음과 같다. 1. "가족"이라 함은 혼인 · 혈연 · 입양으로 이루어진 사회의 기본단위를 말한다. 2. "가정"이라 함은 가족구성원이 생계 또는 주거를 함께 하는 생활공동체로서 구성원의 일상적인 부양 · 양육 · 보호 · 교육 등이 이루어지는 생활단위를 말한다. 3. "건강가정"이라 함은 가족구성원의 욕구가 충족되고 인간다운 삶이 보장되는 가정을 말한다. 4. "건강가정사업"이라 함은 건강가정을 저해하는 문제(이하 "가정문제"라 한다)의 발생을 예방하고 해결하기 위한 여러 가지 조치와 가족의 부양 · 양육 · 보호 · 교육 등의 가정기능을 강화하기 위한 사업을 말한다.
국민의 권리와 의무	제4조	① 모든 국민은 가정의 구성원으로서 안정되고 인간다운 삶을 유지할 수 있는 가정생활을 영위할 권리를 가진다. ② 모든 국민은 가정의 중요성을 인식하고 그 복지의 향상을 위하여 노력하여야 한다.
국가 및 지방자치단체의 책임	제5조	① 국가 및 지방자치단체는 건강가정을 위하여 필요한 제도와 여건을 조성하고 이를 위한 시책을 강구하여 추진하여야 한다. ② 국가 및 지방자치단체는 제1항의 시책을 강구함에 있어 가족구성원의 특성과 가정유형을 고려하여야 한다.

구분		조항
		③ 국가 및 지방자치단체는 민주적인 가정형성, 가정친화적 환경조성, 양성평등한 가족가치 실현 및 가사노동의 정당한 가치평가를 위하여 노력하여야 한다.
가정에 대한 지원	제21조	① 국가 및 지방자치단체는 가정이 원활한 기능을 수행하도록 지원하여야 한다. ② 제1항의 규정에 의하여 지원하여야 할 사항은 다음 각 호와 같다. 1. 가족구성원의 정신적 · 신체적 건강지원 2. 소득보장 등 경제생활의 안정 3. 안정된 주거생활 4. 태아검진 및 출산 · 양육의 지원 5. 직장과 가정의 양립 6. 음란물 · 유흥가 · 폭력 등 위해환경으로부터의 보호 7. 가정폭력으로부터의 보호 8. 가정친화적 사회분위기의 조성 9. 그 밖에 건강한 가정의 기능을 강화 · 지원할 수 있는 관련 사항 ③ 국가 및 지방자치단체는 임신 · 출산 · 수유 및 육아와 관련된 모 · 부성권 보장을 위한 육아휴직 및 유급휴가시책이 확산되도록 노력하여야 한다. ④ 국가 및 지방자치단체는 한부모가족, 노인단독가정, 장애인가정, 미혼모가정, 공동생활가정, 자활공동체 등 사회적 보호를 필요로 하는 가정에 대하여 적극적으로 지원하여야 한다. ⑤ 제2항 및 제4항의 규정에 의한 국가 및 지방자치단체의 지원에 관한 세부적 사항은 관계법률이 정하는 바에 의한다.
가족단위 복지증진	제23조	① 국가 및 지방자치단체는 사회보험 · 공공부조 등 사회보장제도의 운용과 관련하여 보험료의 산정 · 부과, 급여 등을 운용함에 있어서 가족을 지지하는 시책을 개발 · 추진하여야 한다. ② 국가 및 지방자치단체는 경제 · 사회, 교육 · 문화, 체육, 지역사회개발 등 각 분야의 제도 · 정책 및 사업을 수립 · 추진함에 있어 가족을 우대하는 방안을 강구하여야 한다.
가족의 건강증진	제24조	국가 및 지방자치단체는 영 · 유아, 아동, 청소년, 중 · 장년, 노인 등 생애주기에 따르는 가족구성원의 종합적인 건강증진대책을 마련하여야 한다.
건강가정 지원센터의 설치	제35조	① 국가 및 지방자치단체는 가정문제의 예방 · 상담 및 치료, 건강가정의 유지를 위한 프로그램의 개발, 가족문화운동의 전개, 가정관련 정보 및 자료제공 등을 위하여 건강가정지원센터(이하 "센터"라 한다)를 설치 · 운영하여야 한다. ② 센터에는 건강가정사업을 수행하기 위하여 관련분야에 대한 학식과 경험을 가진 전문가(이하 "건강가정사"라 한다)를 두어야 한다. ③ 건강가정사는 대학 또는 이와 동등 이상의 학교에서 사회복지학 · 가정학 · 여성학 등 여성가족부령이 정하는 관련교과목을 이수하고 졸업한 자이어야 한다. ④ 센터의 조직 · 운영 및 건강가정사의 자격 · 직무에 관하여 필요한 사항은 대통령령으로 정한다. ⑤ 센터의 운영은 여성가족부령이 정하는 바에 의하여 민간에 위탁할 수 있다.

구분		조항
건강 가정사의 직무	시행령 제4조	법 제35조 제2항에 따른 건강가정사의 직무는 다음 각 호와 같다. 1. 가정문제의 예방 · 상담 및 개선 2. 건강가정의 유지를 위한 프로그램의 개발 3. 건강가정 실현을 위한 교육[민주적이고 양성(兩性) 평등적인 가족관계 교육을 포함한다] 4. 가정생활문화운동의 전개 5. 가정 관련 정보 및 자료 제공 6. 가정에 대한 방문 및 실태 파악 7. 아동보호전문기관 등 지역사회자원과의 연계 8. 그 밖에 건강가정사업과 관련하여 여성가족부장관이 정하는 활동

6) 다문화가족지원법

최근 국제결혼의 증가 등 국가 간 인적 교류의 활성화로 우리 사회가 다문화사회로 급속히 변화하고 있음에도 뿌리 깊은 단일민족의식으로 다문화가족의 생활 전반에 다양한 편견과 차별을 야기해 주류 사회로의 진입에 어려움이 있다. 또한 결혼이민자 및 그 자녀 등으로 구성되는 다문화가족은 언어문제 및 문화적 차이로 인한 사회부적응과 가족성원 간 갈등 및 자녀교육의 어려움을 겪고 있다. 이러한 문제의식에서 「다문화가족지원법」을 2008년 3월에 제정하고 2008년 9월 22일 시행하였다. 「다문화가족지원법」은 다문화가족의 구성원이 우리 사회의 구성원으로 순조롭게 통합되어 안정적인 가족생활을 영위할 수 있도록 하기 위한 가족상담 · 부부교육 · 부모교육 및 가족생활교육 등을 추진하고, 문화의 차이 등을 고려한 언어통역, 법률상담 및 행정지원 등의 전문적 서비스를 제공하도록 하는 등 다문화가족에 대한 지원정책의 제도적인 틀을 마련하는 것을 목적으로 제정되었다.

주요 내용으로는 평등한 가족관계의 유지를 위한 조치(제7조), 가정폭력 피해자에 대한 보호 · 지원(제8조), 의료 및 건강관리를 위한 지원(제9조), 아동 · 청소년 보육 · 교육(제10조), 다국어에 의한 서비스 제공(제11조), 다문화가족지원센터의 설치 · 운영 등(제12조)으로 구성되어 있다.

〈표 5-14〉 다문화가족지원법의 주요 내용

구분	조항 및 내용	
목적	제1조	이 법은 다문화가족 구성원이 안정적인 가족생활을 영위하고 사회구성원으로서의 역할과 책임을 다할 수 있도록 함으로써 이들의 삶의 질 향상과 사회통합에 이바지함을 목적으로 한다.
국가와 지방자치단체의 책무	제3조	① 국가와 지방자치단체는 다문화가족 구성원이 안정적인 가족생활을 영위하고 경제 · 사회 · 문화 등 각 분야에서 사회구성원으로서의 역할과 책임을 다할 수 있도록 필요한 제도와 여건을 조성하고 이를 위한 시책을 수립 · 시행하여야 한다. ② 특별시 · 광역시 · 특별자치시 · 도 · 특별자치도 및 시 · 군 · 구(자치구를 말한다. 이하 같다)에는 다문화가족 지원을 담당할 기구와 공무원을 두어야 한다. ③ 국가와 지방자치단체는 이 법에 따른 시책 중 외국인정책 관련 사항에 대하여는 「재한외국인 처우 기본법」 제5조부터 제9조까지의 규정에 따른다.
평등한 가족 관계의 유지를 위한 조치	제7조	국가와 지방자치단체는 다문화가족이 민주적이고 양성평등한 가족관계를 누릴 수 있도록 가족상담, 부부교육, 부모교육, 가족생활교육 등을 추진하여야 한다. 이 경우 문화의 차이 등을 고려한 전문적인 서비스가 제공될 수 있도록 노력하여야 한다.
가정폭력 피해자에 대한 보호 · 지원	제8조	① 국가와 지방자치단체는 「가정폭력방지 및 피해자보호 등에 관한 법률」에 따라 다문화가족 내 가정폭력을 예방하기 위하여 노력하여야 한다. ② 국가와 지방자치단체는 가정폭력으로 피해를 입은 결혼이민자 등을 보호 · 지원할 수 있다. ③ 국가와 지방자치단체는 가정폭력의 피해를 입은 결혼이민자 등에 대한 보호 및 지원을 위하여 외국어 통역 서비스를 갖춘 가정폭력 상담소 및 보호시설의 설치를 확대하도록 노력하여야 한다. ④ 국가와 지방자치단체는 결혼이민자 등이 가정폭력으로 혼인관계를 종료하는 경우 의사소통의 어려움과 법률체계 등에 관한 정보의 부족 등으로 불리한 입장에 놓이지 아니하도록 의견진술 및 사실 확인 등에 있어서 언어통역, 법률상담 및 행정지원 등 필요한 서비스를 제공할 수 있다.
의료 및 건강관리를 위한 지원	제9조	① 국가와 지방자치단체는 결혼이민자 등이 건강하게 생활할 수 있도록 영양 · 건강에 대한 교육, 산전 · 산후 도우미 파견, 건강검진 등의 의료서비스를 지원할 수 있다. ② 국가와 지방자치단체는 결혼이민자 등이 제1항에 따른 의료서비스를 제공받을 경우 외국어 통역 서비스를 제공할 수 있다.
아동 · 청소년 보육 · 교육	제10조	① 국가와 지방자치단체는 아동 · 청소년 보육 · 교육을 실시함에 있어서 다문화가족 구성원인 아동 · 청소년을 차별하여서는 아니 된다. ② 국가와 지방자치단체는 다문화가족 구성원인 아동 · 청소년이 학교생활에 신속히 적응할 수 있도록 교육지원대책을 마련하여야 하고, 특별시 · 광역시 · 특별자치시 · 도 · 특별자치도의 교육감은 다문화가족 구성원인 아동 · 청소년에 대하여 학과 외 또는 방과 후 교육 프로그램 등을 지원할 수 있다. ③ 국가와 지방자치단체는 다문화가족 구성원인 18세 미만인 사람의 초등학교 취학

구분		조항 및 내용
		전 보육 및 교육 지원을 위하여 노력하고, 그 구성원의 언어발달을 위하여 한국어 및 결혼이민자등인 부 또는 모의 모국어 교육을 위한 교재지원 및 학습지원 등 언어능력 제고를 위하여 필요한 지원을 할 수 있다. ④ 「영유아보육법」 제10조에 따른 어린이집의 원장, 「유아교육법」 제7조에 따른 유치원의 장, 「초·중등교육법」 제2조에 따른 각급 학교의 장, 그 밖에 대통령령으로 정하는 기관의 장은 아동·청소년 보육·교육을 실시함에 있어 다문화가족 구성원인 아동·청소년이 차별을 받지 아니하도록 필요한 조치를 하여야 한다.

7) 노인장기요양보험법

인구의 고령화가 세계에서 유례가 없을 정도로 빠르게 진행됨에 따라 치매, 중풍 등 일상생활이 어려운 노인의 수도 날로 증가하고 있으나 핵가족화, 여성의 사회참여 증가 등으로 장기요양이 필요한 노인을 가정에서 돌보는 것이 어렵고 그 가정의 비용부담이 과중하여 노인장기요양 문제는 심각한 사회적 문제로 대두되었다. 노인의 간병, 장기요양문제를 사회적 연대원리에 따라 정부와 사회가 공동으로 해결하는 노인장기요양보험제도를 도입하여 노인의 노후생활의 안정을 도모하고 그 가족의 부양부담을 덜어 줌으로써 국민의 삶의 질을 향상하고자 2007년 4월 27일 제정하고 2008년 7월 1일부터 시행하고 있다.

〈표 5-15〉 **노인장기요양보험법의 주요 내용**

구분		조항 및 내용
목적	제1조	이 법은 고령이나 노인성 질병 등의 사유로 일상생활을 혼자서 수행하기 어려운 노인등에게 제공하는 신체활동 또는 가사활동 지원 등의 장기요양급여에 관한 사항을 규정하여 노후의 건강증진 및 생활안정을 도모하고 그 가족의 부담을 덜어줌으로써 국민의 삶의 질을 향상하도록 함을 목적으로 한다.
정의	제2조	이 법에서 사용하는 용어의 정의는 다음과 같다. 1. "노인 등"이란 65세 이상의 노인 또는 65세 미만의 자로서 치매·뇌혈관성질환 등 대통령령으로 정하는 노인성 질병을 가진 자를 말한다. 2. "장기요양급여"란 제15조 제2항에 따라 6개월 이상 동안 혼자서 일상생활을 수행하기 어렵다고 인정되는 자에게 신체활동·가사활동의 지원 또는 간병 등의 서비스나 이에 갈음하여 지급하는 현금 등을 말한다. 3. "장기요양사업"이란 장기요양보험료, 국가 및 지방자치단체의 부담금 등을 재원으로 하여 노인등에게 장기요양급여를 제공하는 사업을 말한다.

구분	조항 및 내용	
		4. "장기요양기관"이란 제31조에 따른 지정을 받은 기관으로서 장기요양급여를 제공하는 기관을 말한다. 5. "장기요양요원"이란 장기요양기관에 소속되어 노인 등의 신체활동 또는 가사활동 지원 등의 업무를 수행하는 자를 말한다.
장기요양 급여 제공의 기본원칙	제3조	① 장기요양급여는 노인 등이 자신의 의사와 능력에 따라 최대한 자립적으로 일상생활을 수행할 수 있도록 제공하여야 한다. ② 장기요양급여는 노인 등의 심신상태 · 생활환경과 노인 등 및 그 가족의 욕구 · 선택을 종합적으로 고려하여 필요한 범위 안에서 이를 적정하게 제공하여야 한다. ③ 장기요양급여는 노인 등이 가족과 함께 생활하면서 가정에서 장기요양을 받는 재가급여를 우선적으로 제공하여야 한다. ④ 장기요양급여는 노인 등의 심신상태나 건강 등이 악화되지 아니하도록 의료서비스와 연계하여 이를 제공하여야 한다.
가족요양비	제24조	① 공단은 다음 각 호의 어느 하나에 해당하는 수급자가 가족 등으로부터 제23조 제1항 제1호 가목에 따른 방문요양에 상당한 장기요양급여를 받은 때 대통령령으로 정하는 기준에 따라 해당 수급자에게 가족요양비를 지급할 수 있다. 1. 도서 · 벽지 등 장기요양기관이 현저히 부족한 지역으로서 보건복지부장관이 정하여 고시하는 지역에 거주하는 자 2. 천재지변이나 그 밖에 이와 유사한 사유로 인하여 장기요양기관이 제공하는 장기요양급여를 이용하기가 어렵다고 보건복지부장관이 인정하는 자 3. 신체 · 정신 또는 성격 등 대통령령으로 정하는 사유로 인하여 가족 등으로부터 장기요양을 받아야 하는 자 ② 제1항에 따른 가족요양비의 지급절차와 그 밖에 필요한 사항은 보건복지부령으로 정한다.
가족 등의 장기요양에 대한 보상	제41조	① 공단은 장기요양급여를 받은 금액의 총액이 보건복지부장관이 정하여 고시하는 금액 이하에 해당하는 수급자가 가족 등으로부터 제23조 제1항 제1호 가목에 따른 방문요양에 상당한 장기요양을 받은 경우 보건복지부령으로 정하는 바에 따라 본인부담금의 일부를 감면하거나 이에 갈음하는 조치를 할 수 있다. ② 제1항에 따른 본인부담금의 감면방법 등 필요한 사항은 보건복지부령으로 정한다.

8) 장애아동복지지원법

「장애아동복지지원법」은 2012년 제정되어 2013년 3월 1일 시행되었다. 「장애아동복지지원법」은 장애아동의 특별한 복지적 욕구에 적합한 지원을 통합적으로 제공함으로써 장애아동이 안정된 가정생활 속에서 건강하게 성장하고 사회에 활발하게 참여할 수 있도록 하며 장애아동 가족의 부담을 줄이는 데 이바지함을 목적으로 제정되었으며 장애아동의 권리와 국가와 지방자치단체의 임무, 대상자 선정과 복지지원 제공의 절차와 복지지원내용 등을 포함하고 있다.

〈표 5-16〉 장애아동복지지원법의 주요 내용

구분	조항 및 내용	
목적	제1조	이 법은 국가와 지방자치단체가 장애아동의 특별한 복지적 욕구에 적합한 지원을 통합적으로 제공함으로써 장애아동이 안정된 가정생활 속에서 건강하게 성장하고 사회에 활발하게 참여할 수 있도록 하며, 장애아동 가족의 부담을 줄이는데 이바지함을 목적으로 한다.
장애아동의 권리	제4조	① 장애아동은 모든 형태의 학대 및 유기 · 착취 · 감금 · 폭력 등으로부터 보호받아야 한다. ② 장애아동은 부모에 의하여 양육되고, 안정된 가정환경에서 자라나야 한다. ③ 장애아동은 인성 및 정신적 · 신체적 능력을 최대한 계발하기 위하여 적절한 교육을 제공받아야 한다. ④ 장애아동은 가능한 최상의 건강상태를 유지하고 행복한 일상생활을 영위하기 위한 의료적 · 복지적 지원을 받아야 한다. ⑤ 장애아동은 휴식과 여가를 즐기고, 놀이와 문화예술활동에 참여할 수 있는 기회를 제공받아야 한다. ⑥ 장애아동은 의사소통 능력, 자기결정 능력 및 자기권리 옹호 능력을 향상시키기 위한 교육 및 훈련 기회를 제공받아야 한다.
국가와 지방자치 단체의 임무	제6조	국가와 지방자치단체는 장애아동에게 적절한 복지지원을 제공하기 위하여 다음 각 호의 업무를 수행하여야 한다. 1. 장애아동과 그 가족을 위한 복지지원대책의 강구 2. 장애아동을 위한 복지지원 사업의 연구 · 개발 3. 장애의 조기발견을 위한 홍보 4. 복지지원 전달체계의 구축 5. 복지지원 이용권의 수급 및 이용에 대한 관리 · 감독 6. 그 밖에 장애아동과 그 가족의 복지지원을 위하여 필요하다고 인정하는 사항
지역장애 아동지원 센터	제9조	① 특별자치도지사 · 시장 · 군수 · 구청장(구청장은 자치구의 구청장을 말한다. 이하 "시장 · 군수 · 구청장"이라 한다)은 다음 각 호의 업무를 수행하기 위하여 특별자치도 · 시 · 군 · 구(자치구를 말한다. 이하 같다)에 지역장애아동지원센터(이하 "지역센터"라 한다)를 설치 · 운영할 수 있다. 1. 장애의 조기발견을 위한 홍보 2. 장애아동의 복지지원 사업에 관한 정보 및 자료 제공 3. 장애아동과 그 가족에 대한 복지지원 제공기관의 연계 4. 장애아동의 사례관리

구분		조항 및 내용
		5. 장애아동 및 그 가족을 지원하기 위한 가족상담 및 교육의 실시 6. 그 밖에 시장 · 군수 · 구청장이 위탁하거나 필요하다고 인정하는 업무 ② 시장 · 군수 · 구청장은 지역의 규모 및 장애아동의 수를 고려하여 인근지역과 통합하여 지역센터를 설치 · 운영할 수 있다. ③ 시장 · 군수 · 구청장은 지역센터의 원활한 업무 수행을 위하여 필요한 경우 지역센터의 운영비용을 지원할 수 있다. ④ 시장 · 군수 · 구청장은 지역센터의 운영을 「공공기관의 운영에 관한 법률」 제4조에 따른 공공기관에 위탁할 수 있다. ⑤ 그 밖에 지역센터의 설치 · 운영 등에 필요한 사항은 보건복지부령으로 정한다.
장애의 조기발견	제12조	① 시장 · 군수 · 구청장은 「국민건강보험법」 제52조, 「의료급여법」 제14조 및 「모자보건법」 제10조 제1항에 따라 영유아에 대하여 정기적인 건강검진 · 예방접종을 실시하는 경우 장애의 유무를 조기에 발견하기 위하여 선별검사를 실시할 수 있다. ② 국가와 지방자치단체는 장애의 조기발견을 위하여 방송 · 신문 및 인터넷 등 다양한 매체를 이용하여 홍보하여야 한다.
개인별 지원계획의 수립	제17조	① 시장 · 군수 · 구청장은 장애아동에게 적합한 복지지원을 제공하기 위하여 개인별지원계획을 수립할 수 있다. 이 경우 그 업무를 제9조에 따른 지역센터에 위탁할 수 있다. ② 시장 · 군수 · 구청장은 개인별지원계획을 수립하는 경우 보호자, 복지지원을 제공하는 인력, 복지 관계 전문가 등에게 자문할 수 있다. ③ 제1항 및 제2항에 따른 개인별지원계획의 수립 · 실시 및 자문 등에 필요한 사항은 보건복지부령으로 정한다.
발달재활 서비스 지원	제21조	① 국가와 지방자치단체는 장애아동의 인지, 의사소통, 적응행동, 감각 · 운동 등의 기능 향상과 행동발달을 위하여 적절한 발달재활서비스(이하 "발달재활서비스"라 한다)를 지원할 수 있다. ② 제1항에 따른 발달재활서비스를 지원할 때에는 장애아동의 장애유형 · 장애정도와 그 가족의 경제적 능력 등을 고려하여 지원할 대상 및 내용을 결정할 수 있다. ③ 지방자치단체는 발달재활서비스의 제공경험 및 전문성, 서비스 내용의 적정성 등을 고려하여 발달재활서비스를 제공하는 기관(이하 "발달재활서비스 제공기관"이라 한다)을 지정하여 운영할 수 있다. ④ 발달재활서비스 제공기관은 장애아동에게 적합한 발달재활서비스를 제공하기 위하여 발달재활서비스 제공계획을 수립하고 실시하여야 한다. ⑤ 지방자치단체의 장은 발달재활서비스 제공기관이 다음 각 호의 어느 하나에 해당하는 때에는 그 지정을 취소할 수 있다. 1. 거짓이나 그 밖의 부정한 방법으로 지정을 받은 경우 2. 당초의 지정조건을 충족하지 못하게 된 경우 3. 제33조의 정보제공의무를 위반한 경우

구분	조항 및 내용	
		⑥ 제1항과 제2항에 따른 발달재활서비스의 지원 기준 · 방법 · 기간 등에 필요한 사항은 보건복지부령으로 정한다. ⑦ 제3항부터 제5항까지의 규정에 따른 발달재활서비스 제공기관의 지정 및 지정취소의 기준 · 절차, 지정기간 및 운영 등에 필요한 사항은 보건복지부령으로 정한다.
가족지원	제23조	① 국가와 지방자치단체는 장애아동의 가족이 장애아동에게 적합한 양육방법을 습득하고 가족의 역량을 키울 수 있도록 가족상담 · 교육 등의 가족지원을 제공할 수 있다. ② 지방자치단체는 제1항에 따른 가족지원 업무를 비영리법인에 위탁할 수 있으며 필요한 경우 예산의 범위에서 그 비용을 지원할 수 있다.
돌봄 및 일시적 휴식지원 서비스지원	제24조	① 국가와 지방자치단체는 장애아동 가족의 일상적인 양육부담을 경감하고 보호자의 정상적인 사회활동을 돕기 위하여 돌봄 및 일시적 휴식지원 서비스를 제공할 수 있다. ② 제1항에 따른 복지지원을 제공할 때에는 장애아동의 장애유형 · 장애정도와 그 가족의 경제적 능력 등을 고려하여 지원할 대상 및 내용을 결정할 수 있다. ③ 제1항 및 제2항에 따른 복지지원의 대상 · 지원기준 및 방법 등에 필요한 사항은 보건복지부령으로 정한다.
지역사회 전환서비스 지원	제25조	국가와 지방자치단체는 장애아동이 18세가 되거나 「초 · 중등교육법」 제2조의 고등학교와 이에 준하는 각종 학교 또는 「장애인 등에 대한 특수교육법」 제24조의 전공과를 졸업한 후 주거 · 직업체험 등의 지역사회 전환 서비스를 제공하도록 노력하여야 한다.
복지지원의 제공	제28조	① 이 법에 따른 복지지원은 개별 복지지원의 목적에 따라 장애아동과 그 가족에게 현금 또는 현물로 제공한다. 이 경우 현물은 복지지원 이용권으로 제공할 수 있다. ② 복지지원의 제공방법 및 관리 등에 필요한 사항은 보건복지부령으로 정한다.

Chapter 06 가족복지서비스적 **접근방법**

1960년대를 기점으로 가족을 전체로 하여 하나의 유기체로 접근하는 방법으로서 가족복지서비스 분야가 사회복지 전문가의 관심을 끌었다. 대체적으로 가족복지서비스와 관련된 주요 이론으로 가족진단과 가족치료에 관한 적용, 자아심리학의 응용, 역할개념에 관한 접근, 다문화가족에 대한 치료방법, 위기이론에 입각한 치료방법 등 다섯 가지를 기반으로 서비스의 내용을 다양하게 제시하였다(NASW, 1970).

Munson(1980)은 가족복지서비스와 관련하여 Rogers의 가족역동성 이론의 틀을 이용하여 정리하였는데 첫째, 사회제도적 측면, 둘째, 집단상호작용적 측면, 셋째, 개인심리적 측면이다. 이 세 가지 측면은 상호 연결되어 있고 복잡한 가족행동을 형성하며 가족복지서비스의 주요 대상이 된다. 일반적으로 가족복지서비스는 특수한 욕구를 가진 가족성원의 문제로 야기된 가족문제를 취급한다. 가족을 지원하는 가족복지기관의 서비스 활동으로서 가족복지기관의 목표는 가족 내의 개인 및 그 구성원들로 하여금 가족생활에서 원만한 인간관계, 즉 가족관계를 맺을 수 있게 하는 데 있다. 가족복지서비스적 접근방법으로는 가족상담 및 치료, 가족생활교육, 가정조성서비스 등을 들 수 있다.

1. 가족상담과 치료

1) 가족상담

가족상담은 가족치료와 동의어 혹은 같은 맥락에서 파악하고 있는 편으로 명확하게 구분하기는 어려운 점이 있으나 문제의 심각성이나 개인별 수준 및 방법에 따라 그 차이를 구분해 볼 수 있다.

Freeman(1980: 20)은 가족상담이 필요한 대상은 정신과 의사나 임상심리가의 치료를 요하는 정신병리 소유자보다는 이른바 문제 가족성원이나 가족위기가 그 대상이 된다고 하였으며(정민자, 1988: 180 재인용), 이경자 등(1991: 6-10)은 가족상담을 개인이나 가족의 문제해결을 위하여 상담자가 가족을 체계로 보고 가족을 단위로 하여 가족의 기능, 역할, 관계상의 문제를 다루고 가족치료는 가족상담을 실시함에 있어서 기반이 되는 실천이론을 지칭하는 경우와 그 이론을 적극적으로 활용하여 전문화된 상담서비스를 제공하는 경우에 한하여 가족치료라는 용어를 사용한다고 언급하고 있다.

즉, 가족치료는 정신치료 및 가족체계의 이론과 기술을 신경정신적 장애의 치료목적을 위해 개인, 부부, 가족에 적용하는 전문적 서비스이며 가족상담은 신경정신적 장애진단이 나타나지 않는 문제, 예를 들면 결혼적응, 결혼준비, 부부관계, 부모-자녀 관계, 고부관계 등 가족관계문제에 초점을 두는 가족치료의 특수한 부분이라고 할 수 있다.

(1) 가족상담의 적용과 목적

가족상담이 필요한 경우는 다음과 같다.

① 자연발생적으로 발생하는 가정위기

- 아버지의 직업이동이나 변화로 거주지를 이동하게 되고 친구, 이웃 등 새로운 생활에 적응해야 하는 경우
- 가족성원이 질병을 앓게 됨에 따라 어머니의 양육부담이 증가하거나 가족 간의 스트레스와 긴장수준이 높아질 경우
- 새로운 가족성원의 출생이나 출가 혹은 조부모나 친지와 함께 동거하게 되었을 경우
- 가족성원의 갑작스러운 사고나 사망, 별거 등 이별하게 되었을 경우
- 어머니가 재취업할 경우

② 자녀를 양육함에 있어 부모-자녀의 관계에 대한 위기

- 실직 등 부모의 경제적 능력이 가정생활의 안정을 위협받게 된 경우(예: 주거불량, 영양결

핍, 교육적 지원의 제한, 사회적으로 소외됨 등)

- 한 부모로서 자녀양육과 가정경제 책임의 이중역할로 인한 과중한 부담을 진 경우
- 부모가 질병이나 장애를 가지고 있는 경우
- 가족성원 간 부조화 특히 부부갈등이나 고부갈등이 있는 경우
- 부모가 바람직하지 못한 행동을 하는 경우(예 : 도둑, 알코올 및 약물중독, 도박, 폭력 및 학대 등)
- 적절한 육아지식의 결여로 아동의 양육 및 생활지도에 있어 기본적 생리욕구를 충족시키지 못하거나 대처를 못하는 등 부모역할에 대한 인식과 준비가 부족한 경우(예 : 십대 미혼모)
- 부모의 가사관리능력이나 가정경제 운영능력이 부족한 경우

이 외에도 아동의 신체발달이나 행동에 문제가 있는 경우, 지역사회의 환경이 생활상의 긴장감을 주는 경우, 가족에 대한 차별, 편견, 무시가 있는 경우, 결혼생활과 가정생활의 향상이 필요한 경우 가족상담이 필요하다.

가족상담의 목적은 가족문제가 발생될 때 가족이 병리적 방어기제를 사용하는 대신 건전한 적응방법을 사용할 수 있는 능력을 키우고 가족성원 간의 관계에서 병리적 요소를 제거함으로써 가족의 기능화를 도모하는 것이라고 볼 수 있다. 그러나 다음과 같이 가족상담이 부적합한 경우도 있다.

(2) 가족상담이 부적합한 경우

① 가족성원이 모래알가족처럼 극단적으로 분리되어 있어 변화하고자 하는 동기가 약할 때
② 정신병적 폭력, 지각장애와 사고장애를 보이는 정신병
③ 가족의 방어기제가 완강하여 이를 깰 때 우울증이나 정신신체화 증상을 일으킬 가능성이 있을 경우
④ 급성 정신분열증 환자가 상담을 거부하는 경우

2) 위기가족상담

세계적 경제위기 이후 위기가족이 발생하고 이로 인하여 다양한 가족문제가 사회문제가 되고 있다. 특히 고용약화로 인하여 실업자가 증가하였고 40~50대 가장의 실업은 가족의 의식주 등 생활과 직접적 관련이 있으므로 이로 인한 가족해체 현상이 증가할 가능성이 높

다고 할 수 있다. 이와 같이 긴급하고 복합적인 문제를 가지고 있는 위기가족에게 가족의 문제를 해결하고 가족기능을 회복 혹은 향상할 수 있도록 심리정서적 지원, 자원연계 등을 위한 지원의 필요성이 제기되었다. 일반적으로 위기는 개인이 특정 사건을 경험하면서 그것을 대처할 수 없다는 인식과 그로 인한 스트레스 반응이라고 볼 수 있으며 짧은 대처기술을 배우면서 적응하기도 하지만 방어적이 되면서 부적응의 문제가 발생한다. 위기에 처한 가족을 위한 위기가족상담은 위기개입이론과 가족상담 관련 이론을 토대로 하며 그중 위기개입은 위기로 인한 불균형 상태를 회복하기 위하여 일정한 원조수단을 개인 및 가족 및 집단에 적용하는 과정을 의미하며 다음과 같은 원리를 중심으로 이루어진다.

〈표 6-1〉 **위기개입의 주요원리**

주요원리	세부 내용
신속한 개입	• 위기 자체가 시간제한적인 요소를 내포하고 있으므로 신속하고 즉각적인 개입(위기발생 6주 이내)이 필요함
행동지향성	• 위기에 처한 가족은 경직되고 긴장하는 경향이 있기 때문에 적극적으로 격려하고 이끌어 나갈 수 있는 행동지향적 기술이 필요함
제한적 목표	• 위기개입의 목표는 평형상태를 회복하는 것이며 가족기능을 회복, 유지, 향상시키는 것이며 성격의 변화 등은 다루지 않음
희망과 기대	• 위기에 처한 가족들에게 회복될 수 있을 것이라는 현실적 희망과 기대를 가질 수 있도록 함
지지	• 가급적이면 장기적으로 서비스에 의존하는 일이 없도록 하고 스스로 신속하게 사회관계망을 넓힐 수 있도록 함
초점적 문제해결	• 가능한 한 신속하게 위기를 일으킨 핵심적 문제와 원인을 탐색하여 해결
건전한 가족상	• 위기에 처한 가족이 실패한 가족으로 생각하지 않도록 클라이언트의 자기상을 보호하고 그를 통해 건전한 가족상을 형성할 수 있도록 함
자립	• 가족이 할 수 있는 것에 대하여 가급적 스스로 할 수 있는 기회를 제공하고 격려함

우리나라의 위기가족상담은 지역가족센터에서 이루어지고 있으며 최근 교육부에서도 위기학생을 위한 가족상담지원사업을 실시하고 있다. 위기가족상담의 대상은 다음과 같다.

- 경제적 · 신체적 · 정서적 위기를 맞아 긴급한 상담 및 개입이 필요한 가족
- 가족관계의 악화로 자신의 생활기능에 제한이 생긴 자 및 가족

- 가족 간의 갈등, 불화로 중대한 어려움이 발생한 자 및 가족
- 상담현장으로 내방이 어려워 찾아가는 상담이 필요한 자 및 가족
- 한부모, 조손, 재혼, 이혼 전후, 다문화가족 등 취약가족

상담서비스 과정은 대상가족 발굴과 초기면접 후 지원계획을 수립하고 직접 서비스와 연계 서비스를 제공하며 사후관리 및 종결과정으로 이루어지며 위기가족 상담지원 체계도는 [그림 6-1]과 같다.

발굴

· 각급 지방법원 연계이혼 전후 가족
· 고용지원센터, 근로복지공단 등 연계실업 및 창업준비가족
· 청소년지원센터, 아동보호전문기관 등 복지 및 유관기관 연계
· 경찰서, 구청, 주민자치센터 등 공공기관 연계

▼

초기면접

· 주거의 어려움, 실직, 법률상담, 수급신청, 정서적 불안 등 가족의 위기상황과 필요한 서비스 및 욕구진단

▼

지원계획수립

· 가족상담일정수립
· 정보제공, 가족지역서비스 및 자원연계(병원, 법률사무소, 주민자치센터 등) 계획수립

▼

직접서비스 제공

심리검사, 가족상담 및 치료, 자조모임
· 가족봉사단 활용, 가족 간 후견, 가족 간 멘토링 프로그램 등
· 가족관계증진을 위한 가족교육, 가족캠프 등 가족문화 프로그램

▼

연계서비스 제공

· 주민자치센터, 청소년지원센터, 변호사 사무실, 노인보호전문기관, 고용지원센터, 근로복지공단 연계

▼

사후관리 및 종결

· 내담자의 변화, 피드백 등

[그림 6-1] 위기가족 상담지원 체계도

2. 가족생활교육

1) 가족생활교육의 목적과 필요성

가족생활교육이란 가족생활의 질적 극대화를 실현하는 데 도움을 주기 위하여 가족성원에게 필요한 자원, 정보, 기술 등을 제공하고 지도하는 과정을 의미하며 가족생활에 관련된 개념이나 원리에 대한 지식을 습득하고 개인적 태도나 가치를 개발하며 타인의 가치와 태도를 이해, 수용하면서 가족복지에 기여하도록 하는 대인기술을 습득하는 과정을 의미한다(Arcus, 1990).

가족생활교육의 목적은 근본적으로 가족생활을 풍부하게 하고 강화하기 위한 것이지만 가족으로 인한 사회문제가 관심을 받게 됨으로써 교육 이상의 것으로 확대되고 있다. 가족은 가족생활교육을 통하여 가족생활을 향상시킴과 더불어 가족과 관련된 사회문제 역시 사전에 예방할 수 있는 것이다. 급격한 사회변화는 가족에 대한 규범과 가치관을 변화시켰고 가족의 기능과 역할도 크게 변화하고 있다.

그러나 이러한 변화된 사회와 가족의 기능과 역할에 대처할 수 없게 된 가족은 많은 가족문제를 가지게 되었다. 부부갈등문제, 자녀양육 및 교육문제, 청소년문제, 가정폭력 및 학대문제, 노인문제, 다문화가족문제 등 많은 가족문제를 초래하였고 그것이 사회문제로까지 확대되기에 이른 것이다. 이러한 다양한 가정의 문제를 해결하고 가족위기에 능동적으로 대처하며 예방하기 위하여 가족을 위한 지속적 재사회화 교육이 실시되어야 하며 가족생활에 대한 교육은 가족복지 차원에서 계획되고 실천되어야 한다.

2) 가족생활교육의 내용

전반적으로 가족생활교육에 포함될 수 있는 내용은 인간발달과 가족과 사회, 결혼과 성, 부부관계, 부모됨, 노인과 가족, 특수가족, 가족자원관리, 여성문제 등을 들 수 있는데 그 구체적 내용은 〈표 6-2〉와 같다.

〈표 6-2〉 가족생활교육의 영역 및 내용

영역별	교육내용
인간발달	• 인간발달과정 및 문제 • 사회화 및 재사회화 • 인간성의 이해
가족과 사회	• 가족의 중요성과 기능, 가족의 변화와 미래 • 가족복지 및 정책, 법, 가족과 직업 • 가족상담과 치료
결혼과 성	• 성특성과 성행동, 이성교제와 배우자 선택 • 성역할과 성문제, 결혼 및 의례
부부관계	• 성공적 결혼조건 이해 • 부부역할과 권력, 갈등 다루기 • 부부의사소통, 이혼과 재혼
부모됨	• 부모의 의무와 책임 • 자녀양육 및 교육방법 • 부모 - 자녀 관계(의사소통, 갈등), 자녀의 사회화 • 자녀의 성교육과 이성교제 • 특별한 자녀문제 대처기술
노인과 가족	• 노화의 특성, 부모와 성인자녀 관계 • 조부모와 손자녀의 관계, 노인부양 및 노인복지 • 노후준비 및 설계하기
특수가족	• 미혼모, 저소득빈곤가족, 한부모가족, 장애아가족, 치매노인가족, 조손가족, 다문화가족문제
가족자원관리	• 시간과 에너지 관리, 가계관리, 소비행동, 주거관리 및 자산관리 • 생활설계, 창업
여성문제	• 여성의 역할변화, 맞벌이가족문제, 여성의 사회활동 • 재취업준비교육

3) 가족생활교육 프로그램 실시과정

가족생활교육 프로그램이 가족복지실천현장에서 효과적으로 실시되기 위해서는 구체화된 가족생활교육 프로그램이 중요하다. 따라서 가족생활교육 프로그램이 어떻게 구성되고 진행되어야 하는지와 그 효과를 어떻게 평가할 수 있는 것인지에 대하여 살펴보고자 한다.

(1) 가족생활교육 프로그램이란 무엇인가

가족의 기능화를 지원하기 위해서는 효율적 가족지원 프로그램이 필요하다. 프로그램이란 특정 교과과정이나 특정한 주제와 관련된 체계화된 학습과정을 의미한다고 할 수 있다. 그러나 평생교육 차원의 프로그램이란 일정 기간 동안 사전에 계획되었던 학습결과를 성취하기 위하여 체계적으로 조직된 일련의 학습내용, 학습활동, 학습방법의 통합된 실체를 의미한다고 하였다(김진화, 2001). 또한 사회복지 프로그램이란 사회복지조직에서 사회복지의 목표를 달성하기 위한 활동의 집합체라고 정의하였다(정무성 · 정진모, 2001). 가족생활교육 프로그램은 어떠한 목적을 달성하기 위하여 선택된 활동에 관하여 누가, 무엇을, 어떻게, 왜, 언제, 어디서, 누구와 행할 것인가를 종합적으로 묶어서 보다 구체적으로 일목요연하게 제시하는 활동지침이라고 할 수 있다.

이상의 개념 정의를 종합해 볼 때 가족생활교육 프로그램이란 건강한 가족생활을 지원하기 위하여 가족복지서비스 제공기관에서 사전에 계획되었던 목표를 성취하기 위하여 체계적으로 조직된 계획, 내용, 활동방법, 평가 등을 통합적으로 제시하는 활동지침이라고 볼 수 있다.

① 가족생활교육 프로그램의 필요성

가족생활교육 프로그램은 사람들에게 인간관계와 가족관계의 중요성을 인식하게 하며, 살면서 직면하게 되는 다양한 문제에 대한 지식을 통하여 어려움을 효과적으로 극복하도록 돕는 예방적 활동을 내용으로 지역사회에서 제공되는 프로그램을 의미한다. 이러한 프로그램은 행사나 특강과 같이 일회적 형식으로 제공되기도 하고 강좌형식으로 상설운영되기도 한다. 프로그램의 형식은 대화를 이끌어 내는 토론과 활동에 참여하여 경험을 공유하는 형식을 띠기도 하는데 이를 통하여 가족은 스스로 학습할 수 있는 형태로 발전될 수 있다.

지역사회에서 제공하는 가족생활교육 프로그램은 무엇인가? 가족생활교육 프로그램은 가족기능 회복과 강화, 가족문제를 예방할 수 있는 내용을 중심으로 건강가정지원센터를 포함하여 가족복지서비스 관련 기관에서 제공되는 프로그램과 프로그램 시리즈를 의미한다고 볼 수 있다. 지역사회에서 이와 같이 가족을 위한 가족생활교육 프로그램이 필요한 이유는 다음과 같다.

- 가족생활교육 프로그램은 지역사회에서 많은 가족과 함께 만나고 관계망을 형성하는데 효과적 방법이다.
- 가족생활교육 프로그램은 함께 참여하는 가족 및 팀원과 긴밀한 관계를 조성하는 데

도움이 된다. 프로그램을 경험하면서 팀워크, 자긍심, 열정이 가족 사이에서 향상될 수 있다.

- 프로그래밍은 전체 가족이 즐길 수 있는 것이다. 세대 간 모두 참여할 수 있는 프로그램을 계획하는 것이 좋다.
- 가족생활교육 프로그램은 지역사회와 프로그램 관계자 및 프로그램 제공자 모두에게 가치 있으며 지역사회에 거주하면서 만족도를 높이는 결과를 낳는다.
- 가족생활교육 프로그램은 프로그램 주제와 관련된 관심을 증가시킨다.
- 가족생활교육 프로그램 홍보를 통하여 프로그램을 실시하는 기관에 대한 존재를 지역주민에게 알리기 쉽다.
- 가족생활교육 프로그램은 건강가정지원센터 및 모든 가족복지서비스 제공기관에서 실시하고 있다. 조사에 의하면 사회복지시설 및 기관, 단체 등에서 교육 프로그램을 제공하고 있으며 실시되는 가족생활교육 프로그램이 지속적으로 증가하고 있다.

② 가족생활교육 프로그램의 분류

가. 내용에 의한 분류

㉠ 가족문화교육 프로그램 : 가족문화교육 프로그램에는 다양한 문화 및 예술 관련 프로그램이 포함된다. 이 프로그램은 미술, 음악 및 연극공연, 영화상영 및 독서 관련 강좌와 행사 등으로 구분된다.

㉡ 독서교양교육 프로그램 : 독서교양교육 프로그램은 독서활동 및 관련 행사를 포함한다. 성인을 위한 프로그램은 독서토크, 작가와의 만남, 독서여행 등이 있고 청소년을 위한 프로그램은 독서지도 및 독서캠프 등이 있다. 아동을 위한 프로그램으로는 동화구연, 스토리텔링, 독후감 활동, 가족신문 만들기 등이 포함된다.

㉢ 주제별 강좌 및 행사 프로그램 : 주제별 프로그램은 특정 주제에 대한 일회성 행사 프로그램이다. 지역사회 요구에 부합되는 주제나 행사 등과 관련하여 주제를 정할 수도 있는데 대상자에 따라서도 분류될 수 있다. 예비부부교육, 부부교육, 중년기 부부교육, 부모교육, 청소년기 자녀를 둔 부모교육, 노년기 부부교육 등이다.

나. 형식에 의한 분류

㉠ 특강/패널토론(speaker and panel discussion) : 한 주제에 대하여 전문가가 강의하는 프로그램으로 일반적으로 외부강사가 건강가정지원센터 등 기관에 와서 해당 주제로 강의하고 청중들로부터 질문을 받아 답을 하는 형식을 취한다. 이 형식은 그 분야의 전문가를 초빙하여 이야기를 듣고자 할 때 효과가 있으나 강사가 매우 뛰어난 기법을 가지고 있지 않으면 청중이 쉽게 지루해진다는 단점이 있다.

㉡ 지도강좌(instructional presentation) : 지도강좌의 목적은 청중에게 어떻게 하는지에 대한 방법을 지도하는 데 있다. 지도강좌는 유인물을 배포하기도 하고 PPT자료를 사용하기도 하고, 직접 실연하기도 하고 가끔 청중이 참여하는 활동을 하기도 한다. 이 형식은 짧은 시간에 많은 정보를 전달하는 장점이 있으나 단점은 자료를 만드는 데 많은 시간이 소요된다는 것이다.

㉢ 워크숍(workshops) : 워크숍은 참가자의 활동을 많이 포함하는 능동적 방법 중의 하나다. 예를 들면 가족놀이지도 워크숍의 경우 참가자들이 무엇인가 활동할 수 있는 기회를 가질 수 있으며 일반적으로 최소 2~3시간 소요된다. 워크숍의 장점은 참가자들이 새로운 방법을 배울 수 있는 기회를 제공한다는 것인데 반대로 발표자가 성인 및 가족의 집단학습 형태에 대한 지식과 기법을 충분히 알고 있어야 효과적이라는 단점이 있다.

㉣ 시범강좌(demonstration) : 시범강좌는 보여주고 이야기하는 프로그램이다. 예를 들면 가족요리강좌, 강아지 훈련법, 살사 추는 법, 집안 꾸미는 법, 재활용품 활용하는 법 등은 참가자에게 즐거움을 주기 때문에 가족생활교육 프로그램에 대한 흥미를 유도할 수 있는 기회가 될 수 있다. 강사료가 비싸다는 단점이 있고 시범강좌 중에 발생하는 사고나 문제에 대하여도 프로그램 규정에 포함시키는 것이 필요하다.

㉤ 소규모 동아리 모임 활동 : 동아리 활동은 특정 주제에 대하여 활동과 탐구를 위해 모인 사람들로 구성된 집단들이 활동하는 방법이다. 동아리 활동의 장점은 구성원이 지역사회의 다른 구성원으로부터 특정 주제에 대하여 서로 배우고 공동으로 활동할 수 있는 기회를 가질 수 있다는 점이다. 그러나 동아리 모임 활동은 형성과정부터 유지발전 과정까지 많은 시간이 요구되며 자발적 참여를 유도하기 위한 적극적 기법이 중요하다.

(2) 가족생활교육 프로그램 모델과 운영과정

가족생활교육 프로그램의 모형은 크게 프로그램의 목적과 도구의 당위성을 포함하는 내적 요소와 문화 프로그램의 주제 분야 및 형식적 측면이 포함되는 외적 요소로 구분된다. 내적 요소는 가족생활교육 프로그램의 밑바탕이 되며 당위성과 목적을 제시하고 가족생활교육 프로그램의 도구로 프로그램의 목적을 달성하기 위하여 활용하여야 할 수단을 의미한다. 외적 요소는 개개인의 프로그램의 모양을 나타내는 요소로 각 프로그램의 주제 분야와 형식이 포함된다. 여기서 중요한 것은 가족생활교육 프로그램도 다양한 가족지원서비스 중의 한 부분이라는 사실이다. 가족생활교육 프로그램 운영을 통하여 가족복지 서비스를 보다 쉽게 수행될 수 있다. 가족생활교육 프로그램은 지역사회와 기관 그리고 가족의 자원을 적극적으로 활용하도록 운영되어야 하며 지역사회 특성과 공간을 효율적으로 활용할 수 있어야 한다.

가족생활교육 프로그램은 네 가지 차원의 의미를 지니고 있다.

첫째, 경험으로서 교육과정으로 실제 프로그램이 진행될 때 참여자들이 갖게 되는 모든 경험을 중요시하는 경우, 둘째, 가장 일반적이고 보편적인 교육과정인 내용을 중시하는 교육과정이 있다. 셋째, 계획으로서 교육과정으로 어떻게 하는 것이 인간을 올바르고 가치롭게 발달시킬 수 있는지에 대한 신념을 바탕으로 가르치기 전에 미리 준비된 계획이다. 넷째, 결과로서 교육과정으로 교육의 책무성에 대한 관심에서 비롯되며 교육적 노력이 계획에만 집중되거나 그 계획의 실천을 위한 과정 그 자체만 중요시하지 않고 그 결과에 대하여도 책임을 느끼고 또 책임을 져야 한다는 측면을 강조한다.

일반적인 교육과정모형은 Tyler(1949)의 교육목표설정, 학습경험선정, 학습경험조직, 학습경험평가 등 4단계 모형, Taba(1962)의 요구진단, 목표설정, 내용설정, 내용조직, 학습경험선정, 학습경험조직, 평가내용, 평가방법 및 도구의 결정 등 8단계 모형을 들 수 있다. 이러한 교육과정모형을 토대로 가족생활교육 프로그램 모형은 프로그램 기획, 프로그램 설계, 프로그램 마케팅, 프로그램 실행, 프로그램 평가로 5단계 모형을 중심으로 구성된다. 프로그램의 기획 - 설계 - 마케팅 - 실행 - 평가 과정에 따라 가족들에게 필요한 가족생활교육 프로그램을 개발하고 운영하는 것은 실무자의 핵심능력이라고 할 수 있다. 실제로 프로그램을 개발하는 과정은 복잡하기 때문에 프로그램 개발 프로세스에 충실할 필요가 있으며 기획에서 평가단계에 이르기까지 일관성 있게 이루어져야 한다. 평가의 결과는 반드시 프로그램 개발과 전개의 전체 과정에 피드백되는 통합적 시스템이 이루어져야 한다(이화정, 2006).

[그림 6-2] **교육과정모형**

가족복지 관련기관에서는 체계적인 프로그램 개발 및 운영과정을 갖추는 것이 필요하며 이러한 시스템을 통하여 서비스를 지원하여야 한다. 특히 3년을 주기로 사회복지 혹은 가족복지시설 평가가 이루어지고 있으며 이때 기관에 맞는 개별서비스 지원계획 모형개발과 사업계획서의 체계적인 기술, 프로그램 계획에 의한 사업수행, 프로그램 모니터링 등의 요소가 포함되어 있기 때문에 프로그램 개발과 운영시스템을 마련하는 것이 중요하다.

① 프로그램 기획 단계

가. 프로그램 필요성 및 추진 여부 결정 : 이 과정에서는 교육 프로그램을 왜 실시하여야 하는지, 어떻게 실시할 것이지, 프로그램을 통하여 얻으려고 하는 궁극적 목적은 무엇인지에 대한 질문을 통하여 새로운 프로그램의 필요성을 확인하고 현재 진행 중인 프로그램 점검을 통하여 효과적 실행을 위한 기획단계가 이루어지도록 한다. 뿐만 아니라 지역 내에서 실시되고 있는 다른 기관의 유사 프로그램을 분석하고 프로그램 실시를 위한 지원체제가 구축되도록 한다.

나. 프로그램 관리 및 역할분담 : 가족생활교육 프로그램을 효율적으로 운영하기 위하여 일정계획표를 작성, 관리하고 기관 내 업무적으로 협력하여야 할 담당자와 역할분담을 통하여 원활한 운영이 이루어지도록 하는 것이 필요하다. 또한 역할분담이 이루어지고 나면 실제 실행에 옮길 수 있는 세부일정 계획표를 작성하여 확인하도록 함으로써 세부적 일정관리가 이루어질 수 있도록 준비하여야 한다.

다. 환경분석 : 기관 내에서 가족생활교육 프로그램 실시나 장·단기계획을 수립하기 위하여 SWOT기법을 통하여 외부환경, 내부자원을 분석하는 일이 선행되어야 한다. SWOT 분석이란 기관의 강점과 약점을 도출하는 분석방법이다. 이것을 통하여 가족생활교육 프로그램을 실시하는 기관의 외부환경을 평가하고 내부상황을 분석하여 다른 기관과 차별화된 프로그램을 운영할 수 있다. 외부환경 평가항목에는 지역적 요인, 환경적 요인, 사회문화적 요인, 재정적 요인, 다른 기관과의 연계가 포함될 수 있고 조직의 강점과 약점을 분석하는 내부상황 분석에서는 행정, 조직, 재정, 프로그램 등의 요인을 분석할 수 있다.

라. 요구조사 및 우선순위결정 : 지역사회와 이용가족의 요구사항을 파악하는 것이 필요하다. 성공적 가족생활교육 프로그램을 위하여 참여자, 이용자의 요구사항을 철저하게 분석한다. 또한 이용자의 요구사항을 기반으로 프로그램의 목표를 설정하고 그 내용을 구성해야 한다. 요구조사를 기획할 때 고려하여야 할 점은 요구조사의 범위와 시기, 요구조사 자료수집 방법을 결정하는 것이다. 요구조사 범위는 실시할 프로그램의 특성과 관련하여 나이, 성별, 학력수준, 경제수준, 문화수준 등을 고려하여 프로그램 시작 4~5개월 전에 하는 것이 적당하다(이화정, 2006).

② 프로그램 설계

가. 프로그램 목표설정 및 주제선정 : 우선순위가 결정되면 가족생활교육 프로그램의 목표를 세운다. 목표는 프로그램 활동에서 기대되는 결과로 우선순위가 결정되면 확정된 요구를 프로그램 목표로 설정하고 이를 명료화하는 작업이 이루어져야 한다.

나. 프로그램 구성안 및 운영계획 : 운영계획은 정해진 시간 내에 다룰 수 있는 내용과 범위, 활동방법을 구체적으로 정하는 것이다. 어떤 내용을, 어떤 방법으로 할 것인지, 구조화하는 것은 효과적 프로그램을 위하여 필수적이다. 정해진 양식에 의하여 활동(사업)계획서를 작성하고 설정된 프로그램 내용을 효과적으로 전달하기 위한 방법을 결정하는 것이 필요하다. 이 과정에서 될 수 있으면 프로그램의 내용을 프로그램 주제와 관련된 내용으로 한정하고 핵심주제 중심으로 전개하여야 하며 일상생활 속에서 발생하는 문제를 프로그램 내용으로 선정하고 지역자원 자원봉사활동자원을 적극 활용할 수 있도록 한다.

〈표 6-3〉 **프로그램 목표와 주제의 예시**

항목	내용
프로그램 주제	집단따돌림 현상 극복 프로그램
프로그램명	친구 사랑 나눠요
목적	자아존중감과 주체적 사고능력을 가진 공동체의 한 구성원으로서 인간에 대한 이해와 화합능력을 높인다.
프로그램 목표	대인관계에서 적합하지 못한 행동을 수정하고 높은 자아존중감과 주체적 사고능력을 가진 사회 구성원으로서 상호 협동하는 원만한 대인관계를 이룰 수 있다.
세부목표	1. 자신의 감정을 솔직하게 표현하며 타인에게 비춰진 자신에 대하여 안다. 2. 자기이해 및 통찰을 통하여 보다 객관적으로 자신을 인식하고 받아들인다. 3. 자신의 부정적인 면을 보완하는 새로운 행동방안을 모색하여 집단따돌림 현상에 적극 대처한다. 4. 자신의 단점뿐만 아니라 장점을 발견하여 긍정적 자기계발을 한다. 5. 협동놀이를 통하여 집단성원으로서의 중요성을 인식한다.

③ 가족생활교육 프로그램 마케팅

가족생활교육 프로그램 예산은 프로그램을 개발하는 데 소요되는 비용, 프로그램 진행에 필요한 전달(재료)비용, 평가비용 등으로 구분할 수 있다. 개발비용은 외부에서 프로그램 진행을 위하여 강사를 초빙하는 경우, 프로그램 진행을 외부에 아웃소싱하는 경우이다. 전달비용은 프로그램을 실시하는 과정에서 소요되는 비용으로 인건비, 참여자 비용, 시설비, 수업 재료비 등을 들 수 있다. 프로그램 진행예산은 전체 예산과 일치되어야 하며 낭비되는 부분이 없이 진행되어야 한다. 가족생활교육 프로그램을 위하여 실제 예산은 다음 사항을 포함하여야 한다.

> 직원시간, 강사비용, 선물, 홍보비, 핸드아웃, 다과, 전화요금, 우편요금, 장비(시설장비), 데모비용, 관련 전시비용, 건물공간사용, 보안사원 및 직원, 기타 비용

④ 가족생활교육 프로그램 실행 및 운영

가족생활교육 프로그램의 실제 운영을 위하여 이용 가능한 시설, 정비, 공간, 강사, 참여자, 강의자료 및 재료 등에 관한 사항을 고려하여 프로그램을 실시하여야 한다. 적절한 프로그램 유형을 선택하고 진행할 프로그램에 적합한 강사후보를 선정한다. 강사섭외가 이루어

지면 선정된 강사와 프로그램 전체에 대한 소개와 자세한 요구사항, 사전에 준비해야 할 것을 협의한다. 프로그램이 시작되기 전에 장소와 관련된 확인사항을 점검하고 필요한 기자재를 준비하고 프로그램에서 필요한 세부사항을 체크할 수 있는 운영 매뉴얼을 제작하여 활용한다.

⑤ 가족생활교육 프로그램 평가

가족생활교육 프로그램 평가는 프로그램의 효과성이나 목적달성 여부를 판단하고 참여자가 프로그램을 어떻게 평가하는지, 그들이 내용을 어떻게 이해했는지, 프로그램이 적절한 시기에 이루어졌는지의 여부를 판단하며 목적달성에 대한 참여자의 반응을 토대로 프로그램의 질과 적합성을 판단하는 것을 의미한다(이화정, 1997). 가족생활교육 프로그램 평가는 참여자 평가와 직원, 관계자 평가 두 가지가 있으며 평가목적에 맞는 평가지를 제작하는 것이 필요하고 평가결과를 통하여 프로그램 실패의 원인을 진단할 수 있어야 한다.

〈표 6-4〉 **생애주기별 가족생활교육 프로그램 사례**[2)]

가족생활주기	프로그램 사례
영 · 유아기 가족	• 영유아기 발달특성이해 부모교육 • 자녀양육태도와 올바른 습관 형성을 위한 방법교육 • 건강한 애착과 성격형성을 위한 부모교육 • 육아스트레스와 자기돌봄을 위한 교육
아동기 가족	• 아동기 발달특성과 부모역할 이해교육 • 자녀성격에 따른 자존감향상방법 교육 • 자녀와 의사소통 향상과 성교육 방법 교육 • 자녀 디지털 사용과 학습습관 형성을 위한 교육 • 자녀의 문제행동과 대처방법, 가족놀이방법 교육
청소년기 가족	• 청소년기 자녀 특성과 건강한 관계형성 방법교육 • 사춘기 자녀와 대화방법 교육 • 올바른 자녀 진로 지도를 위한 방법 교육 • 청소년기 자녀의 이성 교제와 성교육 방법 교육 • 청소년기 자녀의 문제행동과 지도방법 교육

2) 본 자료는 저자가 관련 주제어 검색을 통하여 파악한 자료를 분석한 것임.

가족생활주기	프로그램 사례
성인기 가족	• 청년 1인 가구대상 가족생활교육 • 예비 부부교육, 결혼준비교육 • 건강한 이성교제방법 교육, 가족설계 및 가정관리교육
중년기 가족	• 성인자녀를 위한 바람직한 부모역할 교육 • 중년기 부부 대화법, 중년기 위기와 대처방법 교육 • 중년기 부부의 성과 사랑 유지하는 방법 교육 • 부부 갈등과 대처방법, 스트레스 관리교육 • 중년기 가족문화 창조방법 교육, 은퇴준비교육
노년기 가족	• 행복한 노년 설계를 위한 방법교육 • 아름다운 마무리를 위한 우울증 극복방법 교육 • 노년기 부부관계 이해교육, 행복한 조부모 역할 교육 • 노년기를 위한 가정자원관리 교육, 죽음준비교육

3. 가정조성서비스

1948년 UN이 세계인권선언을 채택하면서 다양한 국제협약과 다양한 인권보호를 위한 운동이 세계 곳곳에서 활발하게 전개되기 시작하였다. 21세기 인권운동은 권리적 제의에서 장애인 등 소수자들의 인권보호로 확장되었다. 이에 맞추어 UN에서는 장애인의 자립과 공동체 참여, 직업능력 향상 등 전략적 탈시설 로드맵 수립을 요구하였다. 이와 같은 시대적 분위기와 더불어 경제와 복지수준의 향상은 클라이언트를 시설에서 보호하는 정책에서 벗어나 지역사회 내에서 보호하는 재가복지 위주의 정책으로 전환의 필요성이 제기되었다. 영국을 비롯한 유럽과 미국 등에서는 재가복지형태로 가정봉사원서비스가 발전하여 세계 각국으로 확산되고 있으며 한국에서도 재가서비스에 해당하는 가정조성서비스의 비중이 점차 커지고 있다.

미국의 사회사업 백과사전(1977)은 책임 있는 지역사회기관에 의하여 고용·훈련되고 지도·감독받는 전문가가 환자, 노인, 장애아, 정신질환자, 무능력자 등을 대상으로 하여 그들이 용기를 잃거나 자신을 유지하기 힘든 경우를 당했을 때, 또는 자기 가정에서 일상생활을 영위할 수 없을 때 그들의 가정에 파견되어 도와주는 것이며 가정의 기능을 회복·유지시키기 위한 것으로 언제, 어떠한 이유에서든지 개인이나 가정의 기능이 약화되는 것을 예방하기 위한 서비스라고 정의하였다.

Kadushin(1980)은 가정조성서비스에 대하여 훈련받은 인력이 사회복지기관에 의하여 배치되어 아동의 보호나 수혜자의 기능을 유지, 강화, 보호하기 위한 도움을 주는 것이며 가족 기능 보충을 목적으로 하는 보충적 서비스라고 하였다.

가족이 그들의 가정에서 필요한 서비스를 받을 수 있는 가정조성서비스의 특성은 첫째, 개인이나 그 가족이 충족시킬 수 없는 욕구를 효과적으로 대처해 주는 전문적 보호서비스다. 둘째, 가사, 신변의 원조와 정서적 안정을 지원하는 서비스다. 셋째, 대상자가 요보호대상자가 되지 않도록 사전에 예방활동을 하는 예방적 서비스다. 넷째, 요보호대상자 및 일반주민을 포함하는 복지증진서비스다. 다시 말하면 가정조성서비스는 가정생활을 영위할 수 없는 요보호대상자를 시설에 수용하지 않고 가정생활에 필요한 가사지원서비스를 제공하여 그들의 가정 내에서 가족기능을 회복, 유지, 강화할 수 있도록 도와주는 활동이라고 할 수 있다.

한국 가정조성서비스는 1986년 한국노인복지회에서 처음으로 시작하였으며 1991년부터 각 시 · 도의 사회복지협의회에서 지역복지봉사센터 사업계획의 일환으로 노인을 포함하여 장애인가정, 소년소녀가정을 대상으로 파견사업을 실시하였다. 1992년부터 전국 144개소의 재가복지봉사센터를 설치 · 운영하게 되었다. 이후 아이돌봄지원법에 의한 아이돌보미 서비스, 노인돌보미서비스, 산후조리 및 가사도우미서비스등으로 확대되고 있다.

가정조성서비스는 가족이 가족성원을 양육, 보호, 부양하거나 가사를 적절하게 처리할 수 있는 기능을 제대로 수행하지 못하여 가족기능상의 문제를 초래할 경우 국가 및 사회복지기관에서 파견된 가정조성원(가정도우미)이 적절한 도움을 제공하는 것을 의미한다.

1) 가정조성서비스가 필요한 경우

가정조성서비스가 필요한 경우는 다음과 같다.

① 가족을 양육, 보호, 부양해야 하는 가족성원이 요양, 취업, 수형 및 기타 가정 내의 일 등으로 일시적으로 집을 떠나 있어야 하는 경우

② 가족을 양육, 보호, 부양해야 하는 가족성원이 집에 거주하고 있다고 하더라도 질병의 회복기에 있거나 질병을 앓고 있는 경우

③ 심신에 장애를 가졌거나 현재 심한 질병을 앓고 있는 가족성원이 있어서 손길을 과중

하게 필요로 하는 경우

④ 가족을 양육, 보호, 부양해야 하는 가족성원이 사망했거나 이혼, 별거한 경우, 가족성원을 양육, 보호, 부양하고 가정관리를 행하는 가족성원의 가정관리 능력이 부족하여 이러한 능력의 함양과 기술의 습득이 필요한 경우

〈표 6-5〉 가정조성서비스 내용

사업분류	세부사업	사업내용	기대효과
가정조성원 파견서비스	가사서비스	• 식사준비 및 취사, 의류 등 세탁 및 정리 · 수선, 집안청소, 난방, 장보기, 생필품의 구매, 기타 가사원조	• 수혜자의 인간다운 삶 도모
	건강관리 서비스	• 병문안 및 수발, 위생관리(목욕, 머리 감기기, 손톱 깎기 등), 적절한 신체운동 지도, 병원안내 · 동행 · 수속대행, 기타 의료보조용구의 수선의뢰 등	• 수혜대상자에 대한 복지서비스 확대 • 건강한 생활 유도로 적극적 자세 확립
	정서적 서비스	• 편지 써 주기, 민원서류 작성 · 발급협조, 동 주민센터 등 지원, 물품수령(쌀, 버스표, 노령수당 등), 노인 관련 정보제공, 지역사회자원 연결, 자원봉사자의 활용	• 정서적 지지
상담서비스	전화상담	• 주간보호소 및 가정조성원 이용에 관한 정보제공 • 생활 및 건강, 심리와 관련된 문제상담	• 생활정보 및 건강에 관련된 정보제공
	내방상담	• 대상자가 안고 있는 신체적 · 정신적 · 심리적 · 사회적 지지와 안정 도모	• 문제해결과 센터의 원활한 운영을 위한 조정효과
	방문상담	• 대상자 가정을 직접 방문하여 가족의 문제에 대한 관심 증대 • 대상자의 문제의 심각성을 공감하고 바람직한 해결방안 모색	• 문제인식효과 • 전문적 서비스 극대화
사회서비스	요보호대상자 발굴	• 요보호대상자로부터 경제적 지원신청 • 전문사회복지사의 생활실태 조사 • 각 동 주민센터 전문요원의 추천	• 이웃사랑 실천기회 제공 • 지역사회자원 재분배

출처 : 운경재단곽병원부설 노인주간보호센터(2006).

2) 가정조성서비스 과정

가정조성서비스는 국가로부터 위탁을 받은 복지기관이 중심이 되어 실시되며 가정조성원이 복지기관을 통하여 채용된다. 가정조성원으로 채용되면 복지기관의 계획하에 필요한 교

육과 훈련을 받게 되며 교육내용은 사회복지학, 영양학, 가정관리학, 간호학, 아동교육학, 상담 등으로 구성되어 있다. 가정조성서비스는 주로 복지기관의 체계 내에서 조직되며 지역 내 다양한 체계와 상호 협조체계를 가질 수 있도록 조직되며, 요청이 있을 시 가정조성원이 개별가정을 방문하여 필요한 개별서비스를 제공한다.

3) 가정조성원의 역할

가정조성원의 역할은 정기적으로 가정을 방문하여 가사를 처리하고 자녀양육 및 노인부양, 장애인을 위한 가족보호와 부양의 역할을 보충적으로 수행한다. 이러한 역할을 효과적으로 수행하기 위하여 가정조성원은 복지기관에서 필요한 교육과 훈련을 받으며 활동에 대한 지도·감독도 받는다. 이 경우 사회복지사는 해당 가정의 욕구와 문제를 분명하게 파악하며 그 욕구에 적합한 가정조성원을 파견하고 지속적으로 필요한 지원계획을 수립하여 지도·감독하고 활동을 평가하는 사례관리자의 역할을 한다.

4) 한국 주요 가정조성서비스사업 현황

(1) 장애아가족 양육지원서비스

그동안의 장애인정책은 장애 당사자의 자립, 생활안정, 사회활동 지원을 중심으로 하고 있고 장애아가족에 대한 지원은 거의 없는 상황이었다. 이로 인하여 양육자의 질병, 집안의 경조사 등 긴급히 장애아동을 맡겨야 할 경우와 상시적 돌봄부담으로 비장애 형제자매 등 다른 가족에게 필요한 가족기능을 제대로 수행하지 못하기 때문에 가족갈등 등 다양한 가족문제가 발생하였다. 이러한 점을 감안하여 상시적 돌봄이 요구되는 장애아가족에 대한 서비스가 거의 없어 지역사회 차원에서 장애아 양육자 부담을 경감하고 지역사회 내 자원봉사자 등을 돌보미로 활용함으로써 이웃과 함께하는 가족돌봄 문화를 정착하고 장애아동에 대한 사회적 인식을 전환코자 하였다.

보건복지가족부(2009)의 '2010 장애아가족 양육지원사업'에 의하면 장애아가족 양육지원사업 대상으로는 만 18세 미만의 자폐성·지적·뇌병변장애아 등 중증 장애아와 생계주거를 같이하는 전국 가구 평균소득 100% 이하 가정이며, 주요 지원내용은 양육자의 질병, 사회활동 등 일시적 돌봄서비스 필요시 일정한 교육과정을 수료한 돌보미를 파견하여 장애아동 보호 및 휴식을 지원하며, 한 가정당 연 320시간 범위 내에서 지원하고 선정 가정이 사용하지 않은 잔여시간은 추가 선정하여 지원할 수 있다. 선정절차는 〈표 6-6〉과 같다.

〈표 6-6〉 장애아가족 양육지원사업 대상 선정절차

구분	주체	내용
신청	본인 및 가족	• 신청서 및 관련 서류 제출
⬇		
상담 및 조사	장애인복지담당 (시 · 군 · 구 또는 읍 · 면 · 동)	• 소득조사를 통한 대상자 조사 • 조사결과를 행복e음을 입력 · 등록
⬇		
대상자 선정 및 통지	장애인복지담당(시 · 군 · 구)	• 선정 및 결과 통지(보호자, 사업시행기관)

출처 : 보건복지부(2020).

돌보미

· 대상 : 건강상태가 양호한 65세 이하 활동 가능한 자로 교육시간 60시간 이수한 자(특수교사, 재활관련, 장애인복지 관련 전공자 우대)

· 비용
  - 서비스 제공시간에 따라 지급 : 1회 방문 시 2시간을 기본으로 하며 2시간 이상은 1시간 단위로 산정(30분 이상은 1시간으로 산정)
  - 지급단가 : 시간당 6,000원(교통비 별도 지급, 교통비는 별도로 지급하되 횟수가 아닌 실제소요시간과 실비(대중교통료)를 기준으로 지급 - 이동시간 1시간 이상 10,000원, 1시간 이하 5,000원)

· 역할
  - 기본임무 : 학습, 놀이활동, 안전 · 신변보호처리, 외출지원 등 장애아 양육지원, 장애아가족에 대한 고충상담
  - 장애아의 건강관리 및 응급조치
  - 아동학대 발견 및 신고

출처 : 보건복지가족부(2009).

휴식지원 프로그램은 소득수준에 관계없이 만 18세 미만의 모든 장애아가족으로 돌봄서비스를 받지 않은 가정도 참여가 가능하나 돌봄서비스 지원을 받는 가정을 우선적으로 지원한다. 지원내용으로는 가족관계회복 및 돌봄노동분담을 위해 장애아가족 문화교육 프로그램, 휴식박람회, 가족캠프 등 휴식지원 프로그램 운영과 돌보미를 통한 장애아가족상담서비스, 생활지도 등 제공 및 자조모임 결성지원 등을 통하여 양육의 어려움을 경감시키고, 정보를 공유할 수 있도록 하고 있다. 그 밖에 가족휴식 지원 및 가족역량강화 프로그램으로 가족상담 프로그램, 가족교육 프로그램 등을 실시하고 있다.

그 밖에 여성장애인 가사 및 육아지원서비스가 있는데 대상은 여성장애인으로 신체적으로나 정신적으로 장애가 있는 여성장애인이 일상생활과 가정생활을 영위해 나감에 있어 타인의 힘이 필요할 때 제공되는 가사와 자녀양육에 관련된 일로서 그것이 가능하도록 지원하는 서비스다. 여성장애인 가사 및 육아지원서비스의 활동내용은 〈표 6-7〉과 같다.

〈표 6-7〉 **여성장애인 가사 및 육아지원서비스**

활동유형	활동내용
가사도우미서비스	취사, 식사시중, 청소, 의류세탁, 주변정돈, 장보기, 생필품 구매, 관계기관 연락 및 가사에 관련된 각종 서비스
육아도우미서비스	자녀 돌보기, 자녀육아활동보조, 자녀학습지도 등

출처 : 보건복지부(2020a).

(2) 노인돌봄서비스사업

「노인복지법」 제27조의2(홀로 사는 노인에 대한 지원)에 의하면 국가 및 지방자치단체는 홀로 사는 노인에 대하여 방문요양서비스 등의 서비스와 안전확인 등의 보호조치를 취하여야 한다고 규정되어 있다. 보건복지가족부(2020)에서는 혼자 힘으로 일상생활을 영위하기 어려운 노인이나 독거노인에게 요구되는 안전지원, 사회참여, 생활교육, 일상생활지원 등의 맞춤형 복지서비스를 제공하기 위하여 노인돌봄서비스사업을 실시하고 있다. 사업유형은 직접 서비스와 연계 서비스로 구분되며 주요 내용은 〈표 6-8〉과 같다.

〈표 6-8〉 노인돌봄지원서비스 유형

구분	대분류	중분류	소분류
직접서비스 (방문 · 통원 등) * 4개 분야	안전지원	방문 안전지원	• 안전 · 안부확인 • 생활안전점검(안전관리점검, 위생관리점검) • 정보제공(사회 · 재난안전, 보건 · 복지 정보제공) • 말벗(정서지원)
		전화 안전지원	• 안전 · 안부확인 • 정보제공(사회 · 재난안전, 보건 · 복지 정보제공) • 말벗(정서지원)
		ICT 안전지원	• ICT 데이터 확인 · 점검 • 유사 시 방문 확인 • 유사 시 전화 확인
	사회참여	사회관계 향상 프로그램	• 문화여가활동 • 평생교육활동 • 체험여행활동
		자조모임	• 자조모임
	생활교육	신체건강분야	• 영양교육 • 보건교육 • 건강운동교육
		정신건강분야	• 우울예방 프로그램 • 인지활동 프로그램
	일상생활지원	이동 · 활동지원	• 외출동행지원
		가사지원	• 식사관리 • 청소관리
연계서비스(민간후원자원) • 지역사회 자원 연계는 읍 · 면 · 동에서 우선 실시		생활지원연계, 주거개선연계, 건강지원연계, 기타서비스	

출처 : 보건복지부(2020b).

보건복지부의 노인돌봄서비스사업 기본방향은 첫째, 시 · 군 · 구 단위로 독거노인에게 효율적으로 보건 · 복지서비스를 제공하기 위한 사전계획을 수립하고, 둘째, 독거노인 지원을 위한 보건복지서비스 연계체계를 구축한다. 셋째, 구축된 연계 내에서 독거노인의 욕구에 따라 서비스 중복이나 누락 없이 효율적 서비스를 제공한다. 사업추진체계는 〈표 6-9〉와 같다.

〈표 6-9〉 **노인돌봄서비스사업 추진체계**

추진주체		기능
보건복지부	노인정책과	• 노인돌봄서비스사업 기본계획 수립, 지침작성, 국고보조, 홍보 등 사업 총괄 • 노인돌봄서비스사업 평가 및 지도 · 감독
	사회서비스정책과	• 바우처 운영계획 수립 및 관리 • 전자바우처 시스템 구축 및 관리
사회보장정보원		• 바우처 비용의 지급 및 정산 등
시 · 도	사회복지과 (노인복지과)	• 바우처 사업 총괄(사회복지과) • 시 · 군 · 구별 예산 배정 • 시 · 군 · 구 및 읍면동 사업 관리 감독
시 · 군 · 구	주민생활지원과 (또는 사회복지과)	• 바우처 관리 및 예산 예탁 총괄
	노인복지과	• 노인돌봄서비스사업 시행 • 서비스 대상자 선정 및 자격관리 • 서비스 제공기관 등록 및 관리감독 • 서비스 제공 지도 감독 • 사업 홍보
서비스 제공기관	기관담당자	• 서비스 제공 인력 모집, 교육 • 서비스 제공 및 모니터링
전담 금융기관(카드사)		• 국민행복카드 발급 · 관리

출처 : 보건복지부(2017).

서비스 내용으로는 첫째, 독거노인 현황을 조사하고 주기적으로 변동사항을 업데이트한다. 둘째, 주기적 방문, 안부전화 및 무선 페이징 등을 통한 안전확인을 실시하고 주거 및 환경상태 점검을 통하여 생활환경을 정비하며 위급한 상황발생 시 도움을 요청할 수 있는 연락체계를 구축한다. 셋째, 독거노인의 보건복지욕구에 따른 서비스 연계 및 조정, 제공된 서비스에 대한 사후관리를 실시하고 지역 내 민간기관의 복지서비스 자원을 최대한 발굴하여 연계하며 불필요한 서비스가 중복되지 않도록 서비스를 연계 조정한다. 넷째, 독거노인을 대상으로 보건복지, 교육 · 문화 등에 관한 다양한 프로그램 및 생활교육을 실시하고 지역 내 노인 관련 보건복지서비스 제공기관의 서비스 제공내용 조사 및 민 · 관 협력을 통한 신규 복지자원을 발굴한다.

노인돌보미는 독거노인의 욕구를 파악하여 개인별 서비스 제공계획을 수립하고 지역사회 내 다양한 보건복지자원을 발굴하여 필요로 하는 서비스를 연계 및 조정해 주는 독거노인에 대한 종합적 사례관리자의 역할을 수행하며 활동이 가능한 신체 건강한 자로 지역에 따라 자격에 관한 부가기준이 있을 수 있다(예 : 요양보호사, 사회복지 관련 교육 이수자 등). 노인돌보미의 일일활동에 대한 예시는 〈표 6-10〉과 같다.

〈표 6-10〉 노인돌보미 활동

구분	대분류	중분류	소분류
직접서비스 (방문 · 통원 등) * 4개 분야	안전지원	방문 안전지원	• 안전 · 안부확인 • 생활안전점검(안전관리점검, 위생관리점검) • 정보제공(사회 · 재난안전, 보건 · 복지 정보제공) • 말벗(정서지원)
		전화 안전지원	• 안전 · 안부확인 • 정보제공(사회 · 재난안전, 보건 · 복지 정보제공) • 말벗(정서지원)
		ICT 안전지원	• ICT 데이터 확인 · 점검 • 유사 시 방문 확인 • 유사 시 전화 확인
	사회참여	사회관계 향상 프로그램	• 문화여가활동 • 평생교육활동 • 체험여행활동
		자조모임	• 자조모임
	생활교육	신체건강분야	• 영양교육 • 보건교육 • 건강운동교육
		정신건강분야	• 우울예방 프로그램 • 인지활동 프로그램
	일상생활지원	이동 · 활동지원	• 외출동행지원
		가사지원	• 식사관리 • 청소관리
연계서비스(민간후원자원) • 지역사회 자원 연계는 읍 · 면 · 동에서 우선 실시	생활지원연계, 주거개선연계, 건강지원연계, 기타서비스		

출처 : 보건복지부(2020b).

(3) 산모 · 신생아 도우미 지원서비스사업

정부에서는 출산 전 · 후 모성보호와 신생아 건강관리에 대한 국가적 지원의 필요성과 건강한 임신, 출산, 양육을 보장하는 출산지원체계 구축을 위하여 출산가정의 산모 · 신생아 도우미 가정방문서비스 지원을 실시하고 있다. 산모 · 신생아 도우미 지원서비스사업은 2006년 4월부터 한국자활후견기관협회와 도우미 파견을 위한 위탁계약을 체결하고 2006년부터 최저생계비 130% 이하 둘째아 출산가정 12,964명에 대한 지원을 시작하였고, 2008년 전자 바우처 시스템 적용과 전국가구 평균소득 50% 이하로 지원대상을 조정하였다. 내용으로는 산모의 산후건강관리 및 신생아 관리를 위한 가정방문 도우미서비스를 받을 수 있는 서비스 이용권(voucher)을 지급하고 2주(12일)를 지원기간으로 하고 있다. 산모 · 신생아 도우미 지원 신청절차는 [그림 6-3]과 같다.

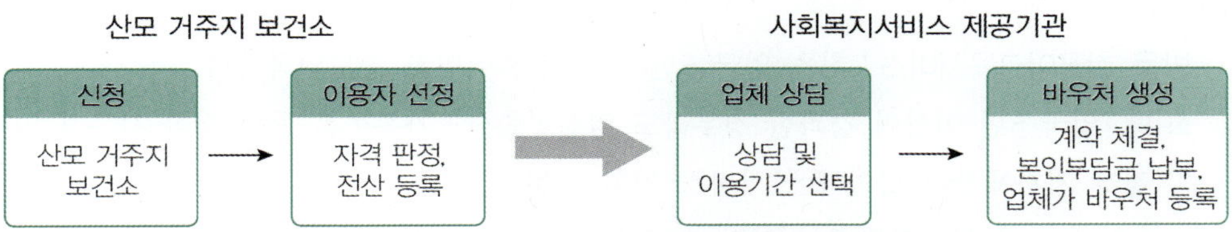

[그림 6-3] 산모 · 신생아 건강관리(도우미)지원 신청 절차

출처 : 보건복지부(2018a).

바우처카드

- 바우처란 서비스 욕구는 크지만 경제적 부담으로 구매가 어려운 계층에게 정부가 특정서비스를 구매할 수 있도록 일정한 형태(카드 등)로 지원하는 것으로 바우처카드란 서비스 대상자가 서비스를 이용하고 그 비용을 결재할 수 있도록 구현한 금융기관 등에서 발급한 결제카드
- 바우처카드의 종류 : KB신용카드, KB체크카드, 바우처전용카드
- 바우처카드 발급
  - 대상자 : 카드발급신청서를 보건소에 제출
  - 보건소 : 서비스 대상자 결정 후 행복e음(사회복지통합관리망)을 통하여 관리원으로 정보전송
  - 관리원 : 서비스 대상자 카드발급정보를 KB국민은행에 전송
  - KB국민은행 : 바우처카드 발급 및 서비스 대상자에게 개별발송

(4) 다문화가족 방문교육서비스

2008년 3월 「다문화가족지원법」이 제정되고 동법 제6조 제1항 및 시행령 제2조 제2항에 의거 국가 및 지방자치단체는 결혼이민자 등에 대하여 방문교육 등 사회적응교육을 실시토록 규정하고 있다. 보건복지가족부(2008)는 다문화가족 생애주기별 맞춤형 지원강화대책을 공표하고 이를 추진하기 위하여 2010년 다문화가족지원센터를 140개소로 확대설치하고 다문화가족 방문교육사업(한국어교육, 아동양육지원서비스)을 강화함으로써 체계적인 교육지원 방안을 마련하였다. 다문화가족 방문교육서비스의 목적은 경제적 어려움과 지리적 접근성의 문제로 교육에 참석하기 어려운 결혼이민자 및 그 가족을 대상으로 전문지도사(한국어 및 아동양육지도사)를 양성, 맞춤형 서비스를 제공하는 데 있다. 방문교육서비스 내용으로는 한국어교육서비스와 아동양육지원서비스, 임신출산지원서비스, 자녀한글교육지원서비스 등이 있으며 구체적 내용은 〈표 6-11〉과 같다.

- 방문 한국어교육서비스 : 최초 입국 5년 이하 결혼이민자 중도입국자녀
  - ※ 단, 입국 5년 이상이 경과한 경우라도 임신 · 출산 · 가족돌봄 등 타당한 사유가 있는 경우 지자체장과 협의하에 서비스 지원 가능
  - ※ 중도입국 자녀는 외국에서 성장 후 국내로 입국한 다문화가족 자녀로 한정함
  - ※ 방문 한국어교육서비스 신청시 센터교육중 성평등 · 인권교육, 가정폭력 피해예방교육 이수시 우선 연계

- 방문 부모교육서비스 : 생애주기별 각 1회 지원(총 3회 지원)
  - ① 임신 · 출산 · 영아기(임신 중~생후 12개월 이하)
  - ② 유아기(12개월 초과~48개월 이하)
  - ③ 아동기(48개월 초과~만 12세 이하)

- 자녀생활서비스 : 만 3세~만 12세 이하 다문화가족 자녀 · 중도입국 자녀
  - ※ 서비스 지원이 어렵다고 판단되는 장애아동의 경우, 외부 전문기관으로 연계
  - ※ 대기자가 많은 지역의 경우, 만 5세 이상 우선 지원
  - ※ 위 연령을 초과하더라도 초등학교 재학 중인 다문화가족 자녀 · 중도입국자녀도 지원 가능
  - ※ 중도입국자녀는 자녀생활서비스와 한국어교육서비스 중 1개 서비스만 제공 가능

〈표 6-11〉 **다문화가족 방문교육서비스 내용**

서비스 유형	내용
한국어교육서비스	• 한국어교육 1~4단계 • 어휘, 문법, 활용, 문화
부모교육 서비스	• 자녀양육 지원을 위한 부모교육(부모성장, 부모 - 자녀관계 형성, 영양 · 건강관리, 학교 · 가정생활지도) • 가족상담 및 정서지원 서비스 • 기타 한국생활에 필요한 정보 제공
자녀생활 서비스	• 인지영역 : 독서코칭, 숙제지도, 발표토론지도 • 자아 · 정서 · 사회영역 : 자아 · 정서 · 사회성 발달을 위한 지도 • 문화역량강화 영역 : 문화인식, 정체성 확립, 공동체 인식 지도 • 시민교육영역 : 기본 생활습관, 건강 및 안전, 가정생활, 진로지도

출처 : 보건복지부(2020c).

서비스 제공기간은 1개 가정에 5개월간 방문교육서비스를 제공하며 결혼이민자의 안정적 가족통합이 이루어지기 위해 지속적 서비스 제공이 필요하다고 판단되는 가정에 대하여는 서비스를 연장할 수 있도록 하고 있다. 다문화가족 방문교육서비스 관리체계는 [그림 6-4]와 같다.

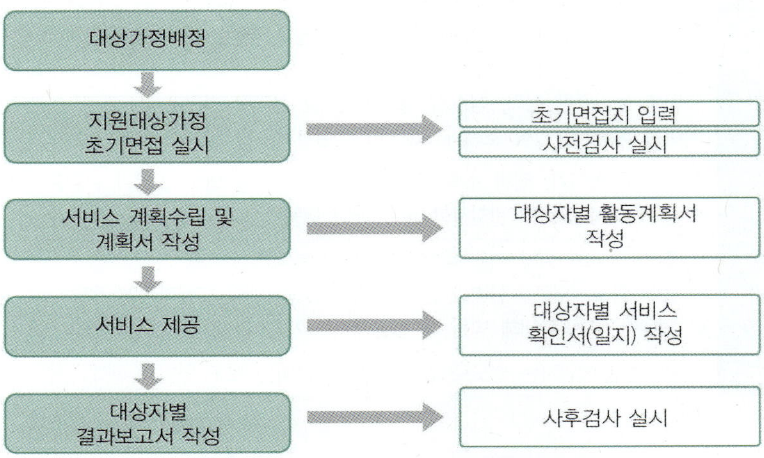

[그림 6-4] **다문화가족 방문교육지원사업 운영과정**

출처 : 보건복지부(2020c).

(5) 아이돌보미지원서비스

핵가족화, 맞벌이가족 등 다양한 가족형태의 증가로 가족을 통한 자녀양육기능이 크게 약화되었고 이로 인해 부모의 질병이나 야근 등으로 발생하는 긴급하고 일시적인 돌봄이 필요한 가족을 위하여 시설보육 이외의 대체적 양육지원체계 필요성이 대두되었다.

이러한 필요성에 근거하여 정부에서는 2006년 천안과 울산 2개 지역 건강가정지원센터에서 아이돌보미 시범사업을 실시하고 2007년부터 38개 지역의 건강가정지원센터에서 본격적 아이돌보미지원서비스를 실시하였고, 2016.9.3. 시행된 법률 제14064호 아이돌봄 지원법을 근거로 서비스를 제공하고 있다. 서비스 대상은 0세(3개월)에서 만 12세 아동이 있는 모든 가정이며 소득수준에 따라 정부와 본인 부담률이 결정된다. 서비스 내용은 시간 단위 돌봄을 제공하는 시간제와 만 36개월 이하 영아를 종일 돌보는 영아종일제로 구분되며 대상아동과 관련된 가사활동이 추가되는 시간제 종합형, 전염성 질병으로 시설을 이용 못하는 아동을 대상으로 제공되는 질병감염아동지원서비스 등이 있다. 〈표 6-12〉와 같다.

〈표 6-12〉 **아이돌보미 서비스 내용**

시간제 일반형 서비스	학교, 보육시설 등·하원 및 준비물 보조, 임시보육, 놀이활동, 준비된 식사 및 간식 챙겨주기 ※ 가사활동은 제외됨 - 36개월 이하 영아를 대상으로 시간제 돌봄을 제공할 경우 영아종일제 업무 병행
시간제 종합형 서비스	시간제 일반형 서비스 돌봄활동 범위 및 아동과 관련된 가사 서비스 추가 제공 - 아동 관련 세탁물 세탁기 돌리기 및 정리 - 아동 놀이공간 정리, 청소기 청소(1회) 및 걸레질 하기 - 아동 식사 및 간식 조리와 그에 따른 설거지
영아종일제	※ 이유식 먹이기, 젖병 소독, 기저귀 갈기, 목욕 등 영아 돌봄과 관련된 활동 전반 ※ 돌봄 대상 아동의 관찰사항 등을 매일 이용가정에 전달
질병감염 아동지원	※ 질병 아동의 병원 이용 동행 및 재가 돌봄서비스 제공 ※ 돌봄 대상 아동의 질병과 관련된 특이사항을 매일 이용가정에 전달 ※ 입원한 아동에 대해 병원 내 돌봄서비스 제공 불가
파견 아이돌보미	※ 주 돌봄 책임자는 별도로 있으며 아이돌보미는 보조 역할 수행에 한정

출처 : 보건복지부(2020.6.).

〈표 6-13〉 각 기관별 가족지원서비스 내용

가족의 욕구	지역사회복지관	건강가정지원센터	여성회관
가족의 경제적 지원	• 지역사회조직 : 자활지원사업 • 교육문화사업 : 취업 관련 교육사업 • 지역사회보호사업 : - 경제적 지원(후원금 지원) - 급식지원사업(식사배달 등)	• 가정생활교육 : 재테크 교육	• 구직상담 및 취업알선 • 일자리 창출 교육사업 • 정보화 교육, 기술교육
가족의 출산 및 양육부담	• 가족기능강화사업 : 가족기능보완사업(방과후 아동보호 및 보육, 청소년공부방 운영 등) • 가정문제해결 · 치료사업 : 신체적 장애 관련 프로그램(장애아동 조기교실, 특수치료센터)		• 장애아동 조기교실(일부)
가족의 부양부담	• 가족기능강화사업 : 부양가족지원사업 • 지역사회보호사업 : - 일시보호서비스(주간보호/단기보호) - 정서서비스 - 급식서비스 • 일상생활지원		
가정과 직장의 양립	• 가족기능강화사업 : 가족기능보완사업(방과후 아동보호 및 보육, 청소년 공부방 운영 등)		
민주적이고 양성평등한 가족관계	• 가족기능강화사업 : 가족관계증진사업(교육훈련 프로그램, 상담 및 검사) • 지역사회조직사업 : 주민편의제공 (가족페스티벌, 가족캠프 등)	• 가정상담사업 : 부부 및 가족상담 • 가정생활교육사업 - 부부관계증진교육, 결혼준비, 부모교육 등 - 가족문화홍보사업 - 가족행사(가족걷기대회, 가족캠프 등)	• 교육사업 : 문화교양교육
가족상담인프라	• 가족기능강화사업 : - 가족관계증진사업(상담 및 검사) - 가정문제해결 및 치료(신체 및 정신장애 관련 프로그램, 청소년 프로그램, 위기가정문제, 폭력, 학대) • 지역사회보호사업 : 사례관리 • 지역사회조직사업 : 복지 네트워크 구축	• 가족상담사업 : 아동상담, 집단상담, 부부 및 가족상담 등	• 상담사업 : 여성, 청소년, 가족상담
가족친화적 사회환경	• 지역사회조직사업 : - 지역자원개발(인적 · 물적 자원 개발) - 주민편의제공(가족페스티벌, 가족캠프) - 주민조직화 - 주민이 주체되어 지역문제 해결하기	• 가족상담사업 : 자조모임 운영 • 가족문화홍보사업 : - 가족자원봉사활동 - 가족행사(가족걷기대회, 가족캠프 등)	• 문화서비스 제공 : 공연전시회 등 문화활동 제공

출처 : 전북발전연구원(2005).

PART 03

가족복지 전문적 실천방법

Chapter

07 가족상담기법

1. 가족상담의 개념

가족상담은 가족성원 개인의 내면에 초점을 맞추는 것이 아니라 가족성원 사이의 '관계'에 관심을 갖는 활동이다. 즉, 개인의 문제를 그를 둘러싼 전체로서의 가족이라는 맥락 속에서 이해하며, 이러한 이해를 바탕으로 개인과 가족 전체 사이에 존재하는 고정된 상호작용의 패턴을 변화시키는 과정이라고 할 수 있다.

가족상담의 기본이 되는 '순환성의 원리'는 '인과론'과 대비되는 개념이다. 한 가족구성원의 행동은 다른 구성원에게 점차적 또는 동시적으로 영향을 미치며 다른 구성원의 달라진 행동은 처음 행동을 일으킨 구성원에게 다시 영향을 미치게 원리이다. 이런 틀로 바라볼 때, 가족 내의 문제 인물은 존재하지 않으며 '문제' 있는 '관계'만이 존재한다. 가족상담은 바로 이와 같은 문제 있는 관계의 악순환의 고리를 끊는 작업이라고 할 수 있다.

2. 가족문제에 대한 사정

가족상담과정 중 가장 먼저 이루어지는 것이 가족문제에 대한 사정과 진단이다. 가족문제 사정의 목적은 가족의 문제와 욕구에 대한 정보수집을 통하여 문제해결과 관련된 중요한 변인을 밝히는 데 있으며 문제에 관한 상세한 정보를 통하여 가족의 기능을 회복할 수 있다. 문제에 대한 사정은 첫 면접부터 시작하여 상담회기 동안 지속적으로 이루어지며 가족문제의 배경, 현재 가족생활주기단계, 가족구성과 특성, 권력형태, 가족성원의 긍정적 측면과 장점, 외부의 자원 등을 탐색한다. 가족문제에 대한 사정은 크게 가족이 제시하는 문제사정, 생태학적 사정, 가족 내부에 대한 사정 등으로 구분된다.

1) 가족이 제시하는 문제사정

가족은 문제 혹은 욕구를 무엇으로 보는지, 가족문제 혹은 욕구에 대해서 가족성원 사이에 어떠한 차이가 있는지, 환경체계는 가족의 문제를 무엇으로 보고 어떻게 보고 있는지에 대하여 탐색한다. 가족이 제시하는 문제를 통하여 부모의 행동방식이나 의사소통, 가족규칙, 역할, 세력에 대한 분배 등을 파악한다.

2) 생태학적 사정

(1) 가족성원의식

가족성원의식에 대한 사정은 가족성원은 누구인가(예 : 친부모, 친자식)? 누가 법적 가족의 성원인가(즉, 결혼, 이혼, 법적 입양과 아동보호에 영향을 미치는 법원명령 등에 의해 구성되는 가족은 누구인가)? 기능적 가족을 구성하는 것은 무엇인가(즉, 누가 동거가족의 일부이고, 누가 아동보호와 다른 일상생활에 대한 책임을 지는가, 누가 인식된 가족성원 속에 포함되는가, 그리고 마지막으로 장기적 헌신성을 드러내는 가족은 누구인가)? 등을 파악하고 사정한다.

(2) 가족의 사실과 실제

가족성원의 이름, 성은 무엇인가? 나이는 몇 살인가? 가족성원의 다양한 발달단계, 즉 어린 아동, 십대, 그리고 노인의 출현에 따라 가족기능이 어떻게 영향을 받는가? 가족의 독특한 종교적 · 윤리적 · 문화적 정체성을 갖추었는가? 가족성원의 신체적 혹은 정신적 질병, 장애나 중독으로 가족의 기능수행이 영향을 받는가? 등 가족의 사실과 실제를 사정한다.

(3) 가족의 지역사회환경

가족이 생활하는 이웃과 지역사회에는 무엇이 있는가? 가족이 그곳에서 생활함으로써 어떠한 영향을 받는가? 그곳은 살기에 안전한 곳인가? 기본적인 공공시설과 이용 가능한 서비스, 예를 들면 경찰보호, 공중위생서비스, 교통, 도서관이 있는가? 필요한 프로그램을 제공하는가? 등과 같은 지역사회 환경요소를 사정한다.

3) 가족 내부에 대한 사정

가족의 내부상황을 사정하기 위하여 가족역할과 기능, 의사소통, 신념체계 등을 사정한다.

(1) 가족역할과 기능

역할은 우리가 누구인가, 가족 내에서 다른 사람에게 어떻게 행동할 것인지를 규정짓는 사고와 행동패턴을 의미한다. 물론 다른 사람에게 어떻게 행동할 것인지를 규정짓는 사고와 행동패턴도 포함된다. 어떤 역할은 공통적 일상생활 과제, 즉 차를 운전하는 사람, 세금을 지불하는 사람, 그리고 아동을 돌보는 사람을 나타낸다. 가족의 역할구조는 문화와 종교에 의해 강한 영향을 받기도 한다. 가족역할에 대한 귀여운 표현으로는 '말썽꾼', '평화를 만드는 사람', '물주', '인기인', '규율가', '애물단지', '구원자' 그리고 '아버지의 작은 소녀' 등이 있다. 전문적 용어로는 흔히 '희생양', '환자', '유아처럼 다루어지는 아동', '부모역할을 하는 아동', '영웅', '마스코트', '미아', '구원자', '메시지를 전달하는 소년' 등이 가족역할로 자주 언급되고 있다. 역기능적 행동을 일으키는 병원적 가정(pathogenic family)에서는 한 사람 또는 두 사람의 성인 및 모든 자녀가 자기의 나이, 또는 성격적 특성에 맞지 않는 역할을 하고 있다.

가족기능사정으로서 경제적 측면에서 가족기능은 어떤가? 일상생활(예 : 요리, 청소, 세탁 등) 과제는 잘 관리되고 있는가? 가정은 휴식, 건강회복과 가족을 위한 사적 공간을 충분히 제공하고 있는가? 가족은 구성원에게 정체감과 소속감을 제공하는가? 가족은 양육, 사랑, 동반자, 지식과 친밀성을 제공하는가? 아동은 학교와 직업역할 성공에 필요한 준비를 갖추기 위해 부모와 가족으로부터 격려와 지도를 받고 있는가? 가족은 아동에게 적절한 사회화의 경험을 제공해서 그들이 성인기에 필요하게 될 대인관계, 사회적 기술을 학습하도록 돕고 있는가? 가족은 중요하다고 생각하는 의식, 전통, 그리고 종교적 신념을 가지고 있는가? 등을 사정한다.

(2) 의사소통

의사소통은 가족기능에 있어서 주요한 하위요인 중 하나이다. 가족 내부에 대한 사정으로 의사소통을 사정하는 것은 매우 중요하다. 의사소통은 가족성원이 자신의 기대와 욕구에 대해 얼마나 명확히 의사소통하고 얼마나 다양한 대화를 하는가? 가족성원이 각자의 욕구에 적절히 반응하기 위해서 상대방의 욕구에 관심을 둔 의사소통을 하고 있는지를 파악한다. 때로 우리는 원하는 방식대로 반응하지 못할 때 좌절하고 실망하며 화를 낸다. 다른 사람이 자신의 마음을 이해해 주기를 기대하는데 기대가 채워지지 않을 때 의사소통 방식에 따른 문제가 발생한다. 둘 혹은 그 이상의 사람들이 상호작용할 때는 언제든지 언어적 · 비언어적 의사소통패턴이 만들어진다. 즉, 문서화되지 않은 규칙이 상호작용을 지배하는 것이다. 그 패턴은 각 성원이 다른 사람과 관련되어 자신을 어떻게 생각하는지를 나타내며 다양한 의사소통패턴이 나타날 수 있다. 가족의 기능적 측면뿐만 아니라 문화와 윤리적 측면도 가족 의사소통과 가족활동에 강한 영향을 미치기 때문에 가족간 상호작용을 세밀하게 관찰한 필요가 있다.

즉, 누가 처음에 말하는가? 누가 누구에게 말을 하는가? 누가 이에 대하여 반응하는가? 누가 누구의 말을 주로 듣는가? 누가 말을 가장 많이 하는가? 누가 가장 적게 말하는가? 누가 마지막에 말하는가? 누가 누구 다음에 말하는가? 한 사람에게 향한 메시지가 실제로 다른 사람을 향하는 경우가 있는가? 메시지가 정확한가? 말한 내용과 실제 의미하는 내용이 다른가? 등을 파악한다.

가족 간 의사소통은 존중, 개방성, 그리고 정적이나 회피, 부정, 이중적 메시지, 비난이나 위협, 상처를 주는 농담, 방해, 혹은 저항적 특성을 지닌다.

의사소통은 관계에 대한 매개물이기 때문에 모든 상담자는 의사소통을 다룰 수밖에 없다. 더구나 명확한 의사소통을 촉진하는 것은 가족문제를 해결하는 데 중요하다고 볼 수 있다. Satir는 원활한 의사소통을 방해하는 역기능적 의사소통을 ① 회유(placating), ② 비난(blaming), ③ 초이성(criticism), ④ 주의산만(distracting)으로 분류하고 있다.

가족 내 의사소통을 사정하고 진단하는 데는, 첫째, 가족의 관심, 구조 그리고 가정에 관한 정보의 자원으로서 직유(digital) 및 비유적(analogic) 표현을 하기 때문에 가족 의사소통의 질과 본질에 관한 사정을 위하여 다음과 같은 내용을 파악하는 것이 필요하다.

- 가족 내 지배적 의사소통규칙은 어떠한 것이 있는가?
- 의사소통에 대한 의사소통은 어떤 것이 있는가?
- 탐색될 수 있는 주제는 무엇이며, 금기되는 주제에는 어떤 것이 있는가?
- 표현될 감정을 편안한 방법으로 표현할 수 있는 수단을 가지고 있지 않거나 있어도 가족규칙에 의하여 표현하지 못하는 상황이 있는가?
- 누가, 누구에게, 어디서, 언제, 무엇에 대해서 이야기하는가?
- 비언어적 의사소통으로 알려지는 것은 무엇인가?

둘째, 의사소통의 본질을 사정하는 데는 가족성원 간의 교류의 질을 파악해야 한다.

- 의사소통은 분명한가?
- 언어적 의사소통과 비언어적 의사소통은 일치하는가?
- 가족성원은 서로 들어주고 서로 간의 입장이나 상황을 확인하는가? 또는 그들은 자신의 의사소통을 확인하지 않음으로써 의사소통과정에 방해가 되는 경우가 있는가?
- 가족 내에서 누가 의사소통을 어떻게 중단시키는가?
- 의사소통과정에서 제외되는 성원은 없는가? 제외될 때 다른 성원의 관심은 어떠한가?
- 가족 내 어떤 사건에 관한 결함의 책임을 돌리기 위한 가족성원의 비난적 주제는 무엇인가?

(3) 신념체계

가족신념체계의 하나인 가족신화(family myth)는 가족성원 모두가 가지고 있는 가족 혹은 가족성원에 대한 잘못된 신념이나 기대를 의미한다. 잘못된 신념으로서 가족신화는 가족성원 전원에게 받아들여지며 지지받고 싶다는 가족의 정신적 기제로서 정형화된 관계방식이나 기능방식을 나타내고 있다. 신화는 독특한 주제와 암묵의 규칙이 공유되는 환상이며, 응집성과 안정을 보증하며, 개인으로서의 방어와 같은 기능을 가족으로서 수행한다(Ferreira, 1963).

가족신화는 가족끼리만 통용되는 신념이기도 하지만 대부분 현실과 동떨어진 생각일 가능성이 높다. 예를 들면 가족 중 성인자녀가 나이에 맞지 않게 미성숙한 행동으로 부적응적인 문제가 있다는 것을 알고 있으면서도 그 행동을 변화시킬 힘이 작용하지 못하고 결국 억지로 무엇을 하는 것보다 언젠가 철이 들 것이라는 왜곡된 사고로 현실을 방관하는 상태가 지속됨으로써 상담에 장애가 된다. 이때 신화를 무너뜨릴 것인지 무시해야 할 것인지를 결정하여 개입한다.

3. 가족상담자의 자세

1) 기본자세

가족상담과정에서 알 수 있듯이 상담과정에서 가장 중요한 것은 상담자라고 볼 수 있다. 가족상담에서 상담자의 태도는 상담에 관한 지식과 기법 못지않게 매우 중요한 요인이라고 볼 수 있다. 내담자와 촉진적 관계를 형성하는 데 매우 중요한 상담자의 기본자세를 Carl Rogers의 관점을 토대로 살펴보고자 한다.

(1) 공감능력

내담자가 가지고 있는 힘든 경험, 즉 변화하는 과정에서 경험할 수 있는 위험을 감당해 내기 위해서는 변화에 대한 의지를 가져야 하고 의지를 갖기 전에 신뢰감이 먼저 형성되어야 한다. 가족상담자가 다른 사람을 이해하고 싶다면 그 사람의 사고, 신념, 생활경험 속으로 들어가야 한다. 그러나 그것이 가능하려면 먼저 자신의 가치, 태도, 그리고 판단을 제쳐 놓아야 한다. 비록 완전하게 다른 사람의 관점을 인정할 수 있는 사람은 없지만 가족상담자는 가능한 한 가장 가까운 수준에서 내담자와 가족의 관점을 이해할 수 있어야 한다.

감정이입 혹은 공감은 저절로 이루어지는 것이 아니라 에너지 투입이 필요하다. 공감이 중요하지만 다른 사람의 세계 속에서 일시적으로라도 대신하여 느끼기는 어렵다. 가족상담을 하면서 언제든지 모든 내담자에게, 동일한 내담자라고 할지라도 언제나 똑같은 수준의 감정이입을 유지하기는 어렵다. 상담자도 인간이기 때문에 상담자의 컨디션과 피로, 스트레스에 따라 감정이입능력은 영향을 받을 수밖에 없다. 엄밀하게 말하자면 공감은 내담자의 입장이 되어 생각하고 느끼는 것이 아니라 내담자의 감정을 인지하고 있는 그대로 수용할 수 있는 능력을 의미한다. 공감은 상담관계를 형성하게 하며 내담자의 자기효율성을 높여주고 지지받고 있다는 느낌으로 자신의 문제에 보다 개방적이 될 수 있다.

공감하는 과정으로는 우선 내담자의 현재 감정을 파악하고, 파악한 내담자의 현재 감정을 전달한다. 내담자가 처한 상황을 요약하여 전달하고 내담자의 긍정적 노력과 동기를 지지한다. 성장동기, 환경적 압력, 핵심감정이라는 공식을 적용하면 쉽게 공감에 이를 수 있다.

- 1단계 : 성장동기(~하고 싶은 게)
  가족들과 잘 지내고 싶지만
- 2단계 : 환경적 압력(~무엇 때문에)
  잘 지내게 되면 나에게 의지할 것에 대한 부담감 때문에
- 3단계 : 핵심감정(~하다는 것이군요. 제가 바르게 이해하였는지요?)
  자꾸만 회피하게 되고 그래서 소외감을 느끼게 된다는 것이군요.
  제가 바르게 이해했는지요.

내담자는 일반적으로 가족관계나 대인관계를 맺지만 그로부터 만족을 충분히 유지하지 못하고 좌절감으로 상담하는 경우가 많다. 의외로 많은 사람들이 타인의 경험과 감정을 공감하는 것이 어렵다고 말한다. 상담자와의 대화에서 내담자가 공감하는 것을 경험할 수 있다면 자동적으로 자신의 삶에서 중요한 사람들과 공감하는 법을 알게 될 것이다. 그러한 측면에서 상담자는 내담자에게 공감 롤 모델이 될 수 있다. 내담자로 하여금 상담자의 느낌을 추측할 수 있도록 기회를 주면서 공감하는 법을 배우게 할 수도 있다. 예를 들면 한 내담자가 상담자의 어떤 행동이나 말에 대하여 "선생님도 나를 만나는 것이 매우 지겨운 것이 틀림없어요."라거나 "선생님이 나와 일단 연루된 것을 매우 유감스럽게 생각하고 있다는 것을 알고 있어요."라고 말했을 경우 "그 질문이 저에게 하신 것인가요?", "혹은 그것에 대한 내 감정이 어떤지 궁금한가요?"라고 말하면서 공감하는 방법을 시작할 수 있다. 상담자는 내담자에게 직접적으로 질문하도록 권유하고 가급적이면 상담자의 질문에는 직접적이고 도움이 되는 방식으로 대답할 필요가 있다는 것을 강조한다. 예를 들면 "그것을 저에게 직접 질문해 주세요, 질문을 받고 난 후 저는 그런 감정을 느끼지 않았는데요. 혹시 선생님이 그런 감정을 느낀 순간이 있으시면 말해 주세요. 그런 감정이 선생님에게 어떤 영향을 미치나요?"라고 하면서 공감적으로 반응할 수 있다.

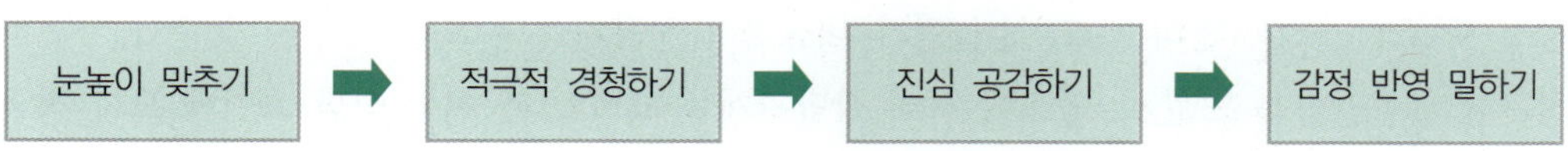

[그림 7-1] 일상적 공감단계 기술

(2) 무조건적 존중

무조건적 존중이란 내담자의 독특한 개성과 자질, 노력하고 있는 모습, 잠재적 능력 등을 판단하지 않고 있는 그대로 받아들임으로써 내담자를 실존적 존재로서 존중한다는 의미이다. 무조건적 존중을 받은 내담자는 자존감이 향상될 수 있으며 자기표현능력이 향상된다. 뿐만 아니라 신뢰 있는 관계를 경험하게 되고 내담자 자신이 문제해결을 위하여 최선의 노력을 하고 있었다는 긍정적인 측면을 자각할 수 있게 한다. 무조건적 존중은 다음과 같은 특성을 지닌다.

① 내담자의 의견에는 동의하더라도 내담자를 하나의 인격체로 존중한다.
② 무조건적으로 존중한다는 것은 내담자의 말과 행동을 덮어놓고 받아들인다는 것이 아니다.
③ 내담자의 말과 행동에 대한 반대의견은 부드러운 음성이나 비언어적 단서로 수용받고 있다는 느낌과 같이 전달되어야 한다.
④ 상담자는 반대의견의 표현과 인격적 거부는 서로 다르다는 것을 내담자에게 알려 줄 필요가 있다.

(3) 수 용

'수용'이란 받아들여지는 것을 의미한다. 가족상담에서 내담자를 수용한다는 것은 내담자를 존재론적으로 수용한다는 것을 의미한다. 내담자의 문제를 문제로 인식하기 이전에 문제의 이면에 존재하는 내담자의 보편적 욕구로 이해하고 받아들일 때 수용이 가능해진다.

상담에서 수용은 내담자가 이야기 할 때 "예, 예.", "으음.", "그래서요."와 같이 짧은 문구로 표현되는 상담자의 반응을 말한다. 이러한 반응을 통하여 상담자가 내담자에게 주의를 기울이고 있으며 내담자의 말을 받아들이고 있다는 것을 전달할 수 있다. 이러한 반응으로 상담에 대한 내담자의 참여를 증진시킨다. 수용은 상담 전반에 걸쳐서 이루어지며 내담자의 몸짓, 목소리 크기, 말의 속도, 손놀림과 내담자가 사용하는 주요 단어구를 맞추어 가면서 친근감과 편안함을 느낄 수 있도록 하며 상담관계를 고려할 때 이는 상담 초기에 보다 적극적으로 이루어질 필요가 있다. 수용을 위한 방법은 비언어적 반응과 언어적 반응이 있다.

① 비언어적 반응

다른 사람을 대할 때 잠재의식은 미세한 단서에도 민감하게 반응하도록 프로그래밍되어 있다. 미세 단어란 의식적으로 통제되지 않고 일반적으로 훈련받지 않은 사람은 이를 알아차리기 어렵기 때문에 가족상담자는 비언어적 반응을 민감하게 알아차릴 수 있는 훈련과정이 필요하다. 이러한 감각에 대한 민감성이 있는 상담자는 내담자와 신뢰 있는 상담관계를 형성할 수 있게 된다. 사람들은 마음속 생각과 감정을 언어로 표현하지 않았다 할지라도 얼굴표정과 신체자세를 통하여 나타난다. 이와 같이 비언어적 단서인 신체언어를 해석할 수 있는 능력을 감각적 민감성이라고 하며 다음과 같은 감각기관을 통하여 알 수 있다.

- 피부색 변화 : 피부색은 항상 변하고 무의식에 의하여 통제되기 때문에 의식되지 않은 반응을 나타낸다.
- 미세한 근육 변화 : 긴장이나 이완은 얼굴근육에 영향을 미치고 대부분 눈 모서리, 입가, 턱선에 가장 잘 나타난다.
- 아랫입술 변화 : 입술 변화를 보면 사람의 무의식에서 보내는 신호를 알 수 있다. 특히 아랫입술에 주의를 기울이면 패턴, 반복되는 것, 차이, 유사한 것, 움직임, 떨림, 굳어 있는 것, 색, 촉촉하게 젖어 있는 것 등을 볼 수 있다.
- 호흡 변화 : 상담 중에 호흡의 변화가 있다면 심리적 변화가 있는 것이라고 추측할 수 있다. 호흡의 리듬이 변하거나 호흡의 신체위치가 변하면 마음속에 무엇인가 변화가 있음을 의미하는 것이다.
- 목소리의 톤, 높이, 빠르기, 볼륨, 리듬
- 손, 팔의 움직임

② 언어적 반응

사람이 이야기할 때 자신이 선호하는 지각양식에 일치하는 감각 특징적 단어를 사용하는 경향성이 있다. 내담자가 선호하는 감각체계를 알면 그 감각체계와 관련된 것으로 바꾸어 편안하고 친밀한 상담관계를 형성할 수 있다. 내담자가 하는 비언어적 단서뿐만 아니라 선호하는 감각단어인 언어적 반응까지 일치시키면 훨씬 더 신뢰감을 줄 수 있다. 주된 네 가지 감각과 관련된 단어와 구, 중립적 단어와 구를 살펴보면 〈표 7-1〉과 같다.

〈표 7-1〉 감각체계와 관련된 단어와 구

감각체계	단어와 구
시각적 유형	희미한, 밝은, 보인다, 그림 같은, 어두운, 반짝이다, 내게 보인다, 명확히 분간되는, 비전을 가진다, 막연한 견해, 구름 같은 이상, 안개 속을 헤매는 듯한, ~와 같이 보인다, 마음의 눈, 안개 낀, 희미한, 어두운, 불분명한, 포커스, 비전, 묘사하다, 흘겨보다, 드러난, 비추다, 빛나다, 아름다움, 시각, 그림 같은 이미지, 눈먼, 색이 화려한, 휘황찬란한, 앞을 보다, 예견하다, 타오르다, 수평선, 지평선, 이미지, 보다, 관찰하다, 그려 보다, 노려보다, 바라보다, 반영하다, 드러내다, 선명한
청각적 유형	듣다, 부르다, 조용한, 말하다, 울리는, 들리는, 수다스러운, 종소리 같은, 맑은, 귀가 막히는, 들리는 음성, 쓸데없는 이야기, 끙끙 앓는, 말이 지나친, 경청하다, 이야기하다, 소음, 큰소리, 소리치기, 귀를 기울이다, 울리다, 불협화음, 속삭임, 고함치는, 칭얼거림, 흐느끼다, 불편하다, 좋게 들려, 쉰 목소리, 귀먹은, 쥐 죽은 듯이, 조용한, 낭송하다, 분명히 말하다, 귀에 거슬리다, 메아리치다, 소리가 또박또박하지 않다, 속삭이다, 언급하다, 리듬이 맞다, 비명을 지르다, 욕하다, 리듬, 시끄러운
촉각적 유형	서늘하게, 느끼다, 단단하다, 압박감, 손에 잡히는, 튼튼한 기초, 공기 중에 뜬, 짐을 지고, 접촉하다, 손에 손을 맞잡고, 머무르고 있다, 잡고 있다, 매달리다, 뜨거운 머리, 가벼운 머리, 따스한, 다루다, 부드러운, 딱딱한, 매끈매끈한, 거친, 단단한, 압력, 긴장, 견고한, 이완, 부은, 떨리는, 흔들리는, 파고드는, 적시는, 뚫어지게, 가려운, 감이 잡히다, 따뜻하다, 흥분되다, 균형, 튀어 오르다, 깨지다, 숨쉬다, 잡다, 으깨는, 흐르는, 확고한, 꽉 쥐다, 붙잡다, 움켜쥐다, 더듬다, 속이 아픈, 흔들흔들하다, 무겁다, 거칠거칠하다, 맞히다, 미끄러지다, 움직이다, 두둘두둘하다, 마비된, 끌다
사고적 유형	생각하다, 알다, 이해하다, 기억하다, 배우다, 변화하다, 믿다, 좋아하다, 존경하다, 선택하다, 동의하다, 결정하다, 지지하다, 관계하다, 해결하다

(4) 진실성

상담관계 형성에 있어서 진실성은 상담자가 내담자에게 자신의 느낌에 대하여 개방적 태도를 취하고 거짓 없이 솔직하게 자신을 드러내 보이며 상대방을 믿고 의지할 수 있는 신뢰감을 심어 줄 수 있다. 다시 말하면 상담자는 내담자와의 관계에 있어서 상담자로서의 역할보다는 한 인간으로서 내담자와 만날 수 있어야 한다는 것이다. 상담에서의 진실성이란 상담자가 진솔하고 정직하게 내담자를 만날 수 있어야 한다는 것이다. 이를 위하여 상담자는 가능한 한 상담자라는 역할에서 자유로워져야 하며, 말과 행동이 일치하도록 노력해야 하며, 감정과 생각과 기대, 욕구가 일치되도록 표현할 수 있어야 한다.

2) 전문적 자세

상담자의 전문적 자세란 상담자가 내담자의 표현에 보다 구체적이고 선별적으로 반응하며 특정한 문제에 관심을 집중할 수 있는 기본적 태도를 의미한다. 이러한 전문적 자세는 내담자가 자신의 문제를 새롭게 바라볼 수 있는 기반이 되어 촉진적인 상담관계를 형성할 수 있다. 앞서 소개한 상담자의 기본자세인 공감, 일관성, 진실성 등은 관계형성을 위한 자세이지만 전문적 자세는 관계촉진을 통하여 내담자의 문제해결 가능성을 높일 수 있는 자세라고 볼 수 있다. 전문적 자세에 해당되는 내용은 다음과 같다.

(1) 경 청

경청은 내담자로 하여금 생각이나 감정을 자유롭게 표현할 수 있도록 하며 상담자가 내담자의 표현에 적극적 관심이 있다는 것을 전달할 수 있게 하고 상담자의 관심을 선택적으로 보여줄 수 있어야 한다. 경청 시 고려할 점은 다음과 같다.

- 적당한 주목과 시선을 유지한다.
- 적극적으로 듣는 것뿐만 아니라 내담자의 표현을 선택적으로 경청하고 있다는 느낌을 줌으로써 다루어야 될 내용의 우선순위를 내담자가 알도록 한다.
- 상담과정에서 발생하는 침묵에 대하여 허용적 태도를 보여야 한다.

침묵은 상담에 대한 '저항'의 의미로 받아들일 것이 아니라 중요한 것을 이야기하기 전에 '준비하는 과정'으로 받아들일 필요가 있다. 만일 상담자가 침묵을 견디어 내지 못할 경우 상담의 주도권이 내담자에게 넘어갈 수 있다.

(2) 반 영

반영은 내담자로 하여금 상담자가 자신의 말과 행동에 대하여 관심을 집중하고 있으며 자신을 있는 그대로 이해해 준다는 느낌을 준다. 반영에서 중요한 점은 내담자가 표현한 말과 행동 이면에 깔려 있는 숨은 의미를 파악하고 이를 제대로 적기에 반영하는 것이다. 내담자는 자신이 하고 있는 말과 어떠한 사건에 대하여 경험하게 되는 감정과 생각, 행동의 의미에 대하여 정확하게 알지 못하기 때문에 긴장과 갈등을 경험하게 된다. 그러나 상담자를 통하여 표현되는 말이나 행동의 숨은 의미를 알게 될 경우 보다 편안하고 안정된 상태를 경험하게 된다. 따라서 상담자는 내담자의 표현을 내면적인 감정, 생각, 신념, 욕구와 연결하는 데 필요한 지식과 기법을 충분히 알고 있어야 한다.

① 반영할 주요 감정

반영되어야 할 내담자의 감정은 다음과 같다.

- 정적 감정 : 문제를 해결할 수 있는 힘을 발휘하는 표현

내담자 : 가끔씩 제 능력이 무시되고 있다는 생각이 들어 속상합니다.
상담자 : 그동안 자신의 능력이 충분히 발휘되지 못해 안타깝다는 말씀이시군요.

- 부적 감정 : 내담자의 능력을 얽매거나 자기파괴적 성향의 표현

내담자 : 저는 언니를 보면 괜히 짜증부터 나요.
상담자 : 언니에 대하여 열등감을 느끼는가 보군요.

- 양가감정 : 같은 대상, 상황에 대하여 둘 이상의 상반된 감정을 동시에 느끼는 표현

내담자 : 남편을 보면 불쌍하기도 하고 밉기도 합니다.
상담자 : 남편의 어찌할 수 없는 상황이 안타깝기도 하지만 그러한 상황에서 빠져나오지 못하는 남편이 원망스럽다는 말씀이시군요.

② 반영 시 주의할 점

- 반영은 내담자의 표현범위 내에서 이루어져야 한다.
- 내담자가 한 말을 그대로 다시 반복하는 형식의 반영은 될 수 있으면 피한다.
- 내담자의 감정을 잘 파악하고 일상적이고 구체적인 용어를 사용한다.
- 내담자가 말을 하는 도중에 중단하고 반영할 수 있으나 이러한 경우 각별한 주의가 필요하다.

(3) 명료화와 해석

명료화란 내담자가 말하고자 하는 의미를 상담자가 해석하고 이를 다시 내담자에게 이야기해 주는 것이다. 명료화는 내담자의 감정을 밀어붙이지 않고 갈등과 혼란스러운 면을 단순화시켜 줌으로써 내담자의 통찰을 촉진시켜 준다. 반면에 해석은 내담자로 하여금 과거의 생각과는 다른 관점에서 자신의 내면세계를 파악할 수 있게 하는 것으로 명료화와 차이가 있다. 정통 정신분석학파는 반영과 명료화도 해석에 포함시켜 해석하기를 선호하는 반면,

Rogers를 중심으로 한 인본주의 학파는 가능하면 해석을 피하고 반영과 명료화를 강조한다. 내담자의 내면세계에 접근하는 측면을 다룬다는 점에서 해석은 보편적으로 적용하기에는 무리가 있다. 만약 내담자와 상담자 간에 친밀감이 형성되어 있지 않거나 내담자의 정신구조가 약할 경우 해석은 치료적 저항을 불러일으키기 때문에 신중하게 적용되어야 한다. 해석은 부드럽고 간접적 표현으로 이루어져야 내담자의 수용도가 높아질 수 있다. 예를 들면 다음과 같다.

상담자 : 당신은 ______ 생각을 하기 때문에 화가 나는 것입니다.
당신이 화가 나는 것은 ________한 생각과 관련이 있어 보입니다. **(대안)**

상담자 : 내가 당신이라면 _______하겠습니다.
____________한 행동을 한다면 어떨까요? **(대안)**

해석은 관찰을 통한 가설검증의 작업이기 때문에 가능하면 〈표 7-2〉와 같은 질문의 형태로 이루어지는 것이 바람직하다.

〈표 7-2〉 바람직한 표현과 질문형태

구분	질문유형
선도적 질문	• 조금 전에 이야기한 아버지와의 관계에 관해 이야기해 주시겠습니까? • 아버지에 관하여 말하기가 곤란한가요?
의미탐색적 질문	• 그것은 무슨 의미이지요? • 그것의 의미가 무엇인지 알고 싶은데요?
해석적 질문	• 어머니와 관계가 안 좋은 것은 어머니가 동생과 당신을 차별대우한 결과라고 생각하십니까?
직면적 질문	• 당신이 혼자 외로울 때면 술을 마셔도 된다고 생각하시는지요?

(4) 질문하기

상담을 흔히 '치료적 대화과정'이라고 한다. 치료적 대화과정은 내담자에게 질문을 함으로써 정보를 얻고 상담자의 생각을 전달하기도 하며 내담자가 새로운 사고를 할 수 있도록 자극하기도 한다. 이처럼 질문은 상담에서 절대적 비중을 차지한다고 할 수 있다. 상담에서 질문이 중요하다고 하여 모든 질문이 상담에서 유용한 것은 아니다. 너무 많은 질문, 대답이 곤란한 질문, 의미 없는 질문(예: 권위적 질문)은 가급적 사용하지 않는 것이 바람직하다. 상담에서의 질문은 문제와 관련한 내담자의 기본정보 획득과 내담자의 인지적·정서적 상태의 탐색과 생산적 사고를 촉진하는 수단이 된다. 중요한 것은 어떤 내용의 질문을 어떤 상황에서 얼마만큼 정확하게 하는가이다. 질문의 효과성과 효율성을 높이는 방법은 다음과 같다.

① 개방적 질문 / 폐쇄적 질문

길을 터주는 질문이라고도 불리는 '개방적 질문'은 내담자에게 답변할 수 있는 가능성을 최대한 열어 주는 데 반해 폐쇄적 질문은 특정한 답변만을 하도록 유도한다. 또한 개방적 질문은 내담자의 관점과 의견, 사고, 감정까지도 끌어내는 데 반하여 폐쇄적 질문은 오로지 명백한 사실만을 요구한다. 개방적 질문은 내담자가 표현할 수 있는 길을 열어 준다는 점에서 널리 활용된다. 다음은 폐쇄적 질문과 개방적 질문의 예이다.

- **휴가가 끝나고 기분이 어떠한지요? (개방적 질문)**
  휴가가 끝나서 기분이 섭섭하지 않으신지요? (폐쇄적 질문)
- **당신과 다툰 후 그녀와 어떤 일이 있었나요? (개방적 질문)**
  당신과 다툰 후 그녀가 자살하려 했나요? (폐쇄적 질문)
- **상담을 받으니 기분이 어떠신지요? (개방적 질문)**
  상담을 받으니 기분이 좋아졌는지요? (폐쇄적 질문)

② 직접질문 / 간접질문

질문방법에는 '직접질문'과 '간접질문'이 있다. 말 그대로 간접질문이란 '넌지시 물어 보는 것'임에 비해 직접질문은 '직선적으로 물어 보는 것'이다. 간접질문은 말 끝에 물음표가 없는데도 불구하고, 상대방은 질문에 답변하도록 요구받는 형태의 질문이다. 반면에 직접질문은 물음표가 붙으며 내담자의 분명한 답변을 요구하는 질문이다. 간접질문은 질문을 하면서도 질문 같은 느낌을 주지 않는다는 면에서 의의가 있다.

- **당신은 그런 상황에 대해 어떻게 생각하십니까? (직접질문)**
  그런 상황이 당신에게 어떠한 생각을 나게 하는지 궁금하군요. (간접질문)
- **그 다음에는 무슨 일이 있었지요? (직접질문)**
  그 다음에 무슨 일이 일어났는지 궁금하군요. (간접질문)
- **아버지가 한 말을 어떻게 생각하십니까? (직접질문)**
  아버지가 그런 말에 대해 여러 가지 생각이 나실지도 모르겠군요. (간접질문)

③ 이중질문 / 단일질문

'이중질문'은 내담자가 양자택일해야 하거나 최악의 경우에는 어느 질문에도 답을 하지 못하게 만드는 형식의 질문방식이다. 또한 상담자 쪽에서도 내담자의 답변이 어느 질문에 대한 것인지를 잘 알지 못하게 만든다. 만일 두 개의 질문이 동시에 주어진다면 내담자가 혼란스러울 수도 있다.

상담자 : 저와의 상담이 도움이 된다고 생각합니까? 그리고 자신에게 문제가 있다는 것을 느꼈습니까?
내담자 : 뭐라고 말씀드려야 할지 모르겠습니다.

④ 구체적 질문 / 추상적 질문

내담자는 모호하거나 추상적인 질문에 대해 난감해 하거나 모호하게 답변할 수 있다.

- 당신은 어렸을 때 죄책감을 느꼈나요? (추상적 질문)
  아버지가 그 말을 한 후 당신은 죄책감을 느꼈나요? (구체적 질문)
- 당신의 어머니는 겁이 많으신가요? (추상적 질문)
  당신의 어머니는 낯선 사람에게 접근하는 것을 싫어하나요? (구체적 질문)

⑤ "왜"라는 질문

상담에서 흔히 왜곡되어 사용되는 의미가 바로 "왜"라는 표현이다. "왜"라는 질문은 정보를 구하거나 사건의 행동과 원인을 탐색하는 경우에 사용하는 것이 마땅하지만 불쾌감이나 반대의 의미까지 함축하여 사용되는 경우가 허다하다. 따라서 상담자가 내담자에게 "왜"라고 질문한다면 내담자와 상담자가 자신을 비난하거나 자신의 행동을 이해할 수 없는 것으로 이해하였다고 받아들일 가능성이 많으며 따지는 것 같은 인상을 주거나 동의하지 않는다는 불쾌감 또는 비판적 감정표현의 느낌을 줄 수 있기 때문에 가능하면 "왜"라는 질문을 하지 않는 것이 좋으며 "왜"라는 질문은 "어떻게", "무엇을", "어떤 이유로", "어떤 동기로" 등의 형태로 사용하는 것이 바람직하다.

- 왜 그렇게 생각하십니까?
  그렇게 생각하게 된 이유가 있는지요? (대안)
- 왜 그 사람이 바보라고 생각하는지요?
  그 사람을 바보라고 생각할 만한 이유가 있는지요? (대안)

(5) 요 약

'요약(summarization)'이란 내담자의 생각이나 감정, 욕구, 기대를 하나로 묶어 정리하는 것을 의미한다. 즉, 요약이란 상담과정에서 나온 대화의 내용과 감정의 요체, 그리고 일반적 줄거리를 잡아내는 작업이다. 또한 상담이 어디로 진행되고 있으며 현재 어디에 위치하고 있는지를 내담자에게 알려 줌으로써 상담을 보다 객관적으로 파악하게 하고, 문제에 대한 이해의 실마리를 제공한다. 요약은 내담자에게 상담자가 문제에 대하여 주목하고 있다는 것을 알려 주는 계기가 되기 때문에 내담자가 상담에 참여하는 동기를 강화할 수 있다. 뿐만 아니라 내담자가 미처 의식하지 못한 면을 학습시키고 문제해결의 과정을 밝히며 자신의 생각과 느낌을 탐색하여 새로운 해결책을 강구할 수 있게 한다. 그러나 요약하는 과정에서 다음과 같은 사항은 주의하여야 한다.

① **주기적으로 요약한다.** 면접 초기와 각 회기의 끝 무렵에는 가능하면 이전 회기나 금번 회기 면담내용을 간략하게 요약한다. 이는 상담이 연속성을 유지하는 데 도움을 준다.

② **초기에는 섣부른 요약을 하지 않는다.** 상담 초기에 섣부른 요약은 내담자가 급하다고 느끼는 화제의 표현을 막을 수 있다는 점에서 주의가 필요하다.

③ **해석을 요약한다.** 요약은 상담의 전체 줄거리를 잡는 작업이지만, 요약의 주요 대상은 내담자의 표현 중에서 중요하다고 판단되는 내용과 감정이다.

④ **상담자의 새로운 견해를 추가하지 않는다.** 요약은 내담자가 표현한 범위 내에서 이루어져야 한다. 특히 내담자와 논의하지 않았음에도 상담자가 이론적 추측으로 요약하는 것은 금물이다.

⑤ **내담자가 요약하는 것도 효과적이다.** 대개의 요약은 상담자에 의해 이루어지지만 내담자에 의한 요약은 내담자가 문제를 어느 정도 이해하고 있는지를 알게 해 주며 상담에 대한 참여 정도를 향상시킬 수 있다는 점에서 권장된다.

(6) 직 면

'직면(confronatation)'이란 내담자의 판단과 행동의 원인을 압축하여 제시함으로써 내담자가 이를 받아들이도록 하는 상담기법의 일종이다. 적당한 직면은 내담자의 생각을 명료화하고 변화에 대한 동기를 부여할 수 있다. 상담자는 내담자가 직면을 받아들일 수 있는 수준에 이르렀는지, 이러한 직면을 어떠한 의미로 받아들일지를 고려하면서 직면하게 할 필요가 있다. 직면은 분명하고 간결하게 시도되어야 한다. 직면하는 내용은 내담자가 의식적으로 인식하고 있는 측면과 내담자가 원인을 잘 알지 못하는 측면으로 대비될 수 있다.

- 한편으로는 ______하나 다른 한편은 ______하군요.
- 당신은 _____하다고 이야기하지만, 또 _____하다는 이야기도 하는군요.
- 당신은 _____라고 이야기하지만, 비언어적으로는 _____처럼 보이는군요.
- 당신은 _____하다고 말하지만, 행동은 그렇지 않은 것 같군요.

일관성 없고 모순이 되는 내담자의 다양한 형태의 행동은 직면을 통하여 명료화된다. 초기의 관계형성 단계에서 알게 된 내담자의 말과 비언어적 표현 이전의 진술과 행동, 객관적 자료, 생략된 부분 사이에 존재하는 불일치에 대하여 맞닥뜨림을 사용하여 반응하는 것이다. 상담자가 직면을 할 때는 반드시 지지적이고 서술적이고 판단하지 않는 방식으로 해야 한다.

① 진술 - 비언어적 표현(신체언어)

내담자 : 남편이 늘 그렇게 화를 내고 나가 버려도 나는 별로 상관하지 않아요. 아이들 때문에 바쁘니까요.

상담자 : 당신은 그로 인하여 별로 힘들지 않은 것처럼 계속 말을 하고 있어요. 그러나 당신의 표정은 그 말을 할 때 굳어져 있고 긴장되어 보입니다.

② 진술 - 이전의 진술

내담자 : 그 반 아이들은 전부 다 멍청이예요. 그 녀석들만 보면 화가 치밀어 올라 몇 녀석을 흠씬 두들겨 패 주고 싶어요.

상담자 : 그 아이들을 보기만 해도 강하게 반응하는구나. 그런데 지난주에 네가 말하기를 네가 먼저 시비를 걸지는 않는다고 했었지.

③ 진술 - 행동

내담자 : 남편에게 다시 한번 폭력을 행사하면 집을 나가 버리겠다고 말했어요. 이건 진심이에요.

상담자 : 남편이 당신에게 다시 한번 폭력을 행사하면 정말 집을 나갈 것 같이 결심이 대단하시군요. 그러나 당신은 전에도 여러 차례 남편에게 그와 같은 경고를 해 왔지요.

④ 진술 - 객관적 상황

내담자 : 이제는 너무 늙어 버려서 새로운 것을 배우고 변화하기가 어렵습니다.

상담자 : 너무 늙어서 바뀔 수가 없다고 느끼시는군요. 그러나 그 나이에 적지 않은 삶의 변화를 가져온 사람들을 여러 사람 알고 계시지요?

⑤ 진술 - 생략

내담자 : 어젯밤 꾼 꿈이 너무 불쾌해요. 심지어는 제가 왜 선생님에게 그런 꿈을 이야기하고 있는지조차 모르겠어요.

상담자 : 당신은 그 꿈 때문에 불쾌했지만 그것을 이야기하고 싶어서 오늘 저에게 두 번이나 전화했었지요.

(7) 정보제공

'정보제공'이란 내담자에게 특정한 자료, 사실, 자원, 질문에 대한 대답, 의견을 제공하는 것이다. 상담에서 정보를 제공하는 목적은 내담자가 자신의 행동과 사고, 감정을 변화시킬 수 있도록 가르치는 것이다. 내담자는 때때로 사안을 결정하고, 행동을 실행하며, 그들이 필요로 하는 것을 어떻게 획득할 수 있는지, 계획을 어떻게 실행해야 하는지에 대한 지식이나 방법을 알 필요가 있다.

이러한 정보의 제공은 ① 내담자가 정보를 필요로 하거나, ② 정보를 받아들일 준비가 되어 있거나, ③ 상담자에 대한 내담자의 질문이 현실적으로 타당하다고 판단될 경우, 상담자는 세심한 배려 속에서 문제해결과 관련된 정보를 제공한다. 정보제공은 주로 실행 단계(문제해결 단계)에 이루어진다. 흥미로운 사실은 상담장면에서 정보를 제공하는 일은 대단히 빈번하게 일어난다는 것이다. 내담자가 문제해결과 관련된 직접적인 방법이나 정보를 제공받고자 하는 욕구가 대단히 높은 경우가 많다. 그러나 상담자가 내담자의 정보제공에 대한 욕구를 무시한 채 문제의 원인과 내담자의 내면세계를 파악하는 일에 지나치게 몰두한다면 내담자는 지치기 쉬우며, 이는 상담관계를 저해하는 요인이 될 수도 있다. 정보제공은 상담이 추구하는 중요한 문제해결방법 중 하나이다. 따라서 상담자는 내담자가 필요로 하는 다양한 정보와 유익한 자료를 제공할 수 있어야 한다.

4. 가족상담과정

1) 기본절차

가족과 가족문제에 대한 사정이 끝나면 상담자는 앞으로 이끌어 갈 상담과정을 어떻게 진행할 것인지에 대한 나름대로의 계획을 수립한다. 가족상담의 과정은 상담자가 지향하는 관점과 이론에 따라 개입방법의 차이가 있을 수 있지만 일반적 가족상담과정이 있다.

가족상담을 시작할 때 가족 중 누구를 참여시켜야 하는지에 대한 내용부터 언제, 어떻게, 어떤 방법으로 회기를 종료해야 하는지에 대하여, 혹은 어떤 방법으로 상담계약을 할 것인가, 가족 전체의 혹은 구성원 개개인의 요구에 대하여 어떻게 반응해야 할 것인가, 어떤 이론적 모델로 접근해야 할 것인가 등 가족상담의 전체 과정을 구조화하는 것이 필요하다.

가족상담과정을 전체적으로 구조화시키고 나면 상담에 대해 느끼는 상담자의 불안이 감소되어 바람직한 상담자-내담자 가족 간 관계를 형성할 수 있다. 상담자는 구조화된 상담과정을 가족에게 알리면서 가족상담에 대한 불안을 해소하고 상담계약을 맺게 된다.

상담계약이 이루어진 후 보다 적극적인 치료적 개입이 이루어지고, 가족 안에서 구성원이 원하는 변화가 충분히 일어났다고 생각되면 상담자는 가족과 의논하여 가족상담을 종결하게 된다. 가족상담의 과정은 일정한 단계별로 진행되고, 다양한 가족치료학파의 다양한 기법의 차이가 있지만 Whitaker는 가족상담의 단계를 다음과 같이 구분하였다(김증원 역, 1995: 374).

① 전기(pretreatment phase) : 전체 가족이 참여하도록 초청되고 상담자는 면담 동안에 가족에게 책임이 있고 면담시간 외에 어떻게 살 것인지는 가족이 정한다고 분명히 말해 준다.

② 중기(mod-phase) : 상담자와 가족 사이에 상호 관심을 갖는 분위기가 생기고 증상은 성장하려는 노력과 직면과정에 의해서 도전받는 것 등에 이르는 과정이다.

③ 후기(late phase) : 가족은 보다 융통성이 있게 되고 치료팀의 최소의 도움으로 성장할 수 있는 과정이다.

④ 이별기(separation stage) : 가족과 상담자가 치료적 관계의 상실뿐 아니라 상호 의존을 인정하고 치료적 관계를 떠나는 과정이다.

2) 가족상담과정

(1) 초기 단계

초기 단계는 첫 가족상담 약속을 맺은 때부터 몇 번의 상담을 통하여 진단과 목표설정이 이루어지기까지의 기간을 말한다. 초기 단계는 가족상담 전 과정의 기초가 되므로 중요하다. 초기 단계에서 상담접수, 치료적 관계형성, 문제의 탐색과 가족사정, 문제의 명료화와 상담목표의 합의, 상담계약과 상담의 구조화 등이 이루어진다. 초기에 이루어질 가족상담의 과정을 살펴보면 다음과 같다.

① 상담접수

첫 상담이 있기 전의 사전 접촉은 대면, 전화, 인터넷 등을 통하여 이루어진다. 전화나 직접대면으로 가족성원 중 한 사람과 사전 접촉을 하여서 첫 번째 약속을 한 경우 한 사람이 주는 정보가 지나치게 많으면 편견이 생길 우려가 있기 때문에(엄예선, 1994: 262) 되도록 간략하게 날짜, 약속시간, 장소, 첫 상담에 참석할 사람, 상담료 등을 구체적으로 알려 준다. 첫 약속은 가족 전체 미팅일 수도 있고 가족구성원 개별미팅일 수도 있다. 가족성원이 함께 참석하기가 쉽지 않기 때문에 오후 늦은 시간이나 일주일 중 가족이 모두 모일 수 있는 날과 가정의 상호작용 패턴을 알아 둔다. 가족상담에 가족을 모두 참석시켜야 하는 것은 내담자가 문제를 일으키는 사람이 아니라 다른 가족성원을 대표해서 문제를 나타내고 있을 뿐이고, 문제가 있는 가족구성원은 삶의 균형을 잃었고 자신이 속한 가족체계가 무엇인가 잘못되었다는 신호일 뿐이라는 것을 가족 모두가 알아야 하기 때문이다.

② 첫 상담

가족상담은 가족 내의 문제 또는 증상에 대하여 관심을 가지고 도움받기를 원하는 가족성원과의 첫 접촉에서 시작된다. 첫 접촉에서는 자발적 대면으로 자기개방이 일어나도록 하며 문제 단계, 상호작용 단계, 목표설정 단계로 구분된다. 초기 접촉의 목적은 상담하러 온 전체 가족에 대한 정보를 얻는 것이다. 내담자의 현재 문제와 문제발생시기에 가족성원을 확인하고, 다른 사람이나 지원관련 기관에 대한 설명을 간략하게 듣는다. 가족체계의 문제가 보다 정확히 평가되고, 상담이 종결될 때 상담에서 일어났던 효과가 최대로 지속되기 위해서는 상담이 시작될 때 전체 가족이 참석하는 것이 바람직하다. 첫 면담에서는 가족기능과 활동에 중점을 둔 가족력을 수집하고, 상담계획을 수립하며, 다음에는 왜 여기에 모여 있는지를 인식시키는 문제, 즉 자기들끼리 이야기를 하도록 격려하고, 상담 단계로서 가족 각자에게 누구에게 무엇을 원하는지를 서로 구체적으로 말하도록 하고 적극적으로 대화하도록 하여 최초의 상담에서 누가, 언제, 어디서, 무엇을 시도하려 했는지 분명하게 파악하여 정리한다.

첫 면담에서 상담자가 주의할 점은 상담기간 동안 의사소통이 자유롭게 허용하는 것이다. 더불어 행동상의 제한점 등 기본규칙을 미리 설명해 준다. 즉, 폭력이나 지나친 비난의 말, 욕설 등과 같은 행위는 허락되지 않는다고 말하고 특히 상담실 안에서 이야기한 내용을 비밀로 하고, 집에 가서 그것을 빌미로 싸움을 하지 않아야 한다고 규정해 준다. 지나치게 거부적이거나 적대적인 가족성원과는 의사소통을 재구조화할 필요가 있다. Broch와 Barnard (1988)는 상호 지지적이지 못하고 다소 적대적인 가족성원의 의사소통을 재구조화하는 방법으로 화난 사람, 지독한 사람, 여우 같은 사람, 앙심 품은 사람 등의 표현을 상처받는 사람, 우울한 사람, 외로운 사람, 혼자 있는 사람 등의 표현으로 재인식시키는 것이 바람직하다고 하였다. 의사소통할 때 비난을 일삼는 가족은 자신들이 문제가 있다는 것을 쉽게 인정하기 때문에 상담자의 개입이 오히려 쉬울 수 있다. 가족성원이 서로 비난을 퍼부을 경우 인지중심 개입과 행동 중심 개입을 함께 사용하여 두 비난자를 서로 떼어 놓도록 위치를 바꿔 앉게 하거나, 서로 논쟁한 후 입장을 바꾸어 상대방의 역할을 하게 하는 역할극을 도입할 수 있다. 가족상담에 참여한 가족들 중 일부는 어쩔 수 없이 함께 앉아 있거나 가족 간 격렬한 갈등이 상담실에서 나타나게 됨으로 겉으로 드러난 가족의 모습에 기초한 상담보다는 가족 내면을 보는 상담과 기법이 중요하다.

③ 상담 관계형성

상담의 첫째 목표는 친밀감을 갖는 것이다. 친밀감이란 우호적 관계로서 상담자와 내담자 사이의 인간적 관계의 존경, 신뢰, 심리적 편안함이 만들어진 관계를 의미한다. 친밀감은 내담자에게 심리적 안정과 더불어 성장할 수 있는 기회를 제공한다. 처음 만남에서는 가족성원이 모두 긴장할 수 있으므로 편안한 마음으로 자신의 문제를 이야기할 수 있게 분위기를 조성하는 것이 무엇보다 중요하며 문제보다는 약간의 사교적인 대화를 먼저 하는 것이 좋다.

초기의 사교적인 몇 마디 대화는 가족성원의 불안을 해소하는 데 도움이 될 수 있으며 가족 분위기를 유도하는 가족성원에게 먼저 말을 거는 것도 좋은 방법이다. 구조화된 상담과정에서 상담자는 가족성원 중 먼저 어른에게 자신을 소개하고 부모에게는 그들의 자녀를 상담자에게 소개하도록 하면서 참석한 모든 가족들과 첫인사를 한다. 그 후 간략하게 전화 혹은 사전에 면담한 내용과 가족이 요구하는 내용을 이야기한다. 가족성원이 각자의 관점에 대하여 서로 뒤이어서 이야기하는 것을 통해서 문제와 가족에 대한 관점을 파악한다.

이 단계에서는 가족 중 두 사람을 선택하여 이야기하도록 하고 두 사람이 이야기하면서 논쟁하거나 지나치게 개입할 경우에도 중단하지 않는다. 문제를 이야기하고 있는 두 사람의 이야기를 주의 깊게 들으면서 정보를 모으고, 라포를 형성한다. 가족의 이야기를 들으면서 가족과 합류하는 기법은 가족상담자와 가족이 하나가 되고 가족과 섞이는 방법이다. 합류기법을 통하여 가족의 주제나 신화를 발견하며, 희생자의 아픔을 느끼고 직관적으로 가족구조를 파악할 수 있다. 또한 가족상담자가 내담자 가족과 작업 할 위치를 찾을 수 있고 새로운 체계를 형성할 수 있는 기법 중 하나이다. 합류기법을 통하여 동맹관계를 만드는 데 있어서 중요한 것은 그들의 관점에서 이야기를 듣고, 그들의 태도를 충분히 인식하고 받아들이는 것이다.

④ 가족 상호작용 탐색 및 문제규정

초기 단계에서 중요한 과제는 문제가 무엇인지에 관심을 집중하는 것이다. 가족상담자는 가족성원이 현재 인식하고 있는 문제를 반드시 이야기하게 하고 그 문제를 해결하기 위하여 어떠한 방법을 사용했는지 질문하며 그들이 서로 문제해결을 위하여 어떻게 의논하고, 상호작용하는지를 파악한다. 특히 가족들에게 문제를 어떻게 보고 있는지를 이야기할 기회를 주어 문제에 대해 서로 의견을 나누도록 한다. 그 과정에서 가족의 상호작용 유형이 무엇인지 관찰한다. 이것은 가족 안에 존재하는 순환적 행동유형을 관찰할 수 있으며, 의견이 다른 경우 어떻게 대처하는가를 파악할 수 있다. 가족의 문제에 대하여 가족성원마다 서로 다르게 인식하고 있을 수도 있고, 문제가 있지만 표현하기 애매모호한 상태이거나 문제에 대해 지나치게 추상적으로 표현할 수도 있다. 뿐만 아니라 문제를 지나치게 과장하거나 축소시키기도 한다. 가능한 한 가족성원 모두에게 무엇이 문제인지를 말하게 하고 각 가족성원이 문제를 보는 차이점과 유사점, 가족성원 간의 제휴관계가 있는지 파악한다. 의견이 다른 경우 대처하는 방법을 통하여 가족기능을 알 수 있다.

이 과정에서 상담자가 주의할 점은 다음과 같다.

- 가족이 면담하기 위해 들어오면 각자 원하는 대로 자리를 잡도록 한다.
- 가족이 치료장소에 온 이유와 문제가 무엇인지 질문한다.
- 최초 질문을 누구에게 하는지가 중요하다. 문제증상을 나타내는 사람에게는 나중에 질문함으로써 방어적이 될 가능성을 최소화시킨다.
- 서로 다른 관점에서 문제를 보도록 돕기 위해 어떤 해석이나 비평을 해서는 안 된다.
- 이 단계에서는 충고나 판단을 요청받더라도 어떤 충고도 해서는 안 된다.
- 누가 무엇에 대해 어떻게 느끼는지를 물어서는 안 되며 단지 사실과 의견만을 참고한다.
- 도와주려는 진심 어린 태도를 보여야 한다.
- 유용한 가족의 역사를 모으고, 가족성원의 시야를 넓히려는 데 가계도와 생태도 및 여러 가지 도표를 사용하는 것이 유익하다.

이때 상담에 오게 된 직접적 동기를 파악하고 일반적인 것에서부터 세부적인 것까지 단계적으로 탐색한다. 최근에 경험한 문제를 중심으로 가족성원의 정서와 행동, 상호작용 패턴을 파악한다. 과거의 상담 및 치료경험 결과, 그동안 문제해결을 위해 시도했던 방법과 그 결과 등을 파악한다. 성공적 상담은 무엇이 잘못되었는지를 찾기보다는 오히려 사용되지 않은 인간의 잠재력을 찾아내고 발휘할 수 있도록 도와주는 것이다. 따라서 상담자는 가족의 문제와 취약점보다는 강점을 찾는 것에 노력하여 가족이 희망적 회복력을 찾도록 해야 한다.

효과적으로 가족을 상담하기 위해서는 가족이 겪고 있는 관계상의 갈등문제를 지적하고 가족이 한 사람이 문제라고 지적하면 상담자는 나머지 가족이 문제로 지적된 사람과 어떻게 얽혀 있는지 또는 영향을 받는지에 대하여 질문한다. 그리고 문제가 발생하였을 때, 그 문제를 해결하고자 할 때 각자가 어떤 역할을 하였는지 또 어떻게 반응하였는지를 질문한다. 예를 들면 "철수가 문제예요. 철수는 말을 잘 듣지 않아요." 하면 "그 아이가 말을 듣지 않게 된 원인이 있을까요?" 또는 "철수가 말을 듣지 않을 때 어떻게 반응하십니까?", "언제 철수가 말을 안 듣는다는 것을 알아차리셨나요?", "철수가 말을 듣지 않는 행위가 당신에게 어떤 영향을 미쳤나요?" 등의 질문으로 가족의 상호작용을 탐색한다.

(2) 중기 단계

가족상담에 있어서 중기 단계는 변화를 위한 주된 작업이 행해지는 단계로서 실행 단계이고, 가족상담의 핵심과정이다. 첫 면담이나 몇 회의 면담을 바탕으로 상담자는 가족과 정기적으로 일주일에 1회 정도 만날 것을 약속하고, 1~1.5시간 정도 만난다. 가족면담을 하다 보면 면담 거부, 수치심, 상담자에 대한 불신 등의 의식적 저항과 침묵, 감정의 무표현 또는 과다표현, 동일한 대답, 퇴행행동 등의 무의식적 저항이 나타난다. 이때 상담자는 인내와 지혜로 잘 대처해 나가야 하며 가족이 상담자의 역할을 이해하게 되고 자신들의 의무도 알게 될 수 있게 돕는다. 이 과정에 전 가족이 함께 참여하여야 하고, 모두 정해진 시간을 지키는 등 준비과정이 필요하다.

또한 이 단계에서는 가족으로 하여금 서로 간의 관계를 보게 하고 상담을 받게 한 구체적 문제를 다루게 한다. 또한, 문제에 대처하기 위한 효과적 방법을 발달시키고 파괴적 행동을 변화시킬 수 있게 된다. 상담자는 상담에 필요한 전략이나 개입방법을 선택하여 실행하게 되며 가족의 특성과 문제의 성격, 상담자의 능력과 전문적 판단에 의하여 적절한 이론과 기법을 선택한다. 문제가 있는 가족구성원과 가족에게 적절한 상담전략을 선택할 수 있게 하고 오랫동안 가족을 힘들게 한 역기능적인 패턴에서 벗어나 가족기능을 회복하고 유지할 수 방법을 배울 수 있도록 적극적으로 개입한다. 이때 가족상담자는 가족 스스로 잘할 수 있도록 격려하고, 가족성원이 서로를 비판하거나 비난하지 않고 자신의 느낌과 원하는 것을 직접 대화를 통해서 나눌 수 있도록 격려하여 그동안 자신의 잘못된 역할을 인식할 수 있도록 돕는다.

가족상담자는 변화를 촉진하는 역할을 담당하고, 내담자가 가족의 기능과 문제점에 긍정적 변화를 자각하며, 자율적 문제해결능력을 습득하도록 돕는다. 이 단계에서 고려할 사항은 다음과 같다.

- 가족성원의 문제를 집중적으로 직면시켰는가?
- 가족성원이 서로의 관계를 개선시키는 방법을 가족 스스로 찾아내기 위해 지나치게 통제적이거나 지시적인 방법의 사용을 피했는가?
- 가족성원 각자의 책임과 상호 이해를 촉진하였는가? 한 사람이 문제(고민)를 털어놓았을 때, 문제 속에서 가족 각자의 역할은 무엇인가? 그들이 이것에 대해 어떤 책임을 가지는

가? 예를 들면 가족 중에 반항하는 청소년이 있다면 누가 그를 반항아로 만들었는가? 언제 그것을 알게 되었나? 무엇이 반항적 행동으로 보여지는가? 이런 반항적 행동이 가족성원에게 어떻게 영향을 미치겠는가? 반항하지 않도록 하기 위해 어떻게 해야 하는가? 또는 "나는 우울해."라고 한다면 "너의 가족 중 누가 너를 우울하게 만드는가?", "아무도 없다."면 "그럼 누가 너를 우울하게 만드는가?", "아무도 없다."면 "그럼 누가 너를 우울로부터 벗어나도록 도와줄 수 있는가?" 등에 대한 가족 각자의 의견과 상호 이해를 촉진시킨다.

- 관계개선을 위해 노력하는 것이 제시된 문제를 해결하는 데 긍정적 영향을 미친다는 것을 확실히 하였는가?
- 하위집단을 만날 때도 가족 전체에 대한 시각을 견지하고, 어떤 개인이나 관계 특히 피하고 싶은 '어려운' 사람을 소홀히 하지 않았는가?
- 정규적으로 상황을 재점검한다. 매 회기마다 상담의 과업이 동일성과 예견성이 있었는가? 상담자는 무엇을 말할 것인지를 선택하는 데 있어서 지나치게 적극적인 역할을 취하지는 않았는가? 상담자와 가족이 우호적 관계를 발전시켜 갈등을 다루기보다는 사적 관계를 형성하는 것이 더 중요하게 되지는 않았는가? 가족상담자는 가정에서 한 역할(배우자에게 공감적 경청자, 아이들을 양육하는 데 확고한 부모)을 맡아서 하면서 가정에서 잃어버린 기능(배우자가 서로에게 귀를 기울이지 않고, 부모는 그들의 자녀를 양육하거나 통제하지 않는다)을 대신하고 있지는 않았는가? 가족의 어떤 구성원이 이 역할을 맡을 수 있는지 찾아서 그 사람으로 하여금 이 역할을 할 수 있도록 적극적으로 지지하였는가? 등에 대하여 고려하여야 한다.

중기 단계의 개입기술은 다음과 같다.

① 재정의 - 의미변화

재정의(reframing)는 가족성원에게 문제를 다른 관점에서 보거나 이해할 수 있도록 돕는 방법이다. 이 방법을 통하여 이미 경험한 사실에 대한 관점, 감정, 태도를 좀 더 구체화하고 긍정적으로 재규정함으로써 사건과 관련된 감정, 의미, 가치판단을 변화시킬 수 있다. 재정의는 다른 가족성원에 대한 부정적 생각을 보다 긍정적 시각으로 변화하도록 도울 수 있는 기법 중 하나이다.

가족성원에게 나타나는 문제는 성장하고자 하는 노력으로 재정의 될 수 있다. 예를 들면 가족성원 중의 한 명에게 느끼는 절망은 가족을 너무나 사랑한다는 뜻이므로 희망적 신호로 재정의할 수 있다. 어머니가 아버지를 부정하다고 비난한다면 부부가 결혼하여 냉담해진 것에 대해 실망해 왔다는 사실의 표현이라고 재 정의할 수 있다.

- 가족성원이 부정적 의미라고 믿고 있는 것을 긍정적 의미로 변화시키는 것
- 변화시키지 않으면서 기존의 사고와 판단의 준거 틀을 바꾸어 사건의 의미나 가치판단에 변화를 가져오도록 하는 것
- 가족의 언어, 세계관, 문제해결방법을 관찰하면서 행동유형에 긍정적 준거 틀을 사용하여 가족이 다른 방법으로 볼 수 있도록 하는 것, 결국 상황에 접근하는 데 있어서 좀 더 긍정적이 되도록 하는 것
- 가족 혹은 부부에게 가족관계에서의 긍정적 요소와 경험을 강조함으로써 서로에 대한 이해를 돕고 새 희망과 목적을 주게 되는 것

② 실제적 스트레스에 대체적 환상을 모델로 주는 기법

스트레스 상황에 처해 있는 사람에게 환상 및 상상을 사용하여 스트레스에 대처하는 기법이다. 이 기법을 통하여 문제를 지닌 가족성원이 경험하고 있는 실제적 스트레스의 위협을 줄이고 정서적 생활을 보다 더 확장시킬 수 있다. 예를 들면 자살을 시도했던 여성에게 "당신이 자살하려고 하면서 나를 죽이기로 결심했다고 합시다. 그때 당신은 어떻게 하겠습니까? 총으로, 칼로 아니면 어떤 것으로 하겠습니까?"라고 환상을 제기해 줄 수 있다.

그것을 상상하고 이야기함으로써 자살생각으로 인한 직접적이고 실제적인 위협과 스트레스를 줄일 수 있다.

③ 대인관계적 스트레스와 개인 내적 환상적 스트레스를 분리시키는 기법

예를 들면 자살을 시도했던 내담자에게 자신이 죽으면 남편은 누구와 결혼할 것 같고, 얼마나 빨리 재혼할 것이며, 얼마간 슬퍼하고, 보험금은 누가 탈 것이며, 시어머니는 어떻게 느낄 것이고, 자녀는 누가 데리고 살 것인지에 대한 생각을 구체적으로 가족 안에서 이야기하도록 한다. 이처럼 개인 내적인 환상적 스트레스를 대인관계적 스트레스 틀로 전환시키는 것이 환상을 몹시 오염시키므로 가족의 의사소통 패턴을 새롭게 구성할 수 있다.

④ 순환적 질문

순환적 질문기법은 가족성원이 문제에 대해 제한적이고 단편적인 시각에서 벗어나 문제의 순환성을 깨닫도록 돕기 위한 질문기법이다. 가족이 현재 둘러싸여 있는 체계 밖에 위치하도록 하는 독특한 방법으로 이 방법을 통해 가족성원은 다른 가족성원에 대해 새롭게 인식하는 경험을 갖는다. 가족에 대한 새로운 이해를 촉진시킬 수 있다는 측면에서 사정단계에서 사용된다. 이 방법은 효과적이며 위협적이지 않은 방법으로 정보를 이끌어 내고, 특히 직접적으로 자신을 표현하는 데 어려움이 있는 가족을 도울 수 있는 방법이다. 순환적 질문하기의 유형은 다음과 같다.

- 가족 내 관계에 초점을 두는 것
- 가족의 서열을 정하는 것에 초점을 두는 것
- 시간에 초점을 두는 것
- 질문에 대답하지 않은 가족성원에게 초점을 두는 것 등

⑤ 가장기법

가장기법은 놀이를 하는 기분으로 저항을 우회시키는 방법이다. 방법은 가족 내에서 의미상으로 되어 있는 어떤 행동을 증상이 있는 것처럼 보일 수 있게 처방게임을 한다. 내담자가 의식하지 못하는 사이에 변화가 일어날 수 있도록 역설적으로 개입하며 상담자의 역설적 지시에 따르는 것이 결과적으로 증상이 감소되는 결과를 가져올 수 있다. 즉, 어떤 방법으로 위장해서 행동을 하면 '진짜는' 그렇게 행동하지 않게 된다.

- 불면증의 문제를 지닌 가족성원에게 가족들은 잠자기나 잘 수 있는 방법을 권유하지 않고 "오늘 밤은 절대 잠들면 안 된다. 한숨도 자지 않는 것을 목표로 해보자"라고 하고 이야기한다. 그 결과 잠을 자야한다는 부담감이 줄어들고 긴장이 완화되어 잠을 자게 되는 결과를 경험할 수 있다.
- 시험 중 실수할 것에 대한 두려움을 가진 자녀에게 가족들이 이번에는 두세 문제 틀려야 한다, "시험을 잘 보면 절대 안 된다"라는 이야기를 함으로써 실제 시험에서 긴장이 줄어들어 시험에 집중할 수 있다.

⑥ 직 면

직면은 내담자와 가족의 자기이해를 돕기 위하여 상담자의 관점에서 내담자와 가족의 특성과 대처방식을 지적하여 외부에 비친 내담자와 가족의 모습을 되돌아보고 통찰의 순간을 경험하도록 하는 직접적이고 모험적인 방법이다. 직면기법의 목적은 내담자의 역기능적 요소에 대항하여 도전과 성장을 이끌어내는 것이다. 그러나 직면은 공격이나 위협으로 받아들여질 수 있으므로 사용상 주의를 필요로 한다. 직면이 너무 고통스럽지 않도록 기술적인 면이 포함되어야 하며 일단 내담자와 관계가 성립되면 가족과 함께 안전하게 실제적인 개입을 추가할 수 있다. 특히 내담자의 강한 저항이 있을 수 있으므로 다음과 같은 단계로 실시한다.

〈표 7-3〉 **단계별 직면기법**

1단계	불일치를 도전적으로 지적하지 않고 직설적, 양육적, 공감적으로 지적한다.
2단계	함께 불일치를 탐색하고 내담자가 불일치를 인식하고 수용하도록 돕는다.
3단계	불일치가 발달한 방식, 발달상의 목적, 현재 삶에 미치는 영향을 탐색한다.
4단계	불일치의 의미와 영향을 인식하고 자신의 삶에서 불일치를 유지하도록 둘 것인지 여부를 의도적으로 선택하게 한다.

⑦ 한 가족의 절망을 더 크게 하여 가족을 뭉치게 하는 기법

이 기법은 가족 중 희생양이 있을 때 효과적으로 활용될 수 있다. 예를 들면 정신분열병인 아들에게 "네가 포기하고 쓸모없는 인간이 되어 너의 나머지 인생을 병원에서 보낸다면 너의 부모가 앞으로 20년 동안 정말로 행복할 것이라고 생각하니? 아니면 지금처럼 부모가 걱정하고 너는 삶을 포기하고 있을 것 같니?"라고 말한다. 이 말을 들은 내담자나 가족들은 그렇게 살게 될 경우 절망감으로 뭉치게 되고 하나된 힘으로 절망을 이겨나갈 수 있도록 한다.

(3) 종결 단계

가족상담을 위한 면담횟수는 대개 8~20회 정도로 가족의 특정 문제나 증상을 변화시키는 것을 목표로 상담을 진행하고 종료한다. 그런데 그 이전에 상담을 종결해도 될 단계가 되면 종결할 수도 있다. 즉 가족관계의 문제를 상담자에게 이야기하지 않고도 서로 보다 만족할 수 있는 행동을 하게 되고, 가족의 문제를 해결할 효과적 방법을 가족 스스로 발달시키게 되면 상담을 종결한다.

가족상담과정은 일반적으로 정신치료에 대한 논의에서 제시되는 바와 같은 뚜렷한 초기, 중기, 말기 과정으로 구분하기 힘들다고 한다(Luthman, 1974). 정신분석학 또는 정신역동적 이론에 입각한 가족상담은 종결 단계를 분리와 상실과 같은 중요한 문제가 재현되는 시기로서 많은 준비와 시간을 필요로 하는 단계로 보는 반면, 단기치료나 전략적 가족치료에서 종결은 내담자가 제기하는 문제의 해결과 함께 이루어져야 하고 종결을 위한 특별한 준비는 필요하지 않다고 주장한다. 심지어는 Milan의 체계적 가족치료학파와 같이 내담자가 계속 상담하기를 원하는 경우에도 가족상담횟수를 무조건 10회로 규정해 놓고 상담하는 학파도 있다.

종결을 위한 사전 준비작업을 마친 가족상담자는 다양한 방법으로 종결을 시작하고 성공적으로 완수한다. 가족이 가족상담 종결을 성공적으로 완수하도록 돕는 과정을 분류해 보면 다음과 같다.

① 준비과정

가족상담자는 어느 정도 사전 준비를 한 후에 내담자와 그 가족에게 가족상담 종결의 필요성에 대해 말해야 한다. 그런 다음 내담자로 하여금 종결에 대한 감정에 대처하고 앞으로 어떻게 해야 할 것인지를 결정하도록 돕는다. 가족성원들은 종결에 대하여 장난스럽게 농담을 하거나 그동안 성실하게 참여하지 못한 것에 대한 자책을 하는 등 종결에 대한 감정을 명백히 부인하거나 방어하는 것 같은 태도를 보일 수 있다. 동시에 종결에 대한 모순되는 감정 혹은 양가감정을 느끼기 때문에 상담자는 그들에게 가장 중요하게 떠오르는 감정이 무엇인지를 탐색하고 논의할 필요가 있다. 상담자는 내담자와 종결 전 아직 남아있는 시간 동안 달성할 수 있는 목표가 무엇인지, 무엇을 해야 할지 결정하고 준비한다.

② 가족의 종결을 완수하도록 돕는 과정

가족의 종결을 완수하도록 돕는 과정은 다음과 같다.

가. 내담자의 종결에 대한 감정처리작업 : 가족상담자가 가족으로 하여금 종결에 대한 감정처리를 성공적으로 완수할 수 있도록 도움을 주는 방법 중의 하나는 처음부터 가족성원이 느끼는 감정은 적절한 것이고 그들이 그렇게 느끼는 것이 당연하다는 것을 얘기해 줌으로

써 내담자의 감정을 수용하는 반응을 보이는 것이다. 종결에 관해 털어놓은 자신들의 감정을 상담자가 받아 주는 것을 볼 때 그들은 큰 짐을 덜어 놓는 것 같은 느낌을 갖는다. 이런 경험을 한 후에는 더 이상의 아무런 개입도 필요치 않은 경우도 있다.

나. 목표달성, 감정처리 및 미래에 대한 준비를 위한 마지막 작업 : 가족상담자는 가족성원이 상담 초기에 이룬 변화에 대한 것은 물론 상담 마지막 몇 주 동안에 그들이 실행한 작업을 재검토하여야 한다. 이러한 가족상담 전반에 대한 평가는 가족상담자와 가족 모두에게 성취감을 부여할 뿐만 아니라 가족이 앞으로 나아가야 할 방향을 제시한다.

다. 종결 후의 접촉 : 가족상담 종결 후 가족상담자와의 접촉을 어느 정도 해야 하는지는 일차적으로는 가족이 처한 상황에 따라 다를 수 있다. 상담 종결 후 상담자와의 접촉과 관련된 문제로는 사후지도를 위한 면담 약속과 전화연락을 들 수 있다.

첫째, 사후지도를 위한 면담 약속 : 마지막 면담 후 한 달가량 뒤에 상담면담 약속을 함으로써 가족의 노력만으로는 잘해 나갈 수 없을지도 모른다는 것에 대한 두려움을 부분적으로나마 덜 수 있게 된다. 사후지도를 위한 면담은 보통의 면담보다 짧게 이루어질 수 있는데, 이때 가족상담자는 가족의 근황에 대하여 듣고 그들이 성공적으로 대처해 나가고 있는 것을 축하해 준다. 가족이 다소간 어려움을 겪고 있는 경우에는 시간의 일부를 문제해결을 위해 할애할 수 있지만 잘 지내 온 부분에 대해서는 역시 축하해 줌으로써 가족을 격려해 준다. 가족상담의 재시작은 가족이 자신들끼리는 도저히 해 나갈 수 없을 정도일 경우에 한하여 권해야 한다. 가족의 어려움이 신속히 해결될 것 같으면 제한된 수의 상담을 미리 설정해 놓을 수도 있다.

둘째, 종결 후의 전화연락 : 상담자가 이직을 하는 것이 아니고 내담자와 자연적 종결을 완수하는 경우에는 필요할 때는 언제든지 전화해도 된다고 간단히 얘기해 줄 수 있다. 그러나 너무 가까운 시일 내에 전화하는 것은 내담자에게 자신이 종결하기엔 준비가 아직 덜된 것이 아닌가 하는 의심의 여지를 줄 수 있기 때문에 권하지 않는 것이 좋다. 단, 그러한 전화연락이 사후지도의 역할을 대신하거나 상담자가 불가피하게 미해결된 상태에서 상담을 종결해야 했던 문제를 처리하기 위해 도와야 할 때(예 : 학교 선생님이 아들을 다음 학기부터 특수학급에서 정규학급으로 옮겨 주기로 한 약속을 이행하지 않으면 전화 연락을 하도록 한다)는 예외이다.

가족상담자가 직장을 옮기는 경우 내담자에게 자신의 자택 또는 직장 전화번호를 주는 것은 일반적으로 바람직하지 못하다. 그것은 내담자로 하여금 더 이상 상담을 받을 수 없는 상담자에게 계속 매여 있도록 조장하는 결과를 낳을 수 있기 때문이다. 그러나 흔히 있는 일은 아니지만 가족이 상담을 받던 기관이 문을 닫고 가족은 만약의 위기상황 시 누군가 낯익은 사람과 연락이 될 수 있다는 사실을 알아야만 안심을 할 수 있는 경우에는 상담자의 집 전화번호 대신 새 직장 전화번호를 줄 수도 있다.

Chapter

08 사례관리

1. 사례관리의 개념

정부의 다양한 탈 빈곤정책에도 불구하고 2000년 이후 한국 빈곤가구율은 지속적으로 증가하고 있는 것으로 보고되고 있다. 특히 취약 한부모가족인 모자가구는 일반가구에 비하여 절대빈곤율이 6%, 조손가구는 3배 이상 높은 것으로 나타났다. 이와 같이 빈곤층이 점점 증가하는 요인 중의 하나는 이들의 생활 및 심리적 위기관리체제가 미흡하고 개인에 초점을 맞추어 지원한 것을 들 수 있다.

이에 가족단위의 집중적 사례관리가 필요하게 되었고 자활이 가능한 국민기초생활보장 수급자, 한부모가족 등 저소득·취약가족을 중심으로 가족강점과 욕구에 초점을 맞춘 맞춤형 사례관리사업의 필요성이 대두되었다. 사례관리는 다양한 욕구를 가지고 있는 취약계층의 기능회복과 복지증진을 위하여 공식적·비공식적 지원과 활동의 네트워크를 조직·조정하여 욕구에 맞는 개별적 지원계획에 따라 지역자원의 자원과 연계하여 적합한 서비스를 제공하고 이를 종합적으로 점검, 관리하는 사회복지실천방법 중 하나이다. 그러나 사회복지실천현장에서 "사례관리란 무엇이다."라고 한두 마디로 정의하기는 쉽지 않다. 초기에는 중증장애인과 치매노인이 가지고 있는 복합적이고 만성적인 문제를 효과적으로 관리하기 위하여 도입되었으나 최근에는 구체적 문제해결과 단기관리까지를 포함하고 다양한 활동을 설명하는 매우 폭넓은 용어로 사용되고 있다(조흥식, 2009).

여러 학자의 사례관리 정의를 요약하면 〈표 8-1〉과 같다.

〈표 8-1〉 **사례관리 개념 정의**

학자	개념 정의
전미사회복지사협회(NASW, 1984)	사례관리는 서비스를 연결하고 조정하여 개인의 욕구를 충족시킬 수 있는 포괄적 프로그램이며 클라이언트와 서비스 전달체계 사이의 연결고리다.
Moxley(1989)	사례관리는 복합적 욕구를 가진 사람의 기능향상과 복지를 위한 공식적 · 비공식적 자원과 활동의 관계망을 조직 · 조정 · 유지하는 활동이다.
Ballow & Mink(1996)	사례관리는 한번에 여러 원조자로부터 원조가 요구되는 많은 문제로 인하여 삶이 만족스럽지 못하거나 생산적이지 못한 사람을 도와주는 과정이다.
Kumar(2000)	사례관리는 클라이언트의 욕구에 대한 사정, 계획, 조정, 전달과 모니터링을 통하여 서비스 통합을 달성하기 위한 전문적 서비스 실천과정이다.

사례관리에 대한 정의 속에는 공통적으로 다음과 같은 세 가지 핵심개념이 포함되어 있다.

- 한번에 여러 원조자로부터 다양한 원조와 복합적 욕구를 가진 클라이언트
- 서비스와 자원 간의 네트워크 형성과 통합적 서비스
- 서비스 연결과 조정, 지속적 사후관리와 피드백

사례관리는 먼저 만성적이고 복합적인 문제를 가진 개인 및 가족과 함께 일하면서 그들 스스로 자신에게 필요한 서비스와 자원을 획득하고 능력을 향상시키는 서비스 과정에 참여할 수 있도록 하는 측면에서 과정적 측면을 강조하고 있다. 또 다른 측면에서는 클라이언트에게 필요한 서비스를 전개해 나가는 과정에서 지역사회 내에서 자원을 찾고 연결하고 조정하고 평가하고 모니터링하여 서비스가 지속될 수 있도록 하는 관리적 측면을 가지고 있다. 이와같이 사례관리란 생태체계적 관점에서 만성적이고 복합적인 문제를 가진 개인 및 가족과 함께 일하면서 그들과 자원제공자의 기능을 향상시켜 사회 속에서 자신들에게 필요한 서비스와 자원을 스스로 획득하고 사회적 기능을 회복하고 수행할 수 있도록 지원하는 과정이라고 할 수 있다(권진숙, 2003).

이상의 개념을 토대로 가족복지실천방법으로서 사례관리란 만성적이고 복합적인 가족문제를 가진 개인 또는 가족과 함께 일하면서 그 가족과 자원제공자의 능력과 기능을 향상시켜 가족의 욕구가 충족될 수 있도록 하고 그를 토대로 가족의 기능이 회복 · 유지 · 향상될 수 있도록 돕는 과정이라고 할 수 있다.

2. 사례관리의 이론적 관점과 원칙

1) 사례관리의 이론적 관점

사례관리는 궁극적으로 클라이언트를 중심으로 자립을 지향하며 서비스 지원과정에서 적극적인 지역사회의 참여와 보호를 강조하고 있다. 사례관리는 생태체계론적 이론, 임파워먼트 및 강점이론, 네트워크 이론을 중심이론으로 하고 있다. 다시 말하자면 클라이언트의 장기적이고 복합적인 문제를 종합적으로 사정하기 위하여 생태체계론적 이론과 클라이언트의 역량을 강화하기 위한 임파워먼트와 강점이론, 지역사회자원의 효과적인 개발과 연계·조정을 위하여는 네트워크 이론의 이론적 관점과 접근방법을 토대로 하며 그 구체적 내용은 〈표 8-2〉와 같다.

〈표 8-2〉 사례관리의 중심이론

중심이론	주요 내용
생태 체계론적 이론	• 개인과 환경은 서로 분리될 수 없는 존재로 본다. • 실천과정에서 클라이언트와 동등한 파트너십을 형성한다. • 클라이언트에게 영향을 미치는 모든 환경을 사정하고 개인과 환경 간의 상호작용을 분석한다. • 클라이언트의 생활상황과 가족생활주기에서의 단계를 사정한다. • 개인과 모든 환경 간의 적합성을 증진시킬 수 있는 개입방법을 모색한다. • 긍정적 관계와 생활경험을 통하여 클라이언트의 개인적 유능성을 증진시켜 나간다. • 사회적 지지는 사례관리자의 원조와 조화를 이룰 뿐만 아니라 전체적 실천에 필수적인 요소로 본다. • 클라이언트와 함께 해결방안을 모색하고 클라이언트의 역량강화에 초점을 둔다.
강점 · 임파워먼트 이론	• 바람직한 변화를 위해 모든 클라이언트에게 내재되어 있는 문제를 해결할 수 있는 강점과 동기 및 잠재능력을 강조한다. • 사례관리의 주요 목적은 클라이언트의 잠재력을 극대화함으로써 문제를 해결하고 환경체계를 활용할 수 있는 능력을 함양하는 것이다. • 임파워먼트 실천은 클라이언트가 스스로의 힘으로 자신에게 필요한 자원을 얻을 수 있도록 역량을 강화하는 것이다. • 임파워먼트 실천은 개인과 대인관계 그리고 지역사회의 여러 가지 기회와 물리적 환경 속에서 내재된 자원을 찾아내고 이를 클라이언트가 잘 활용할 수 있도록 돕는 기능을 수행한다.
네트워크 이론	• 네트워크는 부족한 자원을 다른 기관과의 협력을 통하여 극복하려는 노력의 결과이다. 이를 통하여 누락된 클라이언트를 발굴하고 서비스의 단절을 극복할 수 있으며 서비스와 프로그램의 중복조정 등을 통하여 효율성을 증대시키고 부족한 자원을 동원한다. • 사회자본의 구성요소로 사회관계망, 신뢰, 호혜성을 들 수 있다. 거버넌스 이론은 공공과 민간의

중심이론	주요 내용
	효율적 파트너십을 분석하기 위한 것이다. • 조직 간 관계이론은 지역사회에서 형태의 조직을 포함하고 있으며 이러한 조직 간의 조정과 협력이 지역주민, 나아가 지역사회복지를 개선, 증진시키는 데 있어 중요하다는 점을 강조한다. • 사회교환이론은 개인, 가족, 집단 또는 조직 간의 교환을 통하여 개인, 가족, 집단, 조직, 지역사회 발전을 강조한다.

2) 사례관리 실천의 원칙

사례관리를 실천하는 과정에는 수많은 윤리적·법적 쟁점이 있다. 이 쟁점[3]들은 다양한 문제로 인하여 필요한 지원을 함에 있어 의사결정을 할 때 생겨난다. 클라이언트를 보호하는 데 있어서 가족성원에 대한 개입증가와 이용 가능한 자원부족은 사례관리에서 윤리적 쟁점을 야기한다(Woodside & McClam, 2006). 사례관리자가 자주 경험하는 쟁점은 가족성원 간의 의사 불일치, 혹은 클라이언트가 폭력적일 때, 비밀보장과 경고의 의무 등과 관련되어 있다. 이와 같은 쟁점 상황속에서는 무엇보다 사례관리 실천을 위한 기본원칙을 중시해야 한다. 전미사회복지사협회는 사례관리자가 윤리적 실천을 할 수 있도록 사례관리 표준지침을 제공하고 이러한 지침을 준수할 것을 강조하고 있다(권진숙·박지영, 2008).

Moxley는 사례관리 실천에 있어서 다음 여섯 가지의 기본원칙을 제시하고 있다.

1. 사례관리자는 클라이언트수준에서 일한다.
2. 사례관리자는 체계적 관점을 유지하고 클라이언트가 자신의 개인자원을 이용할 기회를 보장해 준다.
3. 사례관리자는 행정적 과정과 기술을 이용하여 행정가이면서 관리자의 역할 및 과업을 수행한다.
   · 전문가팀을 구축하여 사례에 대해 판정하고 서비스 전달을 계획하는 역할과 과업
   · 목표설정과 점검에 있어서 클라이언트와 다른 전문가와 함께 일하는 역할과 과업
   · 클라이언트의 사회망과 대인서비스 전문가의 각 부분에 대한 과업과 책임의 완성을 점검하는 역할과 과업
   · 개입의 효과성과 서비스 전달과 관련하여 각 개인에게 환류를 제공하는 역할과 과업

3) 쟁점 혹은 이슈는 그 사회에서 정확하게 합의된 하나의 결론이 나지 않은 사항 혹은 문제에 대하여 그 문제해결을 위하여 서로 진지하게 협의해야 할 사항들을 의미함.

4. 사례관리자는 임상적 과정과 기술을 이용한다.
   · 사례관리자와 클라이언트와의 관계는 보호되고 개별화되어야 한다.
   · 개별사정과 사정의 질을 평가하기 위해 인간 상호 관계에 필요한 기술을 이용한다.
   · 클라이언트의 기술을 발전시키기 위해 사정과 계획과정을 같이 한다.
5. 사례관리자는 책임성의 근거를 지니고 일한다.
   · 노력 지향의 책임성
   · 효과성 지향의 책임성
6. 사례관리자는 서비스 전달의 통합을 달성하기 위하여 노력한다. 클라이언트의 다양한 욕구가 하나의 통합된 방법으로 성취될 만큼 조직적이었는지, 서비스와 지지가 중복되지 않았는지를 살핀다. 아울러 공적 서비스가 클라이언트 자신의 보호능력을 감소시키지 않도록 보장하면서 동시에 사회망의 능력도 감소시키지 않도록 보장한다.

Livingston 등은 정신보건 영역에서 다음 열 가지의 효과적 사례관리 원칙을 제시하고 있다.

1. 사례관리자는 가능한 한 직접적 서비스나 원조를 제공해야 한다.
2. 지역사회 내의 자연적 자원이 가장 우선시되어야 한다.
3. 개입활동은 주어진 조건 속에서 그리고 사무실을 벗어난 활동영역에서 이루어진다.
4. 개인과 팀으로 이루어진 사례관리가 효과적이다.
5. 사례관리자가 서비스에 대하여 우선적인 책임을 진다.
6. 사례관리자는 준전문가일 수 있다. 그러나 슈퍼바이저는 경험이 많고 충분한 자격을 갖춘 사람이어야 한다.
7. 사례량은 비교적 잦은 접촉이 가능할 정도로 적게 주어져야 한다.
8. 사례관리서비스는 (필요시) 시간제한적이지 않아야 한다. 이는 만성질환자이거나 정신질환자의 경우에 반드시 적용되어야 할 원칙이다. 반면 가벼운 신체학대나 방임사례의 경우 시간제한적 서비스가 클라이언트와 가해자의 관계형성에 도움이 될 수 있는 경우가 많다.
9. 클라이언트는 하루 24시간, 일주일에 7일 동안 언제나 자신과 친숙한 사람과 연결될 수 있어야 한다.
10. 사례관리자는 클라이언트의 선택권을 부양시켜야 한다.

3. 사례관리자의 역할

사례관리 실천을 위하여 사례관리자는 클라이언트와의 관계형성과 문제사정, 문제해결의 기술 등 클라이언트 및 가족과 함께 일하는 과정에서 기초가 되는 임상적 기능과 더불어 자원발견, 연결 및 관리·조정의 기능과 함께 조정 및 옹호의 기능을 수행할 수 있어야 한다. 이러한 기능수행을 위한 사례관리자의 역할은 직접적 개입을 위한 역할과 간접적 개입을 위한 역할로 구분될 수 있다. 직접적 개입을 수행하기 위한 역할로는 지지자의 역할, 교육자의 역할, 안내자 및 협조자의 역할, 정보전달자의 역할이 있다. 간접적 개입을 위한 역할로는 중개자, 연결자, 조정자, 옹호자, 협의자 등의 역할이 있다. 효과적 사례관리를 위하여 사례관리자는 이러한 역할을 수행하기 위한 기본교육과 훈련이 필요하며 나아가 충분한 자격을 갖춘 슈퍼바이저에 의한 슈퍼비전 과정이 필요하다.

직접적 개입을 위한 역할과 간접적 개입을 위한 역할을 종합해 볼 때 사례관리자의 필수 역할은 상담자·교육자의 역할, 조정자·중재자의 역할, 옹호자·협의자의 역할로 구분할 수 있다.

〈표 8-3〉 사례관리자의 역할

역할	내용
상담자 · 교육자 counselor/eduator	상담자로서 사례관리자는 클라이언트의 행동에서 역기능적 패턴을 발견하게 해 주고 더 유용한 패턴을 개발하도록 클라이언트를 도와야 한다. 먼저 클라이언트를 이해하고 신뢰를 형성하며 클라이언트가 자신을 위해 자원망을 개발하고 유지하기 위해서 알아야 할 것을 상담한다. 때로 그들은 새로운 지식과 기술뿐 아니라 스스로에 대해 새로운 것을 배울 필요가 있다.
조정자 coordinator	조정자로서의 역할을 위해 사례관리자는 먼저 클라이언트의 문제와 타인으로부터 원조를 필요로 하는 욕구를 동시에 사정해야 한다. 또한 계획을 세우고 원조자들과의 효과적 만남을 갖도록 돕는다. 필요시에 사례관리자는 원조자 사이의 갈등을 줄이기 위해 의사소통을 촉진하고, 자원망의 효율성을 증가시켜야 한다.
옹호자 advocator	때로 필요한 자원이 없거나 특정 클라이언트에게 서비스 제공이 거부되는 상황이 발생하기도 한다. 옹호자로서 사례관리자는 필요한 자원을 얻을 수 있도록 일한다. 또 다른 경우 사회가 클라이언트에게 지나치게 과한 것을 요구하는 상황도 발생한다. 이 경우 사례관리자는 그 요구를 중화시키거나 비용을 낮추어 요구를 충족시킬 수 있도록 옹호자로서의 역할을 한다.

4. 사례관리 유형과 과정

1) 사례관리 유형

사례관리 모델에는 전통적 장기 모델과 관리보호 모델, 일반사회복지 모델과 전문사회복지 모델, 의료 모델과 일차적 치료 모델로 구분할 수 있다. 이 책에서는 서비스 수준에 따라 구분된 단순형, 기본형, 종합형, 전문관리형에 관하여 살펴보고자 한다. 각 사례관리 유형은 사례관리의 목적, 기능, 사례관리자의 역할, 사례관리자의 전문성 정도, 사례관리자의 담당사례 수, 사례관리자의 업무에 관한 자율성과 권위의 정도에 따라 〈표 8-4〉와 같은 특성을 가지고 있다.

〈표 8-4〉 서비스 수준에 따른 사례관리 유형

구분	단순형	기본형	종합형	전문관리형
사례관리 목적	지역사회자원과 서비스 연계	지역사회자원과 서비스 연계와 기초상담·조언	지역사회자원과 서비스 연계, 심층상담·치료	직접적·간접적 서비스 제공과 관리자로서 서비스 관리
사례관리 기능	욕구인식 및 사정, 사례계획과 서비스 연계, 서비스 점검	적극적 사례발굴, 사정, 사례계획 및 개입, 서비스 연계, 상담, 서비스 점검	15개 기능수행 (Rothman)	기본적 사례관리 기능과 자원배분, 통솔, 의사결정기능 포함
사례관리자 역할	자원과 서비스 중개자	중개자, 상담자, 교육자, 지지자, 서비스 점검자	자원 및 서비스 중개자, 상담 및 치료자, 교육자, 옹호자	연계자, 상담자, 치료자, 교육자, 관리자
사례관리자 전문성 정도	준전문가, 비전문가(전문대 졸업자·훈련된 자원봉사자)	준전문가, 전문가(전문대 졸업자·초년생 사회복지사)	전문가(경력이 풍부한 선임 사회복지사)	특수 분야 전문가
사례관리자의 위치와 슈퍼비전	기존의 조직과 업무 수행 부서에서 수행, 전문가에 의한 엄격한 슈퍼비전	기존의 조직 내에서 수행, 경험이 많은 사회복지사의 슈퍼비전 필요	독립된 사례관리 부서 최소한의 슈퍼비전	독립된 팀 형성, 슈퍼비전이 필요 없음
담당 사례 수	비교적 많음	적절한 사례 (30사례 내외)	비교적 적은 사례 (10~20사례)	최소한의 사례 (10사례 미만)
개별/팀 접근	팀 접근이 가능하나 주로 개별적 접근	개별적 접근	개별적 접근	팀 형성에 의한 접근
업무에 관한 자율성 및 권위 정도	자율적 결정권이 없음. 전문가와 협의요망	어느 정도 자율성 보장	자율적 의사결정 보장	전문분야별 자율성 보장, 그러나 공동결정 요망

출처 : 황성철(1994).

2) 사례관리 과정

사례관리 과정의 일반적 과정은 관여와 클라이언트 사정, 자원사정, 계획, 개입, 조정과 분리 등 7단계로 이루어져 있으나 일반적으로 가족복지실천현장에서의 사례관리 과정은 접수와 사정, 계획과 조정, 점검 및 평가와 종결의 6단계의 과정으로 진행되고 있다. 각 단계의 구체적 내용은 〈표 8-5〉와 같다.

〈표 8-5〉 **가족복지실천을 위한 사례관리 과정**

과정별	내용
1. 접수	내담자의 프로그램에 가장 적합한 사례를 발견하고 사전적격심사를 통하여 내담자의 욕구를 확인한 후 서비스를 제공할 것을 약속하고 계약하는 과정 • 사례발견 : 출장원조, 의뢰, 정보제공 • 사전적격심사 : 서비스 제공의 적합성 결정 • 계약 : 서비스 제공에 동의하고 서명(접수사례기록일지, 사례관리기록지)
2. 사정	• 접수과정에서 사례관리서비스 대상자의 복합적 욕구, 현재기능, 장점과 능력, 공식 · 비공식 자원체계, 보호능력에 관한 전반적 자료를 수집하고 분석하는 과정 • 내담자의 욕구, 능력, 지원체계 활용능력, 지원체계의 결함 등을 사정(사례보고서)
3. 계획(목표설정, 보호계획수립)	• 사례관리 목적을 달성하기 위하여 장 · 단기 목표를 설정하고 목표달성을 위한 가장 적절한 방안을 모색하기 위하여 내담자와 함께 개별적 계획을 수립하는 과정(사례보고서, 지역사회 네트워크 활동지, 지역사회 활용)
4. 조정 (서비스의 연결, 계획수행)	• 보호계획을 수행하는 과정으로 내담자에게 필요한 서비스를 연결하며 개입을 통하여 서비스 자원획득과 활용의 어려움을 극복하고 적절하게 서비스를 배열하고 정리하는 과정 • 사례관리 실천의 성패를 결정짓는 중요한 과정으로 단계적인 서비스 수행을 통하여 적절하게 배치하는 과정(사례보고서, 지역사회 네트워크 활동지, 지역사회 활용)
5. 점검	• 내담자에게 제공되는 서비스의 적시성, 적당성, 적절성 및 연속성을 보장하기 위해 서비스 전달과 실행과정을 추적하고 재사정을 실시하는 과정(사례보고서, 지역사회 네트워크 활동지, 지역사회 활용)
6. 평가 및 종결	• 내담자에게 제공된 서비스, 진행사항, 보호계획, 서비스 활동 및 서비스 체계의 효과성과 효율성을 종합적으로 판단하여 사례관리 과정을 종결하는 과정 • 사례관리의 효과성과 효율성 분석을 통하여 피드백을 제공하고 서비스 체계의 수정을 위한 수단이 됨(종결보고서, 종결 후 개입효과 진행일지, 종결사례대장, 사후관리 진행일지)

5. 사례관리를 통한 취약가족 역량강화사업

가족복지실천에서의 사례관리는 최근 건강가정지원센터를 중심으로 이루어지고 있다. 정부에서는 심각한 경제위기와 지속적으로 증가하는 빈곤가족이 자립할 수 있게 하기 위하여 취약가족을 대상으로 집중적 사례관리의 필요성을 인식하게 되었고 자활이 가능한 기초수급자, 한부모가족 등 저소득 취약가족을 중심으로 가족강점과 욕구에 역점을 둔 맞춤형 사례관리사업을 시범적으로 실시하였다.

	취업사례	건강 · 정서사례
초기면접 (상황분석)	· 월세 5개월 체불 · 자녀 등록금 부담	· 우울증 호소
목표설정	· 취업	· 우울증 치료 및 취업
강점분석	· 폭넓은 인적 자원, 긍정적 태도	· 치료의지, 성격개선의지
직접서비스	· 전화, 내방, 방문 등 상담(25회)	· 전화, 내방, 방문 등 상담(24회)
간접서비스 (연계)	· 변호사, 후원자 등 인적 자원 연결 · 김치, 안경 등 물적 자원 후원 · 고용지원센터, 자활후견기관, 창업보육센터 등 취업기관 연계	· 정신과 의사, 치료사 등 인적 자원 연결 · 긴급 생계비 등 물적 자원 지원 · 병원, 복지관 등 기관 연계
개선사항	· 모자가정 선정으로 교육비 해결 · 유흥업소 취업욕구 극복 · 저소득(60만 원) 고소득(200만 원)	· 부업 · 소일거리 통해 우울증 치료 및 수면장애 극복 · 자녀의 태권도학원 연계, 친구관계 확대, 취학준비
종결 또는 사후관리	· 목표달성으로 종결	· 집단상담 등 지속적 사후관리

(피드백: 개선사항 → 목표설정)

[그림 8-1] 취약가족 역량강화사업의 대표 사례관리

출처 : 중앙건강가정지원센터(2009b).

이와 같이 한부모가족 사례관리사업은 가족기능이 약화되어 있는 취약가족에게 지속적 가족상담, 자원연계 등을 지원함으로써 가족결속력 및 자생역량을 강화할 수 있도록 하는 것을 기본방향으로 하고 있다. 서비스 내용으로는 지역사회자원 활용 및 연계, 일대일 맞춤상담 및 집단상담, 학습교사 등 인적 자원 연계, 건강문제, 직업교육, 보육서비스, 아이돌보미, 사회적 일자리, 법률문제 등 관련 정보의 제공으로 이루어지고 있다.

한부모가족 사례관리 : OO시 가족센터

- 내담자 상황
  - 가족상황 : 내담자(모자가정, 36세), 외아들(1세)
  - 주거형태 : 월세(보증금 200만 원, 월 25만 원)
  - 직업 : 차상위자활(방과 후 교실)
  - 의뢰경위 : 내담자가 직접요청
  - 개입기간 : 2025. 2월~현재
- 사례개요
  - 내담자는 11세의 아들과 둘만 살고 있는 모자가정. 남편과 이혼 후 식당 일을 하면서 살다가 현재는 건강악화로 일을 하지 못하는 상황
  - 친정과는 결혼 전 가정불화로 인하여 결혼 이후 연락을 끊고 지냄
  - 주민자치센터에서 3개월 긴급생계비를 지원받고 있지만 월세가 4개월 밀려 있어 집을 나가야 하는 상황
  - 생계가 어려워 수급신청 후 의료급여 선정결과를 기다리고 있는 중
- 진행기간 및 내용
  - 사례진행기간 : 3개월(월평균 9회 개입)
  - 진행내용

내담자		기관전문가		자원연결	
가정방문	3회	기관방문	2회	복지재단	주거비 지원
내방상담	3회	기관내방	2회	지역복지	미술치료 프로그램
전화상담	11회	전화상담	2회	공공기관	의료비 지원
				민간자원	쌀 20kg 지원
				지역복지	자원봉사자 지원

• 내담자의 강점과 근거

· 자녀를 잘 키우고자 하는 강한 모성애 : 자살경험이 있을 만큼 정신적 고통이 큰 상태임에도 불구하고 하나뿐인 자식을 잘 키우고자 여기저기 도움이 될 만한 곳을 찾아 움직임. 당장 생계가 급하지만 일주일에 한 번씩 아이를 데리고 산책을 나가 아이에게 여러 가지 경험을 제공하려 함

· 스스로 정보를 찾아 움직이는 추진력 : 자신이 처한 상황에 대하여 가장 도움이 될 수 있는 정보를 찾는 능력이 탁월. 건강이 좋지 않아 인터넷 정보망을 활용함

• 내담자와 합의한 목표 : 밀린 주거비 해결로 인한 주거의 안정과 건강회복

• 내담자와 합의한 계획

· 주거비를 연계할 수 있는 정보탐색 후 적절한 자원연계

· 의료혜택을 받을 수 있는 방법모색

• 내담자의 강점활용방법

· 아이와 함께 대화하고 지내는 시간을 늘려 엄마의 사랑을 표현하도록 함

· 그동안 알고 있었던 정보를 종합하여 사례관리자와 함께 재탐색하도록 함

• 내담자의 변화

계획 1	주거비 지원이 가능한 지역자원연계
개입 전 내담자의 대처방법	• 월세가 4개월째 밀려 있고 생계비가 없어 동 주민센터에서 긴급생계비를 지원받던 내담자는 주거에 대한 걱정으로 정신적 스트레스가 심했음 • 자신의 처지를 설명하고 해결하려는 노력은 있었지만 지원받을 수 없다는 사실에 분노하여 감정적으로 격한 상태였음
사례관리 개입	• 동 주민센터 담당자와 통화를 하였지만 내담자가 이미 긴급생계비 지원을 받고 있어 다른 지원은 힘들다고 함 • 주거비지원사업을 하고 있는 지역복지재단에 내담자의 사례를 의뢰하고 주거비 신청을 하게 되었음
개입 후 내담자(가족)의 변화	• 밀린 월세와 각종 세금, 가스비 독촉으로 인하여 내담자는 극심한 스트레스에 시달리고 있었으나 주거비 지원으로 밀린 월세가 해결됨에 따라 스트레스가 경감됨 • 더 이상 방법이 없다고 절망하고 있던 내담자는 하나씩 해결되는 것 같다며 다시 살아야겠다는 희망을 갖게 되었다고 함 • 주변 사람의 도움으로 자신이 살아가는 것이라며 지금은 도움을 받고 있지만 점차 해결되면 다른 사람에게도 도움을 주고 싶다는 생각을 이야기함

계획 2	정부지원 의료혜택방법에 대한 모색
개입 전 내담자의 대처방법	• 내담자의 건강악화로 생계를 책임질 수 있는 사람이 없어 수급권자를 희망하였지만 선정이 되지 않았음 • 감정적으로 격해 있던 내담자는 의료급여 선정이라도 되어 의료적 혜택을 받기를 원하였으나 그것조차 되지 않자 치료를 포기하게 됨
사례관리 개입	• 내담자가 의료비 지원을 받을 수 있는 방법을 구청에 문의함 • 내담자의 상황으로는 충분히 긴급의료비를 신청해 의료지원을 받을 수 있었으나 수술을 하게 되면 더 이상 일을 할 수 없을 것이라는 의사의 진단 때문에 수술을 거부함 • 다시 확인해 보니 부분수술로도 치료가 가능하다고 하여 긴급의료비를 지원받아 수술하기로 함
개입 후 내담자(가족)의 변화	• 8월 말경에 수술날짜가 잡힘. 치료는 포기하고 있었는데 이렇게 치료를 받을 수 있고 주거문제도 서서히 해결되는 것 같아 희망이 보인다고 함 • 몸이 회복되고 나면 열심히 일을 해서 돈을 모아 자립할 수 있을 것이라고 생각함. 지금까지는 월세 부담이 너무 커서 돈을 모을 수 없었지만 모자자립주택을 신청해 놓았고 그곳에서 자립할 수 있는 돈을 모을 수 있다는 희망을 갖게 됨 • 내담자 상황이 나아지고 있음에 따라 아이에게 신경 쓸 수 있는 정신적 여유가 생김. 아이에게 신경을 많이 못 써 줘서 힘들어했는데 자신이 안정됨으로써 아이에게도 긍정적 영향을 줄 수 있게 됨

출처 : 중앙건강가정지원센터(2009b).

사례개요

· 가족원 : 내담자(50세) 독거
· 주거형태 : 옥탑방에서 월 5만 원에 거주
· 직업 : 차상위자활(장애아통합보조원)

초기면접

· 주 호소 : 주거마련, 수급신청, 의료지원

잘 형성된 목표

의료지원을 받아 건강한 몸으로 회복한 후 안정된 주거에서 취업하기
· 초기 : 주거 관련 정보탐색, 의료비지원사업 탐색 후 신청, 수급신청에 관한 공공기관의 탐색
· 중기 : 주거비 지원으로 보증금 마련 후 안정된 주거 확보, 긴급의료비 지원으로 치료 시작

해결능력구축

· 직접 동 주민센터와 구청을 방문해 문제해결을 위해 정보를 알아보고 상담
· 본인의 힘으로 주거문제해결 : 집주인과 이야기하는 걸 두려워하고 피하던 내담자가 본인의 잘못이 없다는 걸 알게 된 후 법적 대응을 모색하고 당당하게 이야기함
· 자신의 경력을 살린 직업을 가짐으로써 타인에게 도움을 줄 수 있다는 자긍심 향상

개입계획

· 생계활동을 위해 자활수급 관련 사항 동 주민센터에 문의
· 주거안정 : 지역복지 네트워크의 가능한 자원탐색
· 건강회복을 위해 도움을 얻을 수 있는 지원처 찾기

직접서비스

· 상담
· 정보제공/자원연계활동
· 옹호/대변

간접서비스

· 복지재단과 연계(의료)
· 복지 네트워크 긴급지원비 연계(주거)
· 차상위자활 선정 후 취업연계
· 김장김치, 쌀 지원

무엇이 나아졌는가에 대한 탐색

· 주거안정 : 보증금 마련이 어려워 이사 갈 수 없었으나 일부를 지원받아 월 5만 원의 지하방으로 이사할 수 있었음
· 건강회복 중 : 건강악화로 일을 할 수 없었으나, 의료비 지원으로 1차 수술을 진행하였고 이후 일상생활이 가능해져 생계를 스스로 해결해 나갈 수 있는 자신감이 생김. 현재 2차 수술을 위해 재단 측과 협의 중
· 차상위자활 선정으로 인한 취업 : 검사비 마련이 어려워 병원진단을 받지 못해 수급신청이 어려웠으나, 차상위자활로 선정되어 자신의 경력을 살린 자활 일을 하며 자립에 한 걸음 다가감

향후 개입방안

· 지원기간 연장과 관련하여 복지재단과의 사이에 중재역할
· 2차 수술 완료 후 종결 예정

[그림 8-2] 사례흐름도

출처 : 중앙건강가정지원센터(2009a).

Chapter

09 집단상담 및 활동기법

1. 집단상담의 개념 및 필요성

1) 집단상담의 개념

집단상담은 비슷한 문제와 관심을 가진 사람들이 모여 한두 사람의 전문가 지도 아래 상호작용하며 심리적 성장과 문제해결을 도와주는 상담방식이다. 집단상담은 문제가 더 심각해지기 전에 발견하여 해결토록 도와주는 역동적 대인관계의 과정으로 정의적 교육과정이라고 할 수 있다. 따라서 상담의 3대 역할 중 특히 예방적 역할이 강조되며, 가족복지실천의 경우 통상적 가족문제의 인식, 해결뿐만 아니라 정서적 발달을 촉진하기 위해 자기와 가족구성원에 대하여 보다 잘 이해하는 발달경험의 장면을 마련해 줄 수 있다.

집단상담은 깊은 수준의 자기이해와 자기수용을 촉진시키기 위하여 집단 상호작용을 이용하는 하나의 과정이다. 여기에는 상호 존중과 수용의 분위기가 요구되며, 그렇게 되면 개인은 행동의 의미와 새로운 행동양식을 탐색할 수 있고 방어적 태도를 늦출 수 있게 되며 각 구성원의 발달적 과업에 초점이 맞추게 된다. 사람은 다른 사람과 친밀한 관계를 형성하려는 기본욕구를 지니고 있기 때문에 집단역동성 속에서 자신의 모습을 찾고, 문제해결의 실마리를 푸는 것이 쉽게 이루어질 수 있다. 더불어 개인상담과 달리 한 명의 상담자가 여러 명의 내담자를 동시에 만날 수 있다는 일거양득의 이점도 있다. 가족기능 손상으로 인하여 비슷한 문제를 지닌 가족들을 위한 전문적 서비스로서 집단상담을 이해할 필요가 있다.

2) 집단상담의 필요성과 특성

산업경제의 발달이 생활의 편리함을 가져오고 신체적으로 자유스러워지는 반면에 소외감, 긴장, 불안은 더욱 증가되며, 가족과 사회에서의 인간적 대화의 결핍, 세대 간의 가치관, 갈등, 여가선용방법의 미숙 등은 집단상담이 필요한 시대배경적 요인이 되고 있다. 전문의를 찾아야 할 만큼 심각하지는 않을지 모르나 도움을 받아야 하는 수많은 사람을 위해서 집단상담은 필요하며, 또한 집단상담은 개인상담보다 여러 면으로 효과적인 것으로 밝혀지고 있다.

집단상담의 특성을 요약하면, 첫째, 집단상담의 대상은 비교적 정상범위의 적응수준에 속하는 사람이다. 즉, 개인의 정상적 발달과업 및 태도의 변화 등이 핵심목표로서 주 강조점을 치료보다는 성장과 적응에 둔다.

둘째, 상담자는 훈련받은 전문가로서 집단역할을 촉진하고 조절할 수 있는 능력을 갖춘 사람이어야 한다.

셋째, 집단의 분위기는 무조건적 수용의 분위기에서 구성원은 있는 그대로 자기를 개방하고 발견하게 된다.

넷째, 집단상담은 역동적 대인관계의 과정이다. 즉, 상호 간 계속적으로 의미 있는 경험을 통하여 개인의 바람직한 성장·발달과 가족의 기능화를 촉진한다.

다섯째, 배우는 방법을 배운다. 즉, 자기가 직접 경험해 보고 그 체험을 바탕으로 무엇을 어떻게 배워야 하는가, 즉 배우는 방법을 배우는 것 등이 특징이다.

실질적으로 사회복지실천에서 집단실천의 방법은 가장 빈번하게 사용되는 방법 중 하나이며, 가족복지실천에서도 예외는 아니다. 가족복지 사회복지사로서 가장 기본적으로 역량을 확보해야 하는 영역이 집단활동을 계획, 실행, 평가할 수 있는 능력이다.

집단실천의 역량을 얼마나 가지고 있는지 아래 질문에 답해 보자.

집단활동의 계획, 실행, 평가를 위한 선행학습 점검

다음의 물음에 답해 보시오.

1. 집단사회사업의 원칙은 무엇인가?
   - 적절한 규모는?
   - 집단성원의 구성요인은?
   - 지도자 역할과 기능은 무엇인가?
   - 집단지도자가 되기 위해 어떤 준비가 필요한가?
   - 집단지도의 실천원칙을 정리하면?
2. 집단의 과정(단계), 단계별 역할, 한 회기 내의 단계는 무엇인가?
   - 집단의 발달과정에 관해 학자의 의견을 말해 보시오.
   - 단계별로 필수적으로 진행되어야 하는 과업은 무엇인가?
   - 집단 전체의 단계가 아닌 한 회기(세션)의 과정은 어떻게 이루어지는가?
3. 집단역동성이란 무엇인가?
   - 집단역동성의 의미를 말해 보시오.
   - 집단역동성을 구성하는 요소는 무엇인가?
4. 집단실천의 기술과 방법에는 어떠한 것이 있는가?
5. 집단의 기록 및 평가는 어떻게 해야 하는가?
   - 집단 프로그램 기획, 평가설계방법을 알고 있는가?
   - 어떤 기록지를 사용하고 있는가?

2. 집단상담 실천을 위한 기초기술

가족복지실천현장에서 가족의 기능을 회복, 향상시키기 위하여 집단상담 실천의 이론과 기술을 많이 활용하고 있다. 참여대상자의 나이나 가족생활주기에 따라 과제를 주거나 유사한 문제를 가지고 있는 대상을 집단으로 하여 문제해결과정을 경험하기도 한다. 가족문제를 가지고 있는 개인을 대상으로 개별적 접촉을 하는 것 못지않게 집단역동성과 응집력을 활용한 집단경험이 효과적일 때도 있다. 이러한 이유로 최근 사회복지기관이나 시설에서 집단프로그램이 개발되고 집단 프로그램을 효과적으로 활용하는 사례가 증가하고 있다.

집단 프로그램은 우선적으로 집단목표에 맞는 프로그램 내용을 계획하고 프로그램을 실시한 후 집단 프로그램의 효과를 평가하는 모든 과정을 포함하며 효과적 집단 프로그램 진행을 위해서는 집단활동에 참여하고 있는 개별 구성원의 특성을 파악하고 집단 상호작용을 최대한 활용하는 전문기술이 필요하다. 가족복지실천현장에서 활용되는 집단상담의 개념과 특성, 실천방법 등을 살펴보고 집단활동의 사례를 제시하고자 한다.

1) 집단의 개념 및 특성

가족복지현장에서 집단활동은 주로 유사한 나이나 유사한 문제 혹은 유사한 관심사를 가지고 있는 개인이나 가족을 위한 집단으로 구성되어 있다. 가족복지실천현장에서 집단상담은 한부모가족, 장애가족, 다문화가족, 1인 가구 등이며 부부, 부모 등을 대상으로 진행되고 있다. 가족서비스로서 집단상담은 복잡한 가족의 역동적 구조와 그것을 활용한 효과적 요소 등을 가지고 있다. 개인에 대한 접근방법보다 시간적 측면에서 효율적이지만 집단의 응집성과 역동성을 효과적으로 활용할 수 있을 경우에만 가능하다. 집단활동에서 무엇보다 중요한 것은 전문가의 지도적 역할이다. 전문가는 지도자로서의 의무와 책임을 가지고 집단성원과 함께 집단목적을 성취할 수 있도록 도와주는 역할을 해야 한다.

(1) 집단의 유형

집단의 유형은 집단활동의 목적이나 진행방식, 이론적 관점에 따라 차이가 있을 수 있으나 크게 과정 중심 집단과 과업 중심 집단으로 구분하기도 하고, 과업집단, 상담집단, 주제별 집단, 자조집단 등으로 구분하기도 한다. 과업집단이란 일정한 과업을 완수하는 것을 목표로 하는 집단이며, 상담집단은 심리상담을 목표로 하는 집단이며, 주제별 집단은 문제에 따라 주제를 가지고 운영하는 집단이다. 자조집단은 지도자 없이 집단성원끼리 주제에 대하여 서로 의견을 나누는 형태의 집단이다.

일반적으로 가족복지실천현장에서 많이 활용되는 집단유형은 가족기능화 집단과 사회화 집단이라고 할 수 있다. 가족기능화 집단의 목적은 집단성원의 행동과 태도를 가족 내에서 보다 더 기능적이 되도록 하는 데 있으며, 사회화 집단의 목적은 구성원의 행동과 태도를 좀 더 사회적으로 용납할 수 있는 태도로 변화, 발달시키기 위해 사회적 기술발달, 자기주도성 증대, 진로계획 등에 중점을 둔다(김동배 · 이윤로, 2004).

가족기능화 집단활동은 상담자-집단성원 간의 관계를 발달시키고, 개인과 가족문제를 순환적으로 정의할 수 있도록 지지하며, 가족체제의 기능성을 평정하기 위하여 내 · 외적 어려움을 다루고, 개인, 가족, 전체의 수준에서 개입계획을 세운다.

사회화 집단의 특성으로는 첫째, 사회적 치료집단과 비슷하며 사회적 기능향상에 목적을 두며 가능성과 지지적 성향을 지닌다. 둘째, 사회화 집단의 목표는 개인의 기능을 저해하는 요인과 행동을 수정, 변화시키는 데 둔다. 집단성원에게 일탈이나 수용되지 않는 행동을 포기하도록 격려한다. 셋째, 문제 중심 집단은 구성원의 문제해결능력을 향상시키는 것을 목적으로 한다. 집단은 개별 구성원이 처해 있는 내적 · 외적 어려움을 다룬다. 넷째, 보상적 집단에서는 변화에는 목적을 두지 않고 활동을 통하여 집단성원의 박탈감을 보상하거나 그들이 경험하지 못한 생활경험을 제공하는 데 그 목적을 둔다(윤현숙 외, 2001).

(2) 집단의 특성

가족복지실천을 위한 집단 프로그램 운영 시 일반적 집단의 특성은 다음과 같다.

첫째, 개별 구성원 스스로가 자신을 집단성원으로 인식함은 물론 다른 구성원도 그들 집단에 소속되어 있다는 강한 소속감을 갖는다. 집단에는 사회복지사에 의하여 새롭게 형성된 집단과 이미 형성되어 있는 기존의 집단 모두가 포함된다.

둘째, 일정 기간을 정하고 지정된 시간에 모임을 갖기도 하고 만남의 회기를 목적이 달성되는 정도에 따라 결정하는 집단도 있다.

셋째, 집단 내에서 개별 구성원은 서로 의존하고 직 · 간접적 상호작용을 하므로 집단의 크기는 제한되어야 한다.

넷째, 집단은 한 가지 이상의 목적을 달성하기 위하여 형성된다. 이 목적을 집단성원 모두가 공유하게 됨으로써 집단 공동목표를 가지게 되고 그로 인하여 적극적 참여와 일체감을 가질 수 있도록 해야 한다.

(3) 집단의 발달과정

모든 집단활동에는 일련의 발달과정이 있다. 집단 발달과정은 일반적으로 초기, 중기, 종결과정으로 구분되나 학자에 따라 참여단계, 전환단계, 작업단계, 종결단계 등 4단계로 구분하기도 한다. 이장호와 김정희(1992)는 활동내용 및 과정상의 특징, 참여자의 특성, 사회복지사의 역할에 따라 집단 발달단계를 참여단계, 과도기적 단계, 작업단계, 종결단계 4단계로 구분하였는데 구체적 내용은 다음과 같다.

첫째, 참여단계란 집단이 운영되는 초기단계로 집단성원이 집단과정에 적응하도록 돕고 의도한 목표를 향하여 가도록 분위기를 조성하는 단계이다. 둘째, 과도기적 단계는 참여자들이 집단에 참여함으로써 긴장과 저항이 발생하며 지도자와 집단성원의 기대가 보다 더 명확해짐에 따라 감정적으로 대립되고 갈등이 발생하게 되는 단계이다. 셋째, 작업단계는 모든 집단성원이 집단 내의 주요 문제를 탐색하고 역동에 관심을 가지게 되는 단계로 이전단계에 비하여 지도자의 구조화 노력이 줄어들고 집단성원의 자발적 참여가 증가한다. 마지막, 종결단계는 이전의 집단과정에서의 경험을 문제해결로 연결되도록 하고 집단성원 간의 공동체적 모임이 종료되는 것과 관련된 감정을 다루는 단계이다.

사회복지사는 가족복지실천의 전문적 방법으로 집단상담을 실시함에 있어 이와 같은 집단의 발달과정을 경험할 수 있도록 안내하고 각 과정에 필요한 역할을 할 수 있어야 한다.

2) 집단상담의 실천방법

(1) 집단사정

집단상담을 실시함에 있어 시작부터 종결과정까지 집단성원 개개인, 전체로서의 집단, 집단환경 등에 대하여 사정해야 한다.

① 집단성원에 대한 사정

가. 집단성원의 강점과 특성에 대한 사정 : 집단성원의 문제보다는 강점 중심으로 그 특성을 사정하고 필요에 따라 개인의 성장과정에서 경험한 일, 현재의 상태, 심리상태, 정신상태, 교육수준, 직업, 수입, 취미 및 신념, 기대, 동기 등에 대하여 사정한다. 가족기능화 검사 등 표준화된 척도나 질문지를 사용할 수도 있으며 집단활동 시작시기와 종결 후 집단성원의 상태나 변화수준을 측정한다.

나. 집단성원 간 상호작용에 대한 사정 : 집단성원 간의 상호작용 유형, 다른 사람과의 대인관계능력, 집단 안에서의 역할, 집단 안에서의 위치, 지도력, 그리고 집단 내에서의 행동패턴, 태도, 장점 등에 대하여도 사정한다.

다. 집단성원의 환경에 대한 사정 : 사회복지사는 집단성원의 환경이 개별적 욕구와 집단활동의 목표를 이루는 데 적합한 환경인지 아닌지를 평가하여야 한다. 필요하다면 가정방문을 통하여 실제적 정보를 구할 필요가 있다.

② 집단에 대한 사정

집단에 대하여 사정하고자 할 때 필수적인 것은 집단역동에 대한 지식과 실천기술이다. 집단역동을 이해하는 데 필수분야는 집단구조, 집단 내 의사소통과 상호작용 유형, 집단 내 매력과 응집력, 집단의 사회적 통제, 집단문화, 집단발달단계에 대한 지식 등을 들 수 있다. 그중에서 집단응집력은 매우 중요한 요소인데 집단 내 응집력이 높아지면 집단성원 간의 상호작용이 활발하게 이루어지고 협력적 분위기가 조성되며 집단활동에 대한 호응도와 만족도가 높아진다.

집단 내에서 구성원의 역할은 지도자 역할, 과업수행자 역할, 집단유지자 역할, 자기만족추구자 역할, 희생양 역할, 고립자 역할 등 여섯 가지 유형이 있으며 그 특성은 〈표 9-1〉과 같다.

〈표 9-1〉 **집단성원의 역할특성**

역할	특성
지도자	집단성원은 집단요구의 결과로 공식적 · 비공식적 지도자로서의 역할을 할 수 있다. 또한 서로 다른 기능을 발휘하거나 경쟁적 하위집단의 대표적 지도자가 출현하기도 한다.
과업수행자	집단문제를 규명하고 문제해결전략을 이행하며 과업을 수행하는 역할로 특별한 목표수립이 요구된다.
집단유지자	집단기능을 유지하고 강화하도록 지향하는 역할로 집단 내의 사회적 · 정서적 측면을 강화하는 역할이다.
자기만족추구자	집단을 희생해서 자신의 욕구를 충족하는 역할로 집단이나 집단의 가치를 무너뜨리기 위해 저항하고 방해와 반대를 일삼거나 참여도 하지 않으면서 일방적으로 자기주장을 고집한다.
희생양	집단문제에 대하여 무거운 책임을 혼자 짊어진 것처럼 행동하지만 다른 집단성원들로부터 끊임없이 부정적 반응을 얻어낸다. 수줍음이 많고 타인들로부터 긍정적 반응을 이끌어 내려는 시도에 계속 실패해 왔기 때문에 희생양 역할에 매력을 느끼기도 한다.
고립자	집단 내에 있지만 집단성원에 의하여 무시되는 사람을 의미한다. 다른 사람과 관계를 가져 보려고 노력하지만 거부당하는 사람이다.

③ 집단환경에 대한 사정

집단환경에 대한 사정으로서 사회복지사가 소속된 기관이나 시설, 지역사회환경에 대하여 사정하는 것이다. 집단환경에 대한 사정은 집단 목표달성 가능성과 목표달성을 위하여 효과적 방법의 탐색, 필요한 자원 획득 유무 등을 탐색한다.

(2) 집단활동의 기본원칙

집단역동성을 토대로 효과적 집단활동과정을 경험하기 위해서는 무엇보다 기본원칙을 중심으로 운영할 수 있어야 한다. 사회복지사가 집단활동을 지도하면서 유념해야 할 기본원

〈표 9-2〉 집단상담 프로그램의 기본원칙

원칙	주요 내용
개별화의 원칙	집단 안에서 집단관계를 통한 개인의 입장을 명확하게 하고 개인의 욕구에 대응하도록 하는 것이 원칙이며 집단 그 자체를 하나의 유기체로 다루는 것을 의미한다. 집단 내 개별화를 위하여 집단성원 개개인의 가정적 · 사회적 배경, 집단활동의 경험 유무 등을 파악하고 이를 전제로 집단 내 태도, 행동을 이해하는 것을 의미한다.
수용의 원칙	수용은 집단성원 각자가 다양한 태도, 행동, 감정을 표현하고 어떠한 가치관을 가졌다 해도 그 사람을 있는 그대로 인정하고 받아들이는 것이다. 전체로서의 인간에 대하여 이해하고자 하는 사회복지사의 노력과 수용적 태도는 집단성원이 변화와 성장을 할 수 있도록 한다.
참여의 원칙	집단활동에 구성원의 적극적이고 자발적인 참여를 촉진하기 위하여 집단성원의 흥미와 욕구를 반영할 수 있어야 한다. 프로그램을 통하여 개인적 욕구 및 흥미를 토대로 한 집단참여는 사회참여로 확대될 수 있다. 집단활동이 구성원에게 흥미롭고 도움이 된다고 생각될 때 참여는 보다 더 촉진된다.
체험의 원칙	집단활동의 목적은 집단과정에서 일어나는 여러 가지 문제 및 과제해결능력을 향상시키는 데 있다. 집단성원이 상황을 잘 파악하고 적절한 시기에 각자의 문제 및 과제를 스스로 해결할 수 있다는 것을 체험할 수 있도록 해야 한다.
갈등해결의 원칙	집단 내 갈등이 생겼을 때 갈등을 피하지 않고 직면하여 문제를 해결하기 위한 과정을 중시해야 한다. 이를 위하여 사회복지사는 항상 집단 전체의 움직임에 관심을 가져야 하며 집단을 구성하고 있는 개개인의 집단의식화 과정을 관찰함으로써 개개인의 갈등해결을 지원할 수 있어야 한다.
규범의 원칙	집단성원이 집단 내에서 개인적 욕구가 충족되지 않을 경우 다른 집단성원 때문이라고 비난하거나 책임을 전가하는 태도를 갖기도 한다. 이러한 행동이 다른 사람에게 때로는 상처가 되기도 하고 집단활동을 위축시키기도 한다. 그렇기 때문에 집단활동과정에서 필요한 규칙, 규범, 기본적 한계를 정하는 것은 필수적이다.
계속평가의 원칙	집단활동의 목적은 집단활동에 참여함으로써 체험과 경험의 폭을 넓히고 그를 통하여 개인과 집단의 성장과 변화를 도모하는 것이다. 그것은 계속적 과정을 단계적으로 경험하는 것이 필요하고 각 단계별 집단활동을 분석하고 평가하고 그것을 기초로 보다 향상된 단계로 가는 것이 필요하다.

칙은 개별화의 원칙, 수용의 원칙, 참여의 원칙, 체험의 원칙, 갈등해결의 원칙, 규범의 원칙, 계속평가의 원칙 등이 있으며 세부내용은 〈표 9-2〉와 같다.

(3) 집단상담 프로그램의 기법

① 집단을 이끄는 기술

집단을 이끄는 기술은 집단을 통제, 관리하는 기술뿐만 아니라 충고, 조언, 상담, 정보제공하는 기술 등으로 이루어진다. 뿐만 아니라 집단의 움직임을 관찰하고 변화를 알아채는 기술도 필요하다. 특히 목표설정, 과업설정 및 수행, 집단의 응집력 유지, 개별 구성원의 욕구를 충족시키면서 동시에 집단의 목적을 성취하기 위하여 자원을 제공하는 기술 등을 포함한다. 집단을 이끄는 기술은 집단 내에서 공유되는 것이 바람직하며 공유된 책임감을 가질 수 있도록 모든 집단성원이 상황에 따라 집단을 이끄는 역할을 할 수 있도록 해야 한다.

② 인정 · 지지기술

사회복지사는 집단이 스스로 유지될 수 있도록 가능한 한 집단성원 각자에게 지도력을 발휘할 수 있는 기회를 주고 집단활동 초반의 지도적 역할에서 벗어나 집단을 지지하고 상황에 따라 역할과 위치를 변화시킬 수 있어야 한다. 집단활동이 종결될 때에는 사회복지사가 주도하는 진행보다는 집단성원이 집단활동을 통하여 새롭게 배운 점과 변화한 점, 혹은 집단활동을 하면서 잘한 점과 아쉬운 점 등에 대하여 발표할 수 있도록 하는 것도 간접적 지지기법 중 하나라고 볼 수 있다.

③ 집단유지 및 발달에 필요한 기법활용기술

사회복지사는 집단상담 프로그램의 각 단계에 필요한 기법을 활용할 수 있어야 한다. 초기단계에 필요한 기술로는 프로그램에 대한 오리엔테이션, 신뢰감 조성, 집단성원의 불안 및 저항을 다루는 기술, 목표설정기술 등이 있다. 개입단계의 필요한 기술로는 집단응집력 향상을 위한 기술, 집단과정을 촉진시키기 위한 기술, 변화를 이끌어 내기 위한 기술 등이 있다. 종결과정의 주요 기술은 종결에 대한 구성원의 감정표현하기, 피드백 주고받기, 평가하기 등의 기술이 있으며 세부내용은 〈표 9-3〉과 같다.

〈표 9-3〉 집단활동 단계별 실천기술

단계별	주요 실천기술	내용
초기	오리엔테이션	• 집단성원 및 역할소개 • 집단목적소개
	신뢰감 조성	• 주의집중행동(수용언어 : 눈 마주침, 몸자세, 목소리) • 적극적 경청 • 이름 불러 주기
	집단성원의 불안·저항을 다루는 기술	• 불안 등 저항에 대한 측면 설명하기 • 자기결정권 부여하기
	목표설정기술	• 집단목표설정하기(자아존중감 향상하기, 문제해결능력 향상하기 등) • 개별목표설정하기(개별목표계획서 작성하기)
	집단운영기술	• 시간제한적이고 구조화된 집단운영하기 • 집단회기를 시작하고 마무리하는 기술
개입	집단응집력 향상 기술	• 집단토의하기 • 협력적 관계 형성하기 • 보상제공하기 • 책임인식하기
	집단과정촉진기술	• 자기노출(개방)하기 • 직면하기 • 피드백 주기
	변화를 이끌어 내는 기술	• 집단성원의 내적 변화에 초점 두기 • 집단성원의 대인관계변화에 초점 두기 • 집단성원의 환경변화에 초점 두기
종결	마무리하는 기술	• 종결에 대한 감정 표현하기 • 피드백 주고받기 • 평가하기(과정평가, 결과평가)

일반적으로 중기 이후 집단활동 단계에서는 집단 전체의 결정을 지지하고 집단규칙에 의한 행동을 촉진시키며 서로 다른 역할을 지지하고 집단성원의 집단에 대한 소속감과 안정감을 가질 수 있어야 한다. 종결단계에서는 집단으로부터 구성원이 독립하기 시작하는 것을 지지할 수 있는 기법을 활용할 수 있어야 한다. 집단활동 시 각 단계에서 어떤 프로그램을 도입하느냐의 문제는 처음에는 사회복지사가 선택하지만 점차적으로 집단성원들이 선택할 수 있도록 한다. 사회복지사는 각 프로그램 활동이 집단의 목표성취를 촉진시키는 정도가 어떠한지, 집단성원에게 얼마나 도움이 되는지, 집단성원 모두가 참여할 수 있는지, 정해진 시간이 활동을 경험하기에 충분한지 등을 집단성원과 함께 논의한 후 가능하면 이러한 사항을 집단성원이 선택하여 결정할 수 있도록 지원해야 한다. 집단상담 프로그램 운영 시 사회복지사가 효과적으로 개입할 수 있는 기법이 많이 활용되고 있다. 현장에서 효과적으로 활용되는 일반기법으로는 가족기능향상기법, 사회기술향상 기법, 집단의 유지 및 발달을 위한 기법 등이 있으며 세부내용은 〈표 9-4〉와 같다.

〈표 9-4〉 **집단상담 프로그램의 개입기법**

개입기법		사례
가족기능 향상기술	의사 소통하기	• 가족 간 의사소통유형을 파악하고 의사소통유형을 경험하고 바람직한 의사소통방식을 배울 수 있게 함(시각적 · 청각적)
	가족 조각하기	• 가족성원의 관계를 원근의 요소와 함께 몸짓 및 신체적 모습을 조각함으로써 의사소통 및 관계의 패턴을 나타내게 하고 이를 통하여 가족문제를 탐색할 수 있게 함
	실연하기	• 가족이 경험하고 있는 문제를 집단 내에서 실제 행동을 통하여 연기하여 역기능적 상호작용을 탐색함
사회성 향상기술	관찰학습 (모델링, 역할시연)	• 사회기술상황과 행동요소를 차트로 설명하면서 시범을 보이고 게임을 통하여 실행대안을 모색하게 함 • 문제상황을 구상하게 하고 역할연기를 하게 함
	강화	• 집단성원 간에 서로의 장점을 지적하게 하고 지지와 칭찬을 유도함 • 사회복지사의 언어적 강화와 고개 끄덕이기, 안아 주기, 눈을 보며 웃어 주기, 등 두드려 주기, 집단성원의 박수받게 하기 • 초기 모습과의 비교를 통한 지지와 사회복지사의 만족감 표현 • 한 집단성원의 행동이 집단 전체에 미치는 긍정적 영향에 대한 언급과 과제물 완수에 대하여 확인 후 스티커 부여 • 표적행동에 대하여 스티커를 부여하고 강화물 선택기회 부여
집단유지 · 발달기술	적절한 유머 사용	• 반복적으로 일어나는 문제를 집단성원이 지적하지 않고 있을 때 유머를 사용하여 제재 • 유행어나 집단성원이 사용하는 언어사용
	직면시키기	• 음성적으로 존재하는 문제를 공론화할 수 있도록 유도 • 집단분위기, 사회복지사, 집단성원이 느끼는 감정을 표현할 수 있도록 촉진 • 역할연기나 다른 활동을 통하여 문제에 대한 이해를 돕고 소감을 함께 나눔으로써 자발적 문제수정을 도움
	의미 재명명	• 불만을 요구로 바꾸어 재명명 예 : "일이 너무 힘들어요." → "좀 더 효과적으로 일을 처리하는 방법을 알고 싶다는 말이지." • 표현되지 않은 긍정적 측면 강조 예 : "엄마는 저만 야단치고 미워해요." → "사랑받고 싶은 엄마에게 야단맞아서 서운했구나."

출처 : 이장호 · 김정희(1992) 재구성.

④ 집단상담과정에서 발생하는 문제를 다루는 기술

집단상담은 개별접근방법보다 훨씬 더 그 과정이 복잡하며 1차적으로 집단 자체가 하나의 문제해결수단이 되기 때문에 집단이 안정적으로 유지되도록 하는 것이 무엇보다 중요하다. 그러나 집단상담을 진행하는 과정에서 흔히 나타날 수 있는 문제들이 있는데 이때 지도자는 이에 적절하게 대처할 수 있어야 한다. Vinogeadov와 Yalom(1970)은 집단상담에서 흔히 나타날 수 있는 문제로 구성원의 문제, 소집단화, 집단의 갈등, 문제성원이라고 하였다.

구성원의 문제에는 결석과 조기탈락 및 중도탈락, 구성원의 제거나 신규성원의 추가 등의 문제가 있고 문제성원에는 독점자, 침묵하는 성원, 경계선 인격장애 등이 있다. 구체적 내용은 〈표 9-5〉와 같다.

〈표 9-5〉 집단상담에 나타나는 문제

주요 문제	세부사항	특성	방안
구성원의 문제	결석	• 집단의 계속성 파괴 • 집단역동성 저하 • 구성원 사기저하	결석에 대하여 공개적으로 논의하고 결석과 관련된 규정을 논의함. 그럼에도 불구하고 계속된다면 집단에서 제거하는 것이 바람직함
	조기탈락 · 중도탈락	• 집단지도자 위협 • 참여동기 저하 • 응집성 저하	예비모임을 통하여 탈락 예정자를 사전에 탐색하고 적절한 조치를 취하고 남아 있는 구성원에게 초점을 맞춤으로써 추후탈락 방지
	성원의 제거	• 집단결속력 저해 • 구성원 사기저하 • 불안증가	개별면담하여 해임하거나 다른 집단에게 하거나 다른 형태의 집단치료 권장
	신규성원 추가	• 새로운 자극 제공 • 이질감 및 분열	신규성원의 유입을 집단과정에 생산적으로 활용하고 집단과정을 요약설명
소집단화	두 명 이상의 구성원과 관계형성	• 집단과정 방해 • 정직한 자기노출저해 • 소집단이익 우선	소집단화가 발생하면 집단과정에 솔직하게 밝히고 대면할 수 있도록 함
집단의 갈등	경멸, 무시, 농담, 비평	• 집단의 효율성 저하 • 긴장감 조성 • 집단정체감 형성	불편하더라도 갈등에 기꺼이 직면하고 건설적 범위 내에서 중재하며 갈등을 통하여 배울 수 있도록 함
문제성원	독점자	• 반복되는 독점행위로 집단과정 방해 • 동기저하	독점자 자신을 진실하게 표현하도록 하고 단기간 개별상담 인도
	침묵하는 성원	• 집단과정 저해 • 활발한 상호작용 방해	보다 적극적으로 개입하고 돌아가면서 말하기 기법 등을 활용하고 효과가 없다면 집단에서 배제하도록 함
	경계선 인격장애	• 집단과정 방해 • 긴장과 불안감 조성 • 참여동기 저하	우리라는 용어를 사용하고 바람직한 피드백과 관찰학습을 통하여 현실감과 교정적 경험을 할 수 있도록 함

(4) 집단 프로그램의 사례

집단 프로그램 사례로는 이미 개발되어 실시되고 있는 가족기능화 프로그램을 제시하고자 한다(김선남, 2001).

프로그램명 : 가족기능화 프로그램

1. 프로그램의 목적 및 목표

1) 목적 : 이 프로그램의 목적은 가족기능화를 도모하는 것이다. 가족기능화는 개인수준에서 자존감이 높고 관계수준에서 지배력이 정당하게 배분되며 전체 수준에서 경계가 융통성을 지닐 때 이루어진다. 개인수준에서 개별구성원이 높은 자존감을 지녀 다양한 정서 간의 변화와 균형을 이루며 관계수준에서 지배력의 정당한 배분이 있어 관계의 상보성 A와 상보성 B 간의 변화와 균형을 이루며 전체 수준에서 하위체제 간의 경계들이 분명하게 정의되어 유지와 변화 간의 균형을 이루는 가족과정을 성취하도록 돕고자 한다.

2) 목표

(1) 인과적 인식론의 대안으로 순환적 인식론을 학습한다.

(2) 자존감 수준을 높이는 일치적 의사소통방식을 학습한다.

(3) 지배력의 공정한 배분이 일어나는 대등성 관계방식을 학습한다.

(4) 융통성 있는 가족구조를 발달시키는 방법을 학습한다.

(5) 문제해결력을 증대시킨다.

2. 프로그램 내용

첫째, 방향제시와 자기/가족소개

둘째, 인과적 인식론/언어와 순환적 인식론/언어경험하기

셋째, 가족체제의 성질이해 및 가족기능성 평정

넷째, 자존감 고양 1

다섯째, 자존감 고양 2

여섯째, 일치적 의사소통 연습

일곱째, 대등적 관계학습

여덟째, 역할/지위 상보성 학습

아홉째, 경계/가족규칙 명료화

열째, 학습결과의 가족기능화와 통합 및 마무리

3. 프로그램 운영방법 : 가족기능화 프로그램의 지도자는 앞의 열 가지 계열적 활동을 주제로 한 10회의 모임을 워크북 형태의 절차에 의거 이끌어 간다. 이를 위하여 지도자가 사전에 고려해야 할 몇 가지 사항이 있다.

1) 가족기능화 프로그램 지도자 요건 : 원칙적으로 가족기능화 프로그램의 지도자는 가족상담을 전공하고 집단상담 전문가 혹은 집단상담사 자격증을 소지한 사람이어야 한다.

2) 진행방법 : 가족기능화 프로그램은 매회 워밍업, 주제 및 목표제시, 주제에 대한 강의와 질의응답, 집단활동, 토의, 평가 및 가정학습과제, 다음 회기의 주제예고 및 종결의 100분 길이의 절차를 거친다.

3) 모임기간과 시간 : 가족기능화 프로그램은 분산방식이나 집중방식으로 진행될 수 있다. 분산방식은 매주 1회씩 2시간 길이로 10주간 운영되며 집중방식은 1박 2일 혹은 2박 3일 마라톤 집단으로 운영된다.

4) 집단편성 규모 : 가족기능화 프로그램에는 자기 및 가족성장에 관심이 있는 사람이면 누구나 참여할 수 있다. 가족 재구조화에 관심이 있는 사람들로 집단을 이루어 자기 가족의 됨됨이를 가족상담의 개념으로 이해 - 수용 - 개방하는 학습경험을 할 수 있으며 집단이 3~4가족으로 이루어질 수 있으며 가족 재구조화에 관심 있는 부부로 집단을 편성할 수도 있다.

5) 장소와 분위기 : 모임을 위한 장소와 분위기는 대체적으로 심리적 안정감을 도모할 수 있는 아늑한 장소와 집단과정에 몰두할 수 있는 산만하지 않은 분위기가 좋다. 자신 및 가족성장은 원활한 의사소통의 산물이므로 이러한 의사소통을 촉진하는 장소와 분위기가 좋을 것이다.

4. 프로그램의 실제(2회)

1) 순환적 안경 쓰기

(1) 워밍업(5~10분) : 지금 - 여기의 느낌 나누기 : 가정학습과제 실천 보고, 해결하여야 할 감정나누기

(2) 목표(3분)

- 가족생활에서 인과적 사고와 인과적 언어가 초래하는 역기능성을 이해한다.
- 가족생활에서 순환적 사고와 순환적 언어가 만드는 순기능성을 이해하여 익힌다.

(3) 강의와 질의응답(10~15분)

- 가족생활에서 인과적 사고와 인과적 언어의 역기능성은 어떤가? 인과적 사고는 원인과 결과가 직선적으로 연결되어 있다고 생각한다. 가족생활에서 인과적 사고에 치우친 사람은 나쁜 결과(나의 실망, 짜증, 화 등)에 대하여 원인이 식구 중 누군가에게 있다고 생각한다. 그래서 식구들의 행동을 평가하는 말(예를 들면 캐묻기, 비난, 질책, 충고, 훈계, 경고, 위협 등)을 하기 쉽다. 상대의 행동을 평가하는 '너 - 메시지'는 가족을 불안, 공포, 열등감, 죄책감, 분노 등의 감정과 함께 반발하는 행동이나 복종하는 행동을 유발하여 가족 간 소원(적대)관계를 발달시킨다.

- 가족생활에서 순환적 사고와 순환적 언어의 순기능성은 어떤가? 순환적 사고는 원인과 결과가 직선적으로 연결되어 있는 것이 아니라 상호적으로 연결되어 있다고 생각한다. 가족생활에서 순환적 사고를 하는 사람은 나쁜 결과(나의 실망, 짜증, 화 등)에 대하여 원인이 '나'에게도 있다고 생각한다. 그래서 가족의 행동을 평가하는 말(예를 들면 캐묻기, 비난, 질책, 충고, 훈계, 경고, 위협 등)을 하지 않고 나의 감정을 있는 그대로 인정하고 그것을 알리기 위하여 '나-메시지'를 보내려고 한다. 상대를 비난하지 않는 정직한 '나-메시지'의 말은 나의 실망감, 어색함, 긴장, 수치심, 화 등의 감정을 해소하고 상대의 인정과 이해의 반응을 유발하여 친밀관계를 발달시킨다.

(4) 집단활동(45~50분)

활동 1. 유의미한 타인과 대화방식 회상
- 소집단으로 모인다.
- 평소 가족 내 유의미한 타인과 대화할 때 특별히 경험하는 느낌을 회상하여 형용사 형태로 쓴다.
- 그 느낌이 어떤 대화방식에서 비롯되는지 이야기를 나누면서 자기의 유의미한 타인과의 대화방식과 유의미한 타인의 자기와의 대화방식을 분류하여 적어 본다(비난, 질책, 충고, 훈계 등).
- 느낌과 대화방식관계를 집단별로 토의하여 결론을 내린다.
- 전체 집단으로 둘러앉아 소집단별로 결론을 발표한다.

활동 2. 인과적 언어 경험하기
- 소집단으로 둘러앉는다.
- 한 사람씩 차례로 최근에 가족 내 유의미한 타인과 있었던 말다툼 사례를 한 문장씩 구분하여 보고한다.
- 한 문장의 보고가 있을 때마다 다른 집단성원은 "왜?"라는 질문과 함께 충고, 조언, 비난, 평가 등을 한다.
- 모두 보고한 다음 경험한 내용을 솔직하게 나누면서 결론을 내린다.
- 전체 집단으로 둘러앉아 소집단별로 내린 결론을 발표한다.

활동 3. 순환적 언어 경험하기
- 소집단으로 둘러앉는다.
- 한 사람씩 차례로 최근에 가족 내 유의미한 타인과 있었던 말다툼 사례를 한 문장씩 구분하여 보고한다.
- 한 문장의 보고가 있을 때마다 다른 집단성원은 인정하는 말(~군요, ~구나)과 함께 알고 싶은 것에 대하여 "어떻게?" 질문을 한다.
- 모두 보고한 다음 경험한 내용을 솔직하게 나누면서 결론을 내린다.
- 전체 집단으로 둘러앉아 소집단별로 내린 결론을 발표한다.

(5) 토의(20~25분) : 활동하면서 느낀 점, 새롭게 깨달은 점, 서로 하고 싶은 이야기를 자유롭게 나눈다.

(6) 평가 및 가정학습과제 정하기(10~15분)

- 가족생활에서 인과적 언어와 인과적 언어가 초래하는 역기능성을 충분히 이해한 정도가 100이라면 당신은 ( ).
- 가족생활에서 순환적 언어와 순환적 언어가 초래하는 순기능성을 충분히 이해한 정도가 100이라면 당신은 ( ).
- 충분한 정도의 목표달성을 위하여 연습하고 싶은 것이 있다면 그것을 구체적 행동계열로 진술해 보시오.

(7) 종결 및 다음 회기 예고

출처 : 김선남(2001).

PART

04

가족복지실천 분야

Chapter

10 한부모가족

1. 한부모가족의 개념 및 현황

1) 한부모가족의 개념

한부모가족은 성인 여성이나 남성과 그들의 자녀로 이루어진 가정을 의미한다. 한부모가족은 일반적으로 배우자의 죽음, 이혼이나 별거, 유기, 미혼모의 사생아 출산 등으로 인해 발생한다. 최근 우리 사회에서 한부모가족이 보편적 가족형태가 되고 있으며 그 원인 중 하나는 이혼의 증가를 들 수 있다. 이와 같이 한부모가족은 아버지나 어머니 중의 한 사람이 단독으로 부모의 역할을 수행하는 자녀가 있는 가족으로 정의되며, 자녀가 양친 중 누구와 동거하느냐에 따라 어머니와 자녀로 이루어진 모자가족과 아버지와 자녀로 이루어진 부자가족으로 구분된다. 그러나 이와 같이 '단독'으로 부모의 역할을 수행하는 '부' 또는 '모'의 의미에 대해 여러 가지 논란이 있지만 한부모는 '법률상(de jure)'의 한부모와 '사실상(de facto)'의 한부모로 구분되기도 한다. 학자에 따라 법률상의 한부모만 인정하는 경우가 있는가 하면, 법률상 한부모와 사실상 한부모를 모두 포함하기도 한다. 법률상 한부모란 미혼, 사별, 이혼 등의 이유로 배우자가 없는 경우를 의미하며 사실상 한부모는 배우자가 현존하나 유기, 장기 가출, 노동능력이 없어 한쪽 배우자가 단독으로 부모의 역할을 수행하고 있는 경우를 의미한다. 한편 한국 「한부모가족지원법」 제4조에 규정되어 있는 모・부자가족의 정의는 사별, 이혼, 유기 등으로 홀로 된 자, 노동능력이 없는 배우자를 가진 자 그리고 미혼자인 세대주와 18세 미만의 아동으로 구성된 가족으로 법률상 한부모와 사실상 한부모를 모두 포함하고 있다.

제4조(정의) 이 법에서 사용하는 용어의 뜻은 다음과 같다.

1. "모" 또는 "부"란 다음 각 목의 어느 하나에 해당하는 자로서 아동인 자녀를 양육하는 자를 말한다.
   가. 배우자와 사별 또는 이혼하거나 배우자로부터 유기(遺棄)된 자
   나. 정신이나 신체의 장애로 장기간 노동능력을 상실한 배우자를 가진 자
   다. 교정시설 · 치료감호시설에 입소한 배우자 또는 병역복무 중인 배우자를 가진 사람
   라. 미혼자{사실혼(事實婚) 관계에 있는 자는 제외한다}
   마. 가목부터 라목까지에 규정된 자에 준하는 자로서 여성가족부령으로 정하는 자

1의2. "청소년 한부모"란 24세 이하의 모 또는 부를 말한다.

2. "한부모가족"이란 모자가족 또는 부자가족을 말한다.
3. "모자가족"이란 모가 세대주(세대주가 아니더라도 세대원(世代員)을 사실상 부양하는 자를 포함한다)인 가족을 말한다.
4. "부자가족"이란 부가 세대주(세대주가 아니더라도 세대원을 사실상 부양하는 자를 포함한다)인 가족을 말한다.
5. "아동"이란 18세 미만(취학 중인 경우에는 22세 미만을 말하되, 「병역법」에 따른 병역의무를 이행하고 취학 중인 경우에는 병역의무를 이행한 기간을 가산한 연령 미만을 말한다)의 자를 말한다.
6. "지원기관"이란 이 법에 따른 지원을 행하는 국가나 지방자치단체를 말한다.
7. "한부모가족복지단체"란 한부모가족의 복지 증진을 목적으로 설립된 기관이나 단체를 말한다.

한국의 「한부모가족지원법」은 모 · 부자가족을 다음과 같이 정의하고 있다.

① 배우자와 사별 또는 이혼하거나 배우자로부터 유기된 자
② 정신 또는 신체장애로 인하여 장기간 노동능력을 상실한 배우자를 가진 자
③ 미혼자(사실혼관계에 있는 자를 제외한다.)
④ 배우자의 생사가 분명하지 아니한 자
⑤ 배우자 또는 배우자 가족과의 불화 등으로 인하여 가출한 자
⑥ 배우자의 해외거주, 장기복역 등으로 인하여 부양을 받을 수 없는 자

이와 같이 한부모가족의 법률적 정의는 부모의 한쪽과 요보호자녀로 구성된다는 내용을 바탕으로 하고 있으나 가족구성상 부모 한쪽으로만 구성된 가족뿐만 아니라 부모가 있으나

가족기능상 한쪽 부모가 부모의 역할 모두를 수행하는 경우를 모두 포함하고 있다. 이와 같은 사실을 종합하여 정의하자면 한부모가족이란 부모 중 한쪽과 그 자녀로 구성된 가족 또는 부모와 자녀로 구성되어 있으나 부모 중 한 사람이 부모의 모든 역할과 가족기능을 수행하는 가족으로 정의할 수 있다.

2) 한부모가족의 현황

한국 한부모가족 수는 지속적으로 증가하는 추세였으나 2015년부터 전체 가구 중 한부모가구 비율이 다소 감소되고 있다. 이와 같이 한부모가구 비율이 감소하는 것은 1인 가구 비율 증가로 인한 상대적 비율감소로 해석하고 있다. 2023년 인구주택 총조사에 의하면 한부모가족 가구에서 모자가족은 1,132,000가구이며 부자가족은 365,000가구로 모자가족이 보다 더 많은 것으로 나타났다.

〈표 10-1〉 한부모가족 현황

(단위 : 1,000가구, %)

세대 구성	막내자녀 연령 구분	2022년	2023년	증감
계	소계	1,494	1,493	-1
	18세 이하	355	360	-5
	19세 이상	1,139	1,143	4
부 + 미혼자녀	소계	365	361	-4
	18세 이하	113	110	-3
	19세 이상	252	251	-1
모 + 미혼자녀	소계	1,130	1,132	2
	18세 이하	243	240	-3
	19세 이상	887	892	5

출처 : 통계청(2023). 인구주택 총조사.

한부모가족 중 저소득 한부모가족은 공공부조 대상으로 계속 증가하는 추세다. 저소득 한부모가족 중 모자가족은 약 80%를 차지하고 있으며 부자가족 비율은 20%인 것으로 나타났다. 조손가족의 비율은 매년 소폭으로 증가하는 추세다. 저소득 한부모가족 현황은 〈표 10-2〉와 같다.

〈표 10-2〉 저소득 한부모 현황

(단위 : 세대, 명)

연도별	계		모자가족		부자가족		조손가족	
	세대	세대원	세대	세대원	세대	세대원	세대	세대원
2020	184,006	457,236	145,482 (79.1%)	361,998 (79.2%)	37,660 (20.5%)	93,234 (20.4%)	864 (0.5%)	2,004 (0.4%)
2021	185,461	463,084	146,973 (79.2%)	367,366 (79.3%)	37,432 (20.2%)	93,260 (20.1%)	1,056 (0.6%)	2,458 (0.5%)
2022	190,421	474,194	151,733 (79.7%)	378,176 (79.8%)	37,381 (19.6%)	92,964 (19.6%)	1,307 (0.7%)	3,054 (0.6%)
2023	194,273	484,180	155,661 (80.1%)	388,010 (80.1%)	37,245 (19.2%)	92,948 (19.2%)	1,367 (0.7%)	3,333 (0.7%)

출처 : 사회보장정보시스템(행복e음)의 연도말 기준 「한부모가족 지원법」에 따른 지원대상자(국민기초생활보장 동시보장 결정가구 포함).

여성가족부(2024)의 한부모가족 실태조사에 의하면, 조사대상 한부모의 평균연령은 43.6세로 대다수가 이혼 한부모이며 1.5명의 자녀를 키우고 있는 것으로 나타났다. 이전 조사(2015~2021)보다 한부모가구의 평균소득수준은 개선되었으나 전체가구 평균대비소득은 60.3% 수준이며 식비, 주거비, 교통/통신비, 자녀교육비 등에 원소득의 76.8%를 지출하는 것으로 나타났다.

2. 한부모가족의 발생원인 및 주요 문제

1) 한부모가족의 발생원인

한부모가족이 발생하는 가장 많은 원인은 배우자의 사망과 이혼을 들 수 있으며, 최근 한국 한부모가족의 증가는 이혼율의 증가와 크게 맞물려 있다고 할 수 있다. 즉 과거에는 사별에 의한 한부모가족 비율이 높았으나 최근에는 이혼에 의한 한부모가족이 보다 더 높은 실정이다. 이와 같이 이혼의 증가는 한부모가족 증가의 가장 큰 원인이 되고 있다. 〈표 10-3〉의 혼인과 이혼건수 비교에서 나타난 바와 같이 2024년 혼인건수는 전년도에 비하여 14.8% 상승하였으며 이혼건수는 1.3%로 감소한 것으로 나타났다. 이혼율이 소폭 감소하였으나 50대 이상 황혼이혼과 자녀 없는 이혼이 증가하고 있는 추세이다.

〈표 10-3〉 혼인과 이혼건수 비교

연도	혼인건수	이혼건수	비고
2022	191,690	102,791	
2023	198,260	104,820	
2024	222,000	91,000	

자녀가 있는 이혼의 경우 부모의 이혼을 경험해야 하는 아동인구의 증가를 의미하며 이들 중 상당수가 이혼 시 주 양육자를 누구로 결정하는가에 따라 성인이 될 때까지 여성 한부모가족이 되거나 남성 한부모가족이 되는 것이다. 2024년 여성가족부의 한부모가족실태조사 결과에 의하면 조사대상인 한부모의 평균연령은 43.6세로 1.5명의 자녀를 키우고 있는 것으로 나타났다. 그중 가장 어린 자녀의 연령은 평균 11.8세로 미취학이 11.8%, 초등 38.7%, 중학생 이상이 49.5%였다. 자녀를 양육하는 한부모의 가장 큰 어려움은 양육비, 교육비 부담을 들었으며 자녀연령이 높아질수록 교육정보, 진로지도, 학업 성적 등의 어려움이 있다고 응답하였다. 통계청의 2024년 혼인, 이혼 통계에 의하면 전체이혼건수는 9만 1,151건으로 전년대비 1.4% 감소한 반면, 결혼 30년 이상 된 부부의 이혼은 1만 5,128건으로 전년대비 2.3% 증가하였고 전체 이혼 중 16.6%를 나타냈다. 10년 전과 비교하면 46.6% 증가하였다. 특히, 60세 이상 남성의 이혼은 21.3%, 여성은 15%로 고령층 이혼이 증가하였다. 이와 같이 자녀가 없는 노년의 이혼율 증가는 기대수명 연장과 개인의 행복 추구, 이혼에 대한 사회적 인식의 변화, 장기간 누적된 갈등과 외로움 등의 원인으로 보고 있다. 이러한 이혼으로 인하여 자녀가 있는 경우 한부모가족, 자녀가 없는 경우는 1인 가구 등으로 가족형태 및 기능이 변화된다. 또한 한부모가족은 경제적 불안정 등으로 인하여 한쪽 배우자의 실직이나 질병, 사고 등으로 인하여 가족부양의 역할을 할 수 없는 경우로 인하여 발생할 수 있다. 한부모가족은 아버지 혹은 어머니 중 한쪽과 그 자녀로 이루어진 가족으로 미성년 자녀를 중심으로 지원서비스를 제공하는 것에 초점이 맞추어져 있다. 그러나 최근 한부모가족 유형도 다양화되고 있으므로 한부모가족 특성을 반영한 지원서비스 제공의 필요성이 제기되고 있다.

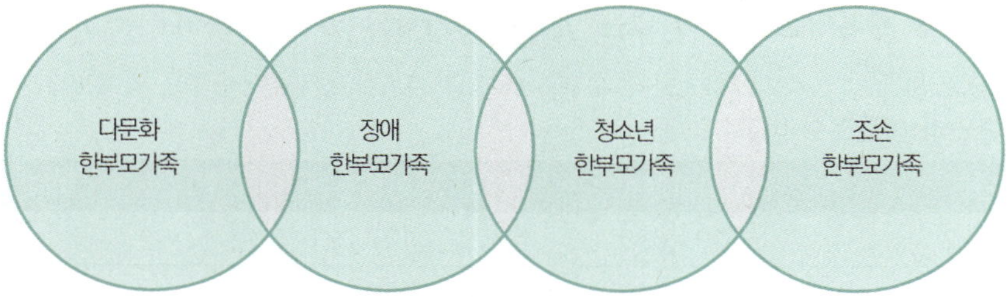

[그림 10-1] 다양한 한부모가족 유형

2) 한부모가족의 주요 문제

여성가족부(2024)의 한부모가족 실태조사보고서에 의하면 한부모가 된 후 돌봄과 가사로 인한 역할과중과 경제적 부담 등 생활상의 어려움을 경험하는 것으로 나타났으며, 도움이 필요한 경우 도움을 구할 데가 없다는 응답이 증가하였다. 한부모가 된 후 달라진 점은 부와 모의 역할을 혼자서 감당해야 하는 것, 미래에 대한 부담 증가, 경제적 어려움, 형제/자매/친척들과 멀어짐, 건강상태 악화 등을 들었으며 자녀와 보다 더 긴밀해졌다는 점도 있었다. 특히 집안일, 돈이 필요할 때, 본인이나 아이가 아플 때, 일상생활 관련 도움이 필요할 때 도움을 구할 곳이 없는 것으로 나타났다.

한부모가족은 한부모가족이 된 직접적 원인(이혼, 별거, 사별, 미혼모, 미혼부)과 그 가족이 처한 상황(경제력, 취업 유무, 가족의 크기, 자녀의 나이, 지지체계)에 따라 직면하는 문제는 서로 다르다. 그러나 거의 대다수의 한부모가족이 공통적으로 직면하는 문제가 있다.

첫째, 가정의 경제적 문제이다. 일반적으로 모자가족은 주 부양자이던 남편의 소득상실로 생활수준은 이혼 후 급격히 떨어지는 데다 자녀양육으로 인해 부자가족보다 경제적 어려움이 더 크게 나타난다. 특히 여성 한부모가족은 노동시장에서 취업기회의 제한과 임금차별을 경험하게 되고 비양육부모의 양육비 지원에 대한 법적 규정이 미비한 데다 국가의 특별한 지원이 없는 상태에서는 더욱 경제적 어려움을 겪는다.

둘째, 자녀의 양육문제이다. 아버지와 어머니의 역할은 서로 교환할 수 있는 역할이 아니라 서로 조화를 이루어야 하는 역할이다. 아버지와 어머니는 자녀와 노는 방식, 의사소통방식, 훈육방식 등에서 상당한 차이가 있다. 예를 들어 아버지는 자녀가 좀 더 위험을 감수하고 도전적 측면을 격려하는 반면, 어머니는 자녀가 안전하게 행동할 것을 요구한다. 부모의 이러한 점들이 서로 조화를 이루어 자녀는 적당한 위험을 감수하여 독립심을 키우면서도 주의 깊고 사려 깊은 아이로 성장한다. 자녀는 완벽한 어머니나 완벽한 아버지가 필요한 것이 아니라 자신과 함께 지내면서 사는 부모가 필요하다. 그러나 한부모가족의 부모는 다른 한 쪽의 부모 없이 자녀를 양육해야 하므로 많은 어려움에 직면할 수 있다.

셋째, 책임과 업무과다로 인한 역할과다의 문제가 있다. 여성 한부모는 경제적 어려움으로 인해 부양자로서의 역할도 수행해야 한다. 그러므로 일과 가정생활을 병행해야 하며 한 부모가 두 부모의 역할을 수행해야 하기 때문에 역할과다로 인한 문제를 가지고 있다.

넷째, 사회심리적 문제이다. 사별한 한부모의 경우 주위로부터 동정과 지원을 많이 받는다. 그러나 이혼이나 별거 중인 한부모의 경우는 사회적 편견으로 인해 주위로부터 고립되는 경우가 많다. 더욱이 대화할 상대가 집 안에 없으면 고독과 무력감에 빠져 정서적 고립을 느끼게 된다. 또한 한부모가족의 부모는 자신만을 위한 시간이나 에너지가 부족하고 욕구를 충족시키지 못하는 경우 등 정서적 문제를 지니고 있다(이현섭 외, 2006).

〈표 10-4〉 한부모가족의 주요 문제

문제	모자가족	부자가족
재정상 어려움	• 학력이 낮은 일용 근로직 한모들은 절대빈곤 수준 이하의 생활 • 아동이 경제적 책임을 지고 학업을 중퇴하여 빈곤층으로 남음	• 이혼했을 경우 두 가구 부양으로 재정적 어려움과 스트레스를 더 많이 경험 • 이혼했을 경우 위자료, 아동양육과 탁아비용이 더 많이 듦 • 가사, 육아가 유급의 타인에게 맡겨지므로 새로운 가계지출 발생
사회적 편견 문제	• 한모에 대한 부정적 시각과 사회적 지원이 미약 • 시댁이나 종교 · 사회단체보다 친척의 지원이 많음 • 정서적 지원보다 경제적 지원이 적음 • 사회가 모자가족을 부정적으로 생각한다고 인식하고 있음	• 홀아비, 인생의 실패자라는 낙인과 동정 때문에 위축될 수 있음 • 남자도 혼자서 가정을 잘 꾸리고 자녀양육, 교육에 잘 적응할 수 있음을 보여줄 필요가 있음
성역할모델 부재 문제	• 아버지 부재로 적절한 모델이 부재 - 자녀교육의 어려움이 따름	• 부녀가족일 때 성역할모델 부재로 사춘기 자녀의 동성 부모 역할의 필요성 증가
역할부담 문제	• 일과 가사노동의 이중부담	• 가사, 직장 병행으로 부담이 큼 • 부인이 가출한 경우 버림받았다는 생각으로 자녀양육 스트레스 많음
성적 문제	• 부자가족보다 덜 하지만 그래도 문제가 됨	• 성적 문제를 억압하는 데 길들여진 여성에 비해 생리적으로 더 심한 스트레스를 받음

문제	모자가족	부자가족
외로움	• 자녀와 정서적으로 친밀하고 상호 신뢰가 높으나 상대방의 기대보다 자신의 기준에 따라 행동 • 자녀에 대한 자율성이 높음 • 외로움, 경제적 문제, 의사결정 등을 자녀에게 의존 • 한국 한모는 서구 한모보다 가사에 대한 자녀의존도가 낮음	• 이혼 충격이 여성보다 오래 지속 • 이혼 초기의 자존감 상실이 심각함 • 정신병리, 질병, 사망, 자살, 살인 등 신체적·정신적 질병이 여성보다 많음 • 갈등문제를 혼자서 고민하고 결론에 이르게 됨 • 실패한 남자로서 사회적 시선을 더 의식함
직장 관련 문제	• 학력이 불안정한 한모는 일용 근로직으로 낮은 직업	• 아동양육책임과 일의 책임 사이에서 갈등 • 출장, 직장의 이동, 근무시간, 수입, 승진, 동료, 상사와의 관계가 제한 • 직장, 자녀양육, 가정관리를 조화시키는 것이 중대한 문제
사회생활의 어려움	• 관계망이 좁고 대인관계가 위축됨	• 아버지만의 시간부족, 친구들과의 공통적 관심 부족, 사회적 배척과 소속감 결여로 사회적 활동이 축소됨 • 시간이 갈수록 친숙한 관계를 형성하고 행복감과 능력, 만족감, 자긍심을 얻게 됨
자녀양육 문제	• 경제적 문제가 가장 심각함	• 아동에 대한 인내심 부족 • 가사처리보다 아동의 정서발달 함양이 더 어려움 • 이혼 전 가사와 자녀양육 참여 정도는 한부역할 적응에 힘이 됨

출처 : 채옥희 외(2004).

3. 한부모가족을 위한 복지정책과 지원서비스

1) 한부모가족을 위한 복지정책

한국 한부모가족에 대한 정부 차원의 정책적 지원은 크게 사회보장제도 내의 사회보험제도, 공공부조제도 및 사회복지서비스 부문으로 나눌 수 있다. 민간 차원에서의 서비스는 대체로 건강가정지원센터를 비롯한 여러 민간기관을 통해 이루어지고 있다.

(1) 공공부조

공공부조 측면에서 보면 한부모가족이 저소득층일 경우 우선 「국민기초생활보장법」에 의해 지원을 받을 수 있다. 이 지원은 수급기준을 만족시키는 저소득가정이면 모두 해당되기 때문에 한부모가족의 발생원인에 관계없이 수혜대상이 될 수 있다. 이 외에도 「군사원호보상법」, 「국가유공자 예우 등에 관한 법률」 등에 의한 지원이 있으나 이 또한 배우자가 국가를 위해 봉사하다 사망하여 한부모가족이 형성된 경우에만 해당한다. 건강지원 부문에서는 「의료급여법」에 의하여 저소득 한부모가족은 의료혜택을 받을 수 있다. 그 밖에 한부모가족이 국민기초생활수급조건을 만족시키지는 못하지만 차상위계층에 속한다면 이들을 위한 여러 가지 급여혜택을 받을 수 있다. 한국 공공부조는 그 대상이 극빈층에 국한되어 있어 수급기준을 만족시키지는 못하지만 경제적으로 어려운 많은 한부모가족이 혜택을 받지 못하는 문제점이 있다.

(2) 사회보험

한국의 4대 보험 중 한부모가족이 혜택받을 수 있는 사회보험은 국민연금이 유일하고 한부모가족이 누릴 수 있는 혜택도 매우 제한적이다. 사회보험의 역사도 길지 않을뿐더러 수혜대상도 상대적으로 좋은 조건의 대상자, 예를 들어 정규직 근로자 등으로 한정되어 있어 결과적으로 사회보험에 의해 혜택을 받을 수 있는 한부모가족은 소수에 불과하다(보건복지부, 2006).

우선 사회보장제도 중 사회보험 부분에서는 배우자의 사망으로 인해 한부모가족이 된 경우 「국민연금법」, 「공무원연금법」, 「군인연금법」, 「사립학교교직원연금법」, 「산업재해보상법」을 통해 경제적 지원을 받을 수 있으며, 「국민건강보험법」에 의해 의료보장을 받을 수 있다. 하지만 이혼으로 인해 한부모가족이 된 경우는 한부모가 보험의 직접적 당사자가 아닌 이상 해당사항이 거의 없다. 특히 한부모가족을 한부모와 미성년자로 구성된 가족이라고 할 때 미성년 자녀를 둔 한부모 당사자가 소득보장보험의 수혜자가 되기는 어렵다. 따라서 배우자의 사망에 의해 한부모가족이 되는 경우가 아니라면 소득보장을 위한 사회보험으로부터의 지원은 매우 제한적이다.

(3) 한부모가족지원법에 근거한 지원내용

한부모가족에 대한 지원은 1989년 「모자복지법」이 제정되면서 비로소 체계를 갖추었다고 볼 수 있는데 이는 2007년 10월 17일 「한부모가족지원법」으로 개정되어 한국 한부모가족에 대한 다양한 지원의 근거가 되고 있다. 이 법에 근거하여 한부모가족이 지원받을 수 있는 복지지원은 저소득 한부모가족 지원과 한부모가족복지시설, 한부모가족 자립역량강화로 나누어 볼 수 있으며 내용은 〈표 10-5〉와 같다.

〈표 10-5〉 **한부모가족 지원내용**

사업명 및 개요	사업대상	수행기관
〈한부가족자녀 양육비 등 지원〉 • 아동양육비 : 만 18세 미만 자녀, 월 20만 원 • 추가아동양육비 : 조손 및 만 25세 이상 미혼 한부모가족 5세 이하 자녀, 월 5만 원 • 학용품비 : 중학생 · 고등학생 자녀, 연 5.41만 원 • 생활보조금 : 시설 입소가구, 월 5만 원	소득인정액 기준 중위소득 52% 이하 한부모 및 조손가족	지방자치단체
〈청소년한부모 자립지원〉 • 아동양육비 : 월 35만 원 • 검정고시학습비, 고등학생교육비, 자립촉진수당 등	소득인정액 기준 중위소득 60% 이하 만 24세 이하 한부모가족	지방자치단체
• 권역별 미혼모 · 부자 지원기관 운영 - 미혼모 · 부의 자녀양육을 위한 초기지원, 교육 · 문화프로그램, 자조모임, 상담 및 정보제공 등	미혼모 · 부자 가족	지방자치단체 17개 지원기관
〈한부모가족복지시설 지원〉 • 시설 기능보강 : 신축, 개 · 보수, 기자재 구입 등 • 시설 입소자 상담 · 의료 지원 • 시설 아이돌봄서비스 지원 • 공동생활가정형(매입임대주택) 주거 지원 • 한부모가족복지단체 지원 • 시설배치 사회복무요원 인력경비 지원	저소득 한부모가족 등	지방자치단체, 한부모가족 관련 시설 · 단체
〈한부모가족 무료법률구조〉 • 한부모가족 대상 법률상담, 소송대리, 기타 법률사무 등 무료법률구조 지원	「한부모가족지원법」 제5조, 제5조의2 제2항 한부모가족	대한법률구조공단

출처 : 여성가족부(2020a).

2) 한부모가족 지원서비스

(1) 건강가정지원센터의 한부모가족 지원서비스

2004년 「건강가정기본법」이 제정됨에 따라 지역에 건강가정지원센터가 설치·운영되기 시작하면서 본격적 가족복지서비스 지원체계를 마련하게 되었다. 지역 건강가정지원센터에서는 한부모가족을 위한 상담 및 전문 프로그램 등을 제공하고 있으며 서울특별시의 동작구 건강가정지원센터 등에서는 한부모가족 맞춤형 지원서비스를 실시하고 있다. 이는 한부모가족에 대한 지식과 기술을 갖춘 전문봉사원이 주 2회 해당 가정을 방문하여 부모 또는 자녀의 정서, 학습, 가사 등 실질적 지원서비스를 제공하고 있으며 가족복지요구도 조사를 실시한 후, 가정봉사원 및 자원봉사자를 파견하여 지원서비스를 제공하고 있다.

(2) 종합사회복지관 한부모가족 지원서비스

각 지역의 종합사회복지관에서는 한부모가족 대상 프로그램을 실시하고 있다. 종합사회복지관에서 실시하고 있는 지원서비스는 한부모의 심리정서적 문제해결을 위한 심리치료 및 집단 프로그램인 한부모 역량강화 프로그램, 자조모임활동을 통해 지역사회참여를 도모하기 위한 한부모 지역사회 참여증진 프로그램, 자녀학습지도 및 방과 후 활동 서비스를 실시하고 있다. 종합사회복지관의 한부모가족지원 프로그램의 사례를 제시하면 다음과 같다.

이화여대 성산종합사회복지관 프로그램 활동

한부모여성 자녀 자치조직과 함께합니다!

1. 한부모여성 자치조직 빅맘스클럽 1기
   - 자치회의, 친목모임, 미디어 활동
   - 1일 강사파견, 상담자원봉사, 당사자 네트워크
   - 일대일 자활컨설팅, 부업공동체, 생활정보 공유
2. 한부모여성 자치조직 빅맘스클럽 2기
   - 신규모집, 친목모임, 문화체험
   - 개별상담, 집단상담, 부모교육
   - 미디어 모니터링, 지역자원발굴작업

한부모여성과 그의 가족을 지원합니다.

1. 한부모여성 배움터
   - 여성학 공개강좌 (여성으로서 나의 몸과 환경)
   - 인문학 공개강좌 (철학과 역사와 예술 이야기)
2. 한부모여성가족 통합사례관리
   - 우리 가족 담당 사회복지사 만들기
   - 성격유형검사, 종합심리평가

3. 한부모가족 자녀 자치조직 '한나무'
   - 자치회의, 친목모임, 문화체험
   - 또래교류활동, 지역봉사활동
   - 성인 한부모자녀 모임과의 멘토링
   - 온라인 커뮤니티 교류

4. 한부모여성가족 추억여행
   - 가족 여름휴가
   - 자치조직 MT

- 전문가족상담, 아동심리치료
- 의료, 법률, 자활 안내 및 지원
- 정기 현금후원 및 특별 현금후원

3. 자녀 방과 후 교육공동체
   - 방과 후 영양 급·간식
   - 방과 후 놀이방, 독서실
   - 자기주도적 교과학습
   - 동아리 활동 및 문화체험
   - 진로 프로그램 및 멘토링

이화여대 성산종합사회복지관 동아리 활동 사례

- 빅맘스클럽(Big Mams Club)이란?
  - 2004년 한부모여성 자치조직 빅맘스클럽 결성
  - 2005년 힘 기르기 집단 프로그램 참여
  - 2006년 풍물, 원예, 자원봉사 자치동아리 활동
  - 2007년 컴퓨터 활용 및 글쓰기 교육 이수
- 개그우먼 김○○, 국회의원 홍○○ 등 멘토링
- 한부모가족 자녀 자치조직 '한나무' 결성
  - 2008년『우리 그래도 괜찮아』발간(도서출판 여성신문사)
- 마포 FM「랄랄라 아줌마」라디오 방송 진행
  - 2009년 한부모여성가족센터 운영위원
  - SBS, MBC, KTV, OBS, 한겨레, 한국일보 등 다수 언론보도

(3) 모·부자복지시설 프로그램

여성가족부는 모·부자복지시설에서 한부모가족을 위한 자립지원 프로그램 실시를 권장하고 있다. 그러나 실제 모자보호시설에서는 프로그램을 위한 재정도 부족하고 전문 인력도 부족할 뿐 아니라 대부분 편모가 취업으로 인해 프로그램 참여시간이 제한되어 있어 참여율도 저조한 편이다. 모자보호시설에서 가장 활발하게 운영되는 프로그램은 아동을 위한 프로그램으로 주된 아동의 방과 후 보육 및 학습지원 프로그램이 지속적으로 운영되고 있으며, 시설에 따라 유아의 야간보육, 청소년의 컴퓨터교육, 과외학습지도, 주말 프로그램 등을 실

시하고 있으며 모・부자시설의 아동, 편모, 가족을 위한 프로그램의 사례를 살펴보면 〈표 10-6〉, 〈표 10-7〉과 같다.

〈표 10-6〉 모・부자시설 프로그램

구분	내용
아동 프로그램	영어회화(주 1회), 피아노 레슨(주 1회), 컴퓨터 강습(주 1회), 종이접기 및 특별활동(주 1회), 아동예배(주 1회), 한문교실(주 1회), 야외활동(월 1회), 칭찬스티커 시상식(연 3회), 남자아동 목욕봉사(월 1회)
가족 프로그램	성심성탄축하파티(연 1회), 기업자원봉사(월 1회), 하계캠프(연 1회), 동계캠프(연 1회), 어머니·아동 생일파티(월 1회), 푸드뱅크 지원(수시), 사랑의 떡, 쌀·김치 나누기
어머니 프로그램	월례회의(어머니 예배 - 격월 1회), 생활상담(수시상담), 정기상담(연 4회), 부모교육(연 1회), 직업교육훈련 소개(수시)

출처 : 사회복지법인 성심모자원 홈페이지.

〈표 10-7〉 대구광역시 모자보호시설 프로그램

구분	내용
자립지원 프로그램	• 취업알선, 직업훈련 정보제공 및 의뢰, 어머니 컴퓨터 교실, 아동후원금 결연사업, 후원자 발굴
자녀양육 및 교육	• 학습분야 : 학년별 교과학습(영어, 수학, 과학, 국어, 사회 등), 컴퓨터 교육 • 문화분야 : 영화·연극공연관람, 각종 경기 및 전시회 관람 • 미술분야 : 지점토, 종이접기, 골판지공예, 수채화 배우기, 크로키 및 데생교실, 카드 만들기, 트리 만들기 등 • 음악분야 : 수화찬양 배우기, 클래식 알아보기, 피아노교실, 플룻교실, 가요한마당, 재즈반주법 등 • 자연체험 : 환경테마관광, 수상캠프, 도자기 체험, 동계·하계 수련회 • 기타 : 생일파티, 요리교실, 성교육, 금연교실, 염색교실, 독서왕 및 다독상 시상
주거 관련	• 영구임대아파트 신청 교육, 계약서 작성법 교육, 전세자금 대출정보제공 등
의료분야	• 유방암 검진, 여성질환 검진, 입소아동 건강검진, 각종 예방주사 무료접종(보건소 연계) 정신과 치료 알선, 치과 및 한의원 무료진료 등
정서분야	• 중·고생 성격유형검사, 적성검사, 미술심리·음악치료, 집단·개별상담
기타	• 법률상담, 송년의 밤, 예배, 반상회, 어머니 꽃꽂이 강좌, 발마사지 교육 등

출처 : 안신애(2004).

4. 한부모가족을 위한 복지대책

1) 개별화된 맞춤형 서비스 확대실시

현재 한부모가족을 위한 지원정책은 「국민기초생활보장법」과 「한부모가족지원법」에 의하여 제공된다. 「국민기초생활보장법」에서 수급받는 한부모의 경우 전체 기초생활보장 수급자와 마찬가지로 생계, 주거, 교육 등과 같은 서비스를 제공받지만 한부모가족의 특성을 토대로 한 실제적 서비스는 충분히 제공받지 못하고 있는 실정이다. 경기도 여성정책개발원(2007)의 연구결과에 의하면 모자가족, 부자가족 모두 주거, 이성자녀의 양육, 취업의 어려움을 공통적으로 가지고 있지만 부자가족의 경우 가사지원서비스, 취업연계서비스에 대한 지원욕구가 높게 나타났고 모자가족의 경우 심리정서적 도움과 교육에 대한 지원욕구가 보다 높은 것으로 나타났다. 한부모가족이라고 하더라도 개별가족의 조건과 다양한 특성을 감안하여 한부모가족의 욕구를 반영한 맞춤형 서비스를 제공하여 한부모가족 나름대로 건강한 가족문화를 이루어 갈 수 있도록 지원하여야 한다.

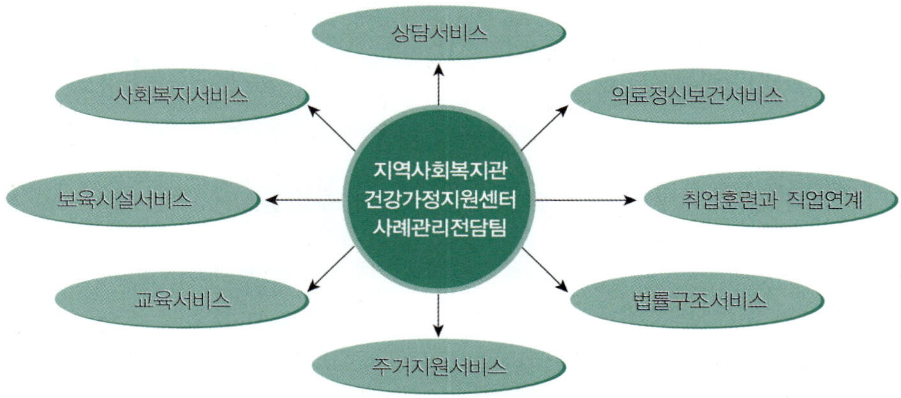

[그림 10-2] 지역사회 사례관리체계

2) 지역 내 한부모가족지원망 구축

한부모가족을 위한 지원은 두 가지 측면으로 살펴볼 수 있다. 우선 정부정책 측면에서는 저소득 한부모에 대한 정책수행이 사회복지과와 가족여성정책과로 이원화되었고 지역사회 현장에서는 지역사회복지관을 비롯하여 건강가정지원센터, 민간단체나 기관 등으로 구분하여 실시하고 있다. 그러나 한부모가족 입장에서는 자신이 원하는 서비스를 어디서, 어떻게 받을 수 있는지에 대한 것을 모르는 경우가 많다. 한부모가족의 경우 직업과 가사의 이중역할부담으로 인하여 시간적 여유가 없고 사회적 관계망이 제한되어 있기 때문에 한부모가족 지원서비스에서 배제되는 경우가 있으며 서비스를 받고자 기관을 방문했을 때 기관의 서비스 제공기준에 적합하지 않아 서비스를 거부당한 경험이 있을 경우 스스로 서비스 받기를 기피할 수 있다. 한부모가족을 지원하기 위하여 지역 내 서비스 체계와 자원에 대한 네트워크를 통하여 한부모가족이 지역사회의 다양한 자원을 활용할 수 있도록 지역 내에 [그림 10-3]과 같은 한부모가족지원망을 구축할 필요가 있다.

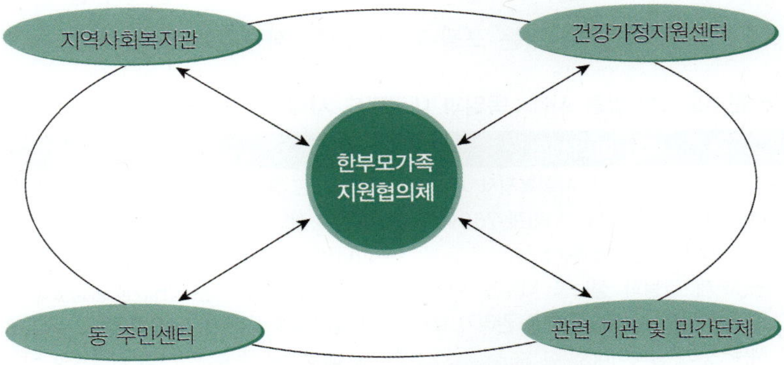

[그림 10-3] 한부모가족지원협의체(안)

3) 다양한 가족에 대한 사회적 인식 제고

가족가치관의 변화와 이혼율의 증가로 인하여 한부모가족 및 재혼가족 등 다양한 형태의 가족도 계속 증가하고 있다. 많은 연구에서 한부모가족의 문제를 보고하고 있지만 최근에는 한부모가족에 대한 인식을 달리해야 한다는 목소리가 높아지고 있다. 특히 최근 연구에서는 갈등이 심한 양부모가족에서보다 오히려 한부모가족에서 자녀들이 건강하게 자랄 수 있고 자녀를 건강하게 양육하고 있는 한부모가족의 성공적 노력에 대한 정당한 평가가 있어야 한다고 하였다. 다시 말하면 핵가족에 대한 정상가족 이데올로기로 인한 편견과 차별이 한부모가족을 더 힘들게 한다는 것이다.

한부모가족의 가장 큰 장점은 한쪽 부모와 친밀한 부모-자녀 관계를 유지할 수 있으며 자녀가 한부모를 도와주면서 책임감과 협동심, 자립심과 다른 사람들에 대한 배려 등을 보다 더 기를 수 있다는 것이다. 한부모가족의 이와 같은 긍정적 측면을 발달시키기 위해서는 학교나 지역사회 내에서 한부모가족이 사회적 편견과 차별로 인한 어려움을 경험하지 않도록 교사교육, 홍보활동을 실시하고 지역 내 민간단체가 중심이 되어 한부모가족과 더불어 살아가는 건강한 가족지원문화를 조성할 수 있어야 한다.

외국에서는 한부모 지원을 위한 민간단체활동이 비교적 활발하게 이루어지고 있는데 대표적 사례로는 독일의 마더센터와 네덜란드의 파더센터가 있으며 그 구체적 내용은 〈표 10-8〉과 같다. 가족지원을 위한 외국의 경우 한부모가족이나 다문화가족 등을 양부모가족보다 도움이 더 필요한 가족이라고 인식하지 않고 모든 가족이 필요로 하는 도움을 받을 수 있는 곳에서 함께 도움을 주고받을 수 있는 포괄적 서비스를 제공하고 있다.

〈표 10-8〉 외국 한부모지원 활동 사례 : 독일과 네덜란드 사례

구분	독일 마더센터	네덜란드 파더센터
설립개요	• 1973년 뉴욕의 한 사회복지사 주도로 처음 설립된 후 현재 전 세계 750여 군데로 퍼져 나간 센터이다. • 평등하게 경험과 정보를 나누는 방식으로 운영되며 참여하는 만큼 권리가 주어지는 것이 철학이다. • 안드레아 라욱스라는 여성이 사회복지센터에서 방을 빌리고 지역이 돌봄공동체를 함께 만들었다.	• 네덜란드 전국에는 7개의 파더센터가 있고 헤이그 시에만 2개의 파더센터가 있다. • 파더센터는 마더센터를 만들어 성공적으로 활동하던 아니타에게 6년 전 아랍계 남성들이 찾아와 아내와 딸들이 마더센터에 가서 컴퓨터도 배우고 네덜란드 말도 배우면서 똑똑해졌는데 남성들만 뒤처지는 것 같다면서 남성들에게도 파더센터가 필요하다고 함께 만들자는 제안을 받아들여 시작되었다.
이용대상	지역의 모든 주민	헤이그 전역의 남성
지원내용	• 마더센터에서 운영되는 사무실과 바, 도서관, 재활용가게, 아동단기보호시설, 찻집 겸 식당 등이 있다. • 비슷한 상황의 엄마들과 이야기를 나누면서 아이를 제대로 키울 수 없는 등의 많은 문제에 대하여 터놓고 토론하는 문화를 만드는 것이다. • 문제가 있을 때 서로 간에 상담자가 되어 주고 지지체계가 되어 주는 것이며 자신	파더센터에서는 일주일에 24종류의 프로그램을 진행 중이며 49개국에서 온 이민자 2,500명이 프로그램을 수강하고 있다. 1) 아랍풍 음식에서 이름을 따온 '쿠스쿠스수다 커피숍'이란 모로코 아버지모임 2) 여성의 입장에서 생각하는 다양한 프로그램 3) 일주일에 두 번, 월, 수요일에 혼자 사는 사람을 해 요리를 만들어 파는 식당 운영 4) 49개국에서 온 아랍계 이민자를 위한 성공적인 옷

구분	독일 마더센터	네덜란드 파더센터
	이 할 수 있는 일을 제공하고 받고 싶은 서비스를 받을 수 있는 공동체라고 할 수 있다. • 주민에 의한 운영방식으로 전문가의 도움이 아니라 공동체로서 서로에게 도움을 주고받는 장소이다.	입기 가게 프로그램 5) 취업훈련 : 주 1회씩 12주 과정의 봉제교육 6) 일주일에 두 번씩 기부받은 물품을 최저생계비 생활자에게 무료로 나누어 주는 '무료로 나누어 주는 가게' 운영 7) 13개국에서 온 아버지들이 참여해 연극 순회공연

자료 : 우먼타임스(2007).

또한 한부모가족에 대한 사회적 인식을 제고하기 위하여 한부모가족을 위하여 한부모와 자녀가 할 수 있는 일, 친인척이 할 수 있는 일을 하도록 가족생활교육을 실시하고 지역사회나 국가가 할 수 있는 지원방안을 마련하는 일이 필요하다. 한부모가족을 위한 제안의 구체적 내용은 〈표 10-9〉와 같다.

〈표 10-9〉 한부모가족을 위한 제안

한부모와 자녀가 할 수 있는 일

1. 하루에 적어도 30분은 가족과 함께 시간을 가지고 대화를 하자.
2. 한부모와 자녀는 가족생활교육 프로그램에 함께 참여하자.
3. 부모는 어려움과 기쁨을 자녀와 함께 나누자.
4. 부모는 인생을 긍정적으로 보자.
5. 자녀 스스로 자신의 문제를 해결하는 경험을 갖게 하자.
6. 부모는 자신감을 갖자.
7. 자녀는 집안일을 돕자.
8. 자녀는 부모를 이해하고 용기를 북돋아 주자.

친인척이 할 수 있는 일

1. 전화나 방문을 통하여 한부모가족에게 정서적 지원을 하자.
2. 남자 친척(예 : 큰아버지, 작은아버지, 이모부, 고모부, 외삼촌)이 아버지의 빈자리를 채워 주도록 노력하자.
3. 여자 친척(예 : 큰어머니, 작은어머니, 이모, 고모, 외숙모)이 어머니의 빈자리를 채워 주도록 노력하자.
4. 휴가철에 한부모가족과 함께 시간을 보내자.
5. 가족행사(예 : 생일, 제사, 명절, 결혼식 등)에 서로 참여하자.

지역사회에서 할 수 있는 일

1. 한부모가족을 부정적으로 보지 말자.
2. 한부모가족도 많은 장점이 있음을 인식하자.

3. 한부모가족을 위한 일회성 강연보다는 종합적 시리즈 프로그램을 제공하자.
4. 일반인이 한부모가족에 대하여 긍정적 이해를 할 수 있도록 매스컴이 지속적 프로그램을 제공하자.
5. 대중매체에서 한부모가족의 적응을 돕는 프로그램을 실시하자.
6. 종교단체도 한부모가족을 위한 프로그램을 실시하자.

국가에서 할 수 있는 일

1. 한부모가족을 위한 경제적 지원을 하자.
2. 가족생활교육과 가족상담의 기회를 충분히 제공하자(찾아가는 교육·상담서비스).
3. 이혼한 경우 자녀양육비 지급을 반드시 할 수 있도록 법제화(미지급 시 처벌 조항)하자.
4. 한부모가족을 위한 직업알선, 교육을 현실화하자.
5. 한부모가족을 위한 서비스 이용시설을 확충하자.

〈표 10-10〉 **부자가족의 위기개입 사례**

사례 개요
당시 세대주인 아버지 김○○ 씨(만 45세)는 자녀 김○○(만 4세)과 김○○(만 3세)을 부양. 세대주는 처가 3년 전 가출하자 여동생 집에서 자녀들과 생활하다 여동생의 자녀부양 어려움 호소로 자녀와 함께 현 거주지에 3개월 전 이사. 아버지가 새벽에 노동으로 일 나가면 자녀 두 명은 아침 식사 및 보육도 받지 못하고 하루 종일 동네를 돌아다니며 위험에 놓인 상태로 있어 주민의 아동보호 필요 민원 및 세대주가 아동을 입소시켜 달라는 요청으로 시작된 개입 사례

문제사정	개입계획
• 클라이언트 경제상황 : 세대주 막일로 월 100만 원 정도 소득 • 두 아동의 상황 : 세대주 출근 후 둘은 끼니를 거른 채 동네를 돌아다니다 학교 앞이나 노상에서 빵이나 음식을 얻어먹거나 집에 와서 끼니를 스스로 해결할 수밖에 없는 상황 • 세대주 및 자녀 심리상태 : 생계유지를 위해 일하러 나가야 하므로 자녀의 건강, 안전, 위생 등에 신경 쓰지 못함. 상담 중 자녀를 보호하려는 기본적인 의식적 발언과 자녀 포기의 이중적 심리불안 상황. 자녀는 아동발달상의 규칙이나 사회성 부족, 어머니의 부재로 애정결핍 • 주거환경불량 : 월세 10만 원, 세탁 · 청소 · 장판 불량 • 건강상태 : 가족 모두 건강은 이상 없으나 자녀의 경우 같은 또래에 비해 체격이 왜소해 영양불량상태 의심 • 세대주 주변 자원 결핍 : 좀 떨어진 곳에 세대주의 여동생이 있으나 여동생도 두 명의 자녀 돌봄. 세대주 부친의 건강이 좋지 않아 모친이 시골에서 돌봄. 주위 친구나 이웃관계는 없는 상태	• 클라이언트 스스로 자녀양육하도록 유도 : 국가 및 지방자치단체 지원소개 및 자녀양육 지원서비스 내용소개 • 클라이언트와 주기적 상담을 통한 가정유지 지원 : 자원봉사자 활용 통한 자녀 등교 및 퇴교 시 보호조치, 지역사회 이용자원연결 필요(어린이집 원장 면담, 자원봉사자 연결) • 가족에 대한 지역사회자원 연결 : 도우미 파견, 물품, 도시락 등 • 클라이언트 가정환경 변화지원 • 세대주 취업훈련 및 지원

개입단계

- 클라이언트 자신의 위기 이해를 위해 사회복지사는 클라이언트의 상태를 공감, 직면, 명료화, 수용, 비심판적 태도 등을 견지, 세대주 능력 강조, 정부가 지원하고 본인의 노력을 통해 두 자녀를 가정에서 양육하도록 노력하겠다고 하며, 국가지원에 대하여 문의하는 과정에서 필요한 계약사항을 이야기함
- 계약 : 현재 수입 100만 원은 3인 가구로 소득 초과되어 기초생활수급자로 책정될 수 없음(소득 100만 원은 최근 3개월간 평균임), 자녀에 대한 양육을 위해서 15~20일(토 · 일요일은 휴무) 정도만 일하고 자녀를 돌본다는 조건하에 기초생활수급자로 책정, 가족의 주거 및 의료급여 · 보육료 지원
- 주기적 상담을 통한 가정유지 지원
- 법적 지원과 자녀양육기능강화 : 아침, 저녁으로 두 자녀를 지원할 자활참여자 중 자원봉사자 두 명을 조직, 아이들 아침식사 및 어린이집 등원 지원 및 하원 후 식사 및 생활교육 지원
- 자녀의 보육과 교육지원 강화 : 두 자녀는 오래전 어린이집에서 적응을 하지 못한 적이 있었으나, 어린이집 원장과 상담 후 승낙을 받았으며 입소 당일은 아버지가 직접 아이들을 목욕시키고 가방 등을 챙겨 동사무소 담당자와 상담 후 입소케 함
- 폐쇄적 심리를 개방적 심리로 전환 : 클라이언트와 주 1회 상담을 통해 자녀에 대한 느낌과 환경변화에 대한 생각을 이야기하고 본인이 스스로 자녀를 양육해 나가는 강점을 강조하며 능력 있는 아빠로서의 면을 부각시킴. 클라이언트는 지금까지 알려 주지 않던 휴대폰 번호와 정확한 일자리 장소 등을 알려 주며 문제가 있을 시 즉시 상담을 요청함
- 가족에 대한 지역사회자원 연결 : 무료진료 연결(관내 소아과 · 내과 진찰), 건강검진 실시결과 이상 없음 확인, 도우미 파견
- 도시락 및 우유급식 지원
- 도배, 장판, 청소 등 가정환경 개선 지원
- 세대주 취업훈련 및 지원노력 : 상담을 시도했으나 마땅한 보장성이 없어 당분간 유보키로 함

종결 및 평가단계

- 자녀에 대한 양육 가능성 기대 - 아버지의 이해 실천
- 세대주의 당시 위기에 대한 잘못된 생각과 판단
- 지역의 도움과 가족과 함께 아이들이 성장할 수 있다는 긍정적 판단 전환
- 아이들의 학교 입학과 변화에 따른 적응
- 주변가족과 합류로 가족연계 및 지역사회연계 보호기능 강화
- 평가 : 경제적 혹은 부부간의 문제로 한부모가족이 된 가족 중 부자가족의 경우 양육의 어려움이 있어 지역사회보호를 받지 못하고 시설에 입소해야 하는 경우 입소 자체가 문제가 아니라, 입소 후 겪게 되는 여러 가지 문제를 야기할 수 있는 아이에 대한 정서적 · 심리적 공황 및 아버지가 아이들을 진짜 포기하게 될지 모르는 예견되는 다양한 상황을 방지하는 데 초점을 두었음

Chapter

11 학대가족

방임 및 학대가족은 급격한 사회변화와 가족형태의 다양화 속에서 가족해체와 사회범죄를 초래하는 심각한 사회문제로 부각되고 있다. 일반적으로 학대가족이라 함은 부모에 의한 자녀의 학대를 의미하지만 최근 다양한 유형의 학대가족이 증가하고 있다.

가정 내에서 자녀방임 및 학대는 아동의 건강한 성장·발달을 저해할 뿐만 아니라 아동의 전반적인 삶의 과정에 커다란 위기요인이 된다. 그리고 배우자학대는 배우자 개인만이 아닌 가족해체나 가족 모두의 안녕을 손상시킬 수 있기 때문에 사회에 미치는 악영향은 매우 심각하다. 또한 보건복지부(2021)의 노인학대보고서에 의하면 2021년 노인학대 신고 전체 사례 수는 19,391건으로 2020년 대비 약 14.2% 증가하였으며 학대자는 배우자, 아들 및 며느리, 딸, 사위, 손자녀 등 가족이 67.6%인 것으로 나타났다. 인구고령화와 더불어 존속학대는 점차 증가하는 추세이며 이에 대한 방안 마련이 필요한 실정이다.

"제 두 손으로 형의 목을 졸랐습니다. 차마 맨 정신으로 저지를 수 없어 술을 마신 것 같습니다. 죄송합니다."

2025년 4월 부산지역에서 범행을 자백하는 112신고가 접수되었다. 즉각 출동한 경찰은 한 주택내부에서 숨진 70대를 발견하고 그 옆에 있는 남성을 체포했다. 경찰조사에서 동생은 치매가 있는 형 병간호에 나도 지쳤다라고 하면서 울먹였다. 형은 10년 전 교통사고 후유증으로 오랜 기간 노인성 치매를 앓아왔고 간병은 같이 살던 동생의 몫이었다. 경찰대 치안정책연구소의 간병살인의 행태와 특성 분석 결과에 의하면 2007~2023년 17년간 형사법원에 확정된 간병살인은 모두 228건이다. 이중 자녀가 부모를 살해하는 친자간병살인은 96건(42.1%), 부부간병살인은 72건(31.6%)으로 나타났다.

출처 : 세계일보(2025.6.30.) 기사 중 발췌 정리.

특히 자녀방임 및 아동학대는 사회문화적 요인인 가부장적 문화와 경제적 빈곤과 관련되기도 하고 성장환경이나 개인적 특성에 의해 또는 복합적 요인의 상호작용에 의해 발생되기도 한다. 또한 발생된 가족학대 문제는 모든 다양한 유형에서 정신적·신체적 손상을 가져다주는 데 만성적 특성으로 죽음이나 살인에까지 이르는 심각한 사회문제가 되고 있다.

1. 자녀방임 및 학대가족

"아동은 건강하게 성장·발달할 권리가 있다."고 세계적으로 선포한 것은 국제연합의 아동권리선언이다. 그러나 1959년 아동권리선언이 선포된 이후 지금까지 가정에서의 자녀방임 및 학대는 여전히 특정 문화나 특정 시대에 국한된 것이 아니라 범시대적이고 세계적인 현상이다. 아동이 가정에서 적절한 보살핌을 받지 못하고 방임되고 학대된다는 것은 자녀 개인의 성장·발달은 물론이고 가족의 결속까지도 크게 저해할 뿐만 아니라(이소희, 1993: 213) 건강한 시민으로서의 성장조차도 기대하기 어려울 것이다.

1) 자녀방임 및 학대가족의 개념

자녀방임 및 학대가족의 개념은 아동방임 및 학대에 대한 일반적 개념에 포함되어 있기 때문에 이러한 개념에서 구체적으로 이해될 수 있다. 한편 Cooper와 Ball(1987: 1)은 "아동학대 및 방임의 개념 변화를 볼 때 오늘의 개념 정의가 내일에는 부적절할 수 있다."고 시사함으로써 또 다른 개념 변화의 가능성을 예측해 주고 있다.

(1) 아동방임 및 학대 개념 변화

아동방임 및 학대에 대한 개념은 1960년 이후 구체적으로 형성되기 시작하여 1980년대까지 다각적으로 확대·발달되어 왔다. 즉, Kempe와 그의 동료들(1962)은 '피학대 증후군'을 발표함으로써 아동학대를 성인의 의도에 의한 아동의 심각한 신체적 손상에 초점을 둔 협의적 개념으로 정의하였다. Kempe의 연구 이후 1960년대의 아동학대는 의학적 측면에서 접근한 해석이 주류를 이루었기 때문에 학대자의 정신병리현상에 의한 결과로 보았던 것이다. 그러나 1970년대에 들어와서 확대된 새로운 아동학대의 개념은 주 양육자 및 주위의 모든 환경에 의한 아동발달 영역상의 손상을 의미한다. 이러한 다차원적 관점의 개념은 아동학대 내지 학대 가능성의 요인으로서 양육자뿐만 아니라 사회문화적 환경을 포함하고 있다. 1980년대에 들어와서 아동학대는 더 통합적이고도 지속적인 개념의 필요성이 제기됨에 따라 제반 사회문화적 환경을 바탕으로 한 성인과 아동 간의 역기능적인 상호작용의 일부분으로서 개념화되었다.

(2) 아동방임 및 학대 개념 정의

아동방임 및 학대의 정의는 사회복지정책 및 계획, 학대 관련 법규정 수립, 연구, 학대 치료에 활용하는 데 그 목적이 있으며 일반적 정의와 유형별 정의로 설명될 수 있다.

① 일반적 정의

협의의 관점에서 본 아동학대는 Kempe(1974)가 정의한 것으로서 주 양육자가 의도적으로 아동에게 가하는 명백한 신체적 손상을 의미한다. 광의의 관점에서는 아동학대가 아동방임을 포함한 의미로서 주 양육자 및 주위의 모든 환경이 아동의 적절한 발달이나 복지의 보장을 저해할 가능성이 있거나, 현재 저해하고 있는 모든 발달영역상의 손상을 말한다(이소희, 1994: 14 재인용). 광의의 아동학대를 구체화시킨 미국 연방정부의 정의(1973)를 보면, "아동의 복지를 책임진 사람이 18세 미만 아동의 건강과 복지를 위해하거나 신체적 또는 정신적 손상, 성학대, 방임이나 기타 부당한 취급"을 의미한다. 또한 국제아동학대예방협회에서는 아동학대를 가정 외와 가정 내로 구분하여 가정 내 아동학대는 신체적 학대와 방임, 성학대, 정서적 방임 및 학대를 의미하고, 가정 외 아동학대는 아동을 위한 시설이나 학교에서의 학대와 방임, 아동의 노동력 착취, 미성년자 매춘, 강간, 기타 성적 학대를 포함하여 학대의 범위와 유형을 포괄적으로 제시하였다.

② 유형별 정의

유형별 정의는 광의의 관점에서 세분화되어 분류한다. 분류의 기준은 아동의 손상 특성을 중심으로 분류하기도 하고, 주 양육자와 기타 환경을 기준으로 대분류를 한 다음 아동의 손상을 아동방임과 아동학대로 구분하는 이중체계적 분류가 있다.

아동방임은 기준이 모호하여 일반적 정의의 학대보다 어려운 문제이다. 방임을 유형별로 살펴보면 다음과 같다.

- 신체적 방임은 양육자와 주위환경이 아동의 신체적 건강과 안전보호를 저해할 수 있는 내용으로서 건강보호의 거부 및 지연으로 인한 영양결핍과 비위생적 상태, 아동유기, 집 밖으로의 아동 축출, 부적절한 지도 · 감독 등을 의미한다.
- 정서적 방임은 아동이 양육자나 주위환경으로부터 적절한 정서적 양육과 관심 있는 사랑을 받지 못하는 상태로서, 즉 아동이 가정에서 부부간의 학대에 노출되고 아동에게 술이나 약물이 허용되며 다른 부적응행동이 허용되는 심리적 보살핌이 소홀히 제공되는 경우에 해당된다.
- 교육적 방임이란 양육자가 아동의 교육에서 요구되는 정신적 · 경제적 지원을 적절하게 수행하지 못하는 상태를 말한다.
- 의료적 방임은 양육자가 아동의 건강유지에 필수적인 의료서비스 제공을 하지 않는 상태인데 아동이 건강 정기검진 및 예방접종, 질병치료 등의 기회를 갖지 못하는 것을 의미한다.
- 성적 방임은 아동에게 성인의 성관계나 성 관련 시청각 프로그램 및 자료가 노출된 상태로서 아동의 심리적 충격과 성적 호기심이 자극되어 아동 성문제를 유발할 수 있는 상황을 뜻한다.

학대를 유형별로 살펴보면 다음과 같다.

- 신체적 학대는 문화에 따라 다양하게 규명되고 있지만 보편적으로는 아동에 대한 양육자의 의도적인 신체적 상해를 의미하고 최근에는 아동에 대한 부당한 노동력 착취를 포함하기도 한다. 미국의 아동학대 예방, 입양, 가족법(1988)에서 보면 신체적 아동학대란 양육자가 아동의 건강과 복지를 위해하거나 위협하는 상황에서 아동에게 가하는 신체적 손상이다. Strauss와 Gelles의 신체적 아동학대 정의는 아동에게 가해지는 폭력의 유형과 정도는 잘 나타나 있으나 신체적 손상의 정도와 의도성은 규명되지 않은 제한점이 있다.
- 정서적 학대는 정의하기가 모호하지만 주로 양육자의 위협과 공포적 행동으로 인하여 아동이 정신적으로 모든 의욕을 상실할 수 있는 상태를 의미한다. 즉, 아동이 양육자의

증오와 극심한 차별, 언어적·정서적 위협, 억압, 감금, 기타 가학적 행위(굶기기, 묶어 두기, 가두기, 내쫓기) 등으로 인하여 정신적으로 심하게 손상되는 경우다.

- 성학대의 개념 정의에 있어서는 문화에 따라 차이를 보이고 있으나 정신병리적 행위로 여기는 견해가 우세하다. 미국 국립 아동학대 및 방임센터 규정에 의하면, 아동 성학대란 성인이 자신의 성적 자극이나 욕구충족을 위하여 18세 미만의 아동과 성인 사이에 일어나는 신체적 접촉이나 상호작용하는 것을 뜻한다. Finekelhor(1979)는 아동이 동의할 수 없거나 동의될 수도 없는 성인의 성적 행위로 정의하였다. 한편 국내법에서 규정한 내용에는 아동에 대한 성폭행은 신체적 접촉뿐만 아니라 언어적 성희롱, 성기 노출까지도 포함하고 있다. 유럽의 법규는 아동 성학대에 관한 사회적 행위를 포함한 광의의 규정으로서 결혼이 허용되지 않은 남녀의 성적 접촉, 동성 간의 성적 접촉, 매춘행위, 음란물의 제작, 판매, 배포 등이다(안동현, 1996: 134 재인용). 이러한 광의의 개념은 오늘날 아동을 대상으로 한 음란물 판매가 성행하는 한국에 시사하는 바가 크다(최보문, 1992 재인용).

(3) 자녀방임 및 학대가족의 정의

자녀방임 및 학대가족은 학대의 가해자가 부모이고 피학대아동이 자녀임을 의미한다. 그러나 가정 내 아동학대는 사회문화적 환경의 차이로 명백히 규명하기 어려운 과제이므로 아동방임 및 학대예방이나 개입과정에서 신중한 접근이 요구되기도 한다.

2) 자녀방임 및 학대의 원인

가정 내에서 부모가 자녀를 방임하거나 학대하는 원인은 복합적 요인의 상호 관련성에 있다.

(1) 일반적 원인론

자녀방임 및 학대의 원인은 정신병리학적 접근, 사회체계적 접근, 발달론적 접근으로 해석, 제시되고 있는데 최근에 와서는 통합적 원인론인 상호작용주의적 관점을 지지하는 경향이다. 정신병리학적 관점은 아동학대가 단지 성인의 정신적 결함으로 인하여 유발되는 것으로 보고 학대자의 심리적 상태에 초점을 둔다. 이 경우의 부모는 심리적으로 억압적·의존적·충동적이며 미성숙하여 자아개념이나 자아정체감이 발달되지 못한 특성을 지니고 있어 적절한 부모-자녀 관계를 유지하지 못하고 자녀학대의 상황을 발생시킨다고 한다. 그러나 정신병리학적 관점에 의한 아동학대 원인규명은 다른 환경적 요인은 전혀 고려되지 않고 인간 내적인 문제에만 국한되어 있다는 한계를 지닌다.

Belsky의 사회체계적 관점은 아동학대의 인간 외적 환경을 고려한 생태학적 관점으로서 사회문화적 체계와 스트레스를 푸는 사회적 상황이 아동에게 학대를 가하게 하는 결정적 요인이 된다는 것이다. 이 관점은 Bronfenbrenner의 인간발달에 관한 생태적 모형을 근거로 하여 부모가 자녀를 학대하는 과정을 사회적·심리적 현상으로 보면서 생태학적 체계를 거시, 중간, 미시체계로 구분 설명하였다. 미시체계는 학대가 즉각적으로 일어나는 가정상황(가족의 크기, 부부관계, 가족 간의 상호작용, 부모의 특성, 아동의 기질 등)을 의미하고, 중간체계는 사회적 구조로서 스트레스를 주는 취업 여부, 경제상태, 이웃환경을 의미한다. 거시체계는 문화가치관이나 믿음체계로서 아동에게 체벌을 포함한 학대를 허용하는 사회, 문화의식이다(Belsky, 1980: 327; 이소희 외, 1994: 217).

발달론적 관점은 아동학대가 아동의 발달단계에 기인하는 것으로 보고 있다. 즉, 학대의 책임이 부모나 양육자, 기타 환경에 있는 것이 아니라 아동 자체에 두고 있는 접근으로서 아동의 기질, 미숙아, 선천적 장애와 발달시기에 따른 특성에 의한 나이, 성, 외모 등이 학대를 유발하는 요인으로 작용한다고 보고 있다.

상호작용주의적 관점은 상기한 관점들의 제한성을 보완시켜 주는 통합적 접근이다. 즉, 아동학대는 어느 한 가지 단일요인에 의하여 발생하는 것이 아니라 사회문화적 가치관, 상황적 스트레스, 부모의 성장·발달사, 부모의 기질, 아동의 기질, 주변 환경 등과 잠재적 요인까지 상호작용한 결과이다. 즉 이 모든 상황이 직·간접적으로 부모의 행동에 영향을 줌으로써 아동학대환경을 형성하게 된다고 본다. 이와 같은 이론을 토대로 가정에서 자녀방임과 학대를 유발하는 요인 중 가족요인에 대하여 구체적으로 살펴보기로 한다.

(2) 가족요인

자녀방임과 학대를 유발하는 가족요인은 가족역동과 부모, 아동을 중심으로 설명될 수 있는데 특히 Costin은 부모의 성격적 특성과 스트레스, 자녀의 특성, 가정의 경제적 여건 등을 자녀방임과 학대의 원인으로 지적하고 있다.

① 가족역동

가족역동은 상호작용주의 관점에서 본 가족의 상호작용과 관련되어 있는 개념이다. 가족역동에서 자녀학대와 관련한 주 요인은 가족 간의 상호작용 부족과 부부간의 갈등과 불화로 지적되고 있다(안동현, 1996: 140; 홍강의, 1994: 16). 또한 부부의 갈등해결책으로서는 신체적·언어적 폭력 등 공격적 방법을 많이 사용하는 경우 폭력적 상황 자체가 자녀를 심리적으로나 신체적으로 학대할 수 있는 환경조성이 될 뿐만 아니라 성장 후의 자녀가 다시 폭력가정을 만들 수 있는 가능성이 높아진다. 특히 부부간의 폭력 정도와 부모의 불화가 아동에 대한 가족기능을 약화시킨다. 가족역동은 부부관계뿐만 아니라 많은 자녀 수와 높은 가족밀도, 가정붕괴 등과 관련이 있다.

② 방임 및 학대부모의 특성

가. 부모의 기질, 성격, 발달 : 부모의 기질, 성격, 발달은 문제의 정도가 경미한 정도에서 결함장애까지 포함하고 있다. 일반적으로 방임 및 학대부모는 의사소통능력 및 자기통제력의 부족과 자아개념과 자아정체감의 미성숙, 정서불안, 충동적·억압적·의존적·지배적 성향이 강한 특성을 지닌다. 또한 경미한 수준의 우울증을 포함하여 정신장애도 나타난다.

뿐만 아니라 부모는 자녀의 욕구를 중시하기보다는 부모 자신의 정서적 욕구와 관계성을 우선시하는 자기중심적 성격을 지니기도 한다. 부모의 지나친 음주습관 혹은 게임중독 등도 감정의 충동성 억제를 저해하거나 스트레스를 폭발시킴으로써 아동학대를 유발하는 요인이 된다.

나. 가정환경 : 일부분 학대부모는 가족학대에 있어 대물림현상을 보이기도 한다. 부모가 성장과정에서 부모로부터 학대받은 경험이 있고 부모의 부부관계가 결함이 있는 결손가정의 경우, 경제적으로 가난한 가정에서 자란 경우 자녀를 학대할 가능성이 있다. 그러나 가족의 경제적 문제가 없고 부모의 불화가 없어도 자녀학대는 발생하기도 한다.

다. 사회문화적 배경 : 학대부모가 가진 사회문화적 배경도 학대의 요인이 된다. 자녀훈육시 체벌을 허용하고 자녀를 권리주체로 보기보다는 부모의 소유물로 간주하는 문화의 경우 학대가 보다 빈번하게 발생한다. 이는 한국과 일본에서 발생하는 부모−자녀 동반자살이라는 독특한 현상을 초래하기도 한다. 또한 부모-자녀 관계에서 고정된 성역할 태도를 가지고 있을 경우 경직되어 있고, 가부장주의의 권위적 성향이 뚜렷하게 나타나면서 아동학대로 이어지게 된다. 이러한 경우 아버지가 어머니보다 올바른 양육태도를 위한 의식발달이 더 필요하다고 본다.

라. 자녀양육 지식 및 기술 : 부모의 아동양육에 관한 지식과 돌보는 기술의 부족이 자녀를 쉽게 방임하거나 학대하는 현상을 가져온다는 것이다.

③ 자녀의 특성

부모의 자녀학대에 있어서 자녀 특성의 고려는 자녀에게도 학대요인이 존재한다는 것을 을 의미한다. 이것은 아동을 단지 학대의 희생자라고 보는 일반적 고정관념에서 벗어날 수 있게 한다. 즉, 자녀의 기질적 문제와 발달상의 결함, 발달 특성, 그리고 원하지 않는 출생이 부모로 하여금 자녀를 소홀히 대하거나 학대를 가하는 원인이 된다.

3) 자녀방임 및 학대현상

자녀방임 및 학대 현황은 신고접수를 토대로 하기 때문에 사실적 현상의 빈도를 파악하기가 어렵다. 특히 전국적 관련 조사나 연구가 다소 부족하여 총체적 현상을 구체적으로 제시할 수 있는 자료가 제한적이다.

(1) 신체적 학대

우리나라의 경우 가정 내에서 아동의 매 맞은 경험인 신체적 학대는 전체 학대 중 58~98%의 범위로 나타났고 상당한 증가 추세에 있다(김광일, 1997: 138; 안동현, 1996: 135; 홍강의, 1997: 206)고 하나 최근에는 신체적 학대보다 정서적 학대와 중복학대가 더 높게 나타나고 있다. 신체적 학대의 경우 남아가 여아보다 훨씬 높은 경향이며, 연령대는 6~11세가 가장 높다. 그러나 심한 손상은 나이가 어릴수록, 여아일수록 더 많다(안동현, 1996 재인용; 홍강의, 1997). 한편 구타자의 분포는 아버지가 어머니보다 훨씬 높았기 때문에 아버지의 자녀학대에 대한 대책이 더 고려되어야 할 필요가 있다.

최근 아동학대보고서에 의하면 신체적 학대가 이전보다는 크게 줄었지만 아직도 학대유형 중 높은 것으로 나타났다. 이러한 신체적 학대 감소는 아동학대신고제 등의 아동보호제도 및 복지서비스 확대에 근거한 것으로 평가되고 있다.

(2) 성학대 현상

성학대 현상은 특히 가정의 경제가 궁핍하고 부성역할이 부적절한 환경에서 많이 발생하며, 만성적이고 반복적인 것이 특징이다. 학대부모는 대부분이 폭력을 행사하기보다는 교묘하고 역기능적인 방법으로 자녀를 성적 대상화시킨다. Faller(1981)는 가족 내 아동 성학대인 근친상간 가족의 특징을 다음과 같이 네 범주로 구분하고 있다.

- 가족 대부분 또는 전체가 성적 본능이 강하다.
- 피학대아동이나 성인 상대자가 지적장애이다.
- 학대자가 정신병리적이거나 일으킨 성학대 문제에 대하여 책임감을 느끼지 못한다.
- 자녀가 부모역할을 대행하는 가족이다.

이 중 역할 교체적 근친상간[4]이 부모에 의한 자녀 성학대로서 여타의 범주보다 훨씬 빈번하게 일어난다. 또한 Justice와 Justice(1979)는 딸을 성학대하는 아버지의 인성을 정서적 문제를 가진 세 가지 유형으로 나누고 있다. 즉, 공생적 인성의 아버지는 부적합한 애정욕구 및 친밀성 그리고 부적절한 수용성을 가지고 있으며, 정신병리적 인성의 아버지는 옳고 그름에 대한 적절한 도덕적 의식의 발달 부족과 대인관계의 책임감이 결여된 경우이다. 소아성애의 아버지는 자녀에게 성적 매력을 느끼는 것인데 이 외에도 근친상간이 허용되는 문화나 근친상간 학대환경에서 성장한 아버지도 해당될 수 있다.

가족과 관련된 근친상간 성학대는 보고건수 중 3/4이 아버지에 의한 딸 성학대로 나타났다. 우리나라의 경우 성학대는 다른 학대유형보다 다소 낮은 비율이나 이혼과 재혼가정의 증가로 인한 자녀 성학대가 늘어나고 있는 실정이다. 특히 성학대는 신체적 학대보다 더 비밀스러운 영역이기 때문에 은폐가 많은 것으로 지적되고 있다.

---

4) 역할교체적 근친상간은 아동의 모나 부가 부재한 상황에서 아동이 부 혹은 모의 성적 대상이 되어 이루어지는 부적절한 성관계를 의미함.

4) 자녀방임 및 학대가 자녀에게 미치는 영향

자녀방임 및 학대는 어린 나이의 자녀일수록 더욱 치명적이고 성장 이후의 생애에도 누적적이고도 세대 연속적인 악순환을 초래한다. 또한 한 가지의 학대유형일지라도 다른 유형의 학대를 유발할 수 있는 유기적 영향을 갖게 된다. 그리고 혼합유형의 학대인 경우 아동에게 주는 영향은 더욱 치명적이다.

(1) 신체적 방임 및 학대자녀의 손상

부모의 신체적 학대로 다치기도 하고 죽기까지 한다. 최근에는 부모로부터 신체적 방임이나 학대를 받은 자녀는 신체적 손상보다 정신적 손상이 더 보편적인 것으로 나타났다(Strauss, 1997: 78).

① 정신적 손상

신체적으로 학대받은 아동은 반복적 구타와 위협, 처벌을 통하여 높은 비율의 지적장애와 언어장애 또는 정서적·심리적 결함을 가지기도 하고 발달지연을 보이기도 한다. Green (1985)의 정서적·심리적 후유증에 대한 기술을 요약하면 다음과 같다.

- 자아기능의 손상으로 인지기능의 결함과 중추신경계 장애, 발달지연을 겪게 된다.
- 급성불안으로 인한 손상된 반복행동반응을 보인다.
- 정신병리적 대상관계로 사회성 발달이 부적합하게 이루어지며 대인관계에서의 '신뢰감'을 형성하지 못한다.
- 본능적 방어기제(부정, 투사, 함입, 분리)를 적응방법으로 사용하여 대인관계에서의 감정조절, 감정통합능력이 미흡하다.
- 자아개념의 손상으로 부정적 자아개념(자기경멸, 자신감 부족, 우울 등)이 형성된다.
- 자기학대행동으로서 자살, 자해행동을 한다.
- 머리에 폭력을 가함으로써 중추신경계의 손상을 가져와 두뇌발달에 악영향을 준다.

신체적으로 학대받은 아동을 정상아동과 비교하여 나타난 문제행동을 정도 순으로 보면 다음과 같다.

- 부모를 신체적으로 공격할 가능성이 6.5배나 높다.
- 가족이 아닌 성인과 싸울 가능성이 6배나 높다.
- 또래와의 문제, 음주와 약물복용의 가능성이 4.7배나 높다.
- 법적 체포의 가능성이 4.4배나 높다.
- 가정 밖에서 싸울 확률이 3.4배나 높다.
- 학교생활의 실패와 훈련의 횟수를 2.6배나 겪는다.
- 가정에서 훈련교육의 기회를 2배 더 겪어야 한다.

② 신체적 손상

부모의 신체적 학대는 아동의 신체적 성장 부진, 질병 등을 가져온다. 또한 신체적 학대는 아동에게 피부 멍들기와 결손, 자상, 화상을 입히며 또 다른 양상은 치아골절과 골절, 시력상실, 내부 장기조직 파열, 두뇌 손상, 사망까지 다양하다. 안동현(1996)은 신체적 학대의 제일 중요한 특징이 "합리적으로 추정되는 원인에 의한 것보다 심각하고 납득되지 않는 손상"이라고 하였다.

(2) 성적 방임 및 학대자녀의 손상

성적 방임은 성관계 노출과 성 관련 자료의 개방을 말하는데 아동에게 심리적 충격과 성적 호기심 및 자극을 줌으로써 건강한 성의식과 성개념 발달을 저해하거나 성에 관한 과도한 관심으로 가지도록 유도하게 된다. 따라서 성적 방임 아동은 성학대 아동의 경우보다 경미하지만 정서불안과 성적 역기능을 겪을 수 있다. 성학대 아동의 특징은 성숙함과 성에 관한 지식과 행동을 과도하게 보이는 점이고, 정신 병리적으로는 자아개념의 손상과 심한 정서불안을 나타낸다. 특히 성학대 후유증으로서 수면장애와 공포, 수치심, 히스테리가 뚜렷하고 그 다음 성과 관련된 혼란행동과 우울 등이 나타난다. 뿐만 아니라 신체적 학대의 영향과 마찬가지로 정서적 · 심리적 결함을 가져옴으로써 아동이 공격적 행동과 비행에 연루되고, 학교생활의 성취 부족 및 부적응, 기피를 보이면서 또래관계의 어려움을 가진다. 특징적 증상과 행동은 성 관련 관심과 행위, 임신, 신체에 대한 부정적 관념, 정신적 해리현상을 들 수 있다.

5) 자녀방임 및 학대가족을 위한 복지대책

아동방임 및 학대에 관한 가족복지적 접근은 아동을 보호하고 가족의 기능을 회복시키는 데 1차 목적을 두고 있다. 즉, 방임 및 학대가족에 대한 처벌보다는 가족의 역기능을 제거함으로써 가족복지를 도모하고자 하는 제도적 고려이다.

아동보호와 관련된 우리나라 법은 「아동복지법」, 「근로기준법」, 「형법」 등이 있고, 1989년 한국아동학대예방협회가 설립되어 전국 지부를 설치하여 학대신고센터를 운영 중에 있다.

부모가 자녀를 적절하게 양육하지 못하고 방임하거나 학대하는 원인은 다양하고 복합적이다. 그리고 가족 내 아동방임과 학대현상의 특성은 반복적이고 만성적이다. 따라서 통합적인 관점에서 접근할 필요가 있다.

(1) 예방적 복지방안

① 거시적 체계 내에서의 예방적 복지방안 : ㉠ 사회문화적 가치관의 변화를 위한 부모의식교육 실시 및 부모교육내용을 확대한다. 한국의 자녀방임 및 학대예방을 위한 부모교육은 주로 아동발달, 청년발달, 아동복지, 생활지도 등이 포함되어 있어 부모의 양육지식 부족에만 초점을 둔 미시적 체계접근의 예방교육이다. 외국의 예를 보면, 방임 및 학대의 원인이 거시적 체계의 내용에서 미시적 체계에 이르기까지 포괄적 내용이다. 즉, 사회문화, 인류와 가족의 근원, 결혼, 배우자 선택에서 부모되기의 결정, 아동발달, 결혼생활의 스트레스 등 다양하다(Whitefield, 1987: 175). 따라서 아동학대의 거시적 환경요인인 사회문화적 가치관의 변화를 위한 부모의식교육을 우선적으로 실시할 필요가 있고, 확대하여야 한다. 매스컴을 통한 바람직한 부모상과 부모역할에 대한 그리고 자녀에 대한 인식전환이 필요하다.

㉡ 신고 및 조사제도의 재검토가 필요하다. 가정에서의 자녀방임 및 학대는 노출되기 쉽지 않다. 우리나라의 「아동학대범죄 처벌법」에 의하면 아동학대 범죄를 알게 된 경우나 의심이 드는 경우에 누구든지 행정기관이나 수사기관에 신고할 수 있도록 규정하고 있다. 신고의무자는 직무를 수행하면서 아동학대범죄를 알게 되었거나 의심이 있어도 신고해야 하고 정당한 사유없이 신고하지 않을 경우 1천만 원 이하의 과태료가 부과된다. 그러나 신고의무자가 아닌 일반시민의 경우 의무사항이 아니다. 미국과 호주의 경우 아동학대 예방을 위한 의무신고제를 일반시민에게도 전면 실시하고 있는 점을 고려하여 우리나라도 이와 같

이 제도개선이 필요하다. 또한 신고한 건에 대하여 조사기능을 고려해 볼 때 아동 및 사회복지전문가, 교육전문가, 관계공무원, 치안관계자가 한 팀으로 구성되어 조사할 수 있는 시스템이 구축될 필요가 있다.

② 중간체계 내에서의 예방적 복지방안 : 아동보호를 위한 경찰기관의 기능을 강화한다. 효율성 있는 아동보호는 위기상황에 대한 신속한 대처를 필요로 한다. 영국의 경우를 보면, 아동방임 및 학대에 대한 지역의 신속한 대처능력을 고려하여 1차적으로 경찰기관의 개입이 강화되고 있고 개입형태도 신고, 접수, 24시간 가정상담서비스 제공, 관련 기관에의 연결서비스 등이 있다. 이러한 경찰의 개입에 전문시민단체가 전문적 측면의 지원을 해주고 있기도 하다(한국여성개발원, 1993: 163).

③ 미시적 체계 내에서의 예방적 복지방안 : ㉠ 아동의 학대대처능력 향상 교육이 필요하다. 피학대의 주체인 아동에 대한 교육도 확대될 필요가 있다. 특히 성학대의 경우 아동이 학대부모의 교묘한 전략에 대처할 수 있도록 많은 교육 프로그램이 외국에서는 실행되고 있다. 최근 한국에서도 성학대예방 프로그램이 소개되기 시작하였으나 아직 널리 보급되지 않고 있다. 교육내용은 아동의 상황에 따른 의사표시능력의 증진, 학대상황에 대한 이해와 대처 등이 될 수 있다.

㉡ 부모 및 가족 간의 상호작용 훈련이 필요하다. 한국은 다른 나라에 비하여 가족 내에서의 폭력사용을 관대하게 허용하는 문화이다. 따라서 가족 간의 원만한 의사소통능력 증진을 위한 훈련기회는 가족폭력을 감소시킬 수 있는 효과적 방안이 될 것이다.

(2) 치료적 복지방안

자녀방임과 학대가족을 위한 치료적 복지방안은 가족기능 회복에 1차 목표를 두어야 한다. 아동은 본능적으로 본래의 가족 속에서 가장 안정감을 느낄 수 있고 애착을 가질 수 있기 때문이다.

① 거시적 체계 내에서의 치료적 복지방안 : 관련 법 제도는 아동학대가 극심하여 가족기능의 회복이 불가능한 경우에 적용되는 부모역할의 대리적 법적 조치와 가족기능 회복이 가능한 경우의 법적 조치를 들 수 있다. 즉, 전자는 아동과 부모와의 일시적 · 영구적 분리(입

양, 위탁가정, 시설보호 등)를 의미하는 법적 절차이고, 후자는 치료서비스 제공인 아동복지 급부에 관한 법규이다. 이 법적 기준에 의거하여 의료, 교육, 상담서비스가 제공될 수 있고 부모의 양육능력 보충의 보육서비스도 부모가 이용할 수 있도록 한다.

② **중간체계 내에서의 치료적 복지방안** : ㉠ 경제적 향상을 위한 지원서비스를 제공한다. 자녀방임과 학대의 원인이 경제적 빈곤에 있는 경우는 가정의 경제적 향상을 위한 지역의 취업알선, 가내부업 연결서비스 제공, 지역회원기금 마련 등이 필요하다.

㉡ 아동교육기관과 교사의 참여를 증진시킨다. 교사는 방임 및 학대아동을 직접 발견하고 확인하며 가까이서 도와줄 수 있는 중요한 인적 자원이기 때문에 아동교육기관과 교사의 참여를 증진시킴으로써 가족 내 자녀방임 및 학대사례의 신속한 신고와 치료체계를 구축하여야 한다.

㉢ 가족치료과정을 단계별로 조직화한다. 학대아동을 포함한 가족치료과정은 1차 해결단계가 주거지역 중심의 지역사회 치료체계이며, 2차 해결단계는 서비스에 대한 전문성 요구수준에 따른 지역 외 전문치료체계이다. 이것은 가족치료서비스의 효율성과 전문성을 고려한 것이다.

③ **미시적 체계 내에서의 치료적 복지방안** : 미시적 체계 내에서의 치료적 복지방안은 학대자녀와 부모를 위한 치료서비스의 확대와 교육상담서비스의 확대와 관계된다.

㉠ 가족치료서비스 제공을 확대한다. 방임 및 학대자녀를 위한 가족치료서비스는 자녀와 부모의 치료과정과 가족집단치료과정을 포함한다. 아동에게는 손상된 자아개념과 신뢰감을 재확인하고 안전한 환경제공을 통하여 자신과 가해자인 부모와 가족에 대한 부정적·긍정적 감정을 충분히 전환시킬 수 있는 기회를 주는 것이다. 학대아동 치료방법은 놀이요법, 미술치료, 정신치료, 개별 심리상담 및 집단상담, 최면요법 등 다양하다. 대부분의 한국 아동학대예방기구에서는 아동과 부모에게 치료서비스 혜택을 제공하고 있으며 주로 민간기구 중심이다. 그러나 치료의 전문성과 관련 전문가 개입의 통합성을 고려할 때 공공기관이 주도적 위치에서 사회복지 및 아동복지 전문요원, 치안 및 사법관계자, 정신보건전문가의 참여를 확대시키는 것이 바람직하다. 그리고 가족치료서비스 확대를 위하여 정부는 종합병원과 관련 전문 클리닉의 참여를 높일 수 있는 제도를 아울러 수립하는 것이 필요하다.

㉡ 부모교육 및 상담서비스를 확대한다. 치료적 복지방안의 목표가 가족에 대한 처벌보다

가족기능의 회복에 있는 것이니만큼 가해자인 부모를 대상으로 한 교육 및 상담기회의 확대는 매우 중요한 일이라 하겠다.

2. 배우자학대

배우자학대는 흔히 가정폭력의 동의어로 사용되고 있다. 그러나 가정폭력(domestic violence)이란 용어의 의미는 가정 내에서 발생하는 모든 폭력을 의미한다. 가정에서의 폭력행동이 모두 두 성인 간의 관계에서 발생하는 것으로 사람들이 이해하고 있을 경우 가정폭력은 배우자학대를 지칭하고 있는 용어로 인지할 수 있으나, 그렇지 않다면 현재 한국에서의 가정폭력 용어 사용의 적절성은 재고의 여지가 있다. Walker의 분류에 근거해 볼 때 학술적이고 중립적인 용어이기도 한 배우자학대의 대상은 법적 배우자와 동거인이 사실혼의 관점에서는 배우자로서 인정될 수 있으므로 포함된다.

1) 개념 정의

한국 「가정폭력범죄의 처벌 등에 관한 특례법」에서는 가정폭력을 "가족성원 사이의 신체적 · 정신적 또는 재산상 피해를 수반하는 행위"라고 정의하고 있다. 배우자학대의 개념은 일반적으로 배우자에게 신체적으로 상처를 입힐 정도의 힘이 사용되었을 경우를 말하고, 보다 구체적으로는 상대에 대한 폭행, 구타, 해치거나 죽이겠다는 위협, 기타 법률에 저촉되는 강압된 행동, 폭력이 사용된 경우와 나이에 관계없이 결혼관계 내에서 가해지는 정서적 학대도 포함하는 것으로 정의되고 있다. 이 같은 내용을 포괄하여 Strauss(1983)는 폭력행동의 척도를 개발하여 보다 구체적인 행동으로 표시하고 있는데 폭력행동도 나누어 학대수준을 표시할 수 있도록 하고 있다. 이를 일반적 기준과 비교하여 보면 〈표 11-1〉과 같다.

〈표 11-1〉 배우자학대 증상 및 수준

정도	일반적 기준	Strauss의 분류 기준
약	• 언어적 위협 • 신체적 손상 혹은 의료적 치료가 필요치 않을 때	• 상대편에게 무엇인가를 던지겠다고 위협하는 것 • 물건을 던지거나, 부수거나, 치거나, 차는 것 • 실제로 상대편에게 물건을 던지는 것 • 상대편을 밀거나, 잡거나, 밀치는 것
중	• 상대편에게 무엇인가를 던지는 것 • 밀거나, 잡거나, 밀치는 것 • 뺨을 때리는 것 • 차는 것 • 차거나, 물거나, 주먹으로 치는 것 • 신체적 손상, 단기간의 의학적 치료가 필요한 경우	• 뺨을 때리는 것 • 차거나, 물거나, 주먹으로 때리는 것 • 치거나 물건을 가지고 때리는 것 • 마구 때리는 것
강	• 임신 중의 상처 • 목 조르거나 달아매는 것 • 심하게 맞는 것 • 총이나 칼로 위협하는 것 • 칼로 자르거나 던지는 것 • 피해자 증후군을 보이는 것 • 자동차로 치거나 치겠다고 위협하는 것 • 성적으로 학대하는 것 • 심각한 신체적 손상 혹은 장기간의 의료적 치료, 입원치료 혹은 안전을 위해 다른 곳으로 옮기는 것 • 죽이는 것	• 총이나 칼로 위협하는 것 • 실제로 총이나 칼을 사용하는 것

2) 배우자 학대원인과 관련된 이론

(1) 사회학습이론

Hartman은 폭력은 원가족, 문화적 편견, 사회적 폭력, 불특정한 강화 지식의 부족으로부터 학습된다(Davis, 1987: 310)고 했다. 이 이론에 의하면 "인간의 공격성은 다른 형태의 사회적 행동처럼 자극, 강화 및 인지적 통제하에 있는 학습된 행동"으로 볼 수 있다. Bandura는 개인의 행동을 규정하는 사회문화적 요소로서 규범·가치·법률·관습 및 도덕 등이 일차적으로 중요하다고 강조하면서 특히 모델링(modeling), 강화(reinforcement)와 보상(reward)의 개념을 강조하였다. 그는 부정적으로 학습된 분노의 표현이 폭력행동에 결정적 역할을 한다고 하였다(Taylor, 1984: 11-12).

사회학습이론에서 공격은 ① 좌절을 공격으로 이끌어갈 수 있는 조건, ② 공격의 학습을 강화하는 과정, ③ 좌절이나 불행한 경험으로 인한 많은 다른 가능한 결과가 있을 수 있다는 사실에 초점을 맞춘다. 그리고 역할을 학습하는 과정에서 혹은 원하는 목표를 달성하는 데 있어 폭력을 사용하는 데 강화가 주어진 사람에게서 폭력행동이 발생할 가능성이 높다는 것이다.

그러나 Bandura는 학습자는 학습과정에서 자신이 경험한 자극상태를 능동적으로 지각하고, 해석하며, 저장도 하고 때로는 변경까지 한다고 보았다. 따라서 역기능적으로 학습된 사고나 행동은 자신의 의지로 비학습(unlearning)하거나 긍정적이고 건설적인 방향으로 재학습(relearning)할 수 있다는 것이다(Neiding, 1994: 39). 그러나 이 이론에 대한 비판은 가족이란 역동적 단위이기 때문에 가족 간 또는 세대 간 폭력에 관해서는 강한 설명력을 갖지만 가부장적 측면에서 남편에 의한 아내학대를 설명하기에는 충분치 않다.

(2) 가족체계이론

이 이론은 가족폭력을 커다란 체계의 부분으로 존재하는 복잡한 상호작용의 결과로 간주한다. 따라서 여타의 이론이 왜(why)라는 단선적 원인설명에 초점을 맞추는 반면에 체계이론은 갈등상황 속에서의 폭력행동이 어떻게 발생하였는지에 초점을 맞춘다. 즉, 한계의 다른 부분들은 부부의 상호관계보다는 덜 중요하다는 것이다. 이는 A가 B의 원인이 될 수도 있지만 B 역시 A에게 영향을 끼치고 있다는 순환적 인과관계(circular causality)가 성립될 수 있다는 입장이다.

체계이론의 관점에서는 일정한 시간이 흐르면 체계유지가 구체적 갈등보다 더 중요하게 된다. 이러한 주장은 폭력을 경험한 여성의 50% 이상이 여전히 부부관계를 지속하기를 원하고 있고 실제로 대부분의 여성(90~92%)은 집으로 돌아간다는 사실이 이를 뒷받침해 주고 있다. 결론적으로 체계이론은 결혼관계 속에 있는 여성과 남성 각각은 독립적으로 존재할 수 없다고 본다. 그러므로 결혼은 보다 큰 체계 내의 작은 단위의 체계로 간주되어야 할 뿐 아니라 부부간에 발생하는 배우자학대 역시 한 체계의 산물로 이해해야 한다는 것이다. 이와 같은 맥락에서 Fortin과 Chamberland는 이용 가능한 개인적 · 전문적 지지망을 갖는 것이 가정폭력의 위험성을 감소시킨다고 주장하고 있다(Kemp, 1998: 91).

(3) 사회구조론

사회구조론은 구미에서 1970년대부터 활발하게 제기되었는데 배우자학대 문제의 주된 초점을 성차별과 같은 세계적 현상, 문화적 규범, 사회경제적 요인 그리고 여성해방 운동에서 주장하고 있는 성역할의 불균형에 두었다(Elbow, 1987: 515). Dobash 부부는 가부장적 가족구조의 기초가 여성에 대한, 특히 부인에 대한 남편의 폭력을 조장시킨다는 것이다. Dobash 부부처럼 다른 연구팀들, 즉 Stark, Flitcraft 그리고 Frazeier도 배우자학대의 근본원인이 가정에서의 가부장적 관계이며 가부장적 가족의 발전, 유지, 지속은 배우자학대를 '개인적 문제'로 끌어내림으로써 많은 학자와 서비스 제공자가 피하려고 하는 정치적 문제(Pagelow, 1984: 126)라는 것에 동의한다고 주장한다. 따라서 이들 이론가는 사회의 구조적 변화, 여성지위 향상을 위한 제도적 뒷받침을 성취하기 위해 다양한 활동을 펼치고 있다.

(4) 개인병리론

개인 병리론은 자신의 가족을 해치는 사람은 정신적 문제가 있는 일탈적 사람이라고 가정하면서 배우자 학대를 병으로 간주했다(Pagelow, 1984: 111-112). 주 피해자인 여성에 대한 시각도 구타당한 여성은 심리적으로 문제를 가진 사람이라는 것이다. Snell과 그의 동료는 또한 공격적이고 남성적이며 지배적인 여성들은 성 불감(frigid)이거나 피학적(masochistic) 여성이라고 하면서 그러한 여성의 특성이 폭력을 당하게 되는 이유가 된다고 했다. 따라서 이 관점에서는 남성 혹은 여성 개인이 모든 폭력의 원인에 대한 책임이 있다(Silessims, 1983: 28-38)고 주장한다. 배우자학대를 연구하기 시작한 초기의 연구들은 의학적 해석이 지배적이었고, 그 결과 이들은 병리적인 피학증 여성이 배우자학대의 주된 역동이라고 주장했으나 큰 설득력을 지니지는 못하고 있다.

위의 대표적인 이론 외에도 갈등이론, 사회교환이론, 스트레스이론, 시소이론 등이 소개되고 있으며 나름대로 설득력 있는 주장을 펼치고 있다.

3) 배우자 학대 치료를 이한 주요이론

(1) 인지행동치료

이 이론은 인간의 무의식적 정신내용을 찾아내는 것보다는 의식적 인지과정을 변화시키고 계발시킴으로써 인지능력을 더 많이 넓힐 수 있으며, 사람들은 인지활동을 반복하는 동안 거의 무의식적 수준에까지 이르게 된다고 주장한다. 그러나 Bandura는 이러한 생각과 그 결과로 생겨나는 행동의 일상화(routinization)는 행동을 지휘한다고 믿는 무의식적 정신활동과는 구별되어야 한다(Bandura, 1986: 5)고 주장한다. 이 치료법은 크게 세 가지 중요한 내용, 즉 Ellis의 합리적 정서치료, Beck의 인지치료 그리고 행동주의 기법들로 나누어 살펴볼 수 있다.

이 치료법은 클라이언트의 신념(belief)이 그들의 폭력행동만큼이나 중요하다고 믿는다. 따라서 치료과정에서 클라이언트의 행동은 단순히 관찰된 것에 대한 반응이 아니라 그들의 관계를 방해하는 다양한 생각과 감정이 각자의 아동기 경험과 관련되어 있다는 것을 깨닫게 되는데 이때 이들에게 스스로의 왜곡된 인지와 부정적 귀인(attribution)을 대치시킬 수 있는 자기지시기법(self-instructional techniques)에 대한 교육이 필요하게 되는 것이다.

이 기법 중 한 가지 대표적인 것으로서 긍정적 혼잣말(self-talk)을 가르칠 수 있는 효과적 기술인 분노일지(anger-log)를 양쪽 배우자 모두에게 과제로 주는 것이다(Thomas, 1992: 307-311). Taylor(1984: 212)는 배우자학대 문제해결을 위해서 인지 - 행동 - 교육적 접근법을 병행한 부부 및 가족치료가 필요하다고 하였다.

(2) 의사소통치료

체계이론 중 인공두뇌학에 기반하고 있는 의사소통이론은 가족성원이 표현하는 문제를 가족의 상호작용에 의한 것이라는 관점에서 조명한다(Nichols, 1984: 393). 의사소통이론을 대표하는 두 가지 주요 개념은 이중구속(double binding)과 가족항상성(family homeostasis)이다. 따라서 이 개념을 가족 내 폭력행동과 연결하여 설명하면, 보이는 폭력행동 이면의 주관심이슈와 겉으로 나타나지 않은 부부관계를 이해하려는 노력이 무엇보다 중요하다는 것이다.

이와 같은 관점으로 보면 가족폭력 속의 두 사람은 모두 역기능적 체계 속의 피해자로 간주되며, 가해자 역시 희생양의 역할을 오랫동안 해 왔을 것이라는 해석도 가능하다. 따라서 폭력행동의 중단이 결혼관계의 중단으로 이어지기도 하는 이유도 이와 같은 맥락에서 이해될 수 있다.

(3) 가족치료

치료모델로서의 가족치료 중요성은 많은 학대부부가 관계를 지속한다는 사실 때문에 더욱 강조된다. 따라서 그들과 다른 가족이 함께 살게 될 때 공동가족치료(conjoint family therapy)가 필요하다. 그러나 Sakai(1991)는 결혼상담, 가족상담은 부부가 모두 비폭력에 대한 굳은 결의가 있고 난 후에라야 도움이 된다고 지적했다.

4) 개입을 위한 서비스 및 프로그램

미국의 경우 정부 주관 체계는 아동보호서비스센터(child protective service)가 주 전달체계로 운영되면서 이 기관 내의 성인보호서비스(adult protective service) 부분에서 배우자 및 노인학대를 위한 서비스와 프로그램이 제공되고 있다. 이 외에는 한국의 경우와 마찬가지로 주로 여성운동을 기반으로 하는 NGO 단체에서 운영하는 피해자를 위한 쉼터는 물론, 다양한 서비스가 제공되고 있다.

우리나라에서 배우자학대는 아내학대 혹은 아내구타로 명명되기도 하며, 이는 특정대상자가 아니라 배우자학대와 직접 관련된 구성원을 포함한 모든 가족성원을 대상으로 포괄적이고 통합적인 접근이 필요함을 의미한다.

(1) 배우자학대 사례흐름표

[그림 11-1]은 배우자 양편을 포함하는 사례진행과정이 아닌 가해자로 판정된 배우자가 처리되는 법적 과정을 나타내고 있다. 반면 피해자의 경우는 일단 보고나 고발된 후 처리과정이 전적으로 피해자의 의지에 달려 있어 실질적으로 처리과정에서의 피해자의 개입은 부분적이다.

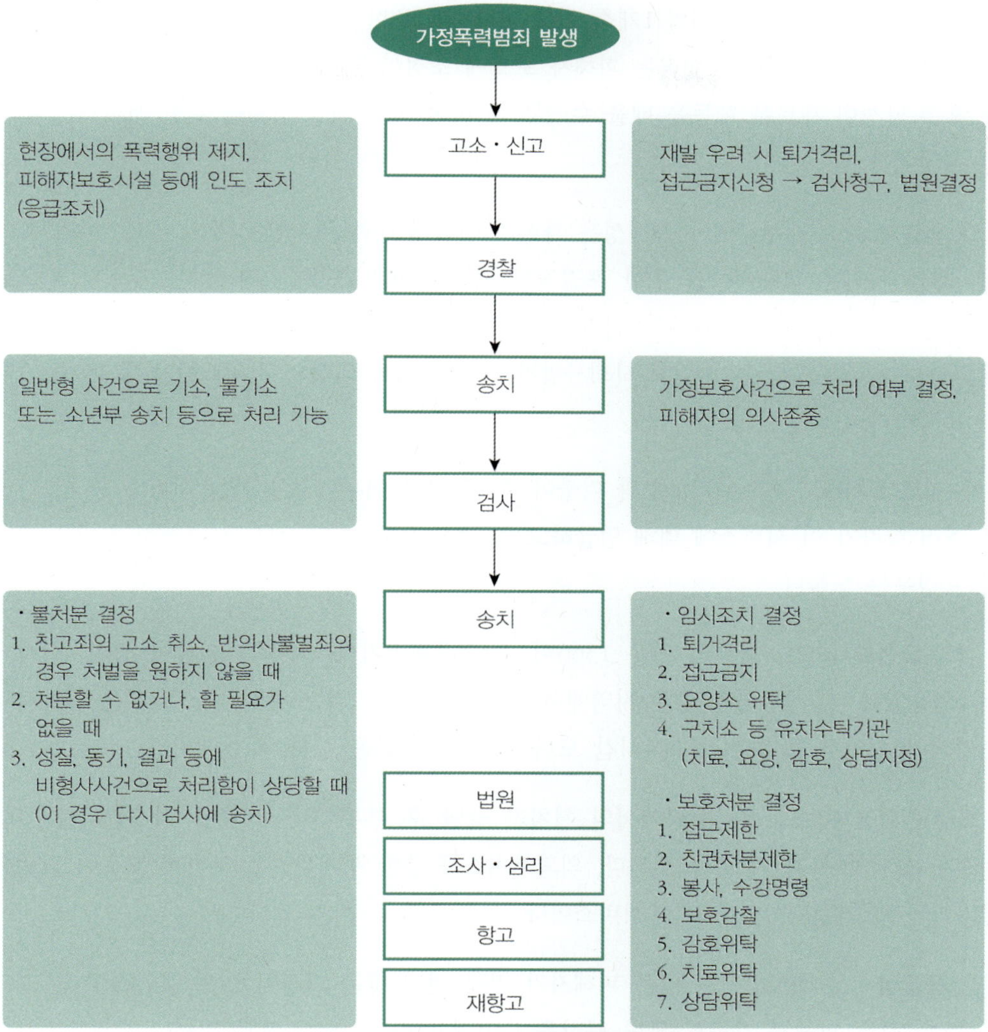

[그림 11-1] 가해자의 경우 가정보호사건 처리과정

(2) 사회적 서비스

① **쉼터** : 1972년 영국에서 'The Chiswick House'라는 이름으로 시작된 쉼터는 별거와 가족구조를 이용하여 피해자의 급박한 욕구를 충족시키기 위한 조치이다. 즉, 위기상황 동안 가족을 즉각적으로 보호하고 자원이 부족하거나 고갈된 피해자를 원조한다. 한국의 경

우 기본적으로 기초자치단체별 1개소 이상 피해자를 위한 가정폭력 상담 및 쉼터가 운영되고 있다. 그러나 현재까지 쉼터는 피해자 보호에 초점이 맞추어져 있으며 여성이 귀가했을 때 혹은 남성이 새로운 행동을 배울 수 있도록 하여 폭력 재발 방지를 위한 서비스는 부족한 실정이다.

② **법률서비스** : 대부분의 피해여성은 자신의 권리에 대해 무지한 경우가 많다. 따라서 이 서비스의 목적은 피해여성을 위한 포괄적인 법적 중재와 도움을 제공하는 것이다. Davis (1987)는 피해여성이 결혼관계를 정리할 때 법적 충고를 해 주고, 자존감을 돕고, 그들의 죄의식을 처리하도록 돕기 위해 사회사업가－변호사팀이 최상의 서비스를 제공할 수 있다고 주장한다.

③ **경제적 지원** : 주로 위기상황과 더불어 즉각적으로 이루어져야 하는 서비스 중 한 가지로 여러 학자가 이 서비스에 대해 언급하고 있으나, 실제로 직접적으로 경제적 지원을 제공하는 경우는 드물다.

④ **응급전화서비스** : 한국의 경우 1366이 「가정폭력방지법」 제정과 더불어 설치, 실시되어 오고 있다. 서구의 경우 많은 지역에서 이 응급전화서비스는 병원 응급실 혹은 경찰서와 연결되어 있어서 위기상황을 24시간 모니터링하는 역할을 한다.

⑤ **자원연결서비스** : 응급상황에서의 처치가 끝난 후 부부 혹은 가족은 사후관리를 위해 적절한 상담자나 기관으로 의뢰된다. 의뢰서비스를 통한 사례관리는 복합적 도움이 필요한 클라이언트에게는 핵심이 되는 서비스이다.

⑥ **응급실** : 심각한 상처를 입은 피해자가 가장 먼저 찾는 기관이 병원 응급실이다. 그러나 많은 경우 피해자 자신도 폭력 사실을 숨기려고 한다. 잘 훈련된 의사나 사회복지사의 경우 상처와 피해자 진술의 일관성을 쉽게 구별할 수가 있다. 따라서 응급실에서의 적절한 개입은 전체 개입과정에서 아주 중요한 부분이 된다.

⑦ **경찰서비스** : 경찰은 피해자가 연락을 취하게 될 때 법체계(고소, 신고, 고발)를 대표하는 최초의 사람이 된다. Panas는 실제로 경찰은 가정폭력 사례의 발생건수가 살인, 폭행, 혹은 다른 심각한 범죄 숫자를 앞지르고 있다고 보고한 바가 있다.

⑧ **아웃리치와 옹호서비스** : 이 서비스를 통해서 잠재적 클라이언트, 숨겨진 클라이언트를 찾아내기도 하고 지역사회를 대상으로 교육하기도 하는 중요한 개입이 이루어진다. 이러한 서비스를 위해서는 지역사회기관과 긍정적 관계를 유지하는 것이 매우 중요하다. 보다 구체적으로 사회복지사는 자신들이 하는 서비스를 지역사회에 알리는 것이고, 이보다 더 중요한 것은 클라이언트가 적절한 곳으로 의뢰되도록 관련 기관을 대상으로 교육해야 한다.

(3) 치료 프로그램

① 개별상담과 치료

단호함 훈련(assertive training)과 의식강화집단 등의 연계적 치료가 포함된다면 개별치료가 배우자학대 문제해결을 위해 가장 효과적인 프로그램이라고 믿는 사람들이 있다. Hibermen과 Munson은 피해자의 심리적인 면을 돕기 위해서 개별상담의 중요성을 강조한다.

② 부부상담과 치료

이 모델의 치료목표는 일반적으로 ① 폭력의 즉각적 제거, ② 부부의 분노상승패턴에 대한 자각과 개입, ③ 문제해결능력의 향상이다. 관계상의 어떠한 문제에 있어서도 유일한 치료모델이 없는 것처럼 부부상담도 배우자학대치료를 위해 완전한 해결책을 제공하지는 못한다. 부부치료의 가능성 여부를 결정하는 것은 폭력을 중단하는 것에 대한 충분한 자기통제가 가능할 만큼 각 대상자의 심리사회적 기능수준에 달려 있다. 이러한 한계를 보완할 수 있는 한 가지 대안으로 집단부부치료(couple's group)를 들 수 있다.

③ 가족상담과 치료

치료모델로서의 가족치료의 중요성은 많은 학대부부가 관계를 지속한다는 사실 때문에 더욱 강조된다. 따라서 그들과 다른 가족이 함께 살게 될 때 공동가족치료(conjoint family therapy)가 필요하다. 그러나 Sakai(1991)는 결혼상담, 가족상담은 부부가 모두 비폭력에 대한 굳은 결의가 있는 후라야 도움이 된다고 지적했다.

④ 집단상담과 치료

배우자학대 문제의 접근모델 중 집단 프로그램의 우월성에 대한 언급은 알코올과 약물중독을 위한 프로그램과 마찬가지로 그 대상이 누구든 여러 곳에서 효과적 모델로 지적되고 있다.

Walton(1987)과 많은 연구가들이 신경증의 증상은 일대일 정신치료를 함으로써 좀 더 효과적으로 치료될 수 있으나 개인의 사회적 행동을 개선하기 위해서는 집단치료가 효과적이라고 지적하고 있다.

Laura Crites는 집단상담은 여성의 경우에 고립을 줄일 뿐 아니라 후에 그들이 가족과 지역사회에서 거부될 때 의지할 수 있는 지지체계를 제공하는 면에서도 매우 효과가 있다고 했다. 가해자를 위한 집단치료의 경우도 유사한 이유에서 많이 활용된다.

(4) 안전계획

안전계획(safety plan)은 어떤 종류의 학대문제든 가장 중요하게 다루어져야 하는 내용이다. 이미 저질러진 학대상황에 대한 개입의 성공 여부는 학대가 되풀이되지 않는 것에 달려 있다. 안전계획이 확보되지 않은 상황에서 가정으로 돌려보내진 경우 학대가 되풀이되는 경험을 하게 되며, 아동학대의 경우는 그 피해가 더욱 치명적이다.

안전계획의 수립을 위해서는 사회복지사의 경험과 슈퍼비전이 필수적이며 이를 통해 재피해(revictimization)를 예방할 수 있다. 재피해는 일반적으로 학대사건 직후에 많이 발생하나 장기간이 지난 후 재발(relapse)과 재피해도 흔히 볼 수 있다. 따라서 사건이 보고된 이후 피해자는 물론 가해자 모두를 계속적으로 보호할 수 있는 안전계획 수립은 매우 중요하다. 배우자학대의 재발방지를 위한 사회복지사(사례관리자)와 클라이언트 자신의 준비내용을 살펴보면 다음과 같다.

① 사례관리자의 준비

- 인테이크를 포함한 매회 재발위험에 대한 사정 및 객관적 근거수립(본능적 느낌) 포함
- 스폰서 혹은 자연적 관계망 속의 사례관리자 혹은 보조자와의 연계
- 피해자와 가해자의 협력을 통한 재발 방지

② 클라이언트의 개별 안전계획

- 중요한 전화번호 소지(예 : 경찰, 응급전화, 친구, 쉼터 등)

- 폭력을 얘기할 수 있는 친구, 스폰서 그리고 필요시 경찰에 신고해 줄 사람
- 집을 떠났을 때 갈 수 있는 장소 4곳 이상 준비
- 비상금, 차열쇠, 옷, 가까운 친구, 친척, 이웃, 중요한 서류의 복사본
- 전화번호 변경, 새 은행계좌, 자신의 지원자를 방문하는 연습
- 자녀를 함께 데리고 가는 것

5) 가정폭력범죄의 처벌 등에 관한 특례법의 개념 정의 및 주요 내용

「가정폭력범죄의 처벌 등에 관한 특례법」의 개념 정의 및 주요 내용은 〈표 11-2〉와 같다.

〈표 11-2〉 주요 개념 및 정의

법조항	주요 개념	정의
제1조	목적	가정폭력범죄의 형사처벌 절차에 관한 특례를 정하고 가정폭력범죄를 범한 자에 대하여 환경의 조정과 성행의 교정을 위한 보호처분을 행함으로써 가정폭력범죄로 파괴된 가정의 평화와 안정을 회복하고 건강한 가정을 가꾸며 피해자와 가족성원의 인격을 보호함을 목적으로 한다.
제2조 제1항	가정폭력	가정구성원 사이의 신체적 · 정신적 또는 재산상 피해를 수반하는 행위를 말한다.
제2조 제2항	가정구성원	배우자, 배우자 관계에 있었던 자, 자기 또는 배우자와 직계존비속 관계, 계부모와 자녀의 관계 또는 적모(嫡母)와 서자의 관계에 있거나 있었던 자, 동거하는 친족관계에 있는 자를 말한다.
제2조 제4항	가정폭력 행위자	가정폭력범죄를 범한 사람 및 가정구성원인 공범을 말한다.
제2조 제5항	피해자	가정폭력범죄로 인하여 직접적으로 피해를 입은 사람을 말한다.

3. 노인학대

1) 노인학대 개념

세계보건기구(WHO)의 토론토 노인학대선언문에 의하면 노인학대는 노인과 신뢰관계에 있는 사람이 노인에게 위해나 스트레스를 발생시키는 일회성의 행위 또는 반복적인 행위, 적절한 행위의 결핍을 의미한다(Lachs & Pillermer, 2004).

보건복지부(2025) 자료에 의하면 노인에게 물리적 힘을 가하거나 도구를 이용하여 신체, 고통, 정신, 장애 등을 유발시키는 행위로 간주하고 강제로 가두거나 출입을 통제, 폭행하거나 신체 억압과 생명저해, 통제 등을 구체적인 학대 지표로 하고 있다. 노인학대는 다차원성과 사회문화적, 국가와 학자에 따라 다양하게 정의될 수 있다. 협의적으로 보면 노인에게 가해지는 외형적 신체 학대로 정의될 수 있으나 광의적으로 보면 신체학대를 포함하여 심리적, 언어적, 정서적, 의료적, 성적 학대와 방임까지 포함하여 정의할 수 있다.

다시 말해서 노인학대란 노화로 인하여 의존적인 노인에게 가족과 노인과 신뢰관계에 있는 사람이 신체적, 심리·정서적, 경제적, 사회적으로 스트레스와 고통을 유발하는 일체의 행위라고 정의할 수 있다.

2) 노인학대 현황과 유형

(1) 노인학대 현황

보건복지부(2025)에서 38개 지역노인보호전문기관의 노인학대 상담사업 사례현황 자료를 분석하고 그 결과를 제시하였다. 보고서에 의하면 2024년 한 해 동안 신고접수건수는 22,746건으로 전년대비 3.7% 증가하였고 확인된 학대사례는 7,167건인 것으로 나타났다. 학대유형별로 신체적 학대(43.9%)와 정서적 학대(43.8%)가 가장 많았고 그다음으로 방임(5.6%), 경제적 학대(2.7%), 성적학대(2.5%), 유기(0.4%) 순으로 나타났다. 신체적 학대의 학대행위자 유형은 배우자, 아들, 기관 순으로 나타났으며, 정서적 학대는 배우자, 아들, 딸 순으로 나타났다. 학대 행위자는 남성이 70.1%였고 연령대는 70세 이상이 34.7%로 높은 비율을 나타냈다. 이러한 결과는 65세 이상 학대행위자가 65세 이상 노인을 학대하는 노-노 학대가 높음을 의미한다. 학대행위자와 학대노인과의 관계는 배우자(38.5%), 아들(26.4%), 기관(16.9%) 순이었으며, 배우자, 아들, 며느리, 딸, 사위, 손자녀, 친척 등 가족 및 친족에 의한 가정 내 학대(77.2%)가 대부분인 것으로 나타났다. 고령화사회로 진입하면서 노인인구가 증가하고 노인학대사례도 지속적으로 증가하고 있으며 사회문제가 되고 있다. 특히 노인학대가 대부분 가정 내에서 가족에 의하여 이루어지고 있음은 이를 위한 가족복지적 관점으로서 접근이 필요함을 시사한다고 볼 수 있다.

(2) 노인학대 유형

「노인복지법」에 의하면 노인학대는 노인의 가족 또는 타인이 노인에게 신체적, 언어정서적, 성적, 경제적으로 고통이나 장애를 주는 행위 또는 노인에게 필요한 최소한의 적절한 보호조차 제공하지 않는 방임, 자기방임 및 유기를 의미한다. 노인학대 유형을 구체적으로 살펴보면 다음과 같다.

① 신체적 학대

신체의 상해, 손상, 장애를 일으키는 모든 형태의 폭력적 행위로 때리기, 치기, 밀기, 차기, 화상, 신체의 구속, 상처나 멍, 타박상, 탈구 등을 들 수 있다. 구체적 학대행위는 다음과 같다.

- 노인을 강제로 지하실이나 방에 가두는 행위
- 노인을 강제로 의자나 침대에 묶어두는 행위
- 노인에게 주변의 물건을 던지거나 흉기로 위협하는 행위
- 노인을 발로 차거나 주먹으로 때리는 행위
- 노인을 밀어서 넘어뜨리는 행위
- 노인의 머리채를 잡아당기거나 움켜잡아 뽑는 행위
- 의사의 처방을 받은 약품을 주지 않거나 의사의 처방을 받지 않은 약물을 강제로 복용시키는 행위

② 정서 · 심리적 학대

정신적 혹은 정서적인 고통을 주는 행위로 모멸, 겁주기, 자존심에 상처입히기, 위협, 협

박, 굴욕, 어린애 취급하기, 의도적인 무시, 비웃기, 고립시키기 등을 들 수 있다. 구체적 학대행위는 다음과 같다.

- 노인부양이 부담스럽다고 노인 앞에서 노골적으로 말하는 경우
- 집안의사결정에 노인을 고의로 소외시키는 경우
- 위협적이고 무례한 태도를 취하는 경우
- 거동이 불편한 노인에게 청소나 빨래 등 어려운 일을 시키는 경우
- 노인의 친구나 친지 등이 방문하는 것을 싫어하고 소외시키는 경우
- 노인이 보는 앞에서 물건을 던지거나 부수면서 화풀이하는 경우
- 노인이 의견을 말하면 간섭한다고 불평하거나 화를 내는 경우
- 노인의 일상적 사회활동이나 종교활동을 노골적으로 방해하는 경우
- 노인에게 없어져 주었으면 하는 느낌을 갖게 만드는 경우

③ 재정적, 물리적 학대

자금, 재산, 자원의 위법 혹은 부당한 착취, 오용 및 필요한 생활비를 주지 않는 것으로 노인재산이나 돈 훔치기, 경제적으로 노인에게 의존하기, 노인재산 무단사용, 신용카드 무단사용, 연금 등의 현금을 가로채서 사용, 경제적으로 어려운 노인에게 생활비, 용돈을 주지 않는 것 등이 해당된다. 구체적 학대행위는 다음과 같다.

- 노인의 유언장을 허위로 작성하거나 노인이 작성한 유언장을 동의 없이 수정하는 경우
- 노인의 허락 없이 부양자가 마음대로 노인의 부동산 소유권 이전 등과 같은 재산권을 행사하는 경우
- 연금이나 임대료 등 노인의 소득을 가족이나 친지가 가로채는 경우
- 노인에게 빌린 돈이나 물건을 돌려주지 않은 경우
- 보석 등 값비싼 노인의 물건을 빼앗는 경우
- 노인의 허락 없이 노인의 재산을 담보로 대출받는 행위
- 노인이 의견을 말하면 간섭한다고 불평하거나 화를 내는 경우
- 노인의 일상적 사회활동이나 종교활동을 노골적으로 방해하는 경우
- 노인에게 없어져 주었으면 하는 느낌을 갖게 만드는 경우

④ 성적 학대

노인이 동의하지 않은 모든 형태의 성적 접촉 혹은 강제적 성행위를 의미한다.

⑤ 언어적 학대

언어로 정신적인 고통을 주는 것으로 욕설, 모욕, 협박, 비난, 놀림, 악위적인 놀림 등을 의미한다. 구체적 학대행위는 다음과 같다.

- 노인이 수치심을 느끼게 하는 모욕적인 말을 하는 경우
- 노인에게 집을 나가라고 폭언하는 경우
- 노인에게 욕설을 하거나 고함을 지르는 경우
- 노인에게 쓸모없는 늙은이라는 등 자존심 상하는 말을 하는 경우
- 신체기능 저하로 인한 노인의 실수를 비난하는 경우
- 노인을 시설에 보내겠다고 협박하는 경우

⑥ 방임

방임은 노인에게 필요한 일상적 보호와 수발을 제공하지 않는 것을 의미하며 보호의무의 거부와 이행하지 않아 불편한 상황을 만드는 것을 의미한다. 방임에는 적극적 방임과 소극적방임, 적극적 자기방임과 소극적 자기방임이 있다. 그중 적극적 방임의 구체적 학대행위는 다음과 같다.

- 병원에서 치료받아야 할 상황에 노인을 병원에 데려가지 않는 경우
- 노인이 사고를 당할 수 있는 위험한 상황에 처하게 한 경우
- 목욕이나 배변 시 도움이 필요한 노인에게 도움을 주지 않는 경우
- 부양자가 경제적인 능력이 있음에도 불구하고 돋보기, 보청기, 틀니 등 필요한 보장구를 마련해 주지 않는 경우
- 부양자나 가족들이 노인에게 무관심하거나 냉담하게 대하는 경우
- 치매 등으로 인하여 인지기능을 상실한 노인에게 소홀하여 거리를 배회하게 하는 경우
- 거동이 불편한 노인을 2~3일 이상 혼자 집에 내버려두는 경우

3) 노인학대 발생원인

노인학대가 발생하는 원인은 매우 다양하지만 노인 개인과 가족, 사회문화적 차원에서 그 원인을 살펴보고자 한다.

첫째, 노인의 개인적 특성요인으로 인구사회학적 특성을 들 수 있다. 먼저 성별로 여성노인이 남성노인보다 학대 위험이 보다 높으며 고령일수록 경제력 및 자립성이 적고 자립성이 적게 되면 권리주장이 어려워 학대위험이 보다 높게 된다. 또한 혼자 사는 노인이나 배우자 사별 후 생활에 대한 취약성으로 학대의 원인이 된다.

둘째, 건강, 경제, 심리적 기능요인을 들 수 있다. 노인의 만성질환, 건강악화, 장애 등으로 의존도가 증가하게 되고 그로 인하여 가족의 부양부담이 가중됨으로써 학대발생의 원인이 된다. 또한 빈곤이나 재정적으로 의존도가 높아지는 등 경제적으로 취약해짐에 따라 학대가 발생할 가능성이 높아진다. 뿐만 아니라 노년기에 접어들면서 우울증, 무기력 등의 심리적 요인은 학대상황에 적절하게 대처하지 못하게 됨으로써 학대가 발생하게 된다.

셋째, 가족 상황적 요인이다. 가족 상황적 요인 중 평균수명 연장으로 인하여 노년기가 길어짐에 따라 가족의 장기간 노인부양에 따른 스트레스가 학대로 이어지는 경우가 있다. 또한, 노부모로부터 어린 시절 가정 내 폭력을 경험한 성인 자녀들이 노인이 된 부모를 학대하는 경우로 악순환이 반복되는 상황이 있다. 또한 가족 구성원의 약물이나 알코올, 게임중독 등 중독문제를 지닐 경우 노인을 학대할 가능성이 높다.

넷째, 사회문화적 요인이다. 효를 중시하는 유교적 가족문화를 지닌 우리나라는 가족이 노인을 학대할 경우 이를 숨기는 경향이 있으며 은밀하게 학대가 이루어지는 경우가 많다. 뿐만 아니라 노인부양문제는 가족이 책임져야만 하는 영역이라는 가족중심적 가치관을 가지고 있어 부양부담을 가중시키는 사회문화적 요인이 된다. 또한 노인은 늙고 무능력한 존재라는 인식도 노인을 학대하는 원인이 되고 있다.

4) 학대노인을 위한 정책과 지원서비스[5)]

우리나라의 학대노인을 위한 정책과 서비스는 다음과 같다.

---

5) 정책과 서비스의 내용은 중앙노인보호전문기관(2024) 사업안내를 토대로 작성함.

먼저 노인학대 예방과 지원을 위하여 노인보호전문기관을 운영하고 있다. 노인보호전문기관은 중앙노인보호전문기관 2개소, 지역노인보호전문기관 39개소, 학대피해 노인전용 쉼터 20개소를 설치 운영하고 있다. 노인보호전문기관의 개입과정은 다음과 같다.

〈표 11-3〉 **노인보호전문기관 개입과정**

개입 단계	주요내용
신고, 상담	• 전화, 서신 등을 통하여 노인보호전문기관으로 학대의심 신고
정보 파악	• 상담자는 신고자로부터 관련정보 파악(신고자 이름, 연락처, 피해노인 이름, 거주지, 신고 내용)
사례접수 현장조사및 사정	• 의심사례가 신고 접수되면 노인보호전문기관에서 현장 조사를 통해 피해노인, 학대행위자 및 가족, 또는 시설종사자 등을 대상으로 조사와 사정 실시
노인학대 사례 판정	• 현장조사 및 사례 판정한 내용을 토대로 일반사례 또는 학대 사례(응급, 비응급, 잠재)로 판정
사례평가, 서비스 계획 및 제공	• 사례판정 후 피해노인 또는 학대행위자, 가족을 위한 서비스를 비롯하여 피해노인 전용쉼터연계, 지정양로시설 연계, 상담 및 치료서비스 등 사회복지서비스 제공
사례종결 및 사후관리	• 사례종결 후 일정 기간 학대재발여부 확인 등 사후관리(전화 및 방문) 진행

출처 : 중앙노인보호전문기관(2020). 노인학대신고의무자 직장교육자료.

둘째, 학대피해노인을 위한 서비스로 상담서비스와 복지서비스, 법률서비스, 의료서비스, 보호서비스, 정보제공서비스 등을 실시하고 있으며 세부내용은 다음과 같다.

〈표 11-4〉 **학대피해노인을 위한 서비스 세부 내용**

서비스	세부 내용
상담서비스	• 피해노인에 대한 개별, 집단, 가족상담. 관련자상담, 심리 및 기타검사
복지서비스	• 국민기초생활보장 수급권, 긴급복지지원, 가족지원서비스 • 재가서비스, 기타자원, 사회복지서비스, 후원 등 연결
법률서비스	• 법률상담, 법률소송지원, 학대행위자 고소고발지원
의료서비스	• 병원이송, 의료기관서비스, 방문간호연계, 의료비 지급
보호서비스	• 학대지킴이 연결, 시설보호, 일시보호
정보제공서비스	• 학대예방관련 정보제공, 재학대 예방교육

셋째, 노인학대 인식 제고와 예방교육 강화를 위한 사업이다. 노인학대의 문제를 심각하게 생각하지 않고 개인적인 문제와 가족의 문제로만 생각하고 무관심한 경우가 많다. 심각

해지는 노인학대로 인한 문제를 홍보하고 예방 매뉴얼을 제작 배포하여 사회적 인식이 노인학대에 대한 사회적 인식을 제고할 수 있도록 하고 있다. 특히 경로당, 노인복지관, 노인교실, 주민자치센터, 종교단체 등 노인이 많이 모이는 장소를 활용하여 노인학대와 지원서비스에 대한 지속적인 교육을 실시하여 노인학대 예방을 강화하고 있다.

넷째, 학대피해노인을 위한 사례관리강화사업이다. 학대피해노인 보호를 위하여 상담서비스를 포함하여 다양한 서비스가 제공되어야 하며 서비스를 제공할 때 노인별 개별화된 서비스 계획을 통하여 서비스 제공을 하고 있다. 이를 위하여 사례관리 사업을 실시하고 있다. 무엇보다 노인학대가 일어나는 원인은 노인의 의존성 증가, 가족의 부양부담 가중, 가족 간 갈등, 경제적 문제 등 다양하다. 다양한 요인이 복합적으로 작용하여 노인학대가 이루어지기 때문에 지역사회 다양한 자원을 활용하여 학대노인을 위한 통합적인 지원서비스를 제공할 필요가 있다.

다섯째, 가족의 부양부담 경감을 위한 지원서비스다. 노인학대의 주요원인 중 하나가 가족의 부양부담 가중이며 이로 인한 스트레스로 인하여 노인을 학대한다. 가족의 부양부담을 위한 다양한 가족지원서비스를 통하여 노인학대를 사전에 예방할 필요가 있다.

가족지원서비스로는 「노인장기요양보호법」에 의한 가족요양비지급, 신체적 부양부담을 위한 방문요양, 방문목욕, 주・야간 보호서비스, 단기보호 서비스 등을 지원하고 있다.

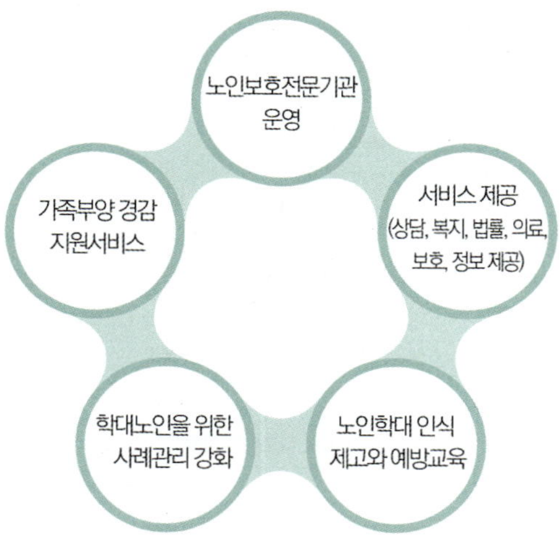

[그림 11-2] 학대노인을 위한 정책과 지원서비스

Chapter 12 장애인가족

1. 장애의 개념

1) 한국의 장애 개념

한 나라에서 법적으로 규정하고 있는 장애 개념은 그 나라에서 누구를 장애인으로 간주하고 있으며 장애인을 어떻게 바라보고 있는가를 알 수 있을 뿐만 아니라 이들이 사회에서 어떻게 생활하며 장애인복지와 관련하여 어떠한 서비스를 어느 정도로 받는가를 결정짓는 기본시각이 된다(김용득 외 편, 2001: 89).

한국에서의 법적 장애의 정의는 「장애인복지법」 제2조에서 장애인은 신체적·정신적 장애로 인하여 장기간에 걸쳐 일상생활 또는 사회생활에 상당한 제약을 받는 자로 규정하고 있으며, 장애범주는 〈표 12-1〉과 같이 15개 영역으로 분류되고 있다.

2) 세계보건기구의 장애 개념

세계보건기구(WHO)는 1980년에 국제장애분류(International Classification of Impairment, Disabilities, and Handicaps : ICIDH)를 발표하고 장애의 정의를 기능장애, 능력장애, 사회적 불리의 3개 영역으로 나누었다. 기능장애(impairments)는 생물학적 장애로 기능의 감소를 가져다준 영구적 또는 일시적인 병리적 상태를 의미하며, 능력장애(disabilities)는 기능장애에서 야기된 것으로서 인간에게 정상적인 것으로 간주되는 범위 내에서 또는 그러한 방식으로 활동을 수행하는 능력의 제약이나 결여를 말한다. 이것은 정신적·신체적 손상의 결과일

〈표 12-1〉 장애인의 분류

대분류	중분류	소분류	세분류
신체적 장애	외부 신체기능의 장애	지체장애	절단장애, 관절장애, 지체기능장애, 변형 등의 장애
		뇌병변장애	뇌의 손상으로 인한 복합적인 장애
		시각장애	시력장애, 시야결손장애
		청각장애	청력장애, 평형기능장애
		언어장애	언어장애, 음성장애, 구어장애
		안면장애	안면부의 추상, 함몰, 비후 등 변형으로 인한 장애
	내부기관의 장애	신장장애	투석치료 중이거나 신장을 이식 받은 경우
		심장장애	일상생활이 현저히 제한되는 심장기능 이상
		간장애	일상생활이 현저히 제한되는 만성 · 중증의 간기능 이상
		호흡기장애	일상생활이 현저히 제한되는 만성 · 중증의 호흡기기능 이상
		장루 · 요루장애	일상생활이 현저히 제한되는 장루 · 요루
		뇌전증장애	일상생활이 현저히 제한되는 만성 · 중증의 뇌전증
정신적 장애	발달장애	지적장애	지능지수가 70 이하인 경우
		자폐성장애	소아청소년 자폐 등 자폐성 장애
	자폐성장애	정신장애	조현병, 분열형정동장애, 양극성정동장애, 반복성우울장애

출처 : 보건복지부(2020d).

뿐만 아니라 그 상태에 대한 개인의 적응결과를 뜻하기도 한다. 사회적 불리(handicaps)는 선천적 또는 고령, 질병, 사고 등으로 인하여 신체적 · 정신적 상태가 일시적 또는 영구적으로 손상되어 그 결과 독립생활, 교육, 취업 등이 저해되는 상태를 말한다. 세계보건기구에서는 1차적 기능장애, 2차적 능력장애, 3차적 사회적 장애로 구분하고, 그에 따라 행동지침도 예방, 기회의 균등화를 정책적 대안으로 제시하고 있다.

이 국제장애분류는 20년 만인 1999년에 개정안이 WHO로부터 제안되어 세계 각국의 검토를 거쳐 2001년도에는 국제장애분류 제2판(ICIDH-2)으로서 WHO의 총회에서 결정되었다. 새로이 개정된 내용은 장애의 개념과 범주를 개별적 · 사회적 모델 개념의 차이로 [그림 12-1]과 같이 새롭게 정의하고 있다.

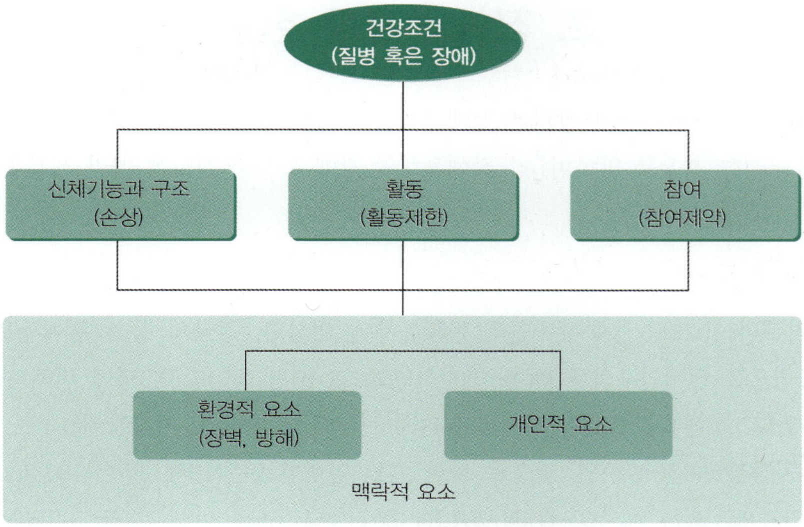

[그림 12-1] WHO의 장애 개념
출처 : 박승희 · 신기현 역(2003: 128) 재구성.

장애라는 현상을 질병, 종양, 건강조건 등에 의해 직접적으로 야기된 개인(individual)의 문제로 간주하는 것이 개별적 모델로서, 개인의 장애문제에 그 핵심을 두고, 이러한 문제의 원인이 장애를 발생시키는 근본적 제한 혹은 심리적 상실에 기인된다고 보고 있다. 반면 사회적 모델은 장애현상을 장애를 가진 사람의 사회통합이라는 관점에서 사회적 문제로 간주하여 장애인 개인에게 귀속된 것이 아니고 사회적 환경에 의해 창조된 조건들의 복잡한 집합체로 보는 것이다.

결함 혹은 손상(impairments)은 신체구조나 물리적 · 심리적 기능상의 상실이나 비정상성을 의미하는 것으로 이러한 기능상의 제한, 신체 혹은 신체의 부분의 기본적 기능을 수행하는 데 따른 불능을 말한다. 활동(activities)은 개인적 수준에서 기능의 범위와 본질로서 일상생활과 관계된 개인의 활동을 다룬다. 참여(participation)는 손상, 활동, 건강조건, 생활요인과 관련한 생활상황에서 개인의 연관성 정도와 본질로 정의한다. 따라서 참여의 차원은 사회적 현상을 다루며 개인의 참여 정도, 참여를 촉진하거나 방해하는 사회적 반응을 의미한다(손광훈, 2004).

2. 장애인가족 현황

장애인가족의 개념은 앞서 살펴본 장애의 개념에 근거하여 위와 같은 장애를 가진 성원과 가족을 구성한 경우를 말하며, 각 장애유형의 장애 특성과 정도에 따라 세분할 수 있다.

1) 장애인 수

보건복지부의 2024년 등록장애인의 현황통계에 의하면, 전국의 등록 장애인은 2024년 2,631,356명으로 전체인구의 5.1%를 차지하였고, 2010년 2,517,312명에 비해 114,044명이 증가하였다. 장애유형별로는 지체장애(43%), 청각장애(16.8%), 시각장애(9.4%), 뇌병변장애(8.8%), 지적장애(8.9%) 순인 것으로 나타났다. 연령별로는 19세 미만 102,766명(3.9%), 20~59세 780,963명(29.7%), 60~64세 291,845명(11.1%), 65세 이상 1,455,782명(55.3%)으로 나타났다. 특이할 점은 인구감소 및 고령화의 영향으로 등록장애인 수의 감소와 더불어 65세 이상 고령 장애인 비율이 지속적으로 증가하고 있다는 것이다.

〈표 12-2〉 연도별 등록장애인 현황 (단위 : 명, %)

구분	2010	2015	2020	2023	2024
전체 장애인	2,517,312	2,490,406	2,633,026	2,641,896	2,631,356
65세 이상 장애인	934,634 (37.1%)	1,053,364 (42.3%)	1,314,625 (49.9%)	1,425,095 (53.9%)	1,455,782 (55.3%)

2) 장애인가구 현황

장애인가구의 총 가구원 수 분포에 있어서는 2인 가구가 가장 많아서 전체 장애인의 약 31.3%를 차지하고 있었으며, 4인 가구 19.8%, 3인 가구가 19.6%로 나타났다. 장애인가구의 평균 가구원은 3.0명인 것으로 나타났다.

장애인가구 중 총 장애인 수 분포에 있어서는 1인 가구가 가장 많아서 전체 장애인의 약 85.3%를 차지하고 있었으며, 2인 가구 13.7%로 나타났다. 장애인가구 중 평균 장애인 수는 1.2명이었다.

〈표 12-3〉 장애인가구의 총 장애인 수

(단위 : %, 명)

구분	지체장애	뇌병변장애	시각장애	청각장애	언어장애	지적장애	자폐성장애	정신장애
1인	84.7	91.1	87.3	84.6	82.1	75.6	87.7	85.8
2인	14.5	8.4	12.1	14.2	15.4	20.6	11.3	12.8
3인	0.8	0.5	0.6	0.9	2.1	2.5	1.0	1.4
4인	0.0	0.0	0.0	0.2	0.4	1.0	0.0	0.0
5인	0.0	0.0	0.0	0.1	0.0	0.3	0.0	0.0
계	100.0	100.0	100.0	100.0	100.0	100.0	100.0	100.0
전국 추정 수	1,132,116	219,156	220,061	207,383	15,103	140,079	12,329	84,780
평균 장애인 수	1.2	1.1	1.1	1.2	1.2	1.3	1.1	1.2

구분	신장장애	심장장애	호흡기장애	간장애	안면장애	장루·요루장애	간질장애	전체
1인	88.7	88.7	89.4	94.6	91.3	92.7	84.0	85.3
2인	10.9	10.1	9.7	5.0	8.0	7.2	14.5	13.7
3인	0.2	0.9	0.8	0.4	0.8	0.0	1.0	0.9
4인	0.2	0.2	0.0	0.0	0.0	0.1	0.5	0.1
5인	0.0	0.0	0.0	0.0	0.0	0.0	0.0	0.0
계	100.0	100.0	100.0	100.0	100.0	100.0	100.0	100.0
전국 추정 수	48,284	14,606	14,393	6,514	2,185	11,356	8,881	2,137,226
평균 장애인 수	1.1	1.1	1.1	1.1	1.1	1.1	1.2	1.2

출처 : 보건복지가족부 · 한국보건사회연구원(2008).

2008년 조사대상 장애인가구의 가구구성은 '부부 + 미혼자녀'로 구성된 2세대 가구가 가장 많아서 전체의 31.0%를 차지하였고, 그 다음은 부부로 구성된 가구 24.3%, 장애인 1인 가구 14.8%의 순으로 나타나 2005년의 조사결과와 비슷한 분포로 나타났다.

〈표 12-4〉 장애인가구의 총 가구원 수(2017)

가구규모별	장애인가구	
	추정수(가구)	구성비(%)
1인 가구	811,051	26.4
2인 가구	1,037,295	33.8
3인 가구	588,712	19.2
4인 가구	370,758	12.1
5인 가구	169,849	5.5
6인 가구	71,851	2.3
7인 이상 가구	19,458	0.6
평균가구원수(명)	-	2.46
계	3,068,974	100.0

출처 : 통계청(2018b).

장애인가구의 가구주는 장애인 본인의 비율이 가장 높았고, 그 다음으로 배우자, 자녀, 아버지순으로 나타났다. 장애유형별로는 호흡기장애가 장애인 본인이 가구주인 비율이 가장 높았고, 신장장애는 배우자가 가구주인 비율이 가장 높았고, 뇌병변장애는 자녀가 가구주인 비율이 가장 높았으며 자폐성장애는 아버지가 가구주인 비율이 높았다.

장애인가구의 가구유형에 있어서는 1인 가구가 가장 많아서 전체 장애인의 약 26.4%를 차지하고 있었으며, 부부 가구 26.3%, 부부와 미혼자녀가구가 24.5%로 나타났다. 장애인가구의 평균 가구원은 2.46명으로 2005년의 3.1명보다 감소하였다.

또한 한부모 장애가구도 7.3%로 나타났으며 조손 장애가구 0.68%로 나타났다.

〈표 12-5〉 장애인가구의 가구유형

세대구성별	2014		2017	
	장애인가구		장애인가구	
	추정수(가구)	구성비(%)	추정수(가구)	구성비(%)
1인 가구	687,652	24.3	811,051	26.4.3
부부	711,761	25.1	810,029	26.4
기타 1세대(형제 · 자매)	28,492	1.0	25,014	0.8
부부 + 미혼자녀	723,013	25.5	753,701	24.6
부부 + 기혼자녀	13,381	0.5	12,430	0.4
편부 + 미혼자녀	51,474	1.8	59,970	2.0
편모 + 미혼자녀	154,508	5.5	163,629	5.3
부부 + 양친	3,072	0.1	3,718	0.1
부부 + 편부모	54,659	1.9	52,154	1.7
부부 + 자녀 + 부부의 형제 · 자매	16,720	0.6	11,868	0.4
조부모 + 손자녀	34,859	1.2	20,816	0.7
기타 2세대	56,024	2.0	73,381	2.4
부부 + 자녀(미혼 · 기혼) + 양친	42,465	1.5	37,690	1.2
부부 + 자녀(미혼 · 기혼) + 편부모	143,515	5.1	131,754	4.3
기타 3세대 및 4세대 이상	108,180	3.8	95,379	3.1
비혈연 가구	4,504	0.2	6,390	0.2
계	2,834,279	100.0	3,068,974	100.0

출처 : 보건복지부(2018c).

〈표 12-6〉 장애인가구의 가구주

(단위 : %, 명)

구분	지체장애	뇌병변장애	시각장애	청각장애	언어장애	지적장애	자폐성장애	정신장애
본인	60.7	41.2	62.0	54.9	48.7	20.3	4.2	41.7
배우자	23.8	25.6	17.8	22.0	21.2	7.0	0.4	14.3
자녀	8.0	21.2	14.7	14.8	9.3	0.7	0.2	2.5
자녀의 배우자	0.4	1.9	1.3	2.4	0.5	0.0	0.0	0.4
아버지	4.1	6.9	2.3	4.2	13.7	50.9	85.0	22.0
어머니	1.4	2.1	0.4	1.1	3.4	13.6	6.9	11.6
형제자매	0.9	0.9	0.7	0.3	2.6	5.4	0.1	6.1
조부모	0.0	0.0	0.6	0.1	0.0	1.2	2.2	0.0
손자녀	0.3	0.2	0.2	0.1	0.0	0.0	0.0	0.0
배우자의 부모	0.1	0.0	0.0	0.0	0.0	0.5	0.0	0.2
배우자의 형제자매	0.0	0.0	0.0	0.1	0.0	0.0	0.0	0.2
기타	0.2	0.1	0.0	0.0	0.6	0.5	1.0	1.1
계	100.0	100.0	100.0	100.0	100.0	100.0	100.0	100.0
전국 추정 수	1,132,117	219,156	220,060	207,385	15,102	140,078	12,328	84,781
구분	신장장애	심장장애	호흡기장애	간장애	안면장애	장루·요루장애	간질장애	전체
본인	44.0	45.3	65.4	51.3	57.4	59.4	38.7	53.9
배우자	33.2	29.8	17.0	30.5	17.1	25.6	20.7	21.8
자녀	10.8	13.9	12.6	8.0	0.9	11.1	4.7	10.1
자녀의 배우자	0.1	0.9	1.6	0.8	1.9	1.2	0.0	0.8
아버지	4.6	7.6	0.8	5.2	12.4	1.5	18.8	8.6
어머니	3.2	1.8	0.8	2.7	5.9	0.4	10.2	2.6
형제자매	2.9	0.6	0.4	1.1	2.1	0.3	5.2	1.4
조부모	0.0	0.0	0.0	0.0	0.9	0.0	0.5	0.2
손자녀	0.0	0.0	0.0	0.0	0.0	0.4	0.0	0.2
배우자의 부모	0.0	0.0	0.3	0.0	1.5	0.1	0.4	0.1
배우자의 형제자매	0.0	0.0	0.0	0.0	0.0	0.0	0.0	0.0
기타	1.2	0.1	1.0	0.4	0.0	0.0	0.7	0.2
계	100.0	100.0	100.0	100.0	100.0	100.0	100.0	100.0
전국 추정 수	48,284	14,605	14,393	6,515	2,185	11,354	8,880	2,137,223

출처 : 보건복지가족부 · 한국보건사회연구원(2008).

3. 장애인가족의 특성 및 주요 문제

1) 장애인가족 체계

(1) 장애인가족과 요구

미국의 통계조사에 따르면, 미국 인구의 20% 혹은 그 이상이 장애아동에 의해 영향을 받는다고 한다. 한국의 경우 전체 장애인가족의 50% 이상이 장애인으로 인한 가족문제를 경험한다고 한다(송성자, 1998).

장애인가족의 문제는 장애의 출현시기, 장애가족성원의 장애유형, 장애원인, 장애의 정도, 장애에 대처할 수 있는 가족자원 등에 따라 다르다. 장애인가족은 일반가족에 비해 신체적·심리적 및 경제적 스트레스를 많이 경험하고 환자에 대한 지속적 책임, 역할변화 등으로 환자 개인이 사회생활의 곤란뿐 아니라 가족의 정상적 가족기능에도 영향을 미칠 것으로 예상할 수 있으므로 이들 가족의 요구에 민감할 필요가 있다. 부모는 자녀의 장애를 이해하고 적응하기 위하여 다양한 욕구를 갖는데 장애의 원인진단, 발달 가능성, 이를 위한 의료적 조치, 교육 프로그램, 경제적 문제, 긴장과 갈등에 대처하는 방법, 장애아를 위한 정부기관, 법, 규칙 등에 관한 정보와 도움을 전문가로부터 받기를 원한다. 특수교사를 비롯한 전문가는 장애인가족에 대한 서비스를 일방적으로 규정한 활동과 교육목표로서 제공할 것이 아니라 그들의 욕구와 특징의 다양성에 대해 충분히 이해하고 이를 반영할 필요가 있다.

(2) 장애인이 가정생활에 미치는 영향

① 부모에의 영향

장애아 출현의 충격은 부모에게 심리적 상처를 주고 이는 다시 가족의 상호작용에 영향을 미친다. 부모는 자녀의 장애를 확인하는 순간부터 자녀를 거부하고 죄책감, 자책감을 느끼며 이는 다시 부모의 생활에 영향을 준다. 가령 우울증과 같은 병리적 발달은 부모와 자녀 간의 애착형성에 부정적 영향을 미친다. 특히 1차 장애의 노출에 상처를 받은 중복장애아를 가진 부모는 2차 장애가 노출되면서 치료 전문가에게 거부를 당할 때 거의 무기력상태가 되며 아동의 부가된 장애를 거부함으로써 위안을 받으려 한다.

부모가 받는 영향과 적응행동에서의 차이에 대한 연구들은 장애아의 출현 자체보다는 다른 여러 요인들이 상관이 있다. 예를 들면 부모의 성격, 부모의 신경증 여부와 사회의 재활전문가로부터의 고립, 장애의 종류, 일상생활의 의존도, 사회경제적 지위(여광응, 1988), 가족의 응집력 및 자율성(김규수, 1988) 등에 따라 다르다. 따라서 장애의 출현에 대한 부모의 심리적 변화와 적응행동에서의 다양성에 대해 다각적 검토가 필요하다.

② 부부에의 영향

장애아에 대한 심리적 반응과 행동장애로 인한 어려움을 실제 가족의 일상생활에, 특히 부부생활에 부정적 영향을 주기 쉽다. 특히 장애아의 어머니는 모든 일상생활(옷 입히기, 목욕시키기, 대소변 가리기 등)에서부터 장애아동의 요구에 적응하기에 이르기까지 모든 역할을 담당해야 하는데 이는 자칫 어머니가 고립되거나 심리적 부담을 가질 수 있다. 또한 부정적 정서상태를 배우자에게 투사하기도 하는데 이로 인해 부부갈등이 유발되고 심지어 가족해체에 이르기도 한다. 여러 연구들은 이를 뒷받침해 주고 있다. 심한 장애아동을 갖고 있는 부모의 40%가 부부생활이 침해받는다고 느끼고, 8%는 완전히 붕괴했다고 한다. 이때 아버지의 역할이 매우 중요한데 아버지가 보다 융통적이고도 양성적 역할을 지니고 재활활동에 참여하는 정도는 부부 유대 정도와 전체 가정에 영향을 준다(구본권, 1987). 장애아동 출현은 아버지의 사회생활과 직업생활에도 영향을 미친다.

③ 형제자매에의 영향

장애아의 형제자매는 장애아로부터 방해받거나 그들과 잘 지내지 못한다고 한다. 왜 이런 문제가 발생하는가? 장애를 가진 부모는 장애아에게 관심을 집중시키고 비장애자녀의 욕구지연, 거부, 생활에 대한 제약을 가한다. 이로 인해 비장애자녀는 욕구불만, 갈등을 느낀다. 특히 장애아동이 첫 자녀일 때 손아래 형제자매는 더 어려움을 겪거나, 비 장애아동이 어머니로부터 무시당한다고 여기며 장애형제와의 관계를 끊어 버리려고 하는 경향이 있다. 자폐아동의 형제자매는 자폐형제에 대한 얘기를 먼저 꺼내지 않거나(김경진, 1994), 자폐아동의 이상한 행동에 자신들이 불안함을 느낌으로써 어머니에게 줄 수 있는 영향을 방지하기 위해 가족관계를 피하거나 신앙에 의존하거나 적대감을 표현하기도 한다. 이때 자녀들은 어머니로부터의 도움을 구하려고 하지도 않는다. 이는 장애아동이 시설로 옮겨 간 뒤에도 별로 개선되지 않는다. 그러나 비장애 형제자매는 장애아의 교사도 될 수 있고 부모의 책임을 나눠 가질 수 있는 좋은 동료가 될 수도 있다. 단, 그들에게 장애아를 돌보는 책임을 너무 많이 부여하거나 장애아의 몫까지 다하도록 요구해서는 안 된다. 이러한 문제를 해결하기 위해 전문가는 장애인 가족이 경험하는 갈등과 긴장, 그들의 상호작용에 대해 폭넓은 이해와 실제로 도움을 줄 수 있는 방법을 모색할 필요가 있다.

2) 장애아와 가족

(1) 유아기 가족

대부분의 태어나는 순간부터 또는 초기 유아기에 장애를 경험함으로써 엄청난 충격을 받는다. 일부 아동은 발달에 있어서 어떤 수준으로의 이행에 있어서 지연을 보일 때까지 발견되지 않을 수도 있다. 명확한 신체적 결함이나 염색체 손상에 의한 심한 장애를 수반하는 아동은 태어나면서 또는 초기 유아기에 확인이 가능하다. 장애인가족이 도움을 받아야 할 중요한 영역은 부모와 자녀와의 상호작용 측면이다. 장애유아가 있다는 특수성으로 인해 나타나는 부적절한 상호작용은 장애유아의 발달에 부정적 영향을 줄 수 있는데 부적절한 상호작용은 다음과 같다. 첫째, 자녀와 정서적 분리로 인해 비탄에 젖어들기 쉽다. 둘째, 일부 장애아 부모는 정상적 상호작용을 거부한다. 안아 주거나 만지는 것을 꺼리고 심지어는 껴안아 주고 싶어도 그러지 못하는 아동도 있다. 셋째, 어떤 장애인가족은 반대로 아동을 지나치게 걱정하거나 보호하며 나이보다 어리게 취급하는 경향이 있다.

(2) 학령기 가족

우리나라는 학령기 장애아가 자연스럽고 적절한 교육을 받을 수 있도록 「장애인 등에 대한 특수교육법」에 따라 교육기회의 확대를 도모하고 있다. 그러나 실제로 가족이 학교로부터 받을 수 있는 서비스는 제한적이며 선택의 여지가 별로 없다. 학령기의 부모도 유아기의 부모와 같은 단계의 심리적 적응반응을 경험한다.

이 시기는 장애아동이 장애인으로서 수용되고 확인되는 시기로 학교생활의 적응에 상당한 어려움을 겪는다. 비록 확인이 되지 않은 경도장애아동도 학습부진아 혹은 정서장애아로, 경도 청각장애 또는 약시로 인해 교사의 지시를 제대로 수행할 수 없는 문제를 경험한다. 또한 학령기 장애아동이 또래 아이들과의 관계에서 적대의식, 소외감, 비관을 느끼게 되고 이로 인해 자아개념에 손상을 초래하기 쉬우므로 장애아동의 부모는 자녀의 긍정적 자아개념 발달에 관심을 기울여야 한다.

많은 장애아동 부모는 이 시기에 자녀의 능력에 한계가 있음을 깨닫게 되고 치료될 수 없음도 알게 된다. 그러나 사춘기에 이르면서 새로운 성숙은 부모에게 새로운 도전의 기회가 되고 자녀의 장차 성인생활에 대한 준비로서 직업적이고 독립적인 미래생활에 대한 관심을 기울이게 된다.

(3) 청년기 가족

장애아 부모는 자녀의 성인으로서 전환기에 상당한 어려움을 다시 겪는다. 이제 학교를 떠나 복지관이나 직업재활센터와 같은 다양한 서비스를 선택해야 한다. 물론 자녀의 장애상황에 따라 직면하는 문제는 다를 수 있지만 대부분 고용문제, 독립적 생활, 사회적 상호작용의 문제, 미래에 대한 설계와 관련된다. 특히 부모는 장애를 가진 자녀가 사후에도 생존할 것에 대비하여 누군가가 그들을 책임져야 하는 문제에 봉착한다. 이러한 문제에 관한 결정은 매우 어려운 것이며 많은 지지와 서비스가 제공되어야 한다.

3) 장애아와 부모

기본적으로 장애아의 부모는 비장애아 부모가 맡은 부모역할과 동일한 역할을 한다. 그러나 장애아의 부모는 이런 일반적인 부모로서의 역할과 더불어 자기 자녀의 특수성에 따른 역할도 감당해야 하는 다중 역할 부담의 어려움을 지닌다. 그래서 장애아의 부모는 비장애아의 부모와는 다른 정서적 적응 특성을 갖게 된다.

(1) 장애아 부모의 정서적 적응

자신의 자녀가 장애아라는 사실을 알게 되면 대부분의 부모는 심리적·신체적·경제적 위기의식을 느낀다. 이런 반응은 부모의 성격 특성, 사회경제적 배경, 장애에 대한 지식, 장애 정도 등에 따라 다소 다를 수 있으나 이들이 겪는 정서적 반응은 일련의 과정을 거친다 (조윤경, 1992; Cook et al., 1987).

① 충격, 불신, 부정

자신의 자녀가 장애아라는 사실을 알게 되면서 부모는 커다란 충격에 휩싸인다. 그런 다음 아동의 특수성을 부인하는 반응을 나타내는데, 이를 부인함으로써 장애가 사라질 것으로 오인한다는 것이다. 이런 반응은 고통스러운 현실을 피하려는 자연스러운 반응이다. 전문가들은 수용적 태도를 경청하면서 이런 부모의 느낌과 경험이 정상적임을 이해시키도록 노력하게 된다.

② 분노와 원망

지적으로는 자녀의 문제를 수용하나 정서적으로는 수용이 안 되므로 자녀 때문에 부모 자신의 개인적·가정적·사회적 목적이 방해를 받는다고 느끼면서 타인에 대한 분노와 적개심을 나타낸다. 부모는 종종 전문가들의 '비전문성'에 대해 분개하고 교수방법이 잘못되어 있다는 비난행동을 한다. 이 단계에서 전문가들은 아동이 성취할 수 있는 과제로서 부모를 고무시키는 것이 필요하다.

③ 교섭과 현상

장애라는 사실에 대한 지적·정서적 수용을 하면서 "만일 내가 열심히 아이를 돕는다면 장애는 극복될 것이다."라는 신념으로 상당한 노력을 기울이지만 결국 불가피한 사실임을 인정하게 되고 수용을 하지만 좌절을 경험한다. 전문가들은 부모의 감정에 공감하면서 수용하고 그들의 감정이 정상적임을 알려 준다.

④ 좌절과 낙담

자녀의 상태가 별 진전을 보이지 못하면 무기력해지며 정상아로 치유될 수 없음으로 인한 손실감으로 낙담하게 된다. 부모에게는 전문상담이 필요하며 매사에 긍정적일 수 있도록 도와준다.

⑤ 장기적 수용

부모는 자녀의 장애조건을 있는 그대로 수용하고 적절한 효율적 방법을 얻기 위해 노력한다. 따라서 새로운 지식 획득, 생활양식의 변화 등을 모색한다. 물론 모든 부모가 이 단계에 도달하는 것은 아니다. 전문가들은 실질적 기법을 훈련하여 부모를 강화하거나 아동의 상태에 진전이 보일 때 부모를 강화하여 정서적 안정을 꾀한다.

(2) 장애아 부모교육

최근까지 장애의 극복을 위한 가족의 역할을 경시해 온 것은 사실이다. 그러나 점차 가족의 역할이 강조되면서 전문가들이 적극적으로 가족을 프로그램 체계 안으로 끌어들여 부모가 그들의 자녀가 장애인이라는 사실을 수용하고 어려운 상황을 극복하도록 도와줄 수 있어야 한다.

① 가정 중심 프로그램

이 프로그램은 부모가 직접적으로 자녀를 가르칠 수 있도록 전문가, 즉 부모교육자, 가정교사, 가정방문자로부터 훈련받게 된다. 가정 중심 프로그램은 다음과 같은 장점을 지닌다. 첫째, 학교가 가정으로 확장되어 학교교육과 가정교육 간의 연계가 가능하다. 둘째, 부모가 직접 그들 자녀를 가르칠 수 있다. 셋째, 프로그램을 각 가족의 요구에 맞도록 쉽게 개별화할 수 있다. 넷째, 프로그램은 모든 가족성원에게 유익하다. 가정 중심 프로그램의 특징을 살펴보면 다음과 같다.

- 부모치료 : 부모치료는 가장 전통적인 방법 중의 하나이다. 부모가 가정에서 조화를 이룰 수 있도록 장애아 문제에서 발생할 수 있는 문제를 조절할 수 있도록 도와주는 것이다. 이 방법은 부모가 자녀의 행동을 완전히 이해하고 그 영향력을 인지하도록 치료노력과 훈련노력을 병행한다.
- 형제의 협력 : 형제가 부모와 일관된 행동계획에 참여함으로써 효과를 높일 수 있다고 본다. 형제훈련을 통하여 부모와 장애형제와의 원만한 상호작용을 도모한다.
- 가정의 협력 : 학교와 부모 사이의 협조를 강조한 프로그램으로서 교사의 학교수업의 연속선상에서 아동이 가정에서 실천할 수 있는 과제를 제시한다. 이러한 연속성은 진보된 행동의 상호 협력적 기회를 많이 갖게 한다.

가정 중심 프로그램의 대표적인 예를 들면 다음과 같다.

- 포테이지 프로젝트 : 포테이지 프로젝트(portage project)는 행동수정기법을 사용하여 자

녀를 지도하도록 부모를 교육시키는 것이다. 신생아기~6세 사이의 행동장애, 정신장애, 지적장애, 신체장애 및 문화실조 자녀가 있는 부모에게 아동의 발달단계에 따른 효율적 학습지도방법과 보상방법, 행동관찰과 행동기록법 등을 훈련시키는 것이다.

- 종합훈련 프로그램 : 이 프로그램은 미국 위스콘신 주 밀워키에서 뇌성마비아동을 대상으로 시작된 것으로 출생~3세 사이의 장애아, 특히 신체장애아를 훈련시키도록 그 부모를 교육시키는 것이다. 이 프로그램의 내용은 부모의 직접적이고 적극적인 참여를 통해 아동에게 각 영역의 발달을 촉진시키려는 것으로 구성되어 있다.

② 학교 · 기관 중심 프로그램

이는 장애아를 위한 학교나 기관에 부모가 참여하는 것으로, 지역사회 어린이집, Head start, 유치원 혹은 공립학교의 프로그램을 포함한다. 학교에서의 부모참여는 다음과 같은 장점을 지닌다.

첫째, 부모는 교사에게 유용한 인적 자원이 될 수 있다. 따라서 더욱 개인적이고 개별화된 프로그램을 할 수 있다.

둘째, 부모참여는 부모와 교사 간의 관계를 밀착시켜 프로그램 효과를 높인다.

셋째, 부모가 학급활동에 참여함으로써 자녀의 발달에 직접적 기여를 할 수 있다.

학교, 기관 중심 프로그램의 대표적인 예를 들어 보면 다음과 같다.

Bolen(1973)에 의해서 개발된 남가주대학 프로그램은 중도장애의 유아를 기관 중심 상황에서 도울 수 있도록 그 부모를 훈련시키는 것이다. 부모교육의 내용은 주로 행동수정기법을 적용하기 위한 훈련에 강조를 두며, 아울러 교과과정의 개발, 교수방법의 훈련 및 평생교육 프로그램에 관한 정보도 제공한다.

또한 노스캐롤라이나 대학에서 개발된 부모교육 프로그램은 장애를 가진 유아의 부모교육에 역점을 두고 있다. 이 프로그램에서는 부모가 매주 1시간 동안 학급을 방문하여 교사로부터 행동수정기법을 습득하며, 필요하다면 사회복지사나 보건사로부터 가족복지를 향상시키기 위한 자문과 도움을 받게 된다. 가령 공중위생기관과의 접촉방법, 언어치료 및 심리치료를 알선받은 교사들이 가정방문을 하는 등이다.

4. 장애인가족을 위한 복지정책 및 지원서비스

1) 장애인가족을 위한 복지정책

(1) 사회보험

① 국민연금의 장애연금

장애연금은 국민연금 가입자가 가입 중에 발생한 질병 또는 부상으로 인하여 완치 후에도 신체 또는 정신상의 장애가 있는 자를 대상으로 하며, 질병 또는 부상을 당한 자가 초진일로부터 2년이 경과하여도 완치되지 아니하는 경우에는 그 1년 6개월이 경과한 날을 기준으로 장애 정도를 결정하되, 그 1년 6개월이 경과한 날에 장애연금의 지급대상이 되지 아니하는 자가 그 질병 또는 부상의 악화로 인하여 60세가 되기 전에 장애연금의 지급대상이 되는 경우에는 본인의 청구에 의하여 그 청구한 날을 기준으로 장애 정도를 결정하고 있다.

② 산재보험

업무상 재해로 인한 부상, 질병을 치유한 후 장해가 남아 있으며 그 정도가 산재에 의한 장해등급 1~3급인 경우에는 연금을 지급하고, 장해등급 4~7급인 경우에는 연금 또는 일시금 중 선택을 할 수 있으며 8~14급인 경우에는 일시금을 지급한다. 장해보상연금의 급여수준은 장해 1급인 경우 평균임금의 329일분(90.1%)에서 장해 7급인 경우 138일분(37.8%)까지 장애등급에 따라 다르다. 장해보상일시금도 장해 4급인 경우 평균임금의 1,012일분에서 장해 14급인 경우 55일분까지 장해등급에 따라 다르다.

장해급여는 평균임금에 따라 결정되기 때문에 평균임금이 높으면 장해급여도 높게 책정되어 고소득계층일수록 장해급여도 높다. 그러나 산재보험도 국민연금과 같이 기본적으로 비취업장애인보다는 취업장애인의 소득을 보장하기 위한 제도로서, 비취업장애인은 산재보험의 혜택에서 완전히 배제되는 문제점을 안고 있다.

(2) 국민기초생활보장법

「국민기초생활보장법」의 수급권자가 되려면 부양의무자가 없거나 부양의무자가 있어도 부양능력이 없거나 또는 부양받을 수 없는 자여야 한다. 개별가구의 소득평가액과 재산을 기준으로 자산조사와 부양의무자 조사를 하며 최저생계비 기준을 가구별로 차등 적용하여 이에 해당하는 경우 수급권자가 된다. 기초생활보장 수급대상자가 받을 수 있는 부가급여에는 장애수당을 비롯하여 다양하게 급여가 지원되고 있다. 장애수당은 기초생활수급대상자로서 저소득 장애인가구의 생활안정을 도모하는 것이 목적으로 중증장애인 1, 2급에게 1인당 130,000원을, 3~6급은 30,000원을 지급하고 있다.

〈표 12-7〉 장애인 가구의 국민기초생활보장 대상 여부(2018)

특성별(1)	특성별(2)	국민기초생활보장 수급가구 여부	
		추정수(명)	예(%)
장애유형별	지체	49,532	13.4
	뇌병변	42,177	19.4
	시각	21,557	17.3
	청각/언어	73,818	11.9
	지적/자폐성	23,852	18.0
	정신	8,894	49.3
	내부/안면	31,447	24.0
장애정도별	중증	92,616	23.7
	경증	158,661	16.3
전체	소계	251,277	17.3

출처 : 보건복지부, 한국장애인개발원(2019).

① 장애수당

기초생활보장 수급자 및 차상위계층의 장애인에게 장애로 인한 추가비용을 보전하기 위한 수당을 지급하여 저소득 장애인가구의 생활안정을 도모한다. 지급대상은 「국민기초생활보장법」에 의한 수급자 및 차상위계층의 18세 이상 등록장애인, 「국민기초생활보장법」에 의한 수급자인 보장시설 입소 장애인이며, 기초수급 중증장애인 1인당 월 13만 원, 기초수급 경증장애인 1인당 월 3만 원, 차상위 중증장애인 1인당 월 12만 원, 차상위 경증장애인 1인당 월 3만 원, 보장시설 입소 중증장애인 1인당 월 7만 원, 보장시설 입소 경증장애인 1인당 월 2만 원을 지급한다.

② 장애아동수당

기초생활보장대상자 및 차상위가구의 18세 미만 재가 장애아동에게 장애로 인한 추가 비용을 지원하여 장애아동의 양육환경을 개선하고 장애아동가구의 생활안정을 도모한다. 지급대상은 「국민기초생활보장법」에 의한 수급자 및 차상위계층의 18세 미만 재가 등록장애아동이며, 지급금액은 기초수급 중증장애인 1인당 월 20만 원, 기초수급 경증장애인 1인당 월 10만 원, 차상위 중증장애인 1인당 월 15만 원, 차상위 경증장애인 1인당 월 10만 원을 지급한다.

(3) 간접적 소득보장정책

간접적 소득보장이나 장애인 또는 장애인을 부양하는 사람이 경험할 수 있는 경제적 부담감을 통해 생활안정을 도모하려는 정책이라고 볼 수 있다. 이 가운데 특히 교통이나 통신수단과 관련한 이용요금의 감면제도는 장애인의 실생활에 많은 도움을 주고 있는 것으로 평가되고 있고 지속적으로 확대되어 왔다. 예컨대 차량 관련의 경우 차량을 소유한 장애인이 늘어남에 따라 이를 계기로 운전기사로 취업할 수 있는 효과도 있다. 또한 장애인용 물품에 대한 과세감면의 경우 장애인의 여가활동과 스포츠 등에 필요한 기기나 장비 등의 구입부담을 덜어 주는 효과가 있으며 감면대상품목도 꾸준히 증가하고 있다. 이와 같은 이용료나 조세감면시책은 소득이나 생활지원의 측면뿐 아니라 장애인의 사회참여를 촉진시키는 데도 중요한 기능을 담당하는 것으로 앞으로 지속적으로 확대되어야 할 시책이라고 볼 수 있다.

① 장애인 자녀교육비 지원제도

학교에 입학하거나 재학하는 자녀를 둔 장애인이나 학교에 입학하거나 재학하는 장애인을 부양하는 자는 관련 법령에 따라 자녀교육비를 지급받을 수 있는 제도이다.

② 장애인 의료비 지원

「국민건강보험법」에 따른 요양급여나 「의료급여법」에 따른 의료급여를 받는 외에도, 「장애인복지법」에 따라 의료비를 지원받을 수 있다. 보건복지부 장관, 특별시장 · 광역시장 · 도지사 · 특별자치도지사 또는 시장 · 군수 · 구청장은 의료비를 부담하기 어렵다고 인정되는 장애인에게 장애 정도와 경제적 능력 등을 고려하여 장애 정도에 따라 의료에 소요되는 비용을 지급할 수 있다.

③ 장애인 자립자금대여

국가와 지방자치단체는 장애인이 사업을 시작하거나 필요한 지식과 기능을 익히는 것 등을 지원하기 위해 18세 이상의 장애인에게 자금을 대여할 수 있다.

④ 세금감면(주로 소득세)

「소득세법」에 따른 소득세 감면으로는 기본공제, 추가공제, 특별공제가 있다. 소득세 기본공제란 소득세 산정에 있어서 종합소득이 있는 거주자에 대해서 공제대상자의 수에 연 150만 원을 곱한 금액을 그 해의 종합소득금액에서 공제해 주는 것을 말한다. 이때 부양가족에 대해서는 나이에 따라 공제대상이 제한되지만 부양가족이 장애인인 경우에는 나이 제한 없이 기본공제를 받을 수 있다(「소득세법」 제50조 제1항 제3호, 제51조 제1항 제2호 및 「소득세법 시행령」 제107조 제1항).

⑤ 전화요금 및 텔레비전 수신료 감면 등

장애인은 시내·외 전화, 번호안내, 이동전화, 개인휴대전화 등에 대해 요금을 감면받을 수 있다. 텔레비전 수신료 감면은 보건복지부에 등록된 시각·청각장애인이 생활하는 가정의 수상기에 대해서는 수신료가 면제된다. 전기요금 할인은 1~3급 장애인의 주거용 고객 또는 독신자 합숙소(기숙사 포함)나 집단주거용 사회복지시설로서 주택용 전력의 적용을 희망할 경우에 지원된다. 도시가스요금 할인은 대상자 가구가 사용하는 주택용(취사용 및 개별난방용에 한함) 도시가스에 대해 $1m^3$당 71~81원을 할인한다. 다만 LPG 등을 원료로 사용하는 도시가스는 관할 도지사가 정하는 별도 할인금액을 적용한다.

⑥ 발달장애인 평생교육지원강화사업

발달장애인의 사회적 자립역량강화와 삶의 질 향상을 위하여 생애주기에 걸쳐 사회구성원으로서 자립적인 삶을 영위하고 사회참여를 확대할 수 있도록 발달장애인 평생교육 지원강화사업을 실시하고 있다. 이는 「발달장애인 권리보장 및 지원에 관한 법률」에 근거하며 발달장애인이 평생에 걸쳐 개인의 강점과 필요에 기반한 다양한 영역의 프로그램에 참여할 수 있는 기회를 제공하기 위함이다.

⑦ 기타사업

- 장애인 재활보조기구 무료 교부
- 장애인 생산품 판매시설 운영
- 중증장애인 직업재활지원사업 수행기관 운영
- 건강보험 지역가입자의 보험료 경감
- 장애인 자동차 표지 발급
- 보장구 건강보험급여(의료급여) 실시
- 장애인 결연 사업
- 장애인용 LPG 연료세금인상액 지원
- 농어촌 재가장애인 주택개조사업
- 실비장애인 생활시설입소 이용료 지원

2) 장애인가족 지원서비스

장애인 가족에 대한 지원은 「장애아동복지지법」과 「발달장애인 권리보장 및 지원에 관한 법률」이 제정되면서 시작되었다. 법령에 의하여 장애아동 가족에 대한 지원과 발달장애인 가족을 지원하는 사업으로 구체화되었으며 대상자 확대와 지원서비스를 전담하는 장애가족 지원센터가 설치 운영되었다. 장애인 가족지원은 장애인을 돌보고 지원하는 과정에서 장애인과 그 가족이 직면하는 문제에 대한 사회적 지원이라고 볼 수 있다. 「장애아동복지지원법」과 「발달장애인 권리보장 및 지원에 관한 법률」에서는 장애인과 장애아동을 돌보는 가족원에게 정보제공, 상담 및 휴식제공을 지원하고 장애인복지법에서는 장애인을 돌보는 가족원에 대한 지원과 함께 장애인뿐만 아니라 장애인 가족단위의 지원(인식개선, 사례관리, 역량강화 지원 등)을 포함하고 있다. 대표적인 장애인 복지 전달체계인 지역 장애인복지관의 가족지원 프로그램의 주요 내용은 다음과 같다.

- 장애영유아 조기교육
- 부모교육(어머니의 참여가 주류를 이루며, 아버지 참여를 활성화할 수 있는 전략 필요)
- 가족상담

- 가족관계강화 프로그램
- 형제지원 프로그램
- 직업훈련 및 취업알선
- 공동생활가정 운영
- 부모회 조직
- 주간・단기보호시설 운동

가족복지 관련 기관이나 시설에서 장애인가족을 대상으로 한 지원서비스를 계획하거나 실시함에 있어 일반적으로 다음과 같은 요소를 반영할 수 있어야 한다.

(1) 참여자의 욕구를 반영한 프로그램

장애아동의 치료・교육적 측면뿐 아니라, 실제적으로 장애아동가정의 어려움을 지원하기 위하여 장애아동의 부모를 대상으로 한 욕구조사를 바탕으로 프로그램이 계획되었다. 특히 부모의 양육부담을 덜어 주기 위해 사회성 향상 프로그램에 일대일 자원봉사자를 통하여 부모가 여가시간 및 프로그램에 참여할 수 있도록 하였다. 또한 장애아동에 대한 일대일 멘토링 교사(통합지원교사) 프로그램과 방과 후 통합반을 운영한다.

(2) 가족이 참여할 수 있는 다양한 프로그램

장애아동의 부모역할교육, 부모집단상담, 비장애 형제자매 양육에 대한 교육, 장애아동가족 자조모임, 사회성 훈련, 비장애 형제자매 참여 프로그램, 가족사랑캠프 등의 다양한 가족참여 프로그램을 제공한다. 각 프로그램을 통해 가족성원의 스트레스를 감소시키고 가족응집력을 높인다.

(3) 전문가와 협조를 통한 체계적 개별아동관리

장애아동을 둘러싼 전문가 간의 협조를 통해서 아동에 대한 개입의 효과성을 높인다. 아동에 대한 정보를 공유할 뿐 아니라 분기별로 사례회의를 통하여 아동의 치료 및 사회성에 대한 집중사례관리를 실시하여 가족의 의사소통, 스트레스, 경제적 어려움 등의 문제를 지원한다.

(4) 효과적 전문봉사자 관리

사회복지전공 자원봉사자를 활용하여 장애아동에 대한 모니터링을 실시할 뿐 아니라 프로그램 시작부터 종결까지 지속적 자원봉사서비스를 제공한다.

(5) 장애인가족 지원서비스 사례

장애인가족을 위한 지원서비스는 장애인종합복지관, 종합사회복지관, 장애인 관련 시설 및 기관, 장애인가족지원센터나 건강가정지원센터에서 실시되고 있다. 장애인가족지원센터의 주요 프로그램은 가족상담, 장애아 형제 프로그램, 부모를 위한 프로그램, 장애아를 위한 프로그램 등으로 구분실시되고 있으며 구체적 내용은 〈표 12-8〉과 같다.

장애인종합복지관이나 지역종합사회복지관에서 제공되는 장애인가족지원서비스는 아동교육과 치료, 가족지원서비스, 부양지원서비스로 구분실시되며 구체적 내용은 〈표 12-9〉와 같다.

〈표 12-8〉 장애인가족지원센터 프로그램

프로그램명	내용
가족상담	• 장애인 교육 및 장애자녀의 건강 등 생활 속의 의료상담, 재활상담, 정보제공, 장애인의 심리적 갈등 및 정서적 지지 및 진로상담
형제 프로그램	• 테마가 있는 계절학교 : 심리분석, 상담, 집단심리치료 및 역할 상황극 • 장애형제 일일문화체험 : 일일문화체험, 레크리에이션, 문화유적지 답사
부모/아이 프로그램	• 비즈공예, 비누 만들기, 문화체험

출처 : 충북장애인가족지원센터(http://www.cbbumo.org).

〈표 12-9〉 장애인종합복지관 가족지원서비스

아동 교육 · 치료	가족지원서비스	부양지원서비스
• 언어인지교육 • 음악치료 • 미술치료 • 놀이치료 • 심리상담 • 특수체육	• 가족사례관리(집중형, 일반형) • 부모교육/세미나 • 가족치료 • 형제자매집단 프로그램 • 가족캠프(여행) • 자조집단 결성	• 멘토링 서비스 • 사회성 프로그램(곰두리봉사단) • 학교 모니터 교사 지원 • 여가지원(인라인, 수영 등)

출처 : 강남종합사회복지관(2006).

부양가족지원사업

발달장애아동 양육 어머니를 위한 역량강화 프로그램 "Beautiful Life"
(20×× 광명시 여성발전기금지원사업)

- 사업기간 : 20××년 3월~10월
- 이용대상 : 발달장애아동 양육 어머니 10명, 발달장애아동 10명
- 사업내용 :
  - 문화향유 프로그램 "내 삶의 비타민 C"(월 1회)
  - 역량강화 프로그램 "세상의 중심에서 사랑을 외치다"
  - 평화적 갈등해결 프로그램 "다르지만, 같은 우리"
  - 아동주말보호 프로그램 "놀러 와"
  - 자조집단 "Parent to Parent"

출처 : 철산종합사회복지관(http://www.happycs.or.kr).

〈표 12-10〉 **정신장애인가족 사례관리**

사례개요	
정신장애 3급인 유○○ 씨는 직업훈련(일거리 사업체 참여)하는 곳에서 간단한 일에 참여하고 있으나 소득 185,000원가량임. 정신장애로 정서 · 인지능력이 떨어져서 생활을 영위하는 데 어려움이 많으며 부모님은 모두 사망한 상태로, 할머니와 함께 누나 명의로 된 집에 무료 거주하고 있음. 재산과 소득이 없고 부양자도 없으며, 또한 약물을 복용하지 않으면 공격성향이 나타나 타인의 도움이 필요(수급자로 확정). 한 달에 한두 차례 기혼인 누나가 와서 반찬 및 생활비 지원해 줌	
문제사정	**개입계획**
• 클라이언트의 욕구 - 생활비의 부족으로 월 20만 원 정도의 소득보충을 원함 - 정신장애 3급으로 인한 정기적 건강상담과 의료서비스 받기를 원함(동거인인 할머니의 경우는 허리와 다리가 편찮으셔서 움직임이 어려워 자주 누워 계시고 욕창이 생기셨음. 정기적 건강상담과 의료서비스를 동시에 받기를 원함) - 열악한 주거환경으로 인한 가옥수리 - 생활비의 부족으로 일거리사업체 참여 중 급여가 많은 곳에서 일하고 싶어 함 - 할머니의 거동불능으로 인하여 가사지원서비스 원함 • 클라이언트의 기능 - 정신장애를 제외하고는 신체 건강함	• 소득지원 - 지역사회의 후원자와의 결연을 통한 소득의 지원, 소득보충을 위한 활동참여 • 보건의료 - 진료받고 있는 병원에 내원하여 독려하고 정기적 건강상담, 보건소의 방문 간호팀과 협력하여 주 1회 방문간호서비스 제공 • 가사원조 - 종합사회복지관의 주 2회 가정봉사원 파견서비스 제공 • 급식지원 - 종합사회복지관에서

- 사물 인지, 물건 사기, 금전관리 등을 잘 못함
- 의지력이 약하고 무력감 등이 있음
- 정서적 장애와 공격성이 큼

• 클라이언트의 능력 - 집은 누나의 도움으로 방 한 칸을 무료로 살고 있으며, 교육 수준은 중졸, 문제해결 노력이 부족함

• 사회지원

- 비공식지원체계 : 가족인 누나가 한 달에 한두 번 반찬을 제공해 주고 있음
- 공식지원체계 : 국민기초생활보장 수급대상자로 의료급여를 받고 있음

점심제공, 도시락배달서비스 이용

• 누나를 활용한 주 1회 밑반찬의 제공

• 정서지원 - 가족을 통한 대화 및 할머니의 경우 가정봉사원 및 방문간호팀 활용

• 주택수리 - 종합사회복지관의 자원봉사자를 통한 주택수리와 주거환경 개선

개입단계

• 소득지원 - 지역사회 후원자인 정○○ 씨의 김○○ 씨에게 전달하였으며, 현재 일거리사업체에서 일하고 있음

• 보건의료 - 어머니의 경우 보건소 방문팀과 연결 주 1회 방문서비스를 받도록 조치하였으며, 김○○ 씨는 정기적으로 병원 내원하여 진료받도록 독려

• 가사원조 - ○○종합사회복지관의 가정봉사원 파견사업과 연결

• 급식지원 - ○○종합사회복지관의 도시락배달서비스를 받도록 하였으며, 김○○ 씨의 누나에게 밑반찬서비스를 받도록 함

• 김○○ 씨의 누나 및 형에게 연락하여 자주 찾아와 동생과 대화를 할 수 있도록 요청

• 정서지원 - 할머니의 경우 ○○종합사회복지관의 가정봉사원과 대화를 나눌 수 있도록 협조요청

• 주택수리 - ○○종합사회복지관의 주택수리 자원봉사자와 연결 → 김○○ 씨와 할머니가 서비스를 제공하는 기관이나 사람들과 별다른 장애가 없이 서비스를 잘 받아들였으며, 무료서비스에 대한 미안한 감정을 버리고 열린 마음으로 받아들이도록 하였음. ○○구 보건소와 자매결연 병원에서 제공하는 보건의료서비스가 중복되지 않도록 조정

종결 및 평가단계

• 경제적인 면에서 공공부조 및 본인 정신사회복귀시설에서 일시적 작업활동을 하고 있으나 안정적 소득이 아닌 상태로 정신사회복귀시설과 협의하여 장애인고용촉진공단의 직업교육을 통한 장기적 취업과정교육이 필요하다고 판단되며, 복귀센터에서 장애인고용촉진공단의 직업교육을 위한 기초교육을 받게 하고 장애인고용촉진공단에 교육을 의뢰하는 것이 바람직하다고 판단됨

• 보건의료 등 지원은 대체로 연속적 지원이 이루어짐. 특히 할머니의 건강 체크 및 클라이언트의 정신건강 체크는 병원과 보건소, 정신사회복귀시설에서 잘 이루어지고 있음

• 가사 및 급식, 정서적 지원도 대체로 잘 이루어지고 있음

• 주거의 경우 주택수리를 통한 안전한 환경 제공

Chapter

13 조손가족

1. 조손가족의 개념 및 현황

1) 조손가족의 개념

최근 이혼율의 급속한 증가와 더불어 부모와 동거하지 않고 조부모와 동거하는 아동 수가 빠르게 증가하고 있다. 이와 같이 부모와 동거하지 않고 조부모와 손자녀가 함께 살고 있는 가족의 형태를 조손가족이라고 일컫는다. 조손가족은 가족해체현상과 가족의 안정성 확보가 점점 더 어려워지는 현실에서 증가하는 가족유형 중 하나이다. 일반적으로 가족의 의미는 복잡하고 다양한 관계 속에서 가족의 규칙과 행동을 배우고 통제하는 것으로 지속적이며 상호적인 속성을 가지고 있다. 또한 이러한 가족관계는 구성원 간의 유대관계가 밀접하고 가족생활주기를 통해 상호 의존적 관계를 유지하는 것이 중요하다(권육상 외, 2003 재인용). 그러나 가족관계 형성이 여러 가지 원인으로 인해 해체될 때 가족의 유대관계와 상호 의존적 관계는 다양한 현상과 모습을 보이게 된다. 부모의 이혼 혹은 사별 등으로 가족이 해체될 위기에 놓일 경우 자녀들은 부 혹은 모가 양육하거나 조부모가 생존해 있을 경우 상당수가 조부모에게 양육이 위탁되고 있다.

그러나 「한부모가족 지원법」이나 「국민기초생활 보장법」에 의한 지원대상인 조손가족을 제외한 전체 조손가정의 정확한 통계조차 파악하기 어려운 현실이다. 통계파악이 어려운 이유 중 하나는 무엇보다 조부모들이 가정사를 드러내지 않으려는 마음가짐과 선입견이 있기 때문이다. 농촌의 경우 집안의 치부를 들춰낸다는 생각으로 불가피하게 기초생활보장 수급대상이 아닌 가정에 대하여는 접근과 실태파악이 용이하지 않을 것이기 때문이다(송정애,

2007). 이와 같이 조손가족의 실태 파악이 쉽지 않으나 조손가족에 대한 사회적 관심이 증가하는 현실에서 조손가족이란 부모세대 없이 조부모와 미성년 손자녀로 구성되는 가족형태로 조부모에 의하여 양육되는 가족을 의미한다고 정의할 수 있다.

2) 조손가족 현황

조손가족은 2000년대까지 가족의 형태로 분류되어 있지 않았으며, 2005년 인구주택 총조사에서 조손가족은 113,111세대였으며 2018년 113,297세대, 2023년은 136,700세대인 것으로 나타났다.

2023년 여성가족부의 조손가족 실태조사에 의하면 그중 미취학아동과 초등학생 손자녀를 둔 조손가족은 22.6%이며 초등학생의 경우 하루평균 3.5시간, 미취학아동의 경우 5.7시간을 보호자 없이 손자녀 혼자 지내고 있는 것으로 나타났다.

또한 조부모의 66.9%는 자신의 건강상태가 '나쁘다'라고 인식하고 있었으며 50.4%는 기초생활보장 수급 대상인 것으로 나타났다. 손자녀의 13.5%는 지역사회에서 10.2%는 학교에서 차별을 경험하였다고 응답하였으며 조부모는 손자녀 돌봄부담으로 사회적 고립감과 우울감을 경험하고 있는 것으로 나타났다.

이러한 문제를 해결하기 위하여 정부에서는 조손가족 아동의 안정적인 양육과 성장을 위한 지원을 강화하기 위한 방안을 제시하였다. 주거 안정을 위해 한부모가족 복지시설을 전국 94개소 설치하였고 조손가족이 입소 가능하도록 개선하였다. 공적 돌봄을 위한 방안으로 경증 장애 손자녀 돌봄 시 아이돌봄 활동 수당을 지급하고 아동양육비를 월 23만 원으로 인상 지급하기로 하였다. 조손가족 학생에게 학교장 추천으로 방과후 학교 자유수강권을 지원하고, 가족센터와 청소년상담복지센터를 연계해 상담을 제공하는 등 학업과 심리・정서 지원을 강화한다. 또한, 조부모를 돌보고 있는 가족돌봄청(소)년 등이 이용 가능한 일상돌봄・긴급돌봄 서비스 운영 지역도 확대한다.

이와 함께 정기적인 실태조사 등을 통해 정책 기반을 조성한다. 조손가족에 대한 사회적 수요, 변동 요인을 정책에 반영할 수 있도록 현행 '한부모가족실태조사'의 부가조사에 '조손가족 실태조사'를 추가해 2027년부터 3년 주기로 실시한다. 또한, 통계청 인구주택총조사와 연계해 만 9세 이상 가족돌봄청(소)년의 현황을 파악하는 등 관련 실태조사도 정기적으로 실시할 계획이다.

한편 정보 접근에 어려움을 겪는 조손가족에게 선제적으로 필요한 정보를 안내하기 위해 사회보장급여(기초연금 등)를 신청하는 조손가족의 정보를 본인 동의하에 가족센터로 연계한다. 또한 전국 가족센터 중심 지역사회협의체를 통해 '지역 내 취약·위기 조손가족 집중 발굴 기간'을 운영할 계획이다.

2. 조손가족 발생원인과 문제

1) 조손가족 발생원인

(1) 경제적 요인

IMF 금융외환위기 이후 경기불황에 따른 실업과 파산 등으로 가족해체가 늘고 있는 가운데 부모를 대신해 조부모가 아이를 맡는 경우도 늘고 있다. 경제적 어려움으로 인하여 아이를 조부모에게 맡기고 부모는 생계를 위하여 돈을 벌어 생활비를 주는 조손가족의 형태가 증가하였다. 이런 조손가족의 경우 조부모마저 생계능력이 떨어져 생활이 어려운 가정이 많은 게 현실이고 게다가 조부모가 아동의 인성·학습지도를 하는 것이 어려워, 방치되고 있어 각 가정상황에 맞는 '맞춤지원'이 필요하다고 볼 수 있다.

(2) 부모의 부재

이혼율의 증가는 조손가족이 발생하는 가장 큰 이유라고 할 수 있다. 이혼을 통해서 부모가 서로 맡기 힘들다고 자녀를 조부모에게 버리듯이 놓고 가는 경우가 증가하고 있기 때문이다. 또한 부모의 사망, 별거로 인하여 부모가 양육할 수 없는 상황에서 조부모가 손자녀의 양육을 자의반, 타의반으로 맡을 수밖에 없는 상황이 증가하고 있다. 특히 여성가장가족에서는 아동양육과 집안생계를 동시에 보장할 수 없기 때문에 아동을 외조부모에게 맡기는 경우가 많다.

(3) 부모의 문제

부모가 수감, 마약·알코올 남용, 질병, 약물중독 등의 이유로 더 이상 자녀를 양육할 수 없는 상황이 되어서 자녀를 조부모에게 맡기는 경우를 볼 수 있다. 특히 알코올중독, 약물중독의 경우 이미 가족해체가 일어난 상황에서 어머니 또는 아버지가 가출하거나 없는 한부모 가족의 과정을 겪은 후에 이러한 문제가 발생하는 경우가 증가하고 있다. 이 중에서도 특히 부모의 약물중독, 알코올중독은 대부분의 사례에서 나타나고 있다.

또한 장기출장, 국제이주, 군복무 등으로 인하여 부모가 부재할 경우 조부모가 손자녀양육을 하게 되고 조손가족이 된다.

(4) 청소년 미혼부모의 증가

미성년 부모의 경우 부모는 자녀를 양육할 만한 안정적 가정환경, 경제적 능력, 정서적 능력을 가지고 있지 못하다. 따라서 자연적으로 조손가족의 관계가 형성될 수밖에 없다. 최근에 더 심각한 것은 청소년의 무분별한 성의식과 성개방의 급속한 확산으로 많은 청소년이 오로지 성관계의 쾌락만 좇을 뿐 성관계 이후의 출산 문제를 무지와 무책임으로 간과하여 청소년 미혼모의 숫자가 증가하고 있는 추세이며 미혼모의 연령도 점차 낮아지고 있다. 이에 따라 조손가족의 수도 증가하고 있다.

2) 조손가족의 유형

조손가정 유형은 법적 상태나 부모의 개입수준에 따라 다음과 같은 유형으로 구분될 수 있다.

〈표 13-1〉 조손가정의 유형

유형별	내 용
공식적 양육권	조부모가 법적 양육권이나 후견인 자격을 가진 경우
비공식적 돌봄	법적 조치 없이 조부모가 실질적으로 양육을 담당하는 경우
공동양육	부모와 조부모가 함께 양육책임을 공유하는 경우
주말/방학양육	정기적으로 특정 기간 동안만 조부모가 주 양육자의 역할을 하는 경우

3) 조손가족의 특성과 주요 문제

(1) 조손가족의 특성

부모가 아닌 조부모가 손자녀를 양육하는 조손가족의 특성은 양육하는 과정에서 다음과 같이 독특한 심리적 역동으로 인한 특성을 지닌다.

① 역할 및 정체성 혼란

조부모와 손자녀와의 관계는 가족 내 중요한 유대관계 중 하나이다. 특히 조부모는 전통적으로 세대 간 정서적 지원과 가치전수를 담당하는 역할을 수행하였고 손자녀가 자신의 뿌리를 이해하고 가족의 정체성을 확립할 수 있는 문화적 소속감과 정체성 형성에 기여하였다. 이러한 역할 이외에 맞벌이 가정이 증가하면서 손자녀 돌봄이나 교육을 지원하는 핵심적 역할을 해왔다. 그러나 조손가족의 조부모는 이와 같은 보편적 역할에서 손자녀를 위한 주도적 양육자 역할로 전환하면서 정체성 혼란을 경험한다. "나는 손자녀에게 할머니, 어머니, 아버지인가?" 손자녀들도 또래들과 다른 가족구조로 인하여 비슷한 정체성 혼란을 경험하게 된다.

② 부모부재의 심리적 감정

손자녀들의 경우 부모의 부재 혹은 역할부재로 인한 상실감과 혼란, 거부감, 분노, 불안 등 복합적인 감정을 경험할 수 있다. 특히 부모가 약물, 도박중독 등의 문제를 치료하기 위하여 장기입원이나 수감 중일 때 손자녀들은 낙인과 수치심을 느끼게 되고 그러한 감정을 조부모에게 투사할 가능성이 높다. 이로 인하여 조부모-손자녀 관계에 부정적 영향을 미칠 수 있다.

③ 세대차이로 인한 소통의 어려움

조부모와 손자녀는 건너뛴 세대로 기본적인 세대 차이를 포함하고 있다. 조부모와 손자녀는 가치관, 의사소통방식, 생활기술활용, 교육적 접근 등 다양한 영역에서 존재한다. 그러나 부모의 부재로 조부모가 부모의 역할로 전환하게 되면서 이전의 환경과 다른 변화를 경험하면서 극단적 차이를 경험하게 된다. 극단적 차이는 조부모와 손자녀의 갈등원인이 된다.

④ 이중상실과 애도

조부모와 손자녀는 모두 손자녀의 부모부재로 인한 상실감과 문제를 경험하게 된다. 특히 조부모의 경우 손자녀의 부모인 자녀가 사망했을 경우 감당하기 어려운 슬픔을 느끼게 되지만 남아있는 손자녀의 정서적 문제를 지원해야 하는 양가적 감정을 느끼게 된다. 이러한 문제는 이후 조손가족의 다른 문제와 복합적으로 얽히게 된다.

(2) 조손가족의 주요문제

① 경제적 문제

한국 조손가구는 농촌에 집중분포되어 있으며 대부분 경제적 형편이 어려워 손자녀의 양육비용을 부담하기가 매우 힘들다. 특히 나이 많은 조모는 신체적으로 노쇠하여 스트레스를 받고 젊은 조모는 손자녀양육 때문에 일할 기회마저 잃어버린다. 조모는 부모역할에 대한 심리적 스트레스도 크게 느끼는데 양육환경이 매우 열악하여 손자녀의 성장욕구에 부응하기가 어렵다. 조손가족에게는 무엇보다 경제적 도움이 필요하지만 조손가족 대부분은 서류상 부모가 손자녀의 부양의무자로 되어 있어 사회의 보살핌을 받지 못하는 경우가 많다.

② 조부모의 문제

이미 자녀양육의 부담에서 벗어났지만 성인 자녀를 대신하여 어린 손자녀를 책임져야 하는 조손가족 조부모는 성인 자녀를 제대로 기르지 못했다는 자책감과 함께 손자녀로 인한 양육부담과 본인의 노화로 인한 생활의 곤란 등을 해결해야 하는 어려움에 직면한다. 이 중에서도 가장 문제가 되는 것은 조부모의 일상생활활동의 제약, 치매, 당뇨·고혈압·심장병과 같은 만성질환의 악화, 스트레스·불안·우울 등과 같은 심리정서적 문제 등 다양한 신체적·정신적 건강 이상이다.

조손가족 조부모 대부분이 자녀교육이나 양육에 대한 기술이나 지식이 미흡하고 전통 방식대로 손자녀를 양육하며 가사나 양육을 돌보아 줄 다른 가족 지원도 많지 않다(정계숙 외, 2007).

또한 조손가족 조부모의 양육태도는 권위·통제적이면서 애정·수용적이다. 조부모는 손자녀를 가족 중 중요한 위치에 놓고 정서적으로 따뜻한 관계를 형성하면서도 잔소리와 간섭

등으로 아동의 독립성을 인정하지 않으며 스스로 일을 처리할 기회를 주지 않는 양육태도를 보이고 있다(김혜선, 2004).

③ 손자녀의 문제

손자녀는 조부모에게 양육되기 전에 이미 부모의 사망, 이혼, 실직, 불화, 알코올중독 등과 같은 불안한 환경에 노출되어 다양한 정서적 문제를 지니고 있을 가능성이 높다. 조부모에게 맡겨진 후에는 부모의 부재로 남겨진 허탈감, 두려움, 당혹감, 버림받았다는 배신감, 원망, 우울 등으로 부모에 대한 그리움을 왜곡되게 표현하고(문선화, 2001) 산만하고 충동적인 행동 및 낮은 자아존중감을 나타낸다.

정상적 가정의 경우 인간은 부모와 친척에 의한 사회화 교육을 통해 그 사회의 바람직한 가치, 규범 등을 내면화시켜 사회의 한 구성원으로서 바람직한 대인관계를 가지며 생활하는 방법을 터득하게 된다. 그러나 조손가족의 손자녀는 가정 안에서 적절한 역할 모델의 대상이 존재하지 않기 때문에 부모를 통한 가정교육의 기회를 상실함으로써 가치판단이나 사회적응에 영향을 받게 된다.

조손가정의 손자녀는 실제 조부모의 양육지원을 받아야 하는 상황이지만, 원가족 해체와 조부모와의 재결합 과정에서 정서적 상처를 받으며 오히려 손자녀는 조부모를 부양하거나 가사를 책임지는 등 집단의 세대주로 조부모를 직·간접적으로 지원하는 역할을 하고 있다. 이러한 아동의 역할은 성인 보호자의 부재, 무능력 등으로 아동임에도 불구하고 성인 역할을 해야 하는 여건과 조기성숙의 압력을 받은 애어른의 역할로 사회문화적으로 긍정적으로 수용되어 아동의 발달단계에 맞지 않는 역할이다(신혜섭, 2007).

3. 조손가족을 위한 복지정책 및 지원서비스

1) 조손가족을 위한 복지정책

(1) 국민기초생활보장법

최저생계를 정부가 보장토록 하는 제도로서 「국민기초생활보장법」은 2000년 10월 시행된 법으로서 1961년 제정된 「생활보호법」과 달리 최저생활을 보장하는 권리를 규정하여 근로능력 유무와 관계없이 기초생활 유지가 어려운 빈곤층의 최저생활보장을 목적으로 하여 근로능력을 가진 수급자의 경우 근로를 유지하거나 강화하는 내용으로 설계되었다. 저소득 조손가족의 경우 「국민기초생활보장법」에 의한 지원대상이 될 수 있다. 특히 조부모 대상 사회안전망 확대로 기초생활보장을 강화하는 방안이 마련되었으며 생계급여의 선정기준이 단계적으로 상향(기준중위소득 32% → 35%), 재산기준 완화(자동차, 주거 등)를 통하여 보장성과 빈곤사각지대 완화를 강화하였다. 또한 갑작스러운 위기상황에 신속히 대응하도록 긴급 복지 생계지원금을 인상(4인 기준 183만 원 → 187만 원)하였다.

(2) 한부모가족지원법

「한부모가족지원법」 제5조 제2항에 의한 보호대상자의 범위에 대한 특례에 의하면 다음 각 호의 어느 하나에 해당되는 아동과 그 아동을 양육하는 조부 또는 조모로서 여성가족부령으로 정하는 자는 제5조에도 불구하고 이 법에 따른 보호대상자가 된다고 규정하여 조손가족을 지원할 수 있는 법적 근거를 마련하였다.

한부모가족지원법 제5조의2(보호대상자의 범위에 대한 특례)

1. 부모가 사망하거나 생사가 분명하지 않은 아동
2. 부모가 정신 또는 신체의 장애, 질병으로 장기간 노동능력을 상실한 아동
3. 부모의 장기복역 등으로 부양받을 수 없는 아동
4. 부모가 이혼하거나 유기하여 부양을 받을 수 없는 아동
5. 제1호부터 제4호까지 규정된 자에 준하는 자로서 여성가족부령으로 정하는 아동

「한부모가족지원법」에 의한 복지급여의 내용은 생계비, 아동교육지원비, 직업훈련비 및 훈련기간 중 생계비, 아동양육비 등이며, 그 밖에 복지자금의 대여, 고용촉진, 국민주택의 분양 및 임대, 가족지원서비스 등의 혜택을 받을 수 있다. 또한 한부모가족 복지시설 입소대상에 조손가족이 포함되도록 개선하였다.

(3) 조손가족 지원사업

① 조기발굴 및 서비스 지원 · 연계강화

조손가족의 사례발굴 및 서비스 지원과 연계를 위한 서비스 지원체계를 마련하였다. 특히 생계, 의료, 주거급여 등 사회복장 서비스를 신청하는 조손가족의 정보를 지역 가족센터에 연계하여 관련서비스 안내 및 상담을 실시하도록 하였다. 지역가족센터를 중심으로 지역사회보장 협의체를 통하여 "지역 내 취약위기 조손가족 집중발굴기간을 운영하여 행정복지센터등과 연계한 지역주민대상 찾아가는 가족센터 운영활성화로 조손가족 발견 및 지원을 강화하도록 하였다. 무엇보다 지역 내 유관기관에서 위기조손가족 발굴 시 가족센터 연계를 통하여 통합적인 지원서비스를 제공할 수 있도록 지원체계를 확립하였다.

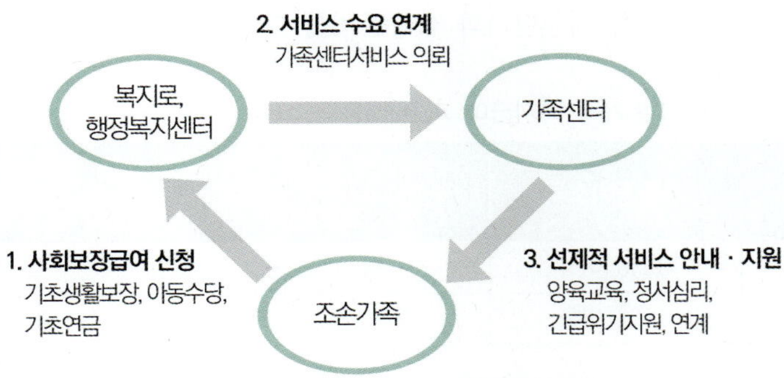

[그림 13-1] 가족센터 조손가족 지원서비스 절차

또한, 그동안 당사자 신청기반의 서비스 신청방식을 변경하여 당사자 신청을 포함하여 동시신청, 직권신청을 가능하도록 하였다.

〈표 13-2〉 조손가족 신청기반 복지서비스

사업명	추진 현황
아동양육 지원 (여성가족부)	• 동시신청 : 가족지원서비스 필요시 시군구에서 가족센터 사례관리팀으로 연계
가사간병 방문 (보건복지부)	• 실거주지 신청 : 신청자의 실거주지가 주민등록상 주소지와 다른 경우 실거주지 주민센터 또는 보건소 등에서 신청할 수 있도록 개선
초등고학생 교육비지원 (교육부)	• 동시신청 : 기초생활보장제도 신청 시 교육비지원 함께 신청

② 조부모 지원서비스

조손가구 등 돌봄이 필요한 어르신 대상 노인맞춤돌봄지원서비스를 지원하고 특히 응급 안전 안심서비스 제공을 강화하였다. 뿐만 아니라 저소득 조손가족 10세 미만 아동, 부양자(친권자) 대상으로 의료보험 전액지원 및 조부모 대상 정책안내 리플렛을 활용한 정보제공 등 홍보를 강화하였다. 가족센터 온가족 보듬사업을 통하여 손자녀를 돌보는 조부모를 위한 양육교육 등 맞춤형 사례관리 및 생활도움 지원 등 긴급지원을 강화하고 미성년 손자녀 후견인 지정, 미성년 손자녀 부모채무 상속 포기 등 관련 법률상담 및 소송지원 등 법률지원 서비스를 제공한다. 취학 전・후 아동에 대한 공적 돌봄 강화로 나 홀로 아동 등 조손가족의 긴급 돌봄 공백아이돌보미 자격을 갖춘 조부모가 경증장애가 있는 손자녀를 돌보는 경우 아이 돌봄 활동비를 지급할 수 있도록 하였다. 또한 저소득 조손가족의 자녀양육비용 부담 수준을 고려하여 아동양육비 지원단가와 학용품비를 다음과 같이 상향 조정하였다.

〈표 13-3〉 **2025년 변경된 조손가족 복지급여 지원 내용**

구 분	기준중위소득	변경 내용	
		2024년	2025년
아동양육비	63% 이하	월 21만 원	월 23만 원
학용품비	63% 이하	중 · 고등학생 자녀	초 · 중 · 고등학생 자녀

③ 손자녀 지원 서비스

조손가족 학령기 아동의 학습지원 강화를 위하여 저소득 조손가족 대상 방과후 학교(초등 늘봄학교) 자유수강권을 지원하고 조손가족 학생을 학교장 추천으로 발굴・지원할 수 있도록 하였다. 조손가족 손자녀가 학업중단할 경우 기관 간(교육청, 경찰청, 상담기관 등) 학교밖 청소년 연계 및 상담・교육지원 등 개별적 지원을 받을 수 있다. 또한 가족해체 과정에서 경험한 우울감과 수치심 등 심리・정서적 위기에 대한 아동・청소년 심리지원서비스를 제공하고 있다.

2) 조손가족 지원프로그램 사례

조손가족은 조부모와 손자녀로 이루어진 가족으로 대체적으로 조부모는 아동양육의 어려움, 손자녀는 사회적응 및 학습의 어려움 등 여러 복합적 문제들이 발생할 가능성이 높다. 이러한 조손가족의 기능적 취약성을 강화하기 위해 가족센터에서는 조부모의 부모교육, 손자녀양육상담, 손자녀학습문제 지원, 체험활동 지원 등 사업을 진행하고 있다. 이 프로그램을 통해 부모의 부재로 약화되어 있는 조손가족의 가족기능을 강화시킴으로써 가족의 건강성 증진, 가족 간의 유대감 강화, 삶의 질 향상을 도모하는 데 도움이 되고자 하는 방향으로 진행되며, 가족센터의 교육·상담·문화사업 등을 조손가족의 특성에 맞추어 진행하고 있다. 가족센터의 조손가족 지원 프로그램은 〈표 13-4〉와 같다.

〈표 13-4〉 가족센터 조손가족 프로그램

프로그램명	활동내용
손자녀 학습활동지원 사업	아동학습도우미를 모집·선발하여 사전교육(파랑새 봉사자 교육) 후, 월 2회 이상 각 조손가족에 파견하여 아동의 연령 및 기초학력(읽기, 쓰기, 셈하기)별 맞춤형 학습지도를 실시함으로써 기초학력증진을 도모하고, 초등학교 정규교육과정 중 발생되는 학업부진을 극복 및 예방하도록 한다.
손자녀 특별활동지원 사업	조손가족 아동의 신체·심리·정서적 안정감을 도모하기 위하여 특별활동 프로그램을 실시함으로써 다양한 기술습득과 문화적 소외감을 해소하고, 또래 간의 대인관계능력과 자신감을 향상시켜 사회구성원으로서 건강하고 통합적인 인격체로 성장할 수 있도록 한다. • 상세내용 : 음식 만들기, 영화관람, 축구경기관람 등
정서지원 및 상담서비스	사례관리자 가정방문을 통해 대상가정별 자원현황 및 욕구를 파악하여 지원사업 및 자원연계를 원활하도록 하며, 가족봉사단 정서지원(말벗)서비스를 제공함으로써 사회적 소외로 인한 가족의 심적 우울감을 극복하고, 심리적 안정을 도모하여 건강하고 행복한 가정생활을 영위하도록 돕는다. • 상세내용 : 말벗서비스 등
상시 개별 및 가족상담	조손가족의 가정생활 전반에 대한 문제에 대하여 상담을 실시하여 세대 간 의사소통 및 역할갈등으로 인한 심리적 압박감에서 벗어나 정서적 안정을 도모할 수 있도록 한다.
주거환경개선 사업	주거환경이 열악한 조손가족을 선정하여 쾌적한 주거환경을 조성함으로써 청결하고 위생적인 가정생활이 가능하도록 한다. 또한 이를 통하여 조손가족이 건강하고 화목한 가정생활을 영위할 수 있도록 한다. • 상세내용 : 이불세탁, 유리 및 가구교체, 도배 및 장판교체 등
문화체험지원 사업	가족이 함께하는 문화체험을 통하여 조손가족의 문화적 소외감과 조부모양육 스트레스 경감을 도모하고 가족 간의 유대감 강화 및 삶에 대한 긍정적 인식을 통해 심리정서적 안정을 도모한다. • 상세내용 : 가족캠프, 자조모임, 문화활동 등
조부모지원사업	-

출처 : 가족센터(http://dgnamgu.familynet.or.kr).

〈표 13-5〉 조손가족의 위기개입 사례

<table>
<tr><th colspan="2">사례 개요</th></tr>
<tr><td colspan="2">조부(61세) - 세대주, 지체장애(손목절단) 3급 중증장애인, 조모(56세) - 당뇨, 디스크 등 각종 질환으로 본인 케어도 어려운 상태. 자녀 셋 중 장남은 결혼하여 아이 둘을 두었으나 처와 이혼, 가출하여 3년간 연락 두절, 둘째 아들은 미혼으로 2년째 집에 들어오지 않음. 막내인 딸은 결혼했으나 남편과 이혼하여 자녀 둘을 키우고 있는 한부모가족. 5살 김○○ 손녀를 양육하는 데 어려움이 있어 아이들을 보육원 입소의뢰</td></tr>
<tr><th>문제사정</th><th>개입계획</th></tr>
<tr><td>• 세대주 본인 장애 및 배우자의 질병으로 아동양육의 어려움
• 조부모의 양육으로 지역자원활용 부재
• 현재 클라이언트는 두 아이 양육으로 신체적, 정신적으로 너무 많은 부담을 가짐
• 가장 어려운 경험으로 인식
• 클라이언트가 아동양육 등 경제적 부담으로 삶을 포기할 가능성은 미약하다고 판단됨. 조부의 경우 아이들 때문에 힘들면서도, 고물차 운전을 통한 파지수집 의지 강함</td><td>• 건강회복지원 필요
• 지역사회 이용자원연결 필요 (보육시설복지관, 자원봉사자)
• 정기적 상담을 통한 가정유지상태점검(주 1회 직접방문상담)
• 건강회복단계 취업관여 - 자활사업 및 지역봉사사업 참여</td></tr>
<tr><th colspan="2">개입단계</th></tr>
<tr><td colspan="2">• 공감, 직면, 명료화, 수용, 비심판적 태도 등을 견지하고 자신의 위기를 이해하고 손자를 보호하는 데 자신감을 가질 수 있도록 강점관점에서 격려하고 지지
• 클라이언트와 주기적 상담을 통한 가정유지 및 환경변화 적응 지원 - 손자를 돌볼 수 있을까 하는 자신감의 결여와 포기를 철회하는 노력을 표현하게 하여 명료화시키고 피드백을 통해 역할부여 등 지지
• 가족에 대한 지역사회자원연결 지원 - 보육원 입소의뢰의 철회
- 조부모 : 의료자원지원
- 손자녀 : 어린이집 입소(종일제), 방과 후 복지관 프로그램 참여, 가정도우미 배치(빨래, 반찬, 청소 등 기본사항 일정 기간 지원)
• 다른 가족성원과 지원 및 연결체계 구성
- 한부모가족인 딸과 2회 상담을 통한 가족관계 회복지원 가능
- 손자녀에 대한 보육과 교육에 대한 의식적 관여(어린이집 교사상담, 복지관 사회복지사 상담자원 연결)</td></tr>
<tr><th colspan="2">종결 및 평가단계</th></tr>
<tr><td colspan="2">• 손자녀에 대한 양육 가능성 기대 - 조부모의 이해 실천
• 세대주의 당시 위기에 대한 잘못된 생각과 판단 오류 인정
• 지역주민의 도움과 가족과 함께 아이들이 성장할 수 있다는 생각과 시집간 딸까지 관계가 더욱 강화되어 삶의 희망을 얻었다고 함
• 앞으로 어려운 일에 대한 대처기관 정보를 알려 주고, 손자녀양육과 교육과정에 대한 교육도 주기적으로 이루어질 수 있도록 함</td></tr>
</table>

Chapter

14 다문화가족

1. 다문화가족의 개념 및 현황

1) 다문화가족의 개념

초기에 국제결혼가정, 이중문화가정 등으로 불리던 국제결혼가족이 2000년 초반부터 '다문화가족'이라 불리고 있다. 즉, 부부 중 한 사람이 외국 출신으로서 국제결혼에 의하여 가족관계가 형성된 가족형태이며, 가족 내에 다양한 문화가 공존하고 있다는 의미를 내포한다. 다문화가족은 한국인 남성과 결혼한 이주여성가족, 한국인 여성과 결혼한 이주남성가족, 이주민가족(노동자, 유학생), '혼혈아'로 불리던 한국인과 결혼한 이주자 가족의 자녀에 대해서도 다문화가족으로 보고 있다(송정애, 2007).

한국은 1990년대 이후 결혼이민자의 증가와 고용허가제의 도입에 따른 이주노동자의 증가로 이미 다문화사회에 접어들었다. 한국전쟁 이후 이루어진 대부분의 국제결혼은 미군과 한국 여성 또는 경제적으로 여유가 있는 일본과 서구 남성이 한국인 여성과 결혼하는 것이 일반적이었지만 1980년대 말에 시작되어 1990년대 중반 이후 급증하고 있는 국제결혼은 한국 출신의 배우자와 한국에 비해 경제력이 낮은 국가 출신이 배우자 간의 결혼이 주류를 이룬다. 특히 한국사회에서 결혼하는 데 어려움을 겪고 있는 농어촌이나 도시 저소득층 한국인 남성이 경제력이 약한 아시아권 국가 출신 여성과 결혼하는 비중이 늘고 있다(한건수, 2006).

그러나 최근에는 양쪽 모두 외국인이지만 한국에 정착한 귀화자 가정의 비중도 증가하고 있다.

2) 다문화가족 현황

통계청(2023)의 인구주택 총조사에 의하면 2023년 다문화 대상자는 413천 명으로 전체 인구의 0.8%이며 2018년 대비 20.8% 증가하였다. 다문화 대상자 중 귀화자는 56.5%, 결혼이민자는 43.5%였으며 여자(78.7%)가 남자(21.3%)보다 많은 것으로 나타났다. 다문화 가구는 416천 가구이며 그중 귀화자 가구는 43.1%, 결혼이민자 가구 37.1%, 다문화자녀 가구 11.3%, 기타 8.6%인 것으로 나타났으며 2018년 대비 다문화 가구는 24.1% 증가하였다.

〈표 14-1〉 다문화 대상자 및 가구 현황

구 분			2023년	2018년 대비	
				증감	비율
다문화 대상자 (명)	계		412,623	71,045	20.8
	대상별	귀화자	233,098	57,439	32.7
		결혼이민자	179,525	13,606	8.2
	성별	남자	87,756	19,148	27.9
		여자	324,867	51,897	19.1
다문화 가구 (가구)	계		415,584	80,728	24.1
	귀화자 가구		179,073	41,085	29.8
	결혼이민자 가구		153,703	17,302	12.7
	다문화자녀 가구		46,960	15,724	50.3
	기 타		36,848	6,617	22.6

출처 : 통계청(2023). 인구주택총조사 내용을 토대로 작성.

2. 다문화가족의 발생원인 및 주요 문제

1) 다문화가족의 발생원인

한국사회에서 국제결혼이 급증하게 된 사회문화적 배경과 다문화가족이 형성되는 과정을 살펴보면, 먼저 국제결혼이 급증하게 된 사회문화적 배경은 첫째, 국내결혼시장의 교란, 둘째, 이주의 여성화 현상, 셋째, 지방정부의 인구정책, 넷째, 이혼율 증가 등이다.

첫째, 국내결혼시장의 교란으로 1990년대 초반부터 한국을 비롯한 일부 아시아 국가에서 거의 동시에 국제결혼의 급격한 증가추세를 보이고 있으며, 이의 상당 부분은 사회구조적 요인으로 설명된다(김두섭, 2006). 혼인적령기 인구의 불균형으로 초래된 결혼시장의 교란은 그 첫째 단서가 된다. 한국의 오랜 남아선호사상과 태아의 성을 판별하는 의료기술의 결합은 남아 선별 출산을 부추겼고, 그 결과 혼인적령기 인구의 성비 불균형을 심화시켰으며, 혼인적령기의 남성 인구가 여성 인구를 현저하게 초과하는 상태가 지속되어 배우자 선택과정에서 과부족현상이 나타나 초혼연령을 상승시키고 미혼율을 높이는 결과를 초래함으로써 국내결혼시장의 교란현상이 나타났다. 이는 결혼조건이 상대적으로 열악한 농촌지역에서 명백히 드러났으며, 한국에서 혼기를 놓치고 상대적으로 결혼시장에서 취약한 위치에 놓인 사람에게 국제결혼은 현실적으로 선택할 수 있는 거의 유일한 대안이 되고 있다. 결국 결혼시장의 교란현상은 여성 배우자를 외부에서 수입하게 했고 결과적으로 다문화가족을 증가시킨 내적 요인이 되었다(박결동, 2007).

둘째, 이주의 여성화로서 이주는 개인이나 종족, 민족 등의 집단이 본래 살던 지역을 떠나 다른 지역으로 이동하여 정착하는 것을 말한다. 설동훈은 국제이주의 세 가지 이론을 제시하는데 첫째, 노동자 개인의 선택행위에 초점을 맞추는데, 개인 행위자는 국가 간의 임금격차를 고려해 가장 적은 비용으로 가장 가까운 지역으로 가장 높은 이윤을 얻을 수 있는 합리적 선택으로 이주를 한다고 보며, 둘째, 자본주의 발전과정의 산물로 국제노동력 이동을 한다. 셋째, 양자의 매개자를 설정함으로써 간극을 메우고 통합하려는 입장에도 시도된다고 본다. 현재 전 지구화 현상과 노동력의 성별 분업화로 국제이주에서 여성의 비율이 증가하게 된다. 초기 이주비용부담이 적은 국제결혼은 이주 여성화의 대표적 사례라고 볼 수 있다.

셋째, 지방정부의 인구 및 노동정책에 따른 것으로서 공신력 있는 민간단체가 조선족 여성과 결혼을 주도했고, 이후에는 도시 간 협정체결을 통해 '농촌총각 장가보내기' 사업이 추진되었다(이혜경, 2005). 또한 외국인 유학생과 외국인 노동자를 위한 정부지원정책이 확대됨으로써 다문화대상자와 다문화가정의 증가요인이 되고 있다.

넷째, 이혼율의 증가에 의한 것으로 이혼한 남성이 재혼할 경우 외국인 여성과 결혼할 가능성이 많아지고 있으며 다문화가족에 대한 사회적 관심과 지원이 확대실시되는 것도 외국인 여성과의 결혼을 촉진시키는 요인이 된다.

2) 다문화가족의 주요 문제

다른 문화권에 살던 사람이 새로운 문화를 학습하거나 그 문화에 적응하는 문제는 한국어의 학습과 달리 그 적응 정도를 등급으로 나누어 분석하기가 쉽지 않을 뿐만 아니라 평가하기도 쉽지 않다. 개념적 차원에서 새로운 문화의 학습과 적응의 정도는 문화적 지식의 습득과 한국문화를 수용하려는 태도 및 가치의 정도를 근거로 구분할 수 있다. 그렇지만 문화와 관련된 학습이나 적응은 어학능력과 같이 평가하여 명확한 등급으로 구분할 수는 없다. 다만 한국문화를 학습해 나가는 다양한 유형으로 설명하는 것이 바람직하다(김오남, 2008: 153-154).

제1유형은 낯선 문화인 한국문화를 학습하는 과정에서 문화적 지식(cultural knowledge)을 배우기 시작하는 단계의 사람들로서 이 유형에 속한 문화학습자는 한국문화와 관련된 단편적 지식을 불규칙하게 습득한다.

제2유형은 문화적 지식을 어느 정도 배운 단계로 한국문화와 생활에 익숙해지기 시작한 상태의 문화학습자이다.

제3유형은 한국문화에 대한 상당한 수준의 문화적 지식을 학습했으나 한국문화를 수용하려는 태도가 그다지 높지 않은 사람이다. 이 경우는 대체로 한국사회와 문화에 대하여 부정적 태도를 가지고 있기 때문에 문화적 지식수준이 비교적 높음에도 불구하고 한국문화를 적극적으로 수용하려 하지 않는 사람이다.

제4유형은 상당한 수준의 문화적 지식을 학습했을 뿐만 아니라 한국문화를 수용하려는 태도가 높은 사람이며, 이 유형에 속한 여성 결혼이민자들은 한국문화를 적극적으로 수용하는 모습을 보일 것이다.

이와 같이 네 가지의 유형으로 한국문화학습자를 구분할 수 있고, 결국은 이들의 한국문화에 대한 수용의지가 이들의 문화적응에 결정적 요인이 될 것이다.

여성 결혼이민자의 대부분은 한국문화에 대한 체계적 설명이나 교육을 전혀 받지 못한 상태에서 한국생활을 시작한다. 그러므로 이들은 처음에는 언어도 통하지 않는 상황에서 눈치와 관찰로 한국문화를 학습해 나갔으며, 남편이나 시부모가 필요에 따라 설명해 주는 즉흥적이고 단절된 문화지식만을 학습해 왔다는 것이다(김오남, 2008: 155-156).

여성 결혼이민자는 일상생활에서 스스로 터득해 나가는 힘든 문화학습과 적응의 과정을 거치는 반면에, 한국인 남편과 시댁 식구들은 일방적으로 여성 결혼이민자가 한국문화에 빨리 동화되기를 바라기만 하는 편이다. 이들은 자신들의 관점에서 불편함이 없으면 언어나 문화 모두 적응하고 있다고 판단하는 경향이 있다. 실제 단편적이고 기계적인 요구를 알아들으면 이는 한국어 학습이 이루어진 증거이고, 문화학습과 적응은 한국 음식을 만들 줄 알고 가족이나 사람들 앞에서 특별한 거부감 없이 지내는 것으로 판단한다는 것이다.

보다 바람직한 문화의 학습은 상호 신뢰를 바탕으로 상대방의 문화에 대한 깊은 관심과 노력에 의해 이루어진다는 사실을 이해하는 데서 출발해야 한다. 그러나 이러한 신뢰와 이해를 다수의 다문화가족에게 기대하기는 쉽지 않으므로 사회와 국가 차원에서 다양한 프로그램을 통하여 기초를 다져 나가야 할 것이다.

(1) 의사소통의 문제

결혼을 하고 한국에 정착한 외국인 배우자의 경우 가장 먼저 부딪히는 어려움은 언어를 통한 의사소통의 문제이다. 언어소통의 문제는 생활 전반에서 오는 문화적 차이를 극복할 수 있는 통로를 원천적으로 가로막는데, 함께 생활하는 가족뿐 아니라 배우자와도 언어소통이 원활치 못하다 보니 사소한 오해가 더 큰 부부문제로 이어질 수 있을 뿐더러 언어단절이 경우에 따라선 정서적 단절로 이어지기까지 한다(김승권 외, 2004).

또한 국제결혼가족 자녀의 경우 유아기에 한국어가 미숙한 외국인 어머니와 함께 생활함으로써 언어발달이 지체되어 학습이해도가 낮으며, 단지 엄마가 외국인이기 때문에 친구로부터 집단따돌림을 당하는 경우도 많다. 교육과학기술부는 배타적 한국사회의 특성과 외국인에 대한 지나친 편견으로 인해 일부 학교의 경우 외국인 자녀 입학을 기피하거나 통합교육을 거부하기도 하는 등 어려움을 겪고 있다고 밝혔다.

(2) 자녀의 정체성 혼란과 교육기회 부족의 문제

대부분의 다문화가족 성원은 언어를 통한 의사소통의 문제와 더불어 오랫동안 다른 환경과 문화권에서 생활을 해 온 이질적인 문화적 배경으로 인하여 부부 및 친인척관계에서의 정서적 갈등, 자녀양육방법, 교육방법, 생활습관이나 가치관의 차이로 가족 간 공동생활에 혼란과 어려움을 보이고 있다. 특히 자녀는 다문화 부모의 문화와 한국사회 문화 사이에서 정체성 혼란을 경험하게 되며 자아존중감 저하와 심리적 갈등을 경험한다. 또한 다문화자녀는 한국인 화 욕구와 타자로서 배제경험 사이에서 심리적 긴장을 경험하는 것으로 나타났다(고유정, 2013). 언어와 문화 차이로 인한 갈등은 학습부진, 학업중단, 진로정보 부족 등 형태로 나타나고 학교생활부적응으로 학업중단하는 사례도 증가하고 있다.

(3) 사회의 편견과 차별

가부장적 혈연 중심의 사회가치관과 인종 및 저개발국가에 대한 문화적 편견은 외국인 배우자의 국적이 선진국이냐 후진국이냐에 따라 사회적 시각을 달리하고 이들 외국인 배우자에 대한 한국사회로의 문화적 흡수를 더디게 한다. 특히 외국인 배우자의 국적에 대한 편견은 외국인 배우자뿐 아니라 이들 부부의 자녀에게도 차별적으로 나타나는데 선진국의 경우는 부러움과 배려의 대상이 되지만 후진국이나 개발도상국인 경우는 이들에 대해 우월의식을 갖고 냉대하거나 차별하는 경향이 있다. 이러한 사회적 분위기 속에서 외국인 배우자는 가족형성 및 적응과정에서 많은 어려움을 겪고 있다(임혜경, 2004). 이러한 사회적 차별은 다문화가족의 2세에게 더욱 심각하게 나타난다. 혼혈이라는 이유로 또래집단과 교육제도 등에서 소외되고 상처받을 가능성이 높으며 제도권 밖에 있는 외국인 근로자 자녀의 경우도 예외는 아니다(권진숙 외, 2006).

(4) 폭력과 학대

보건복지부의 실태조사에 의하면 농촌지역 외국인 배우자 4명 중 1명은 남편에게 구타를 당한 적이 있음에도 불구하고 이들이 상담할 곳이 전혀 없는 것으로 조사되었다. 또한 외국인 여성 배우자의 14.4%가 원하지 않는 일을 강요당할 때도 신고 없이 참고 사는 것(동아일보, 2005)으로 나타나 실제로 이들 결혼이민자 여성의 안전을 보장할 사회적 안전장치가 미흡하다는 것을 알 수 있다.

이들 결혼이민자 여성은 한국문화와 언어에 미숙하여 폭력이나 학대에 제대로 대응하지 못할 뿐더러 한국 국적 취득을 위해서는 한국인 배우자와 2년 이상 동거하며 혼인상태를 유지해야 하기 때문에 이러한 폭력상황을 외부에 노출시키거나 도움을 요청하기 어려운 게 현실이다(권진숙 외, 2006).

(5) 이혼 등 다문화가족해체

다문화가족이 증가하면서 다문화가족의 이혼도 증가하고 있다. 2023년 다문화가족 이혼은 8,158건으로 2022년 대비 3.9% 증가한 것으로 나타났다. 이혼하는 다문화가족의 평균 결혼생활 지속기간은 10.1년으로 이혼한 한국인 부부의 17.5년보다 짧은 것으로 나타났다. 주된 이혼 사유는 성격 차이가 가장 많았고 그다음은 경제적 문제였다. 다문화가족의 이혼으로 인하여 이주여성은 체류자격 불안정으로 사회적으로 고립되고 법률, 행정절차 이해 부족으로 불리한 이혼조건을 수용하여 사회적응에 어려움을 겪게 된다.

자녀들의 경우 부모의 이혼으로 심리 · 정서적으로 불안정해지고 양육환경의 변화로 인하여 발달상의 문제 및 학교생활 적응의 문제가 나타나기도 한다.

3. 다문화가족을 위한 복지정책 및 지원서비스

1) 다문화가족을 위한 복지정책

(1) 다문화가족정책 기본계획 수립

여성가족부의 제4차 다문화가족정책 기본계획(2023~2027)을 토대로 다문화가족을 위한 복지정책 및 지원서비스를 살펴보고자 한다. 제4차 다문화가족정책 기본계획은 다문화아동 · 청소년의 동등한 출발선 보장과 다문화가족의 안정적 생활환경 조성을 목표로 4개 대과제, 14개 중과제, 72개 소과제로 정책과제로 제시하였다. 대과제와 중과제의 세부적 내용은 〈표 14-2〉와 같다.

〈표 14-2〉 4대 과제 14개 중과제 내용

대과제	중과제
다문화아동 · 청소년 성장 단계별 맞춤형 지원	① 영유아 자녀양육 지원 ② 학령기 다문화 아동 학습역량 제고 ③ 다문화 청소년 진로개발 지원 ④ 다문화아동 · 청소년의 정서안정기반조성

대과제	중과제
결혼이민자 정착주기별 지원	① 건전한 국제결혼 환경조성 ② 다문화가족 가구상황별 맞춤형 지원 ③ 결혼이민자 경제활동 참여 확대 ④ 가정폭력 예방 및 피해자 보호
상호존중에 기반한 다문화 수용성 제고	① 다문화이해교육 확대 ② 다양성 존중인식 강화 ③ 다문화가족 사회참여 활성화
다문화가족정책 추진기반 강화	① 다문화가족정책 환류시스템 구축 운영 ② 다문화가족지원 서비스 접근성 제고 ③ 다문화가족정책 협력체계 강화

(2) 다문화가족정책 기본계획 세부내용

다문화아동·청소년이 사회적 격차없이 우리 사회의 미래인재로 성장할 수 있도록 취학 전후. 청소년기 등 성장발달 단계에 따라 체계적인 지원을 할 수 있도록 하였다. 특히 기존의 영유아기 성장발달을 위한 지원을 지속적으로 추진하면서 학령기에 속한 아동의 학습, 진로, 이중언어 역량강화 지원을 확대하였다. 특히 교육부, 고용고용부 등 범부처 차원의 지원을 강화함으로써 다문화가족지원 사업의 효율성을 제고하고 복지사각지대를 해소하는 내용을 포함하였다. 또한 다문화가족 가구상황별 맞춤형 지원으로 결혼이민자 현지 사전교육 및 통. 번역, 다국어 한국생활 정보 제공 등을 통하여 결혼이민자의 조기적응을 지원하고 다문화·한부모가족 등 대상자별 특화 사례관리를 온가족 보듬사업으로 재구조화하여 통합·확대하여 운영하였다. 결혼이민자 경제활동 참여 확대를 위하여 가족센터-새일센터 등 직업훈련기관 협업을 통하여 취업 기초 소양교육 및 결혼이민자 맞춤형 직업훈련과정을 신규 운영하고 결혼이민자 정착단계별 농업교육 및 농촌지역 결혼이민자 리더십 제고와 다문화 공존을 위한 지원 프로그램을 운영하는 것을 내용으로 하였다. 다양성 존중 인식 확산을 위하여 공공부문 다문화가족 차별요소 모니터링 및 개선을 추진하고 다문화가족이 다문화가족정책에 의견을 제안하는 다문화가족 참여회의를 운영함으로써 다문화가족 사회참여 활성화를 도모하는 것을 내용으로 하였다.

2) 다문화가족 지원서비스

다문화가족을 위한 지원서비스는 가족센터와 다문화가족지원센터를 중심으로 실시되고 있다. 지역 가족센터는 여성가족부의 사업안내에 의하여 기본사업과 기타 사업을 반드시 실시하여야 하며 그 밖에 방문교육사업, 통·번역서비스, 자녀 대상 언어발달지원사업, 영농기술교육사업 등을 실시하여야 한다. 여성가족부(2020b)에서 제시한 다문화가족지원사업의 주요 내용은 〈표 14-3〉과 같다.

〈표 14-3〉 가족센터 사업내용

구분	공통필수	선택(예시)	비고
가족	• 다문화가족 이중언어 환경조성 프로그램(연간 10시간) • 다문화가족 학령기 자녀 입학 및 입시 정보 제공(부모 대상, 연간 4시간) * 상·하반기 각 1회	• 가족의사소통 프로그램 • 가족관계향상 프로그램 • 결혼과 가족의 이해 • 가족의 의미와 역할 • 아버지 교육 • 부모-자녀관계 및 자긍심향상 프로그램 • 자녀교육 프로그램 • 부모역할교육, 자녀건강지도 • 자녀성장지원사업 등	연간 필수 14시간, 선택 26시간 이상 (이중언어코치 배치 센터는 공통필수 중 이중언어환경 조성 프로그램 160시간 이상)
성평등·인권	• 가족 내 성평등 교육 • 다문화 이해교육 • 인권감수성 향상교육 • 이주여성과 한국인 배우자·부모 대상 프로그램(多함께 프로그램) 등 • 폭력피해 대처 및 예방교육	• 이주여성 대상 프로그램 • 다문화가족 관련법과 제도 • 이주민과 인권 • 찾아가는 폭력예방 교육	20시간 이상 실시
사회통합	• 취업기초소양교육 • 구직자 발굴시 e새일시스템과 연계된 워크넷 등록 및 새일센터로 적극연계 • 새일센터의 결혼이민자 대상 직업교육훈련 개설 시 적극 협조 (교육과정 설계·모집 등)	-	e새일시스템과 연계된 워크넷 등록 및 새일센터 연계 (10건 이상)
	• 다문화가족 나눔봉사단 소양교육 (4시간 이상) • 다문화가족 나눔봉사단 활동	• 한국사회적응교육 • 소비자·경제교육 • 학업지원반 운영 및 연계	15시간 이상 실시 (봉사자 소양교육 필수 4시간 포함)

구분	공통필수	선택(예시)	비고
		• 다문화가족 자조모임 • 다문화인식개선 • 결혼이민자 멘토링 프로그램 • 결혼이민자 정착단계별 지원 패키지 프로그램 • 재난 안전교육 • 다문화가족 교류 · 소통 공간 • 선거교육	
상담	가족상담	• 개인상담 • 집단상담 • 사례관리 • 위기가족 긴급지원 • 외부상담기관 연계 등	연간 80회기 이상
구분	세부프로그램 영역		비고
홍보 및 자원연계	• 지역사회 홍보 • 지역사회네트워크 • 찾아가는 결혼이주여성 다이음 • 홈페이지운영 등		센터 홈페이지 프로그램 안내 게시판에 익월 프로그램에 대한 안내글 게시(매월 30일까지)

출처 : 여성가족부(2020b).

그 외에 다문화가족을 지원하는 서비스는 건강가정지원센터와 종합사회복지관, 문화센터 등 가족복지 관련 기관 등에서 다양하게 제공되고 있으며 프로그램 사례를 들면 〈표 14-4〉, 〈표 14-5〉와 같다.

〈표 14-4〉 종합사회복지관 다문화가족 지원 프로그램 사례

프로그램	대상	회비	시간	비고
한국어교실	이주노동자, 결혼이주여성	무료	매주 일요일 13 : 00~15 : 00	• 초급(상하) 2개반, 중급(상하) 2개반, 한국어능력시험대비반 총 5개반 운영
한국문화교실	이주노동자, 결혼이주여성	무료	매주 일요일 15 : 00~17 : 00	• 전통놀이체험, 전통음식 만들기, 전통공예, 고궁 나들이 등
이주노동자축구단 (M.C. UTD)	남성 이주노동자	무료	매월 1회(일요일) 15 : 00~19 : 00	• 매월 1회 이주노동자와 외부기관과의 친선경기 및 자체 경기진행 - 이주노동자 간 정보공유

프로그램	대상	회비	시간	비고
고충처리	이주노동자, 결혼이주여성	무료	수시	• 근로환경 및 생활 관련 상담 • 결혼 후 가족갈등, 지역적응, 아동교육 등 관련 상담
추석맞이 다문화가족축제	이주노동자, 결혼이주여성	무료	매년 추석 1주 전	• 이주노동자 및 결혼이주여성, 지역주민 대상 추석맞이 지역축제 진행
다문화인식개선사업	지역주민	무료	수시	• 다문화와 관련된 단체 및 개인교육진행
동서모임	결혼이주여성 남편	무료	매월 1회	• 결혼이주여성 남편의 상호 지지를 위한 자조모임
다문화와 함께하는 살기 좋은 환경 만들기	지역주민, 이주노동자, 결혼이주여성	무료	6월~10월	• 환경오염 관련 교육, 친환경세제 만들기, 재활용품을 이용한 생활용품 만들기, 자원재활용사례 견학

출처 : 삼정복지회관 복지과.

〈표 14-5〉 **가족센터 다문화가족 지원 프로그램 사례**

'무지개 가족의 보물찾기'

○○ 가족센터에서는 다문화 가정의 결혼이민자 여성이 건강한 가족성원으로 행복한 결혼생활을 유지할 수 있도록 돕고자 미술치료 프로그램을 마련하였습니다. 관심 있는 분들의 많은 참여 바랍니다.

일정	시간	주제
9월 16일(수)	10 : 00~12 : 00(2시간)	미술치료 1회기(첫 인상)
9월 23일(수)	10 : 00~12 : 00(2시간)	미술치료 2회기(결혼의 의미)
9월 30일(수)	10 : 00~12 : 00(2시간)	미술치료 3회기(아름다운 나)
10월 7일(수)	10 : 00~12 : 00(2시간)	미술치료 4회(멋지게 날아 보자!)

· 대상 : 여성 결혼이민자(12명 이내)
· 일정 : 20××년 9월 16일~2025년 10월 7일/총 4회
· 장소 : 우장산 동 주민센터 3층 강서구 건강가정지원센터 교육장
· 문의 및 신청 : 가족상담팀 양○○ ☎ 02 - ××× - ××××
* 일정 및 프로그램은 센터사정과 인원모집에 따라 변경될 수 있습니다.

가족이 키우는 행복나무 00

가족센터

출처 : ○○가족센터 홍보자료.

〈표 14-6〉 문화센터 다문화가족 지원 프로그램 사례

"다문화가족 동행체험학습" 프로그램

제 1 기

순	일시	활동내용	장소
1	4/16(금) 14 : 00~16 : 00	· 입교식 · 한국의 학부모 되기 준비 한국 어린이의 학교생활	다문화체험학습실
2	4/23(금) 14 : 00~16 : 00	· 한국 어린이 놀이 이해(최근 유행하는 놀이 등)	다문화체험학습실
3	4/30(금) 14 : 00~16 : 00	· 컴퓨터 활용법 (1) : 학교(학급) 홈페이지 검색하기	디지털자료실
4	5/7(금) 14 : 00~16 : 00	· 손글씨(POP) 체험하기 : 손글씨로 문패 만들기	다문화체험학습실
5	5/14(금) 14 : 00~16 : 00	· 컴퓨터 활용법 (2) : 컴퓨터를 이용해 학교 숙제하기	디지털자료실
6	5/28(금) 14 : 00~16 : 00	· 즐거운 미술여행 : 염색공예(가족사랑 티셔츠) · 수료식	다문화체험학습실, 미술실

제 2 기

순	일시	활동내용	장소
1	10/1(금) 14 : 00~16 : 00	· 입교식 · 한국의 학부모 되기 준비 한국 어린이의 학교생활	다문화체험학습실
2	10/8(금) 14 : 00~16 : 00	· 한국 어린이 놀이 이해(최근 유행하는 놀이 등)	다문화체험학습실
3	10/15(금) 14 : 00~16 : 00	· 컴퓨터 활용법 (1) : 학교(학급) 홈페이지 검색하기	디지털자료실
4	10/22(금) 14 : 00~16 : 00	· 손글씨(POP) 체험하기 : 손글씨로 문패 만들기	다문화체험학습실
5	10/29(금) 14 : 00~16 : 00	· 컴퓨터 활용법 (2) : 컴퓨터를 이용해 학교 숙제하기	디지털자료실
6	11/5(금) 14 : 00~16 : 00	· 즐거운 미술여행 : 염색공예(가족사랑 티셔츠) · 수료식	다문화체험학습실, 미술실

출처 : 대구학생문화센터.

대구학생문화센터에서는 기존 인력과 시설을 이용한 "다문화가족 동행체험학습" 프로그램을 개발하여 4월부터 11월까지 다문화가족 주부를 대상으로 전·후반기로 나누어 무료로 운영했다. 대구학생문화센터에서 개발·운영하는 "다문화가족 동행체험학습" 프로그램은 이주 여성이 가장 고민을 많이 하는 자녀교육에 초점을 맞춘 것으로 '한국의 학부모 되기 준비', '한국 어린이 이해', '컴퓨터 활용법', '즐거운 미술여행' 등 맞춤형 프로그램으로 한국문화 이해를 통한 한국사회 적응력 제고에 실질적 도움을 줄 수 있도록 자치단체와 협약(MOU)을 체결하여 추진하고 있다. 특히 모국 문화에 소양이 있는 다문화가족 주부를 강사로 활용한 "1일 세계문화 여행체험학습" 프로그램을 개발하여 3월부터 12월까지 초·중·고생에게 다문화가정 이해(국제이해교육) 체험학습을 실시하였다. 내용은 〈표 14-6〉과 같다.

Chapter

15 1인 가구

1. 1인 가구의 개념 및 현황

1) 1인 가구의 개념

1인 가구는 최근 빠르게 증가하는 가구의 형태로 혼자서 생활하는 가구로 1인이 독립적으로 취사, 취침 등 생계를 유지하고 있는 가구를 의미한다(통계청, 2012). 1인 가구와 유사한 용어로 사용되고 있는 단독가구는 1인 혹은 부부가 한 가구를 형성한 가구로 법적 배우자가 존재해도 함께 살고 있지 않거나 경제생활을 공유하지 않는 가구, 또는 이혼 전 단계로 별거를 선택하여 단독으로 구성한 세대, 기러기가족이나 주말부부 등 가족과 별거로 인한 단독가구, 노인부부 단독가구 등을 들 수 있다. 단독가구와 1인 가구를 혼용하여 사용하기도 하지만 엄밀하게 구분하면 동일개념이라고 보기는 어렵다(반은석, 김동재, 2017). 혼자서 생활하는 가구인 1인 가구는 복수의 구성원으로 이루어진 대가족이나 핵가족 등과 같은 가족형태와는 다르게 개인단위로 가구가 정의된다는 특성을 지닌다. 1960년대 이후 등장한 핵가족보다 더 단순화된 가구형태이며 한 집이나 하나의 공간에 1인이 홀로 생활하는 가구를 의미한다. 그러나 단체생활 성격을 띠는 회사나 학교의 기숙사 생활은 1인 가구에 포함되지 않는다. 1인 가구가 본격적인 사회이슈가 된 것은 가정환경이나 학교, 직장문제 등 일시적인 이유로 독립해서 1인 가구로 사는 이전과는 다르게 자발적으로 1인 가구의 삶을 선택하는 사람들이 많아졌고 그에 따른 문제가 발생했기 때문이다.

2) 1인 가구의 현황

통계청(2024)의 인구주택 총 조사에 의하면 1인 가구 수는 1,002만 1,413가구로 일반가구의 41.8%이며 연령별 비율은 60대 이상이 전체 1인 가구의 약 38%로 가장 높게 나타났으며 그다음으로 30대, 50대, 20대 순으로 나타났다. 성별로는 남성이 515만 4,408가구, 여자는 486만 7,005가구로 나타났다. 이와 같이 1인 가구가 증가하는 것은 혼인율 감소와 고령화, 이혼율 증가, 결혼연령상향으로 인한 미혼자녀 독립생활 증가를 들고 있다.

〈표 15-1〉 1인 가구 현황

구 분		2023년	2024년
계		7,388,000	8,003,000
성별	남	3,697,000	4,026,000
	여	3,691,000	3,977,000

2. 1인 가구 발생요인 및 문제점

1) 1인 가구 증가 요인

1인 가구가 증가하는 요인으로는 초혼연령의 상승, 인구의 고령화, 전통적인 가족중심의 가치관이 개인주의적 가치관으로의 전환, 독신생활의 선호 등을 들 수 있다. 뿐만 아니라 만혼과 비혼, 성취중심의 사회적 분위기와 고용시장의 불안정성과도 복합적으로 관련되어 있다(반은석, 김동재, 2017). 1인 가구에 대한 관점도 45세 미만의 젊은 1인 가구에 대하여는 새로운 라이프스타일을 영위하는 싱글족의 이미지로 바라보지만(우민희 외, 2015) 고용불안, 청년실업의 증가 등 사회적 위험의 증가와 더불어 결혼과 가정을 이루는 데 드는 막대한 비용을 감당하지 못한 비자발적 비혼 가구라는 이미지도 있다(정순희, 임은정, 2014).

이와 같이 1인 가구 형성은 자발적 혹은 비자발적 1인 가구로 구분될 수 있다. 자발적 1인 가구는 본인의 의도, 목적에 따라 원가족으로부터 분리, 독립되어 형성되며 도시의 새로운 문화와 라이프 스타일을 창출하는 골드족을 의미하기도 한다(변미리, 2015). 비자발적 1인 가구는 본인의 의도보다 사회, 환경적 요인에 의하여 1인 가구가 된 경우이다. 경제적 이유나 이혼, 사별 등으로 홀로 남겨진 경우, 자녀교육을 위하여 자녀와 배우자를 유학보낸 기러기 아빠 등이 여기에 해당된다(반은석, 이동재, 2017).

2) 1인 가구의 주요 문제

(1) 경제적 문제와 주거 불안정

통계청(2023) 조사에 의하면 1인 가구의 연간 소득은 3,223만 원으로 전체가구의 평균 44.9% 수준인 것으로 나타났다. 자산규모도 전체가구의 39.3%에 불과하고 상대적으로 부채 비율은 매우 높았다. 특히 고령층 1인 가구의 경우 빈곤수준이 높아 경제적으로 어려운 상황 속에서 생활하는 것으로 보인다. 경제적 어려움과 더불어 1인 가구의 주택소유율은 31.3%로 매우 낮고 청년 1인 가구의 경우 월세에 의존하는 비율이 높아 서울 등 대도시에 거주하는 1인 가구의 경우 임대료 상승으로 인한 주거 불안정문제가 가중되고 있다. 주거 불안정은 다른 생활영역에도 영향을 미치며 최근 청년 1인 가구의 쓰레기집 문제가 한 언론(SBS 그것이 알고 싶다, 2024.5.11.)에 소개되기도 하는 등 사회문제가 되고 있다.

(2) 정서적 고립과 정신건강

대부분의 1인 가구의 공통된 문제는 혼자 사는 환경으로 인한 외로움과 고립감을 느끼는 것이다. 외로움과 고립감은 결국 우울증과 불안으로 이어지게 되고 이로 인하여 자살이나 중독 등 다양한 문제로 발전하게 된다. 특히 고령 1인 가구의 경우 사회적 연결망이 약해 위기상황에 매우 취약하며 고독사 라는 극단적인 결과를 초래하기도 한다.

(3) 식생활 및 건강관리

1인 가구의 경우 월 평균 보건지출은 13만 2천원으로 전체가구보다 낮으며 의료접근성이 매우 떨어지는 것으로 나타났다. 또한 간편식이나 배달음식에 의존하는 경향이 많아 영양불균형의 문제가 발생할 수 있으며 이로 인하여 질병에 노출되기 쉬우며 건강상의 문제로 인하여 생활상 어려움을 가질 수 있다.

(4) 가족과의 단절

문제를 지닌 1인 가구의 경우 가족이 있음에도 불구하고 대부분 가족과 단절한 채 생활하고 있다. 가족과 단절된 채 도움이 필요할 때 도움 청할 곳이 없는 상태에서 자포자기한 채 무기력하게 살아가게 된다. 가족과의 단절은 사회와의 단절로 이어지고 도움을 거부한 채 고립된 삶을 살게 되는 것이다.

3. 1인 가구를 위한 복지정책 및 지원서비스

1인 가구를 위한 정책은 서울시 2025년 중장기계획을 중심으로 살펴보고자 한다. 서울시는 1인 가구를 위한 체계적인 지원을 위해 1인 가구 안심 종합계획(2022~2026)을 수립 추진하고 있다. 1인 가구가 혼자여도 안심하고 생활할 수 있도록 3대 분야 맞춤형 지원체계를 강화하는 것에 초점을 지원한다. 특히 사각지대에 놓였던 중·장년층에 대한 맞춤형 사업을 대폭 확대하고 실효성 있는 정책을 추진하는 내용을 포함하였다.

- 일상지원 → 건강하고 안전한 생활을 위한 실질적 서비스
- 자립지원 → 주거, 재정, 생활역량 강화
- 연결지원 → 고립과 외로움 해소를 위한 사회적 네트워크 구축

서울시 1인 가구 안심 시행계획은 일상지원, 자립지원, 연결지원 3개 분야별 6개 과제로 구성되어 있으며 과제별 추진사업은 〈표 15-2〉와 같다.

〈표 15-2〉 **2025년 서울시 1인 가구 안심 시행계획 요약표**

분야	과제	주요추진사업
일상지원	건강생활지원	• 병원안심동행서비스 개선 • 요리교실 및 소셜다이닝 확대 • 방문 건강관리 • 손목닥터 9988
	안전환경조성	• 안심장비 지원 • 지능형 CCTV 확대 • 스마트 안심망 운영 • 골목길 스마트 보안등 설치 • 안심귀가스카우트 · 안심 택배함 • 범죄예방 인프라 구축
자립지원	자립역량강화	• 1인 가구정리수납 컨설팅 신규 • 1인 가구 멘토링 • 경제교육 및 일자리 연계 확대 • 자립준비청년생활.경제지원
	주거안정지원	• 전월세 안심계약도움서비스개선 • 청년 중개보수.이사비지원확대 • 청년월세 지원확대 • 1인 가구 주택관리 서비스 • 주거취약계층 주거상향지원 • 청년안심주택 주거모델 개발 • 세대통합형 주거모델 개발
연결지원	사회적 관계망 활성화	• 1인 가구지원센터 운영 확대 • 고독중장년 혼밥탈출 신규 • 1인 가구 커뮤니티 활성화 개선 • 1인 가구 소통공간 확대 • 우리동네 펫위탁소 확대
	고립가구 발굴 · 상담, 안부확인	• 사회적 고립위험 1인 가구 실태조사 • 고립가구 전담기구, 생명이음청진기 • 마음돌봄상담사, 외로움돌봄동행단 • 우리동네 돌봄단 • 스마트안부확인 서비스 개선

뿐만 아니라 서비스 전담기관인 서울시 1인 가구 지원센터를 설치 운영하고 기초자치단체에도 1인 가구지원센터를 설치하여 1인 가구를 대상으로 직접 서비스를 제공하고 있다.

서울시 1인 가구 지원센터의 1인 가구를 위한 프로그램은 〈표 15-3〉과 같다.

〈표 15-3〉 1인 가구 이용 프로그램

분야	주요 프로그램
공통프로그램	• 1인 가구의 사회적 적응을 위한 관계형성교육 → 관계증진, 자기돌봄, 재무관리, 자금지원, 생활밀착형 지역사회탐방
심리지원	• 나를 위한 그림 책방, 토닥토닥, 나만의 동화 만들기
건강안전	• 요가, 헬스클럽, 탁구, 마라톤, 자기방어훈련, 호신술
주거경제	• 경제범죄 예방교육, 돈굴리기 프로젝트, 홈키드집수리
취미여가	• 감성사진담기, 같이 드로잉, 취미공방
반려동식물	• 우리집 가드너, 나의 동반자야, 완벽한 솔로생활
상 담	• 1인 가구 생활상 문제해결을 위한 개인상담 및 집단상담 → 자기발견, 자기돌봄, 가족관계, 심리 & 성격 검사
사회적 관계망	• 동아리사업, 자조모임, 1인 가구봉사단, 여행 → 모임주제 : 일상, 여가, 문화 등 → 모임요건 : 1인 가구 3인 이상, 월 1회 정기모임활동 → 지원내용 : 모임활동 재료비, 체험비 등 활동비
상담 멘토링	• 개인 및 그룹 멘토링을 통하여 정서적 지지 및 관계형성 → 1:1멘토링 : 멘토멘티 맞춤형 매칭을 통한 심층상담 → 그룹멘토링 : 둘레길 같이걷기, 독서모임 등 소모임 → 강의식멘토링 : 유명인사 체험사례를 통한 관계형성

출처 : 서울1인 가구 포털(https://1in.seoul.go.kr)

PART

05

가족복지 전망과 과제

Chapter

16 가족의 변화

1. 가족의 변화

가족은 그 구조나 형태에 있어서 변화가 지속될 것이다. 따라서 가족에 대한 개념도 다양해질 것이고 보다 더 포괄적인 의미를 가지게 될 것으로 전망된다. 급속히 변화하는 사회에서 가족의 재개념화와 이를 토대로 가족과 사회, 국가의 책임과 의무를 위한 실제적 방안이 마련되어야 한다. 미래를 예측하는 학자들이 언급하는 향후 변화될 가족의 모습과 특성에 대하여 살펴보면 다음과 같다.

첫째, 가족의 형성과정에 대한 변화로 배우자와의 성적 접촉을 통하지 않은, 이른바 인공수정, 대리모, 유전공학을 통하여 가족이라는 집단형성이 가능하게 됨으로써 매우 다양한 형태의 가족이 등장할 것이다.

둘째, 가족이 같은 공간에 거주해야 한다는 공동주거의 개념은 보다 약화될 것이다. 가족성원 개개인의 욕구에 따라서 주말부부와 월말부부, 기러기가족 등이 증가할 것이며 정보통신기술의 발달로 가족 간 물리적 거리와는 관계없이 대화를 나누며 가족의 기능을 할 수 있게 될 것이다. 이와 같이 가족의 생물학적 기능보다는 심리정서적 기능이 더 중요해짐으로써 가족의 기능에 대한 재편성이 이루어질 것이다.

셋째, 가족성원 중 어머니의 역할변화로 정서지지자로서뿐만 아니라 맞벌이부부의 증가 등으로 경제적 측면에서의 생계부양자로서의 역할이 더욱 강화되고 가부장적 중심의 가족 이미지는 쇠퇴하게 될 것이다. 이는 가족 내에서의 성역할 개념의 변화와 자녀 사회화의 변화를 초래할 것이다.

넷째, 생물학적 부모가 지니는 의미는 점점 줄어들 것이다. 다시 말하자면 아동의 권리와 부모와 사회에 대한 의무와 책임에 대한 인식이 강화되어 부모가 자녀에게 그 역할과 책임을 다하지 못한다고 생각될 때 보호 및 양육권의 거부와 박탈현상이 증가하면서 사회적 차원에서 의미 있는 역할을 담당하는 부모가 진정한 부모가 되는 경우가 증가할 것이다.

다섯째, 가족 내 개인주의와 이기주의 현상이 증가하여 가족에 대한 의무와 책임의식이 희박해지고 이로 인하여 배우자 가출, 부모 및 자녀유기가 증가하고 존속살해, 유기, 방임 등 학대가 더욱 증가할 것이다. 이에 따라 한부모가족, 독거노인가족, 아동가족, 다문화가족, 조손가족, 1인 가구 등이 증가하고 이를 위한 가족복지대책에 대한 요구가 더욱 증가할 것이다.

이상과 같은 가족의 변화를 요약해 보면 가족에 대하여 가족 및 사회구성원이 어떻게 인식하고 있느냐는 가족복지에서 실제적 문제를 발생시키는 중요한 요인이 되므로 사회의 변화에 따른 가족의 재개념화는 가족복지실천 영역에서 무엇보다 중요한 의미를 가지게 될 것이다.

2. 사회복지와 가족

가족은 국가가 유지·발전하기 위하여 국가가 필요로 하는 다양한 기능과 역할을 수행하고 있기 때문에 국가는 가족이 보호, 유지, 성장할 수 있도록 보장함으로써 사회의 안정과 발달을 도모할 수 있다. 이러한 차원에서 국가가 개인과 가족의 정상적 기능수행을 지지, 보충, 대리하는 서비스를 제공하는데 이러한 서비스를 제도화한 것이 사회복지제도라고 할 수 있다.

이와 같이 국가에서 사회복지서비스를 제공할 때 언제나 가족을 전제로 하는 경우와 개인을 전제로 하는 경우가 있다. 이를테면 일본의 요코하마 시에서는 주 단위의 홈헬퍼 파견시간의 기준에 대하여 대상자를 전면개호, 일부개호, 거의 보통수준 등으로 구분하고 가족을 가사·개호능력의 결여, 가사·개호능력의 일부 결여, 가사·개호능력에 문제없음 등 3단계로 나누어 18시간에서 3시간까지 9단계로 분류하여 제공하고 있다. 반면 캐나다의 브리티시 주에서는 가족을 전제로 하지 않고 대상자의 상태를 개인적 케어에서 중증 케어까지 4단계로 나누어 홈헬퍼의 파견시간을 40시간에서 120시간으로 나누어 제공하고 있다(조추용·권현주

역, 2000: 136-137).

이와 같이 일본의 경우 가족을 복지의 중요한 서비스 제공자로 인식하고 있으나 진보적인 사람들은 사회보장이나 사회복지서비스의 제공구조를 가족에서 개인 단위로 변화시켜야 한다고 주장하기도 한다. 이와 같이 다양한 사회와 변화하는 가족의 요구에 걸맞게 서비스 체계를 변화시킴으로써 가족성원 개개인의 성장과 자기실현이 가능하고 가족의 기본기능을 수행할 수 있도록 하여야 한다.

Chapter 17 가족복지의 **과제와 전망**

가족복지를 간단하게 정의한다면 가족 개개인의 욕구와 집단으로서의 가족의 요구에 대한 사회적 서비스라고 할 수 있으며 이를 위한 국가의 역할이 매우 중요하다고 할 수 있다. 한국의 가족복지 과제에서 국가와 가족의 역할관계를 과제로서 제시해 보면 다음과 같다(이소희 외, 2000: 526-529).

첫째, 종전의 전통적 가부장가족에 근거한 정부의 가족복지정책을 변화하는 사회와 가족에 걸맞게 가족성원의 배려, 상호 의존, 친밀성을 강화하고 그로 인하여 가족성원 개개인의 자율성을 신장하고 성장과 발달을 도모할 수 있는 정책이어야 하고 동시에 이웃관계를 강화할 수 있는 정책과 방안이 보다 적극적으로 모색되어야 한다.

둘째, 공적 보호로서의 가족복지는 법적 근거에 의하여 비로소 공신력을 획득할 수 있다. 즉, 가족성원의 문제를 가족 내부적 기능분담을 통하여 해결하는 것은 가족의 자율성을 보장한다는 관점에서 헌법상의 가족개념과 조화를 이루나 법률관계 형성을 통하여 이혼, 재혼, 입양, 분배정책, 재분배정책 등 복잡하고 다양한 가족문제해결을 위한 법체계를 마련해야 한다.

셋째, 법체계를 고려하여 가족복지정책의 방향을 확실하게 설정할 필요가 있다. 다시 말하면 가족에 의한 또는 가족을 통한 복지정책을 강화할 것인지, 아니면 가족을 위한 정부의 복지정책을 강화할 것인지 하는 것을 분명하게 설정할 필요가 있다. 가족에 의한 복지든지 가족을 위한 복지든지, 복지에는 막대한 재정이 필요하다. 따라서 민간자원을 정부재정과 연계하여 가족복지를 포함한 사회복지 발전에 기여하도록 하는 것이다. 즉, 금전적 서비스는 국가가, 비금전적 서비스는 국가와 사회가 상호 보완적으로 수행할 수 있도록 해야 한다는 것이다.

넷째, 가족의 개념과 가족복지 관련법 체계화, 가족복지정책 방향에 대한 포괄적 합의가 이루어지면 이에 걸맞은 가족복지 프로그램이 개발, 보급, 실시되어야 한다. 여기에서 프로그램이란 가족의 요구와 요구사정에 기초한 가족문제 발생을 예방하는 프로그램과 이미 발생한 문제에 대응할 수 있는 프로그램을 모두 포함하는 것이며 이미 개발된 프로그램은 가족복지적 접근이 용이한 전문 가족 전문 사회복지사에 의하여 실시되어야 한다. 여기에서 전문 가족복지사란 현행 사회복지사가 종전처럼 개별 대상 중심의 복지서비스를 제공하는 것이 아니라 가족에 대한 통합적 접근을 통한 서비스를 제공하는 것을 의미한다.

최근 들어 사회복지실천기술에 있어서도 대물서비스에서 대물서비스와 대인서비스를 포함하는 서비스의 요구가 증가하고 있는 점을 감안해 볼 때 가족복지정책도 비금전적 서비스, 즉 상담, 가정지원서비스, 급식, 보육서비스 등과 관련된 서비스의 영역이 확대될 필요가 있다. 특히 이혼가족, 한부모가족 중 부자가족의 증가, 독거노인가족, 다문화가족, 조손가족 등 가족의 전통적 관점으로 볼 때 불안정한 가족이 점차 증가하고 있으므로 이러한 가족의 변화 특성을 파악하여 효과적 복지서비스를 제공하는 일은 매우 중요한 일이며 경제적 지원과 함께 심리적 서비스 제공, 관련 조직과의 상호 협조체제 등이 필요하고 같은 가족의 문제를 지닌 대상자 스스로 서로 협력하고 지원하는 자조집단 형성과 활동을 지원하고 조성할 수 있는 방법도 모색되어야 한다.

그동안 한국의 가족복지정책은 사회복지정책의 일부 분야로 시행되어 왔고 행정적으로도 아동, 여성, 노인 등 대상자에 따라서 분리되는 체제를 유지하고 있어 통합적 가족복지의 목적에 접근하기가 쉽지 않은 문제를 가지고 있다. 그러나 2004년 「건강가정기본법」이 제정되고 시행됨에 따라 가족복지를 지향하는 행정체제로 전환되고 있는 과정에 있으며 가족 전체를 지향하는 정책수립과 실제적으로 가족의 기능강화를 도모할 수 있는 가족복지서비스 체제로 변화하고 있는 과정이라고 볼 수 있다. 따라서 향후 한국에서 보다 실천적인 가족복지정책과 서비스가 마련되기 위해서는 가족복지전문가와 전문요원의 확충이 필요하고 기존의 사회복지사에게 가족복지전문교육을 통하여 전체로서 가족을 다룰 수 있는 능력을 함양하고 그를 위한 조직이 마련되어야 한다. 또한 가족이 성장 · 발달할 수 있도록 가족생활교육, 가족상담 등의 서비스를 제공받을 수 있는 기회를 마련함으로써 가족으로 하여금 변화에 스스로 대처할 수 있도록 예방적 · 치료적 가족의 기능이 보다 강화되어야 한다.

부록

프로그램명

신청일자 : 20××년 ××월 ××일

<table>
<tr><td>이름</td><td></td><td>성별</td><td>남 / 여</td><td>생년월일</td><td></td></tr>
<tr><td>전화번호</td><td colspan="2">집 :
휴대전화 :</td><td>주소</td><td colspan="2"></td></tr>
<tr><td>참여경위</td><td colspan="5">□ 홍보물 □ 인터넷 □ 이용자 권유 □ 주변 권유 □ 기타(　　　　　　　　　)</td></tr>
<tr><td colspan="6">가족사항</td></tr>
<tr><td>이름</td><td>관계</td><td>나이</td><td>직업</td><td colspan="2">기타</td></tr>
<tr><td></td><td></td><td></td><td></td><td colspan="2"></td></tr>
<tr><td></td><td></td><td></td><td></td><td colspan="2"></td></tr>
<tr><td></td><td></td><td></td><td></td><td colspan="2"></td></tr>
<tr><td></td><td></td><td></td><td></td><td colspan="2"></td></tr>
<tr><td></td><td></td><td></td><td></td><td colspan="2"></td></tr>
<tr><td>프로그램에
참여하게 된 동기</td><td colspan="5"></td></tr>
<tr><td>프로그램을 통해
기대하는 것</td><td colspan="5"></td></tr>
</table>

○○○센터

월별 사업계획서

<table>
<tr><td>센터명</td><td></td><td>제출일</td><td></td></tr>
</table>

<table>
<tr><td>사업 1.</td><td colspan="2"></td></tr>
<tr><td>구분</td><td colspan="2">☐ 공통사업 ☐ 선택사업 ☐ 시범사업 ☐ 기타</td></tr>
<tr><td>영역</td><td colspan="2">☐ 교육 ☐ 상담 ☐ 문화
☐ 정보제공/네트워크 구축 ☐ 기타</td></tr>
<tr><td>사업목적</td><td colspan="2"></td></tr>
<tr><td rowspan="5">사업개요</td><td>추진일정</td><td></td></tr>
<tr><td>장소</td><td></td></tr>
<tr><td>대상 및 인원</td><td></td></tr>
<tr><td>강사</td><td></td></tr>
<tr><td>주요 내용</td><td></td></tr>
<tr><td>기타</td><td colspan="2"></td></tr>
</table>

집단상담 프로그램용

만족도 조사

그동안 프로그램에 참여해 주신 여러분께 진심으로 감사드립니다.

여러분의 의견을 조사하여 더 나은 프로그램으로 발전시키기 위해 몇 가지 질문을 하오니 바쁘시더라도 성의껏 답해 주시기를 부탁드립니다.

○○○센터

다음 문항을 읽고 자신의 생각과 가장 가까운 곳에 ✔표 해 주세요.

문항	전혀 그렇지 않다	그렇지 않다	그저 그렇다	그렇다	매우 그렇다
1. 상담내용은 실제로 나와 내 가족의 어려움을 해결하는 데 도움이 되었다.					
2. 상담자는 전문지식을 갖고 있었다.					
3. 상담자는 프로그램을 잘 진행하였다.					
4. 상담장소는 찾아오기 편리하였다.					
5. 상담진행시간은 참여하기에 적절하였다.					
6. 상담 프로그램은 전반적으로 만족스러웠다.					
7. 기회가 된다면, 또 참여하고 싶다.					
8. 다른 사람들에게 본 상담 프로그램 이용을 권하고 싶다.					

다음 난에 ✔표 하거나, 여러분의 주관적 의견을 적어 주세요.

성별	□ 여 □ 남	나이	만 ( )세
혼인 여부	□ 미혼 □ 기혼(자녀 수 ____명)		
센터가 실시한 다른 프로그램의 참여경험			□ 있다 □ 없다
개선점			
원하는 상담내용			
이용 가능한 시간대			

끝까지 답변해 주셔서 진심으로 감사드립니다.

교육 프로그램용

만족도 조사

그동안 프로그램에 참여해 주신 여러분께 진심으로 감사드립니다.

여러분의 의견을 조사하여 더 나은 프로그램으로 발전시키기 위해 몇 가지 질문을 하오니 바쁘시더라도 성의껏 답해 주시기를 부탁드립니다.

○○○센터

다음 문항을 읽고 자신의 생각과 가장 가까운 곳에 ✔표 해 주세요.

문항	전혀 그렇지 않다	그렇지 않다	그저 그렇다	그렇다	매우 그렇다
1. 프로그램의 주제와 내용은 나와 내 가족의 실제 생활에 도움이 되었다.					
2. 강사는 프로그램을 잘 진행하였다.					
3. 프로그램 진행환경은 만족스러웠다.					
4. 진행장소는 찾아오기 편리하였다.					
5. 프로그램 진행시간은 참여하기에 적절하였다.					
6. 프로그램 진행과정 전반은 만족스러웠다.					
7. 기회가 된다면 또 참여하고 싶다.					
8. 다른 사람들에게 본 교육 프로그램 참여를 권하고 싶다.					

다음 난에 ✔표 하거나, 여러분의 주관적 의견을 적어 주세요.

성별	□ 여 □ 남	나이	만 ( )세
혼인 여부	□ 미혼 □ 기혼(자녀 수 ____명)		
센터가 실시한 다른 프로그램의 참여경험	□ 있다 □ 없다		
개선점			
원하는 교육주제			
이용 가능한 시간대			

끝까지 답변해 주셔서 진심으로 감사드립니다.

가정방문기록지(예시)

상담일 : 20××년 ××월 ××일

상담방법 : 내방/서신/방문

클라이언트 이름	진○○	조사일자	20××년 ××월 ××일
담당자	김○○ 학생	방문시간	오후 1시~오후 3시
방문 시 클라이언트 상황	□ 취로사업 □ 종교활동 □ 텔레비전 시청 □ 가사 □ 식사 □ 취침 □ 친구교제 ■ 기타(앉아서 휴식)		
방문 시 환경상황	■ 깨끗이 정돈 □ 주방 불결 □ 화장실 불결 □ 난방 불결 □ 조명 불량 □ 실내환경 불량 ■ 침구 사용 중 □ 기타( )		
상담내용	1. 개인력 조사 : 클라이언트와 가족사항 조사 2. 사회적 관계 조사 : 생태도와 사회망 그리드 조사 3. 서비스 희망 유무 조사 : 서비스 지원을 원하는지 4. 결핍된 사항 조사 : 의식주와 신체적 · 정신적 상태 조사 5. 병력 조사 : 현재의 질병 조사 6. 일상생활 조사 : 하루 일과, 한 주 계획, 한 달 계획 조사 7. 욕구조사 : 욕구조사 및 우선순위 정하기		
사례관리자 소견	• 이사를 한 지 얼마 안 되어 클라이언트 주변에 친한 이웃이 없다. 이웃관계를 맺는 것을 시작으로 새로운 인간관계를 형성하도록 계획한다. • 어르신의 건강에 대해 사례관리자는 장기계획을 세워야 하며, 단기계획에는 건강 관련 정보를 수집하여 어르신께 알려 드린다. • 의식주 욕구가 가장 시급한 문제이니 이를 먼저 해결한다.		

동 의 서

이름 : 진○○

본인은 20××년 ××월 ××일부터 ○○건강가정지원센터를 통해서 받은 상담내용이 본인의 치료적 목적과 전문가의 훈련 및 학문적 목적을 위해서 사용되는 것을 허락하고 동의합니다.

본 기관과 사례관리자는 위의 목적 어디에든 개인의 신상을 노출하지 않을 것을 동의합니다.

서명 : 진○○ (인)
날짜 : 20××년 ×월 ×일
사례관리자 : 박○○ (인)

위기가족 지원사업 주요 네트워크 기관 현황

기관명	목적	사업내용
공동생활가정	• 미혼모자 공동생활가정 : 출산한 미혼모와 해당 아동으로 구성된 미혼모자 가족이 일정 기간 공동으로 가정을 이루어 아동을 양육하고 보호할 수 있도록 지원하는 것을 목적으로 함 • 미혼모 공동생활가정 : 출산 후 해당 아동을 양육하지 아니하는 미혼모들이 일정 기간 공동으로 가정을 이루어 생활하면서 자립을 준비할 수 있도록 지원하는 것을 목적으로 함	• 일정 기간 숙식보호 • 직업교육 • 자립지원
보건소	국민의 자기 건강관리능력을 향상시키는 것을 목적으로 정부의 보건사업조직망을 통하여 직접간호와 보건관리, 보건교육을 제공함으로써 국가의 보건정책실현에 기여하는 과학적 실천, 즉 보건행정을 합리적으로 조직 운영하고 지역보건사업을 효율적으로 추진하여 국민보건 향상에 기여함	• 국민건강증진, 보건교육, 구강건강 및 영양개선사업 • 전염병의 예방, 관리, 진료 • 모자보건 및 가족계획사업 • 정신보건에 관한 사항 • 가정, 사회복지시설 등을 방문하여 행하는 보건사업 • 장애인의 재활사업 기타 보건복지부령이 정하는 사회복지사업 • 기타 지역주민의 보건의료 향상 · 증진사업 등
정신보건센터	지역사회 중심의 통합적 정신질환자 관리체계를 구축함으로써 정신질환의 예방, 정신질환자의 조기발견, 상담, 치료, 재활 및 사회복귀 도모	• 지역정신보건사업 기획 및 자원조정 • 대상자 발견 · 등록 및 사례관리 • 자살예방사업 • 정신보건 관련 자문 및 교육 • 정신질환자 가족교육 및 모임지원 • 아동 · 청소년 정신건강사업 • 해외 이주여성 정신건강 상담서비스 및 가족지원사업 등
알코올상담센터	인구 20만 명 이상 지역에 알코올상담센터를 설치 · 운영함으로써 알코올문제발생을 예방하고 발생된 알코올의존자를 재활, 사회복귀시킴으로써 국민 건강증진을 도모	• 알코올의존자 및 가족상담 · 교육 • 재활 프로그램 개발 및 실시 • 알코올의존자 및 가족 사례관리 • 지역사회자원발굴 및 연계체계 구축 • 직업재활 준비교육 및 프로그램 연계 등
자살예방센터	생명존중문화 조성 등 환경적 접근과 자살위험자 조기발견 및 치료 등 대상자적 접근을 포괄하는 추진체계 구축	• 정신건강상담서비스 • 위기개입서비스 • 정보제공서비스

기관명	목적	사업내용
사회 복지관	사회복지서비스 욕구를 가지고 있는 모든 지역주민을 대상으로 보호서비스, 재가복지서비스, 자립배양을 위한 교육훈련 등 그들이 필요로 하는 복지서비스를 제공하고 가족기능 강화 및 주민 상호 간 연대감 조성을 통한 각종 지역사회문제를 예방 · 치료하는 종합적 복지서비스 전달기구로서 지역주민의 복지를 증진하고자 함	• 가족복지사업 • 지역사회보호사업 • 지역사회조직사업 • 교육 · 문화사업 • 가정, 사회복지시설 등을 방문하여 행하는 보건사업 • 장애인의 재활사업 기타 보건복지부령이 정하는 사회복지사업 • 기타 지역주민의 보건의료 향상 · 증진사업 등
건강 가정 지원 센터	가정문제의 예방, 상담 및 치료, 건강가정의 유지를 위한 프로그램의 개발, 가족문화운동 전개, 가정 관련 정보 및 자료 제공을 통하여 건강가정의 구현에 기여할 수 있도록 함.	• 가족돌봄나눔사업 : 가족봉사단, 가족품앗이 • 가족교육사업 : 생애주기별 부모교육, 부부교육, 예비부부, 결혼준비교육 • 가족상담사업 : 자녀문제, 부부문제, 가족문제 등 • 가족문화사업 • 지역사회연계 및 다양한 가족통합서비스
한국 사회 복지 협의회	사회복지에 관한 조사 · 연구와 각종 복지사업을 조성하고 각종 사회복지사업과 활동을 조직적으로 협의, 조정하며 사회복지에 대한 국민참여를 촉진시킴으로써 한국의 사회복지 증진과 발전에 기여	• 사회복지에 관한 조사 · 연구 및 정책건의, 자원봉사활동의 진흥 • 사랑나눔실천운동 전개 • 소아암, 백혈병, 희소난치성 질환아 진료비 지원사업 • 사회복지시설 업무효율성 제고
노인 복지관	노인의 교양 · 취미생활 및 사회참여활동 등에 대한 각종 정보와 서비스를 제공하고 건강증진 및 질병예방과 소득보장, 재가복지 외에 노인의 복지증진에 필요한 서비스를 제공하고자 함	• 평생교육, 취미여가사업 • 고용지원사업 • 정서지원사업 • 식사배달사업, 방문보건사업, 목욕서비스 • 생활관리사 파견사업
노인 학대 예방 센터	노인학대에 대해 전문적이고 체계적으로 대처하여 노인권익을 보호하는 한편 노인학대 예방 및 노인인식개선 등을 통한 노인의 삶의 질 향상 도모	• 노인학대신고 접수 및 현장조사 • 응급보호조치 및 상담서비스 제공 • 노인학대예방 및 인식개선교육 • 노인자살예방사업 • 노인권리보호
장애인 복지관	지역사회가정 내에서 생활하고 있는 장애인을 대상으로 장애의 사정과 평가, 사회심리, 직업재활, 교육재활, 의료재활, 재가복지서비스 등 장애인의 지역사회생활에 필요한 종합적 재활서비스를 제공하고 장애인에 대한 사	• 상담지도사업 • 의료재활, 교육재활, 직업재활사업 • 재가장애인복지사업 • 여성장애인의 복지증진사업 • 사회교육사업

기관명	목적	사업내용
	회적 인식개선사업을 수행하는 지역사회 재활시설로서 장애인복지증진 및 향상 도모	• 활동보조서비스사업 • 지역사회자원연계사업 • 사회교육사업
장애인 생활 시설	장애인이 필요한 기간 생활하면서 재활에 필요한 상담, 치료, 훈련 등의 서비스를 받아 사회복귀를 준비하거나 장애로 인하여 장기간 요양할 수 있도록 함	• 장애유형에 적합한 의료, 교육, 직업, 심리, 사회 등 재활서비스와 주거서비스 • 상담 · 치료 및 요양서비스 • 실비장애인 생활시설주거서비스
아동 학대 예방 센터	모든 아동이 모든 형태의 학대로부터 보호받을 수 있도록 하고 예방하여 모든 아동의 권익을 최우선으로 추구. 또한 아동을 포함한 전체 가족기능을 강화하고 아동의 안전보장 원칙에 따라 가족보존서비스를 실시하고 궁극적으로 아동이 행복한 사회를 만들고자 함	• 아동권리를 위한 교육사업, 홍보사업, 쉼터지원 • 학대신고접수 • 학대받는 아동발견, 보호, 치료 • 아동학대행위자 가정조사 • 상담 및 교육
지역 아동 센터	지역사회 아동의 보호, 교육, 건전한 놀이와 오락제공. 보호자와 지역사회의 연계 등 아동의 건전육성을 위한 종합적 서비스를 제공하고자 함	• 보호 프로그램 : 방치 · 방임 아동보호, 급식, 의료지원 • 교육 프로그램 : 생활교육, 아동인권교육, 사회적응력 강화교육, 학습지도 • 문화 프로그램 : 문화체험, 특기적성교육, 견학, 캠프 • 복지 프로그램 : 아동상담, 부모교육 및 가족상담, 결연후원 • 지역사회연계 : 지역사회자원 네트워크
드림 스타트	저소득가정 아동과 가정의 생활안정. 삶의 질 개선, 빈곤의 대물림 차단을 위한 종합적이고 능동적인 맞춤형 복지서비스를 제공하고자 함	• 가정방문 보건서비스, 정신건강 및 발달 스크리닝 • 학교 내 교육복지 프로그램 제공, 방과 후 프로그램 지원, 관리 • 영유아교육 중재 프로그램, 가정방문, 시설 내 부가적 서비스 제공 • 책 읽어 주기, 북스타트 등 발달지원서비스
가정 위탁 지원 센터	요보호아동을 보호양육하기를 희망하는 가정에 위탁양육함으로써 가정적 분위기에서 건전한 사회인으로 자라날 수 있도록 함	• 효과적 가정위탁사업을 위한 연계체계 구축 • 상담 및 가정위탁에 대한 교육 • 가정위탁사업 홍보 • 위탁가정발굴 및 가정조사 • 가정위탁부모의 교육 • 위탁아동 및 위탁가정 사례관리

접수사례 기록일지

1. 구 분

접수방법		접수경로		문제현황				서비스 구분	
1	전화	1	내담자 직접요청	1	취업	7	배우자	1	정보제공
2	내관	2	사례관리자 직접 발굴	2	창업	8	자녀	2	단기면담
3	가정방문	3	기관 내에서 의뢰	3	생활고	9	정서	3	지역사회연결
		4	타 기관에서 의뢰	4	신용불량	10	건강	4	관리사례연결
		5	다른 내담자 소개	5	법률	11	기타		
				6	주거				

2. 진행일지

접수일	내담자명	방법	경로	문제현황	서비스 구분	내용	담당자
총계							

사례관리 Intake 기록지

<table>
<tr><td>접수번호</td><td colspan="2"></td><td>사례관리자</td><td></td><td>접수일</td><td></td></tr>
<tr><td>접수경로</td><td colspan="6">□ 내담자 직접 요청(방법:)
□ 사례관리자가 직접 발굴
□ 기관 내 타 부서로부터 의뢰( )
□ 다른 기관으로부터 의뢰( )
□ 다른 내담자의 소개( )</td></tr>
<tr><td>가정방문 여부</td><td colspan="6">□ 예 (이유:)
□ 아니요 (이유:)</td></tr>
<tr><td colspan="7">내담자 및 가족현황</td></tr>
<tr><td rowspan="4">주 내담자</td><td>이름</td><td colspan="2">□ 남 □ 여</td><td>주민등록번호</td><td colspan="2"></td></tr>
<tr><td>주소</td><td colspan="5">(연락처 :)</td></tr>
<tr><td>직업</td><td colspan="5">□ 정규직 □ 계약직 □ 일용직 □ 직업 없음(직종 및 내용 :)</td></tr>
<tr><td>기타</td><td colspan="5"></td></tr>
<tr><td rowspan="7">가족사항</td><td>관계</td><td>이름</td><td>나이</td><td>학력</td><td>직업</td><td>기타</td></tr>
<tr><td></td><td></td><td></td><td></td><td></td><td></td></tr>
<tr><td></td><td></td><td></td><td></td><td></td><td></td></tr>
<tr><td></td><td></td><td></td><td></td><td></td><td></td></tr>
<tr><td></td><td></td><td></td><td></td><td></td><td></td></tr>
<tr><td></td><td></td><td></td><td></td><td></td><td></td></tr>
<tr><td>가족 형태</td><td colspan="5">□ 모자(사유 :) □ 부자(사유 :)
□ 미혼부모(사유 :) □ 기타(사유 :)</td></tr>
<tr><td rowspan="5">주거 및 경제상황</td><td rowspan="2">주거 형태</td><td colspan="5">□ 단독주택 □ 연립주택 □ 임대아파트
□ 일반아파트 □ 기타( )</td></tr>
<tr><td colspan="5">□ 방(개) □ 화장실(개) □ 주방( )
□ 기타( )</td></tr>
<tr><td>소유 형태</td><td colspan="5">□ 자가 □ 전세(만 원)
□ 월세(계약금 만 원, 월세 만 원) □ 기타( )</td></tr>
<tr><td>보호 구분</td><td colspan="5">□ 일반수급 □ 조건부 수급 □ 법정 저소득 한부모
□ 일반한부모 □ 일반 □ 의료특례</td></tr>
<tr><td>총수입</td><td colspan="5">월 원(수급액 원 + 가족수입 원 + 기타 원)</td></tr>
<tr><td colspan="7">가계도 및 사회관계망(생태도)</td></tr>
<tr><td colspan="7"></td></tr>
<tr><td colspan="7">내담자가 바라는 점</td></tr>
<tr><td colspan="7"></td></tr>
<tr><td colspan="2">사례지속 여부</td><td colspan="5">□ 예 □ 아니요</td></tr>
</table>

사례보고서(진행, 종결, 시/내부 □ 지역연합 □)

(사례시작일 : 년 월 일 / 보고서 작성일 : 년 월 일)

사례관리자 :	내담자 :
진행내용	
내담자의 변화(척도 포함)	
사례관리자가 도움받기 바라는 점	
향후 사례개입 활용방안	

종결보고서

1. 목 표

합의한 목표			
합의한 계획	진행방법	달성 정도	변화내용
1.			
2.			
3.			

* 달성 정도는 척도로 표시(1~10) : 점수가 높을수록 달성정도가 높음.

위 내용은 (   )와 사례관리자(   )와의 합의하에 작성한 것임을 확인합니다.

년   월   일

________________서명

________________서명

2. 제공된 서비스

서비스 종류	제공횟수	합의한 계획과의 관련 정도 및 근거

* 서비스 종류에는 사례관리 진행일지에서 소요시간을 제외하고 구분된 서비스와 횟수 기록.

3. 종결사유

☐ 사례관리자 내담자 종결 합의
☐ 내담자가 원함(이유 :)
☐ 다른 기관 의뢰
☐ 이사 또는 연락두절

종결 후 개입효과 진행일지

내담자명	종결일	예정계획	내용	확인(담당자명, 일시)

종결사례대장

사례번호	내담자 이름	연락처	사례시작일	사례종결일	사례담당자	비고

사후관리 진행일지

대상		방법		내용		소요시간	
1	내담자	1	전화	1	면접(상담)	1	30분 이내
2	가족원	2	내관	2	내부자원	2	1시간 이내
3	관련자	3	방문	3	외부자원(민간)	3	1시간 30분 이내
4	기관전문가	4	기타	4	외부자원(공공)	4	2시간 이내
						5	2시간 이상

* 기타에는 이메일, 우편, 팩스 등이 포함됨.

일시	대상	방법	내용	소요시간	내용	비고
총계						

지역사회 네트워크 활동지

방법		내용		소요시간	
1	전화	1	연합활동	1	30분 이내
2	내관	2	자원발굴	2	1시간 이내
3	방문	3	자원연결	3	1시간 30분 이내
4	기타	4	자원관리	4	2시간 이내
				5	2시간 이상

* 기타에는 이메일, 우편, 팩스 등이 포함.

일시	대상	내용	소요시간	내용	비고
총계					

* 비고 난에는 자원연결건수를 기록(예를 들어 ○○에서 물품 20개를 지원받아서 내담자에게 연결하였을 경우 자원연결에 체크하고, 비고 난에 20을 기록함).

지역자원활용(1년/상 · 하반기 단위로 평가)

구분	자원	활용횟수	활용률

* 구분에는 1.의료, 2.법률, 3.취업, 4.창업, 5.생활지원, 6.자녀 관련 지원, 7.주거 관련 지원, 8.기타를 표시한다.

참고문헌

강남종합사회복지관(2006). 서울시 종합사회복지관 우수 프로그램.

강욱모(2004). "한부모가족과 빈곤: 영국에서의 정책변화". 『한국사회복지학』. 56(1). 127-153.

고미영(2003). "가족복지실천의 패러다임 검토". 『가족복지의 패러다임: 반성과 모색』. 53-71. 2003년 한국사회복지학회 추계공동학술대회 자료집. 한국가족사회복지학회.

고미영 · 정순둘(2003). "재가노인을 위한 사례관리서비스의 효과성 연구: 팀접근 모델을 중심으로". 『한국사회복지학』. 통권 54호.

고유정(2013). "다문화가정 자녀의 정체성 갈등과 해결방식". 『글로벌교육연구』. 5(1). 55-79.

공세권(1994). "가족의 변화: 그 관점과 쟁점". 『한국청소년연구』. 16호. 11-21.

공세권(1994). "가족정책의 기본 골격과 접근방안". 한국보건사회연구원.

국민연금공단(2020). 국민연금통계.

국회미래연구원 인구센터(2025). 우리나라 인구구조 현황과 문제점. 『Futures Brief』. 25-1호. 국회미래연구원.

국회통일시대 평등사회정책연구회(2002). 국제결혼 현황과 국적법 개정방향에 관한 연구.

권육상 · 이태희(2003). 『최신가족복지론』. 유풍출판사.

권중돈 외(2002). 『치매와 가족』. 학지사.

권중돈(1995). 『한국치매가족연구』. 홍익제.

권진숙 역(2005). 『사례관리』. 학지사.

권진숙 · 권석균(2001). "가정폭력 가해자를 위한 집단 프로그램 개입에 관한 연구". 『한국사회복지학』. 제44호. 36-63.

권진숙 · 박지영(2008). 『사례관리의 이론과 실제』. 학지사.

권진숙 · 전석균 공역(2001). 『사례관리』. 하나의학사.

권태환 외(2005). 『한국 여성정책의 쟁점과 전망』. 함께 읽는 책.

김 임 · 한정옥 · 이선미 공역(1989). S. Minchin & H. C. Fishman 저. 『가족치료의 기법』. 하나의학사.

김기원(2000). 『공공부조론』. 학지사.

김두섭(2006). "한국인 국제결혼의 설명틀과 혼인 및 이혼신고자료의 분석". 『한국인구학』. 29(1). 25-56.

김두섭 · 김정석 · 송유진 · 최양숙(2005). 『가족구조와 관계변화 및 전망』. 정보통신정책연구원.

김만두 편역(1995). 『사례관리실천론』. 홍익제.

김미숙 외(2000). 『저소득 편부모가족의 생활실태와 정책과제』. 한국보건사회연구원.

김미옥(2003). 『장애인복지실천론』. 나남출판.

김미정 · 정계숙(2007). “유아기 자녀를 둔 새터민 부모의 양육 이야기”. 『아동학회지』. 28(1). 71-94.
김선남(2001). 『자기성장 집단상담모형과 프로그램』. 중앙적성출판사.
김선남(2002). 『가족기능화 상담모형과 프로그램』. 중앙적성출판사.
김성경 · 김혜영 · 최현미(2005). 『아동복지론』. 양서원.
김성천(1989). “가족복지의 이론체계 구성을 위한 일 연구”. 『사회복지』. 여름호.
김성천(2000). “한국가족복지정책의 재조명: 문제점과 개혁방안의 모색”. 『한국가족복지학』. 5.
김성천(2001). “인구, 가족의 변화와 한국의 사회복지”. 『상황과 복지』. 10. 89-118.
김성천(2003). “새 정부에 있어서의 여성 및 가족정책의 과제”. 『한부모가족을 위한 복지정책 및 서비스』. 2003년 한국가족사회복지학회 춘계학술대회 자료집. 한국가족사회복지학회. 3-41.
김수정(2002). “가족수당의 제도정치와 여성의 사회적 권리 – 영국의 사례”. 『페미니즘연구』. 2. 131-177.
김승권 외(2000). 『한국가족변화와 대응방안』. 한국보건사회연구원.
김승권 외(2005). 가족실태조사 척도개발 및 예비조사. 보건복지부 · 한국보건사회연구원.
김승권(2004). “건강가정기본법의 제정 기대효과”. 『건강가정기본법 제정과 향후과제』. 심포지엄 자료.
김승권 · 양옥경 · 조애저 · 김유경 · 박세경 · 김미희(2004). 『다양한 가족의 출현과 사회적 지원체계 구축방안』. 한국보건사회연구원.
김영란(1998). “빈곤의 여성화, 사회복지, 세계화”. 『여성과 사회』. 한국여성연구회.
김영모(1990). 『한국가족정책연구』(연구총서 6). 한국가족복지정책연구소.
김영화 · 이진숙 · 이옥희(2010). 『성인지적 가족복지론』. 양서원.
김오남(2004). “한부모가족 여성가장의 심리적 안녕과 관련변인 연구”. 『한국가족복지학』. 14. 85-118.
김오남(2008). 『결혼이민자가족의 이해』. 집문당.
김용득 외 편(2001). 『한국 장애인복지의 이해』(개정판, 초판 2001.3.2). 인간과복지.
김용득(2002). “장애개념의 변화와 사회복지실천현장 함의”. 『한국사회복지학』. 통권 501호. 157-182.
김유숙(1998). 『가족치료 – 이론과 실제』. 학지사.
김유순 · 이영분(1998). “실직자의 심리사회적 대처기능향상을 위한 위기개입 프로그램 개발”. 『한국가족복지학』. 2. 31-58.
김익균(2003). 『가족복지론』. 교문사.
김인숙(2003). “가족복지지식의 패러다임: 반성과 모색”. 『가족복지의 패러다임: 반성과 모색』. 1-16. 2003년 한국사회복지학회 추계공동학술대회 자료집. 한국가족사회복지학회.
김재엽(1998). “실직과 가족의 위기와 사회복지”. 한국가족사회복지학회 제3회 학술세미나 자료집. 105-110.
김재엽(1998). “한국가정의 폭력실태와 사회계층 변인과의 관계연구”. 『한국사회복지학』. 제35호.
김정진 · 김미옥(2002). “장애아동 어머니의 정신건강증진을 위한 집단 프로그램의 효과연구: 자존감의 향상과 우울감의 감소를 중심으로". 『한국아동복지학』. 제14호.
김정태(2005). 빈곤가족 사례관리 사례자료.
김지선(2004). "한국복지정책의 실태와 발전과제에 관한 연구". 이화여자대학교 대학원 석사학위논문.
김태현 외 공저(2004). 『현대가족복지』. 도서출판 하우.
김통원 · 김용득(1997). 『사회복지실천 사례관리』. 도서출판 지샘.
김현수 · 박혜영 · 김선옥 역(2001). 『빈곤가족과 일하기』. Minuchin, P., Colapinto, J., & Minuchin, S. 나눔의 집.
김혜란 · 홍선미 · 공계순(2004). 『사회복지실천론』. 나남출판.
김혜선(2004). "조손가족 조부모의 양육태도와 양육스트레스가 손자녀 적응에 미치는 영향 연구". 『한국아동복지학회』. 18. 85-117.
남기철(2003). "가족지원 전달체계의 쟁점". 『무너지는 한국사회와 가족, 복지인프라 구축이 시급하다』. 한국사회복지학회 정책토론회. 21-29.
노혜련(2000). "실직자 가족 중 해체된 가족과 해체되지 않은 가족간의 사회심리적 특성과 욕구에 관한 비교연구". 『한국가족복지학』. 5. 155-183.
노혜련 · 허남순 역(2004). 『해결을 위한 면접』. 시그마프레스.
다이애너 기틴스(1997). 『가족은 없다－이데올로기 해부』. 일신사.
문선화(2001). "소년소녀가장을 위한 후견인 제도의 정착방안". 『한국아동복지학』. 11. 7-32.
문인숙 외(1993). 『통합방법론』. 홍익제.
박능후 외(2003). "탈빈곤정책 현황과 발전방안 연구: 소득보장정책을 중심으로". 한국보건사회연구원.
박민선(1995). "다양한 가족생활". 『가족과 한국사회』. 여성한국사회연구회 편. 경문사.
박선영 · 윤덕경 · 박복순 · 김혜경(2008). 가족의 다양화에 따른 관련법제 정비연구. 한국여성정책연구원.
박승희 · 신기현 역(2003). 『정신지체 개념화－AAMR 2002년 정신지체 정의 · 분류 · 지원체계』.
박은주(2004). "재혼 프로그램의 개발". 전남대학교 대학원 박사학위논문.
박태영(2005). 『가족생활주기와 가족치료』. 학지사.
박태영(2005). 『가족치료이론의 적용과 실천』. 학지사.
반은석 · 김동재(2017). "1인 가구 지원정책에 관한 연구: 고양시 1인 가구 실태분석을 중심으로". 『부동산경영』. (15). 117-141.
변용찬(1995). "가족복지서비스 기능 강화(Ⅱ)". 한국보건사회연구원 편. 『한국적 복지모형의 정립과 정책방향: 단기정책연구(Ⅱ)』. 168-180. 한국보건사회연구원.
변종화(2000). 2010년 국민건강증진목표설정과 전략개발. 한국보건사회연구원.
변화순(1995). 가족정책연구의 관점과 쟁점. 자리매김. 『여성연구』. 12.
변화순 · 김현주 · 송다영 · 이진숙 · 김영란(2000). 가족문제예방과 해결을 위한 가족정책 과제개발. 여성특별위원회. 미간행.
변화순·백경희·김현주(2001). "가족유형에 따른 생활실태와 복지욕구에 관한 연구". 한국여성개발원.
변화순·백경희·김현주(2001). "한국가족의 변화와 여성의 역할 및 지위에 관한 연구". 한국여성개발원.
변화순·조은희(2003). "다양한 가족출현에 따른 쟁점과 가족 관련법의 방향정립에 관한 연구". 한국여성개발원 연구보고서. 240-21.
변화순·최윤정(2004). "가족정책 방향 정립 및 통합적 시행방안 연구". 한국여성개발원 연구보고서. 240-16.
변화순·황정임·조숙현·전지현(2005). "건강가정기본법 개정안 마련을 위한 연구". 여성가족부.
보건복지가족부(2008a). 사회복지관 및 재가복지봉사센터 운영 관련 업무처리요령안내.
보건복지가족부(2008b). 인구 및 가족통계.
보건복지가족부(2009). 2009년 노인복지시설현황.
보건복지가족부(2010a). 2010 노인돌봄서비스 사업안내.
보건복지가족부(2010b). 2010 산모·신생아도우미지원사업안내.
보건복지가족부(2010c). 아동청소년 사업안내.
보건복지가족부(2010d). 장애아가족 양육지원사업.
보건복지가족부·한국보건사회연구원(2008). 2008년 장애인실태조사보고서.
보건복지부 노인정책과(2022.12.21). 『2021년 노인학대 현황보고서』. 보건복지부.
보건복지부 노인정책과(2024.5.13). 『2024년 노인보건복지사업안내』(제2권). 보건복지부.
보건복지부 노인정책과(2025.6.13). 『2024년 노인학대 현황보고서』. 보건복지부.
보건복지부(1989). 부녀행정 40년사.
보건복지부(2002). 국민건강증진종합계획 분야별 세부추진계획.
보건복지부(2004). 2004 취약여성가구주 사례관리사업 안내.
보건복지부(2005). 2004 국민기초생활수급자 현황.
보건복지부(2006a). 2006 국민기초생활보장사업 안내.
보건복지부(2006b). 2006 긴급지원사업 안내.
보건복지부(2006c). 2006 노인보건복지사업 안내.
보건복지부(2006d). 2006 보육사업 안내.
보건복지부(2006e). 2006 아동복지사업 안내.
보건복지부(2006f). 2006 장애인복지사업 안내.
보건복지부(2016). 2016년 12월 장애수당 및 장애아동수당 수급자 현황.
보건복지부(2017). 2017 노인돌봄서비스사업 안내.
보건복지부(2018a). 지역자율형 사회서비스 투자사업 산모·신생아 건강관리 지원사업 안내.

보건복지부(2018b). 장애인실태조사: 장애인 가구와 비장애인 가구의 가구규모.

보건복지부(2018c). 장애인실태조사: 장애인 가구와 비장애인 가구의 세대구성.

보건복지부(2020a). 2020 여성장애인지원 사업안내.

보건복지부(2020b). 2020 노인맞춤돌봄서비스 사업안내.

보건복지부(2020c). 2020 가족지원사업안내.

보건복지부(2020d). 2020년 장애등록심사 규정집.

보건복지부(2020e). 장애인 등록현황: 전국 장애인 (유형 장애정도) 현황.

보건복지부, 한국장애인개발원(2019). 2018년 장애인삶 패널조사.

서미경(1995). 한국노인의 만성질환 실태 및 보건의료대책. 『한국노년학회지』. 5.

서울특별시(1997). 서울시 사회복지 기초수요조사 및 정책연구.

서정아(1994). "결혼 및 자녀에 대한 대학생들의 가치관 연구". 한남대학교 교육대학원 석사학위논문.

선우덕 · 석재은(2001). 인구고령화와 장기요양보호의 정책방향.

성영혜 외(2005). 『가족복지론』. 양서원.

손광훈(2004). 『장애인복지론』. 현학사.

송다영(2005). "가족부양 쟁점에 관한 일고찰: 노인과 이혼가족 아동을 중심으로". 『한국사회복지학』. 57(2). 143-164.

송성자(1995). 『가족관계와 가족치료』. 홍익제.

송성자(1998). 『가족과 가족치료』. 법문사.

송성자(2000). 『가족과 가족치료』. 법문사.

송성자 · 정문자(1994). 『경험적 가족치료』. 중앙적성출판사.

송정애(2001). "저소득편모를 위한 가족생활교육 프로그램에 관한 연구". 동국대학교 대학원 박사학위논문.

송정애(2007). 『가족복지』. 양서원.

송형석(2025.6.5). "울먹인 50대 가장 '제가 주책이죠?'… 국민 3명 중 1명 '고립'". 『헤럴드경제』. https://biz.heraldcorp.com/article/10503013

송효진 · 김소영 · 선보영 · 홍윤선(2022). 『가족변화 대응 부양제도 정비 방향 및 과제』. 한국여성정책연구원.

신수진(1998). "가족성원의 삶을 산다는 것, 특히나 한국사회에서". 국제한국학회. 『한국문화와 한국인』. 사계절.

신혜섭(2007). "데이트관계에서 신체적 폭력의 예측 요인: 여대생의 보고를 중심으로". 『한국가족복지학』. 19. 55-75.

심혜찬(1999). "빈곤가족의 생태체계적 가족치료에 관한 연구". 서울신학대학교 사회복지대학원 석사학위논문.
안병철 외(2001). 『경제위기와 가족』. 미래인력연구센터.
안신애(2004). "모자보호시설의 서비스 개선방안에 관한 연구". 대구대학교 사회복지대학원 석사학위 논문.
안호용·김홍주(2000). "한국가족변화의 사회적 의미". 『한국사회』. 3(1).
양옥경 외(2003). 『사회복지실천론』. 나남출판.
양옥경(2000). "한국 가족개념에 관한 질적 연구". 『한국가족복지학』. 6. 69-99.
양옥경(2001). "가족관계 측정을 위한 척도 개발 연구". 『한국가족복지학』. 8. 119-147.
양옥경(2002). "한국 기혼 여성의 가족가치관". 『여성과 사회복지』. 이화여자대학교 출판부.
양옥경(2004). "한국 사회안전망의 현황과 대책: 가족문제와 사회안전망". 한국사회복지학회 심포지엄(조선일보 공동주최) 기획주제발표.
양옥경·김미옥·최명민(2002). 『가족과 레질리언스』. 나남출판.
여성가족부 가족정책과(2025.6.1). 『2024년 한부모가족 실태조사 결과보고서』. 여성가족부. https://www.data.go.kr/data/3072047/fileData.do
여성가족부(2006a). 2006년도 모·부자복지사업.
여성가족부(2006b). 저소득 모·부자가정 지원대상자선정기준 안내.
여성가족부(2006c). 다문화가족지원법 마련을 위한 연구.
여성가족부(2018). 2018 한부모가족 실태조사.
여성가족부(2020a). 2020 가족지원 사업안내.
여성가족부(2020b). 제3차 다문화가족정책 기본계획 2020년도 시행계획
오승환(2001). "저소득 편부모가족의 가족기능과 자녀의 심리사회적 특성 비교연구-양친가족, 편부가족, 편모가족의 비교를 중심으로-". 『한국아동복지학』. 12. 77-107.
오은순 역(2002). 『이혼가정 아동: 가정과 학교의 역할』. S. Smilansky 저. 학지사.
우먼타임스(2007). 유럽풀뿌리여성운동현장을 가다.
우민희·이명진·최샛별(2015). "청년세대 일인가구의 여가활동 및 가족가치관에 관한 연구". 『한국사회』. 16(1). 201-231.
유계숙·최연실·성미애(1999). 『가족학이론』. 문음사.
유영주(2002). 건강가족에 대한 문헌고찰. 『경희대학교생활과학논집』. 6.
윤현숙 외(2002). 『사회복지실천기술론』. 동인.
윤홍식(2003). 건강가정기본법의 주요 쟁점과 한국가족복지정책의 과제.
윤홍식(2004). "가족의 변화와 건강가정기본법의 대응: 한국가족정책의 원칙과 방향정립을 위한 고찰". 『한국가족복지학』. 14.

이가옥 편(1999). "2000년대를 대비한 한국 노인복지의 정책과제". 『노인복지의 현황과 과제』. 나남출판사. 17-59.

이경아 외 역(2004). 『사회복지에서의 역량강화실천』. W. Shera & I. M. Wells 편저. 양서원.

이경자 · 최은영 · 윤영숙(1991.1). 『가족상담사업 활성화 방안에 관한 연구』. 한국여성개발원.

이근홍(1998). 『케이스 메니지먼트』. 대학출판사.

이동원 · 함인희(1995). "가족사회학과 노년학 연구 50년의 성과와 반성". 『광복 50년의 한국사회와 사회학』. 한국사회학회.

이명홍(1987). "가족치료: 이론 및 사례연구". 『사회사업』. 11.

이문국 외 역(1999). 『사회복지대백과사전』. NASW 저. 나눔의 집.

이민주(2002.9.6). "부부공동명의가 평등가족 만든다". 『오마이뉴스』. https://www.ohmy news.com /NWS_Web/Mobile/at_pg.aspx?CNTN_CD=A0000086966

이병렬(1999). "스웨덴, 영국, 미국의 빈곤정책 비교연구". 고려대학교 대학원 박사학위논문.

이성우 외(2003). 『주거복지백서: 주택정책의 계층적 평가를 중심으로』. 대한주택공사.

이성희 외(1993). 『치매노인과 가족의 생활실태 및 복지욕구』. 북부노인종합복지관.

이소영 · 옥선화(2002). "자녀의 정서적 지원과 모 · 자녀 간 의사소통 특성 지각에 따른 저소득층 여성가장의 생활만족도 및 우울감". 『대한가정학회지』. 40(7). 53-68.

이소희 외(1998). 『현대가족복지론』. 양서원.

이소희 외(2003). 『가족문제와 가족복지』. 도서출판 양지.

이신숙 외(1993). "부양자 스트레스 척도개발에 관한 연구". 『한국노년학』.

이애재(2000). "편부모가족 청소년의 부모 · 자녀 관계와 심리 · 사회적 적응에 관한 연구". 『청소년학연구』. 7(1). 69-93.

이영분 · 양심영(1999). "가족변화에 따른 가족복지서비스의 대응". 『한국가족복지학』. 3. 117-147.

이영숙 · 박영란 · 전귀연(1999). 『가족문제론』. 학지사.

이인재(2000). "근로능력자에 대한 자활지원방안". 『복지동향』. 18. 나남출판.

이인정(2004). "한국가족복지의 현황에 관한 연구". 『한국사회복지학』. 56(3).

이장호 · 김정희(1992). 『집단상담의 원리와 실제』. 법문사.

이재경(2004). "공 · 사 영역의 변화와 '가족'을 넘어서는 가족정책". 『여성연구』. 68. 137-164.

이주열(2000). "평생국민건강관리체계 구축방안에 관한 연구". 한국보건사회연구원.

이지수(2001). "장애아동과 가족지원". 김용득 · 유동철 편. 『한국장애인복지의 이해』. 363-392. 인간과 복지.

이진숙(2003). "가족복지정책의 패러다임 검토". 『가족복지의 패러다임: 반성과 모색』. 21-46. 2003년 한국사회복지학회 추계공동학술대회 자료집. 한국가족사회복지학회.

이진숙(2004). "가족정책의 방향성과 통합적인 시행방안". 가족정책의 방향정립 및 통합적 시행방안 세미나. 39-53. 한국여성개발원.

이채원(2004). "아동의 만성질환과 관리에 영향을 미치는 가족요인". 『한국아동복지학』. 18.

이태진(2003). "빈곤가족의 특성과 심리적 이해". 국립보건원 공무원 교육교재.

이혜경(1996). "한국 가족정책 대안의 선택과 정부·민간의 연계". 『한국가족정책의 이해』. 225-236. 학지사.

이혜경(2005). "혼인이주와 혼인이주 가정의 문제와 대응". 『한국인구학』. 28(1). 73-106.

이화여자대학교 사회복지연구회 역(2001). 『가족복지실천론』. Colians, D. C. Jordan & H. Coleman 저. 나눔의 집.

인천광역시 여성복지보건국(2006). 2006년 달라지는 사항.

임경혜(2004). "국제결혼 사례별로 나타난 가족문제에 따른 사회복지적 대책에 관한 연구". 대구대학교 사회복지대학원 석사학위논문.

장경섭·조흥식·이미정·박경숙(2000). "가정단위 복지서비스 체계 구축". 보건복지부.

장현섭(1993). "한국사회는 핵가족화하고 있는가". 『한국사회사연구회 논문집』. 39(한국근현대가족의 재조명). 문학과 지성사.

장혜경 외(2001). "여성한부모가족을 위한 사회적 지원방안". 여성부.

장혜경 외(2001). "외국의 가족정책과 한국의 가족정책 및 전담부서의 체계화 방안연구". 한국여성개발원.

장혜경 외(2005). "가족정책기본계획". 한국여성개발원.

장혜경·김혜경·오학수·이기영(2003). "외국인 노동자 가족관련 정책 비교연구". 한국여성개발원 연구보고서. 240-7.

장혜경·민가영(2001). "재혼가족의 적응실태와 지원방안에 관한 연구". 한국여성개발원연구보고서. 240-11.

저출산고령사회위원회(2005). 지역주민통합서비스 제공체계 구축방안.

전경근(2005). "적정한 양육비의 산정 및 확보방안에 관한 연구". 이혼 시 자녀양육비 산정 및 이행확보방안 마련을 위한 토론회. 여성가족부.

전국다문화가족지원사업단(2010). 다문화가족지원센터 사업설명회. 보건복지부.

전북발전연구원(2005). 전라북도 가족실태조사. 전라북도.

전재일·이준상(1997). 『사례관리의 기초』. 사회복지개발연구원.

전춘애 외(1998). 또 하나의 우리, 재혼가족. 한국가족상담교육연구소 개소 5주년 기념 학술대회. 한국가족상담교육연구소.

정무성·정진모(2001). 『사회복지 프로그램 개발과 평가』. 양서원.

정순둘(2005). 『사례관리』. 학지사.

정지훈(2004). "저소득 한부모가족을 위한 지원 정책에 관한 연구". 대구대학교 대학원 석사학위 논문.

정현숙(2000). 재혼가족에 대한 실태 및 재혼생활의 질에 대한 연구. 『대한가정학회지』. 36(4). 1-19.

정혜은(1992). 대안가족으로서의 공동체에 대한 이해와 평가: Kibbutz와 미국의 Commune을 중심으로. 『한국가정관리학회지』. 10(1). 229-241.

조성연(2004). 한부모가족: 여성 한부모가족의 모・자녀 관계. 『한국가정관리학회지』. 22(1). 153-167.

조원탁 외(2010). 『사회복지법제론』. 양서원.

조은(1999). "가족제도의 운명과 새로운 공동체의 가능성". 『창작과 비평』. 통권 103호. 창작과 비평사.

조은희(2004). "건강가정기본법의 문제점과 그에 대한 분석". 건강가정기본법 집단토론회자료집. 한국여성민우회.

조추용 외(2001). 『가족복지론』. 창지사.

조추용・권현주 역(2000). 『사례관리의 이론과 실제』. 유풍출판사.

조흥식 외(1997). 『가족복지학』. 학지사.

조흥식 외(2001). 『가족복지학』. 학지사.

조흥식(1991). "도시빈곤 가족문제에 대한 사회사업실천에 관한 연구・생태체계적 관점의 문제 사정도구 개발과 적용을 중심으로". 서울대학교 대학원 박사학위논문.

조흥식(1997). "사회복지 교육제도와 현장실무의 연계". 『사회복지연구』. 9. 101-130.

조흥식(1998). "실직자 가족의 사회복지서비스 대책 수립을 위한 가족스트레스".

조흥식(2009). 『학교사회복지의 이론과 실제』. 학지사.

조흥식・김인숙・김혜란・김혜련・신은주(2001). 『가족복지학』. 학지사.

중앙건강가정지원센터(2008a). 2009 다문화가족지원센터사업 및 기본업무.

중앙건강가정지원센터(2008b). 2009 위기가족 상담지원사업 실무자 교육.

중앙건강가정지원센터(2009a). 2009 다문화족지원센터 운영가이드북.

중앙건강가정지원센터(2009b). 2009 취약가족 역량강화사업 종사자 교육자료.

채옥희 외(2004). 『현대사회와 가정복지』. 신정.

최경석 외(2003). 『한국 가족복지의 이해』. 인간과 복지.

최순남(2000). 『현대노인복지론』. 한신대학교 출판부.

최인숙・김윤주(2005). 해결중심단기가족치료 워크숍 자료집.

최재석(1978). 『한국가족연구』. 민중서관.

최재석(1982). 『현대가족연구』. 일지사.

최홍엽(2002). 외국인근로자의 사회보장. 『민주법학』. 22. 149-179.

최희경・이인숙(2005). 비정형가족의 특성과 가족복지에의 함의: 강점관점을 중심으로. 『한국가족복지학』. 15. 245-283.
통계청(1992; 1997; 2002). 인구주택총조사.
통계청(2020a). 인구동향조사: 2019년 혼인·이혼 통계.
통계청(2020b). 인구총조사: 세대구성 및 가구원수별 가구(일반가구).
통계청(2024.7.29). 『2023 인구주택총조사』(등록센서스 방식). 통계청. https://kostat.go.kr/board.es?act=view&bid=11747&list_no=432395
통계청, 한국은행, 금융감독원(2019). 가계금융복지조사.
한국가족사회복지학회(2005). 한국 가족지원서비스에 대한 진단과 향후 발전방안 모색.
한국가족학회(1995). 『한국가족정책』. 하우.
한국보건사회연구원(2002). 만성질환상태와 관리방안.
한국여성개발원(2004). 가족정책의 방향정립 및 통합적 시행방안 세미나 자료집.
한국여성민우회(1997). 한부모사업 정책토론회 자료집.
한국여성복지연구회(2005). 『가족복지론』. 청목.
한국학교사회복지사협회(2006). 『학교교육과 복지』. 양서원.
한형수(1995). 서울 빈곤층지역의 실태와 그 복지대책. 『수도권개발연구소연구논총』. 21.
한혜빈(2004). "가족지원기본법 입법화를 위한 도전과 과제". 『한국가족복지학』. 14. 한국가족사회복지학회.
함인희(1993). "변화하는 가족과 여성의 지위". 『여성연구』. 11(2). 79-92.
행정자치부(2006). "지방자치단체 주민생활지원기능 강화계획" 설명자료.
현대리서치연구소(2004). 『2004 한국 가정: 가부장권의 변화에 대한 기혼 남녀의 의식 조사 연구』. 현대리서치연구소.
현은민(2003). "재혼가족의 아동: 가족적·사회적 측면에서 경험하는 문제와 대책 고찰". 『한국가족관계학회지』. 8(2). 101-225.
홍성범(2002). 『헌법재판소판례집(제9권 1집)』. 헌법재판소 결정례 요지. 법문사.
황국자(2003). "소년소녀가장가정에 대한 사회복지정책연구". 동아대학교 정책과학대학원 석사학위논문.
황성철(1994). 사회복지관 운영평가 및 모형개발. 한국보건사회연구원.
황숙연(2001). "장기보호서비스에 대한 사회복지실천체계와 전략". 한국사회복지학회 춘계학술대회 자료집. 55-78.

Adams, R. G. "Secondary friendship networks and psychological well-being among elderly women". *Activities, Adaptation, and Aging, 8*. 59-72.
Aldous, J., & Dumon, W.(1990). "Family policy in the 1980s: Controversy and consensus".

Journal of Marriage and the Family, 52(4). 1136-1151.

Bandura, A.(1986). *Social foundations of thought and action: A social cognitive theory*. Prentice-Hall.

Barnes, H. L., & Olson, D. H.(1985). "Parent-adolescent communication and the Circumplex Model". *Child Development, 56*(2). 438-447.

Becvar, D. S., & Becvar, R. J.(1993). *Family therapy: A systemic integration*(2nd ed.). Allyn & Bacon.

Bellow, J. R. & Mink, G.(1996). *Case Management in Social Work*. The Charles C. Thomas Publisher, Ltd.

Belsky, J.(1980). "Child maltreatment: An ecological integration". *American Psychologist, 35*(4). 320-335.

Boss, P. & Greenberg, J.(1984). "Family boundary ambiguity: A new variable in family stress theory." *Family Process,* 23. 535-546.

Brock, G. W., & Barnard, C. P.(1988). *Procedures in marriage and family therapy*. Allyn & Bacon.

Bronstein, L. R.(2003). "A Model for Interdisciplinary Collaboration". NASW.

Campbell, J. C. & Naoki Ikegami Eds.(1999). *Long-term Care for the Frail Older People*. Tokyo: Reaching for the Ideal System.

Cantos, A. L., Neidig, P. H., & O'Leary, K. D.(1994). "Injuries of women and men in a treatment program for domestic violence". *Journal of Family Violence, 9*(2), 113-124.

Carter, B. & McGoldrick(1998). *Overview: The challenging family life cycle—A framework for family therapy*. Allyn & Bacon.

Carter, B. & McGoldrick(1999). *The Expanded Family Life Cycle(3rd ed)*. Allyn & Bacon.

Carter, E. A., & McGoldrick, M.(Eds.).(1988). *The changing family life cycle: A framework for family therapy*(2nd ed.). Gardner Press.

Clingempeal, B. & Segal, A.(1987). "A miltilevel-multivaraiable developmental perspective for future research on stepfamilies". In Pasley, K. & Ihinger-Tallman, M.(Eds.), *Remarriage and step parenting today: Current research and Theory*. Guilford.

Cooper, D. M., & Ball, D.(1987). *Social Work and Child Abuse*. Macmillan Education.

Crosbie-Burnett, M.(1989). An Application of Family Stress Theory on Remarriage: A model for Assessing and Helping Stepfamilies. *Family Relations,* 38. 323-331.

Dallos, R.(1991). *Family belief systems, therapy and change*. Philadelphia: Open University Press.

Davis, K.(1949). "The social functions of the family". In *Human society*(pp. 249-265). Free Press.

Dhooper, S. S.(1997). *Social Work in Health Care in the 21st Century*. London: SAHGA publication.

Dunst, G. J., Trivette, C. M., Gorden, N. J., & Starnes, A. L.(1993). Family Centered Case Management Practies: Characteristics and Consequences. In Singer, G. H. S. & Powers, L. E.(Eds.), *Families, Disability, and Empowerment: Active Coping Skills and Strategies for Family Interventions*. Baltimore: Paul H. Brooks Publishing Co. 89-118.

Duvall, E. M. & Miller, B. C.(1985). *Marriage and Family Development(6th ed.)*. NY: Harper & Low.

Dzyacky, S. C.(1998). "An Acute Care Case Management Model for Nurses and Social Workers". *Nursing Case Management*, Sept./Oct.

Elliot, F. R.(1986). *The Family: Change or Community?* Macmillian Education.

Epstein, N. B., Baldwin, L. M., & Biship, D. S.(1983). "McMaster Family Assessment Device." *Journal of Marital and Famliy Therapy,* 9(2). 171-180.

Esping-Andersen, G.(1999). *The social foundations of postindustrial economies.* Oxford University Press.

Falicov, C. J.(1995). "Training to think culturally: A multidimensional comparative framework." *Family Process,* 34. 373-388.

Faller, K. C.(Ed.).(1981). *Social work with abused and neglected children: A manual of interdisciplinary practice*. Free Press.

Ferreira, A. J.(1963). "Family myth and homeostasis". *Archives of General Psychiatry, 9*, 457-463.

Floersch, J.(2002). *Meds, Money, and Manners*. New York: Columbia University Press.

Frankel, A. J.(2004). *Case management: an introduction to concepts and skills*. Lyceum Books.

Freeman, D. S.(Ed.).(1980). *Perspectives on family therapy*. Butterworth.

Furstenberg, F. F., Jr.(2014). "Fifty years of family change: From consensus to complexity". *The Annals of the American Academy of Political and Social Science, 654*(1), 12-30.

Ganong, L. H. & Coleman, M.(1994). *Remarried Family relationships*. CA: Sage Publications.

Garner, J. D.(1995). "Long-Term Care". In *Encyclopedia of Social Work(19th ed.)*. Silver Spring MD: NASW. 1625-1634.

Gauthier, A. H.(1996). *The State and the Family*. Oxford University Press.

Giddens, A.(1992). *Modernity and selfidentity: Self and society in the late modern age*.

Goldenberg, I. & Goldenberg, H.(2000). *Family Therapy: An overview*. Pacific Grove, CA: Brooks/Cole.

Goode, W. J. (1982). *The family* (2nd ed.). Prentice-Hall.

Gove, P.(1989). What makes a family? *Traditional Limits are challenged*. Star Tribune. p. 15Y.

Green, A. H.(Ed.).(1985). "Children traumatized by physical abuse". In S. E. th & R. S. Pynoos(Eds.), *Post-traumatic stress disorders in children*(pp. 1135-1154). American Psychiatric Press.

Haley, J.(1980). *Leaving home*. New York: McGraw-Hill.

Hall, J. A., Carswell, C., & Walsh, E.(2002). "Iowa Case Management: Innovative social casework". *Social Work,* 47, Apr.

Hartman, A.(1978). "Diagrammatic Assessment of Family Relationships". *Social Casework,* 59, 465-476.

Hepworth, D. H. & Lersen, J. A.(1993). *Direct Social Work Practice(4th ed.)*. California: Books/Cole Publishing Company.

Holnes, K. A.(1996). Headed for the Future: Families in the Twenties-First Century. In Raffoul, P. R. & McNeece, C. A.(Eds.), *Future Issues for Social Work*. Practice: Allyn & Bacon.

Howe, B. Ed.(2001). *Case Manager's Desk Reference(2nd ed.)*. An Aspen Publication, Inc.

Jacobs, E. F., Harvill, R., & Masson, R.(1994). *Group counseling: Strategies and skills*(2nd ed.). Pacific Grove, CA: Brooks/Cole.

Kadushin, A.(1980). *Child Welfare Services*(3rd ed.). Macmillan.

Kammerman, S. B. & Kahn, A. H. Eds.(1997). *Family Change and Family Policy in Great Britain, Canada, New Zealand and the United States*. Oxford University Press.

Kammerman, S. B. & Kahn, A. H.(1978). *Family Policy: Government and families in Fourteen Countries*. New York: Columbia University Press.

Kurmar, S.(2000). *Multidisciplinary Approach to Rehabilitation*. Butterworch Heinemann.

Lachs, M. S., & Pillemer, K.(2004). Elder abuse. *The Lancet, 364*(9441), 1263-1272.

Levy-Strauss(1969). *The Elementary Structures of Kinship*. Boston: Beacon Press.

Malia, J. A., Cunningham, J. L., MacMillan, E., & Wynn, E.(1995). "Expanding the policy infrastructure for resolving family-related disputes: Mediation as a technology". *Family Relations, 44*(1), 19-27.

Marks, N. F.(1995). "Midlife marital status differences in social support relationships with adult children and psychological well-being". *Journal of family Issues,* 16(1). 5-28

Maslow, A. H.(1967). "A theory of metamotivation: The biological rooting of the value-life". *Journal of Humanistic Psychology, 7*(2), 93-127.

McGoldrick, M., Giodarno, J., & Pearce, J. Eds.(1996). *Ethnicity and family therapy*. New York: Guilford Press.

Meyer, C. H.(1993). *Assessment in Social Work Practice*. New York: Columbia University Press.

Mullary, C. M. Ed.(1998). *Essential Readings in Case Management*. An Aspen Publication.

Munson, C. E.(1980). *Social work with families*. Free Press.

Murdock, G. P.(1949). *Social Structure*. New York: Macmilian.

Neuman, K. M. & Ptak, M.(2003). *Managing Managed Care Through Accreditation Standards*. NASW.

Nichols, M. P.(1984). *Family therapy: Concepts and methods*. Gardner Press.

Nicolos, M. & Schwartz, R.(1998). *Family Therapy: Concepts and methods(5th ed.)*. Boston: Allyn & Bacon.

Ogburn, W. F., & Tibbitts, C.(1933). "The family and its functions". In *Recent social trends in the United States* (Vol. 1, pp. 661-708). McGraw-Hill.

Olson, D. H., Russell, C. S., & Sprenkle, D. H.(1983). "Circumplex model of marital and family systems: VI. Theoretical update". *Family Process, 22*(1), 69-83.

Olson, D. H., Sprenkle, D. H., & Russell, C. S.(1979). "Circumplex model of marital and family systems: I. Cohesion and adaptability dimensions, family types, and clinical applications". *Family Process, 18*(1), 3-28.

Pasley, K. & Ihinger-Tallman, M.(1989). "Boundary ambiguity in remarriage: Does ambiguity differentiate degree of marital adjustment and integration?". *Family Relations,* 38, 46-52.

Patterson, J. M.(2002). Integrating Family Resilience and Family Stress Theory. *Journal of Marriage and the Family*, 64. 353.

Plocher, D. W.(2001). *The Case Manager's Training Manual*. Aspen Publishers, Inc.

Rapp, C. A.(1998). *The Strengths Model: Case management with people suffering from severe and persistent mental illness*. New York: Oxford, University Press.

Reiss, D.(1981). *The family's construction of reality*. Cambridge, MA: Harvard University Press.

Reiss, I. L.(1965). "The universality of the family: A conceptual analysis". *Journal of Marriage and the Family, 27*(4), 443-453.

Sainsbury, D.(1994). Women's and men's right: Gendering dimensions of welfare states. In Sainsbury, D.(Ed.). *Gendering Welfare States*. Sage Publications.

Sakai, C. E.(1991). "Group intervention strategies with domestic abusers". *Families in Society: The Journal of Contemporary Human Services, 72*(9), 536-542.

Singer, G. H. S. & Powers, L. E.(1993). Contributing to Resilience in Families. In Singer G. H. S. & Powers, L. E.(Eds.), *Families, Disability, and Empowerment: Active Coping skill and strategies for Family Interventions*. Paul H. Brookes Publishing Co. Inc. 1-26.

Singer, G. H. S., Irvin, L. K., Irvine, B., Hawkins, N., Hegreness, J., & Jakson, R.(1993). Helping Families Adapt Positively to Disability: Overcoming Demoralization Through Community Supports. In Singer, G. H. S. & Powers, L. E.(Eds.), *Families, Disability, and Empowerment: Active Coping Skill and Strategies for Family Interventions*. Baltimore: Paul H. Brooks Publishing Co. 67-84.

Skidmore, R. A., Thackeray, M. G., Farley, W. O., Smith, L. L., & Scott W. Boyle(1995). *Introduction to Social Work*. Allyn and Bacon.

Steinberg, R. M. & Carttr, G. W.(1983). *Case Management and the Elderly*. Lexington Books.

Straus, M. A.(1983). "Ordinary violence, child abuse, and wifebeating: What do they have in common?" In D. Finkelhor, R. J. Gelles, G. T. Hotaling, & M. A. Straus(Eds.), *The Dark Side of Families*(pp. 213-234). Sage Publications.

Taylor, J. W.(1984). "Structured conjoint therapy for spouse abuse cases". *Social Case, 64*, 11-18.

Thorne, B. & Yalom, M.(1982). *Rethinking the family: Some Feminist question*. New York: Longman.

Tims, F. M., Leukefeld, C. G., & Platt Jerome J. Ed.(2001). *Relapse and Recovery in Addictions*, 253-274.

UNDP 한국대표부(1998). 『빈곤퇴치: 한국의 경험과 교훈』.

Visher, E. B. & Visher, J. S.(1996). *Therapy with step Families*. New York: Brunner/Mazel.

Visher, E. B. & Visher, J. S.(1998). Treating Families with Problems Associated with Remarriage and Step Relationships. In Chilman, C. S. & Nunnally, E. W., & Cox, F. M.(Eds.). *Varient Family Forms, Families in Troble Series 5*. Sage Publication.

Visher, J. S. & Visher, E. B.(1997). *Stepping together: Creating stronstep families*. New York: Brunner/Mazel.

Vourlekis, B. S. & Greene Robetta R.(1992). *Social Work Case Management*. N.Y.: Aldine DeGruyter.

Walsh, F.(1998). *Family Strength*.

Walsh, J.(2000). *Clinical Case Management with Persons Having Illness*. Brooks Cole.

Walsh, R.(1998). *Strengthening Family Resilience*. Allyn & Bacon.

Whitfield, C. L.(1987). *Healing the child within: Discovery and recovery for adult children of dysfunctional families*. Health Communications, Inc.

Yalom, I. D.(1970). *The theory and practice of group psychotherapy*. Basic Books.

Zastrow, C.(2001). *Social Work with Groups*. Brooks Cole.

Zimmerman, S. L.(1995). *Understanding Family Policy*. SAGE.

http://mfsc.familynet.or.kr, 전국다문화가족사업지원단.

http://seoulhanbumo.or.kr, 서울시 한부모가족지원센터.

http://www.familynet.or.kr, 중앙건강가정지원센터.

http://www.jincheon.go.kr, 진천군청.

http://www.moge.go.kr, 여성가족부.

http://www.moleg.go.kr, 법제처.

http://www.mw.go.kr, 보건복지부.

http://www.president.go.kr, 청와대.

http://www.seoul.go.kr, 서울시청.

http://www.welfarens.or.kr, 남산종합사회복지관.

http://www.yonginsi.net, 용인시청.

찾아보기

저자 약력

▌송 정 애

동국대학교 대학원 아동 · 가족학 전공(이학 박사)
협성대학교 대학원 사회복지학과(사회복지학 박사)
전, 파주시 건강가정지원센터 센터장
현, 신한대학교 사회복지학과 교수
  신한대학교 로고스봉사단 단장

주요 저서

가족과 생활문화(양서원, 2009)
가족상담 이론과 실제(양서원, 2010)
가족복지론(양서원, 2010)
아동복지론(양서원, 2013)
대상관계가족상담(양서원, 2015)
사회봉사 이론과 실제(양서원, 2018)
다문화아동사례관리(양서원, 2019) 외 다수

주요 논문

저소득 편모를 위한 가족생활교육 프로그램에 관한 연구 : 학동기 자녀를 둔 편모를 중심으로 (동국대학교 대학원, 2001)
어머니의 원가족 경험과 양육스트레스와의 관계에서 가족탄력성의 매개효과에 관한 연구 (협성대학교 대학원, 2016) 외 다수

▌강 부 자

상명대학교 대학원 가족복지학과(가족복지학 박사)
신한대학교 대학원 사회복지학과(사회복지학 박사)
전, 은평구 가족센터 센터장
현, 신한대학교 로고스봉사단 연구교수

주요 논문

한부모가정의 부모양육태도가 중학생의 학교생활적응에 미치는 영향: 자아존중감과 자아탄력성의 매개효과 및 부자-모자가정의 비교
(이화여자대학교 사회복지전문대학원 석사학위논문, 2012)
여성결혼이민자 가족 내 한국출생 성인초기 자녀의 성장과정과 사회적응: 근거이론접근
(상명대학교 대학원, 2019, 박사학위논문)

위기가족상담 경험에 관한 내러티브연구: 가족센터 위촉직 가족상담사 중심으로
(신한대학교 대학원, 2025, 박사학위논문)
중년기 여성의 위기감과 노화불안의 관계: 외모관리행동 매개효과
(산업진흥연구, 2025)
한국어교사의 문화간 감수성과 교사역할수행의 관계: 다중역할몰입의 매개 및 감성지능의 조절효과
(열린교육연구, 2025) 외 다수

▌이정숙

광운대학교 대학원 사회복지학과(사회복지학 석사)
예명대학원대학교 대학원 사회복지학과(사회복지학 박사)
현, 동두천시 건강가정. 다문화가족지원센터 센터장
신한대학교 교양교육원 사회봉사 겸임교수

주요 논문

노인일자리사업 참여자의 일의 의미가 성공적 노화에 미치는 영향에 관한 연구
(예명대학원대학교 대학원, 2017)

[제2판]

가족복지론

1판 1쇄 인쇄 2020년 11월 30일
1판 4쇄 발행 2024년 1월 30일
2판 1쇄 발행 2025년 8월 30일

저 자 | 송정애 강부자 이정숙

발 행 인 | 박철용
발 행 처 | 양서원
주 소 | 경기도 파주시 직지길 522 파주출판도시
전 화 | 031-955-8000(代)
팩 스 | 031-955-8005
홈페이지 | www.yswpub.co.kr
이 메 일 | yswgroup@naver.com
출판등록 | 1987년 11월 24일 제 406-2003-037 호

ISBN 978-89-994-1591-3

정가 24,000원